모든 것을 전기화하라
100% 전기에너지의 시대

ELECTRIFY:
AN OPTIMIST'S PLAYBOOK FOR OUR CLEAN ENERGY FUTURE
Copyright ©2021 by Saul Griffith
This edition published by arrangement with The MIT Press.
Korean translation copyright © 2025 by Sangsang Academy ALL RIGHTS RESERVED.

이 책의 한국어판 저작권은 듀란킴 에이전시를 통해
The MIT Press와 독점 계약한 ㈜상상아카데미에 있습니다.
저작권법에 의하여 한국 내에서 보호를 받는 저작물이므로
무단 전재와 무단 복제를 할 수 없습니다.

모든 것을 전기화하라
100% 전기에너지의 시대

1판 1쇄 펴냄 2025년 5월 20일
1판 2쇄 펴냄 2025년 7월 25일

지은이 사울 그리피스
옮긴이 전현우·김선교·권효재
발행인 김병준·고세규
발행처 생각의힘
편집 박승기·정혜지 디자인 이소연·김경민 마케팅 김유정·신예은·최은규

등록 2011. 10. 27. 제406-2011-000127호
주소 서울시 마포구 독막로6길 11, 2, 3층
전화 편집 02)6953-8342, 영업 02)6925-4188 팩스 02)6925-4182
전자우편 tpbook1@tpbook.co.kr 홈페이지 www.tpbook.co.kr

* 책값은 뒤표지에 있습니다.
* 잘못된 책은 구입하신 서점에서 교환해 드립니다.

ISBN 979-11-94880-00-4 (03320)

모든 것을

ELECTRIFY

 전기화하라

100% ▸▸▸▸▸▸▸▸▸
전기에너지의 시대

사울 그리피스　　전현우·김선교·권효재 옮김

생각의힘

아르웬Arwen, 모든 것에 고마움을 전합니다.
특히 내게 희망이 되고 동기를 부여해 주는
헉슬리Huxley 와 브론테Bronte 를 위해.

이것은 전쟁 그 자체만큼이나 심각한 비상사태이다.
—프랭클린 루스벨트 Franklin D. Roosevelt

우리는 혼자가 아니다. 우리가 나선다면
선한 사람들이 우리와 함께 싸울 것이다.
—포 대머론 Poe Dameron, 〈스타워즈: 라이즈 오브
스카이워커 Star Wars: The Rise of Skywalker〉

미국인들은 언제나 올바른 선택을 할 것이다.
단, 모든 대안을 다 소진한 후에 말이다.
—윈스턴 처칠 Winston Churchill

ELECTRIFY

차례

	추천의 글	013
	들어가며	017
01	어슴푸레 비추는 한 줄기 희망	023
02	생각보다 시간이 없다	039
03	비상사태는 영속적 변화를 위한 기회	057
04	우리는 우리가 알고 있는 걸 어떻게 알 수 있을까?	071
05	이제 2020년대에 걸맞은 생각이 필요한 시간	095
06	전기화하라!	101
07	그 모든 전기는 어디서 구해야 할까?	119
08	하루 24시간, 1주일 7일, 1년 365일	137
09	인프라를 다시 정의하기	169
10	계량할 필요가 없을 만큼 저렴하다	177
11	이 모든 것을 정리하자면	189
12	모기지는 일종의 타임머신	209
13	과거의 값을 치르다	217
14	이제 낡은 규제를 철폐해야 할 시간	225
15	일자리, 일자리, 그리고 일자리	237
16	세계대전 제로: 동원 작전 계획	261
17	기후 위기만 해결한다고 전부가 아니다	275
	부록	297
	감사의 말	353
	옮긴이의 글	357
	주	383
	찾아보기	396

일러두기

1. 이 책은 *Electrify: An Optimist's Playbook for Our Clean Energy Future* (2021)를 우리말로 옮긴 것이다.
2. 단행본은 겹화살괄호(《 》), 영화, 잡지, 방송 프로그램, 보고서 등은 홑화살괄호(〈 〉)로 표기하였다.
3. 옮긴이 주는 본문에서 각주로 표기하였다. '-옮긴이'로 밝혔다. 미주는 출처를 밝힌 원서의 주이다.
4. 인명 등 외래어는 국립국어원의 표준어 규정 및 외래어 표기법을 따르되 일부는 관례와 원어 발음을 존중하여 그에 가깝게 표기하였다.
5. 국내에 소개된 작품명은 번역된 제목을 따랐고, 국내에 소개되지 않은 작품명은 원어 제목을 독음대로 적거나 우리말로 옮겼다.

추천의 글

최준영

법무법인 율촌 전문위원,
유튜브 채널 <최준영 박사의 지구본 연구소> 운영

1992년 처음으로 환경단체의 문을 빼꼼히 열고 환경이라는 분야에 발을 들여놓던 시절부터 지금까지 품고 있던 불만이 있다. 왜 우리의 평범한 삶은 죄악시되어야 하고, 궁핍하고 빈곤하게 사는 것이 왜 정의로울까 라는 질문이다. 미래를 위해 당장 행동해야 한다는 많은 주장들의 이면에는 현재의 풍요로움은 잘못된 것이라는 전제가 깔려 있다. 쉽게 접할 수 있는 환경과 기후 관련 캠페인은 대부분 공포와 불안을 불러일으키기 위해 노력한다. '지금 변화하지 않으면 비참한 미래가 기다리고 있어. 그러니 지금 당장 무엇인가를 해야 해'라는 서사는 이제 아무런 감흥을 불러일으키지 못하고 있다. 더는 공포마케팅에 사람들이 반응하지 않는 것이다.

이 책은 그런 면에서 확실히 다르다. 저자의 "희생을 이야기하는 것보다 더 많은 사람들의 공감을 이끌어낼 수 있는 새로운 서사가 필요하다"는 언급은 반갑고 놀랍다. 드디어 솔직한 이야기를 이 책을 통해 접할 수 있다. 효율성에만 집착해서도 안 되고, 공급만 친환경화한다고 문제를 해결할 수 없다고 저자는 강조한다. 거의 모든 것을 전기화하고 이에 기반한 인프라 자체의 변혁이 가장 효과임을 역설한다. 기후 변화에 대응하기 위해 탄소를 어떻게 줄일 것인지 수많은 논란이 존재한다. 저자는 이러한 논란 대부분이 기존의 익숙함에서 벗어나지 않으려는 관성에 기인한 것임을 지적한다. 액체와 고체 상태의 화석연료에서 벗어나 전기로 전환하는 것이 가장 급진적이면서도 가장 효율적임을 명료하게 보여준다. 전기로 전환하면 기존 삶의 방식을 크게 바꾸지 않아도 문제를 해결할 수 있다는 저자의 주장은 공포마케팅에 지쳐 있는 우리의 마음을 위로하며 희망을 준다.

이 책의 가장 큰 장점은 단순하면서도 명백한 대안을 제시하고 그것이 합리적임을 증명하고, 과거에 우리가 큰 변화를 단시간 내에 이끌어냈음을 보여주면서 그것이 어렵지 않겠다는 생각을 하게 만든다는 점이다. 환경과 기후에 대한 논의 가운데 잘못된 점 하나는 점점 복잡해지는 것이 옳은 방향이라고 생각하는 경향이다. 무엇을 어떻게 해야 하는지를 파악하기 위한 수식과 데이터는 점점 복잡해지면서 이제 새로 이 분야에 진입하는 사람들은 이해조차 불가능한 상황에 이르고 있다. 저자는 단순함으로 이 문제를 한 번에 해결하고 있다. 전기화만 달성하면 냉난방 온도를 낮추지 않아도, 차를 줄이지 않아도 에너지 사용량의 절반을 줄일 수 있다는 저자의 단순한 논거는 매력적이면서도 합리적이다.

한편으로 이 책은 현실적이다. 막무가내로 재생에너지 사용만이 답이라고 고집하지 않는다. 공급과 수요가 일치해야 하는 전력망의 특성을 고려하면서 무엇이 문제인지를 솔직하게 인정한다. 기존의 해법에 대한 장단점을 언급하면서 미래의 첨단 기술보다는 당장의 요금 규정과 제도의 변화를 통해 문제를 상당 부분 해결할 수 있다고 주장한다.

다른 한편으로 저자는 단호하다. 탄소저감을 위해 고려되고 있는 다양한 대안들 대부분이 현실적이지 않거나 문제를 은폐하고 있음을 밝히고 있다. 언제부터인가 전문가들은 이것도 좋고, 저것도 나쁘지 않다는 식으로 이야기하는 것을 당연하게 생각해 왔다. 모두에게 미움을 받지 않는 것이 갈등 대신 변화를 이끌어낼 수 있다는 두루뭉술한 접근을 저자는 단호하게 배격한다. 틀린 것은 틀렸다고, 잘못된 것은 잘못되었다고 명명백백하게 이야기하는 것이 이 책의 가장 큰 장점이다.

이 책은 공포와 절망보다는 희망과 가능성을 보여준다. 페이지를 넘길수록 모호함과 애매함이 아닌 단순함과 분명함이 가져다주는 힘을 느낄 수 있다. 어쩌면 이 책은 기후 변화에 대응하기 위한 방법을 넘어서 우리 사회가 겪고 있는 무기력함과 체념을 어떻게 극복해야 할지 보여주는 좋은 사례일지 모른다.

들어가며

많은 이들이 기후 비상사태를 마치 넘을 수 없는 장벽처럼 여긴다. 하지만 나는 이 책에서 기후 비상사태를 새로운 각도에서 접근하려 한다. 나는 해결책을 내놓으려 한다. 이 해결책은 적어도 당근만큼은 사람들의 마음에 들어야 하고, 최적의 방향을 찾아낸다면 아이스크림만큼 달콤해야 한다. 사람들에게 큰 고통을 안기는 길이라면 성공을 보장할 수 없다. 나는 오히려 성공을 향해 열려 있고 후회 또한 없는 길°을 제시하고자 한다.

    기후 문제를 놓고 벌어지는 많은 작업들은 바로 이 질문에서 시작한다. "정치적으로 가능한 것이 무엇인가?" 이 질문은 일종의 좌절감에서 비롯되었다. 아이들을 포함한 수많은 사람들이 더 엄격한 기후 행동을 요구하며 행진과 시위를 벌였음에도 별다른 변화가 없었기 때문에 일어난 좌절이다. 하지만 정치적으로 가능한 것

○   기후 담론에서 '후회 없는 no regret'이라는 표현은 기후 변화가 미래에 설사 일어나지 않더라도 어떤 정책이나 전략을 채택, 실행하는 것이 유익하고 정당하다는 뜻이다. 기후 대응에 유용하면서도 지금의 사회, 경제, 환경을 개선하는 데 필요한 정책이 이런 평가를 받는다.—옮긴이

만을 목표로 삼는 것은, 결국 시작하기도 전에 우리가 어떤 선을 넘을 수 없다고 가정하는 것과 다르지 않다. 이미 지고 들어간다는 말이다.

이 책은 정치적으로 가능한 것이 무엇인지 묻는 데서 출발하지 않는다. 대신, 기후 문제 해결을 위해 기술적으로 무엇이 필수적인지, 그리고 그것이 어떻게 미국 경제에 큰 이익이 될 수 있는지를 묻는 데서 시작한다. 기술적으로 필수적인 요소를 파악한 후에는 기술, 산업, 노동, 규제 개혁, 그리고 무엇보다 금융을 집중적으로 동원하는 미국의 전방위적 노력이 필요하다. 모든 이해관계자가 협력하여 모든 시민을 위한 저비용의 탄소 제로 에너지 시스템을 구축하기 위해 모든 역량을 총동원해야 한다.

이 책은 총체적인 탈탄소화를 달성하기 위한 하나의 가능한 경로를 세밀하게 제시한다. 나는 완전하면서도 설득력 있는 미래상을 그리기 위해 노력했기 때문에 일부 독자들은 내가 청정에너지 솔루션 중에서 특정 기술을 "선택하여 승자를 만드는" 편향을 보이는 것이 아닌가 의심할 수도 있다. 이 책에서 나는 어떤 기술이 최종적으로 승리할 것인지에 대해 불가지론적 입장을 취하려고 한다. 그러나 가능성 있는 기술적 대안을 탐색하는 것을 포기하지는 않는다. 예를 들어 핵융합은 훌륭한 기술이 될 수 있고, 비용이 거의 들지 않는 탄소 포집 기술도 유용할 것이다. 하지만 이 책에서 특정 아이디어를 옹호하려는 것은 아니다. 내가 강조하는 것은 다음과 같은 기준을 통과한 기술만이 주목받을 가치가 있다는 것이다. "현재 준비가 되어 있는가? 그리고 효과가 있는가?"

이 검사에 가장 적합한 답은 "모든 것을 전기화하라"로 가장 잘 요약할 수 있다.

　이 책은 실제 데이터를 바탕으로 하고 있으며, 그중 상당 부분은 미국 에너지부Department of Energy, DOE 와 계약을 맺고 진행한 전례 없는 미국 에너지 경제 분석을 통해 얻은 것이다. 이러한 데이터는 추상적인 개념보다는 우리가 살아가는 세계를 규정하는 실질적인 기술에 초점을 맞춰 이야기를 풀어나도록 해준다. 이 책은 모든 것을 전기로 전환하는 과정에서의 결과물을 고해상도로 보여준다. 우리의 삶이 달라질까? 놀랍게도 대답은 '극적으로 달라지지 않는다'이다. 바뀌게 된다면, 더 깨끗한 공기와 물, 더 나은 건강, 더 저렴한 에너지, 더 강건한 전력망 등 긍정적인 방향으로 변화할 것이다. 시민들은 여전히 "아메리칸 드림"이 약속하는 복잡성과 다양성을 그대로 누릴 수 있을 것이며, 동일한 크기의 주택과 차량을 유지하면서도 현재 사용하고 있는 에너지의 절반 이하만을 사용하게 될 것이다. 이는 1970년대의 '효율화'로 무탄소를 달성하려는 노력과는 다른 성공의 이야기이며, 미국은 무언가를 포기하는 도전이 아니라 변화를 이루어내는 도전을 맞이하고 있다.

　그럼 대체 어떻게 모든 것을 전기화하면서도 최저 에너지 비용을 실현할 수 있을까? 첫째로, 정책 입안자들은 화석연료 시대에 맞춰 만들어진 연방, 주, 도시 차원의 법과 규정을 전면 개정해야 한다. 이들이 미국이 역사상 가장 저렴한 전기를 갖는 걸 가로막고 있기 때문이다. 미국은 제2차 세계대전에서 승리하기 위해 했던 것처럼, 기술적 해법을 대규모 산업 생산의 영역으로 끌어들여야 한다. 비록 획기적인 혁신이 필요하지 않을 수도 있지만, 수천 개의 작은 발명과 비용 절감이 우리의 최종 목표를 달성하는 열쇠이기 때문이다. 그럼에도 불구하고 혁신의 추진력은 유지해야 한다. 마지막으로, 저금리 '기후 대출'을 통해 무탄소 에너지 시스템으로의 전환을 위한 자금을 저렴하게 조달할 수 있도록 해야 한다. 기후 변화는 부유한 상위 10%만이 감당할 수 있는 문제가 아니다. 우리는 모든 사람이 이 과정에 참여할 수 있는 메커니즘을 만들어야 한다. 미국 역사에는 공공-민간 금융을 통해 이와 같은 과제를 해결한 선례가 있다. 이러한 혁신적 접근을 통해 오늘날 우리의 문제도 해결할 수 있을 것이다.

또한 앞으로 미국은 자국 내 전기 생산량을 세 배 늘려야 한다. 이를 위해서는 마치 인터넷처럼 작동하는 새로운 에너지 그리드, 그리고 새로운 규칙을 만들어내는 '문샷moonshot○ 프로젝트'가 필요할 수밖에 없다. 이를 위해 '그리드 중립성'을 반드시 달성해야 한다. 우리 다음 세대, 아이들의 삶을 살 만하게 만들기 위해 필요한 기후 목표를 달성하려면 제2차 세계대전에서 있었던 '민주주의 병기창○○'과 유사한 규모, 속도, 범위로 산업을 동원해야만 한다.

전 세계는 현재 팬데믹과 경제 위기의 그늘에서 벗어나기 위해 필사적으로 노력하고 있다. 이런 상황에서 가장 많은 일자리를 창출할 수 있는 프로젝트가 바로 전기화 프로그램이다. 경제학자와 협력하여 수행한 분석에 따르면 우리가 기후 문제에 적극적으로 대응할 경우, 미국 전역의 모든 도시, 교외, 농촌 마을 곳곳에 걸쳐

○　문샷moonshot 프로젝트: 본래 달탐사 프로젝트를 말한다. 그만큼 거대한 목표를 지향하는 혁신적 프로젝트를 말하는 관용구가 되었다.-옮긴이
○○　민주주의 병기창Arsenal of Democracy : 1940년, 제2차 세계대전 초기 미국 대통령 루스벨트가 미국의 대규모 생산능력을 바탕으로 무기와 군수품을 생산하여 동맹국을 지원하면서 자청했던 역할을 지칭한다.-옮긴이

최대 2,500만 개의 양질의 일자리가 창출될 수 있다. 이 과정은 결코 쉽지 않을 것이다. 많은 사람들이 정치적으로 불가능하다고 말할 것이다. 그러나 이 책에서 나는 아직 우리에게 기회가 남아 있음을 밝히고자 한다. 지구는 정치보다 더 큰 문제이며 우리가 직면한 도전에 대응하기 위해서는 기존의 정치적 방식이 변화해야 한다. 우리의 미래는 위태로운 상황에 처해 있다. 억만장자들이 화성으로 탈출하는 꿈을 꾸더라도 수십억 명, 우리… 우리 모두는 이곳에 남아 싸워야 한다.

01
어슴푸레 비추는
한 줄기 희망

+ 앞으로 이뤄질 모든 탄소 배출을 없애기 위한 유일한 실질적인 방안은 (거의) 모든 것을 전기화하는 것이다.
+ 기후 목표를 달성하려면 전기차, 히트펌프, 태양광 지붕 등 가정용 전기 제품을 100% 도입해야 한다. 이것이 개인별 탄소 중립 인프라가 될 것이다.
+ 전기를 통해 탄소 배출을 감축하려면 대규모 발전 및 송배전 인프라를 구축해야 한다.
+ 새로운 자금 조달 방식인 '기후 대출'도 필요하다. 이를 통해 누구나 기후 대응에 동참할 수 있게 된다.
+ 모든 것을 전기화하려면 지금보다 3~4배 더 많은 전기가 필요하다. 이때 중요한 것은 '그리드 중립성'이다. 가정, 기업, 기존 전력 회사 모두 전기를 생산, 전송, 저장하는 사업에 동등한 조건으로 참여할 수 있어야 한다.
+ 화석연료 보조금은 반드시 철폐되어야 한다. 물론 재생에너지와 관련된 여러 청정 대응법의 비용을 인위적으로 부풀리는 규칙과 규정도 사라져야 한다.
+ 지구의 기온 상승을 2도 이내로 제한하려면 일정 기간 내 탈탄소화, 즉 탄소 배출을 0으로 만드는 작업이 필수적이며, 이는 전시 총동원과 같은 수준으로 산업계의 역량을 총동원해야 가능하다.
+ 지구의 기온 상승을 1.5도 이내로 억제하려면 탄소 배출을 0으로 만드는 것만으로는 불충분하다. 탄소 흡수 기술 개발을 촉진하는 것뿐만 아니라 대규모 탄소 배출원들을 가능한 한 빠른 시일 내로 모두 퇴출시켜야 한다.

이 책은 미래를 위해 싸우기 위한 행동 계획이다. 기후 위기에 대한 대응은 매우 더디기 짝이 없지만 이제 우리는 모든 에너지 수요와 공급을 탄소 배출과 무관한 방식으로 전환하는 '궁극적 탈탄소화'에 전념해야 한다. 더는 시간이 없다.

많은 정치인, 활동가, 학자, 그리고 과학자들은 이미 기후 변화에 대한 대응을 포기한 상태다. 기후 변화에 대한 무관심과 부정이 만연한 현실에서 나 역시 때로 절망을 느낀다. 그럼에도 불구하고, 나는 결코 포기할 생각이 없다. 우리는 미국이 화석연료에 계속 얽매여 살아가야 한다고 생각하는 사람들뿐만 아니라, 미래를 구할 정치적 변화가 시간에 맞춰 이뤄지는 것이 불가능하다고 생각하는 사람들과도 싸워야 한다.

나는 엔지니어이자 에너지 시스템 전문가로서 데이터를 분석하여 지구가 미래 세대의 거주가 가능하면서도 지금처럼 아름다운 행성으로 남을 수 있도록 탄소 배출을 줄이는 방법을 찾고자 한다. 이제 미국이 방향을 올바르게 설정한다면 모든 소비자는 경제적으로 더 나아질 것이고, 동시에 미국에서만 수백만 개의 새로운 양질의 일자리가 창출되어 지역 경제는 활기를 되찾을 수 있을 것이다.

나는 이 책에서 기후 위기를 피할 수 있는 실행 가능한 경로를 제시하고자 한다. 내가 제시하는 길이 유일한 방안은 아니겠지만, 기후 재앙을 피하기 위해 세상을 완전히 뒤집어엎을 필요는 없다는 것을 명확하고 상세하게 설명하고자 했다. 기후 변화에 대처할 수 있는 마지막 기회이자 한 줄기 희망은 분명히 있으며 우리는 지금 당장 이에 따라 행동에 나서야 한다.

이제 더는 탄소를 배출하는 선택을 해서는 안 된다. 탄소 배출

게임을 끝낼 때다. 이는 앞으로 더는 화석연료를 태우는 기계나 기술을 생산하거나 구매하지 않아야 한다는 뜻이다. 전기차로 전환하기 전에 추가로 휘발유 자동차를 구입할 수 있는 탄소 예산°은 이제 더는 남아 있지 않다. 지하에 천연가스 난방 장치를 추가로 설치할 시간도 없으며, 천연가스 '첨두peaker' 발전소를 건설할 여유도 없고, 석탄 발전소를 더는 추가할 여지도 없다. 전력 회사, 작은 가게나 공장, 가정 등 그것이 어디에 있고 종류가 무엇이든 화석연료 기반 기계 장치는 이제 화석연료를 사용하지 않는 기계로 교체되어야 한다.

내가 여전히 희망이 있다고 보는 이유는 청정에너지 미래를 가로막는 많은 장애물이 기술적인 문제가 아닌 제도적이고 관료적인 사안에 가깝기 때문이다. 우리는 자동차와 집을 안락하게 유지하면서도 기후 변화에 대응하고, 공기를 맑게 하며, 더 푸른 미래를 만들 수 있는 기술적 수단을 이미 보유하고 있다. 많은 사람들은 기후 변화 문제 해결을 위해 기적이 필요하다고 생각한다. 그러나 실상은 우리가 적절한 방식으로 노력한다면 문제를 충분히 해결할 수 있다. 비용 부담이 너무 크다는 의견도 많지만, 올바른 방법으로 실천한다면 오히려 비용을 절감할 수 있다. 일자리가 감소할 것이라는 우려도 있지만, 환경을 더 고려하는 미래를 받아들인다면 수백만 개의 일자리가 창출될 가능성이 더 크다. 대부분의 사람들은 청정에너지 미래로의 전환이 지금보다 물질적으로 더 축소된 삶을 의미한다고 생각하지만 실제로는 이러한 변화가 물질적으로도 더

○　carbon budget. 지구 평균 기온 상승을 특정 수준 이하로 제한하기 위해 허용되는 온실가스 배출량의 한계치를 의미한다. – 옮긴이

나은 삶으로 가는 길이 될 수 있다.

이 계획을 실현하는 데는 분명히 많은 장벽이 존재한다. 내가 사람들에게 기술적으로 필요한 사항을 설명하면 그들은 정치적인 장벽을 언급한다. 그러나 우리는 이러한 장애물을 하나씩 제거하는 방법을 찾아내야 한다. 비록 그 과정이 순진하게 보이거나 현실성이 없어 보일지라도 말이다. 실행에 나설 때는 가능하다면 여러 장애물을 동시에 제거할 수 있어야 한다. 만약 당신이 정책 입안자라면 현재의 경제적, 정치적 환경에서 가능한 모든 수단을 동원해야만 한다. 정치적으로 가능한 것만 생각하며 상상력과 야심을 가두어 둔다면 결국 우리 모두가 파멸에 이를 것이다.

다행히도 기후 위기에 맞서 싸우는 젊은 세대의 활동가들은 포기하지 않고 있다. 그들에게 그리고 자신의 역할을 다하고 있는 많은 분들에게 감사할 따름이다. 이 책은 희망을 포기하지 않은 사람들, 그리고 기꺼이 싸우려는 사람들을 위한 책이다. 이 책으로 독자들이 정치인들과 기업가들에게 구체적인 요구를 전달할 수 있는 청사진을 제공하고자 한다. 그들이 우리가 원하는 미래의 로드맵을 제시하지 못했기 때문에, 이제는 우리가 그들에게 로드맵을 제공하고 긴급하게 실천에 옮겨야 할 때이다.

이 책에서는 수집할 수 있는 가장 포괄적인 데이터에 기반해, 기술적으로 무엇이 필요한지 가능한 한 상세한 답을 제시하고자 한다. 기술적으로 필요한 사항을 이해하게 되면 이를 정치적으로 가능하게 만들고 경제적으로 수용할 수 있도록 하는 방법을 탐색하는 데 우리의 창의력을 발휘할 수 있을 것이다.

스탠퍼드 대학교 생명공학과 교수이자 내 친구인 드루 엔디Drew

Endy는 종종 이렇게 농담하곤 한다. "우리 세대는 인류 역사상 처음으로 90억 인구가 이 행성에서 번영하는 데 필요한 기술을 보유하게 되었지만 정치와 제도는 여전히 이를 따라잡지 못하고 있다."

우리의 정치 지도자들은 코로나19 대유행을 막는 데 분명히 실패했다. 이는 그들이 기후 위기에 제대로 대응할 능력 역시 갖추지 못했다는 사실을 보여준다. 과학자들은 새로운 감염병이 창궐할 가능성을 예측하고 수년 전부터 경고했지만, 코로나19 대유행과 그로 인한 비극을 막지는 못했다. 그럼에도 코로나19 사태에서 우리는 중요한 교훈을 얻을 수 있다. 그림 1.1에 나타난 곡선은 코로

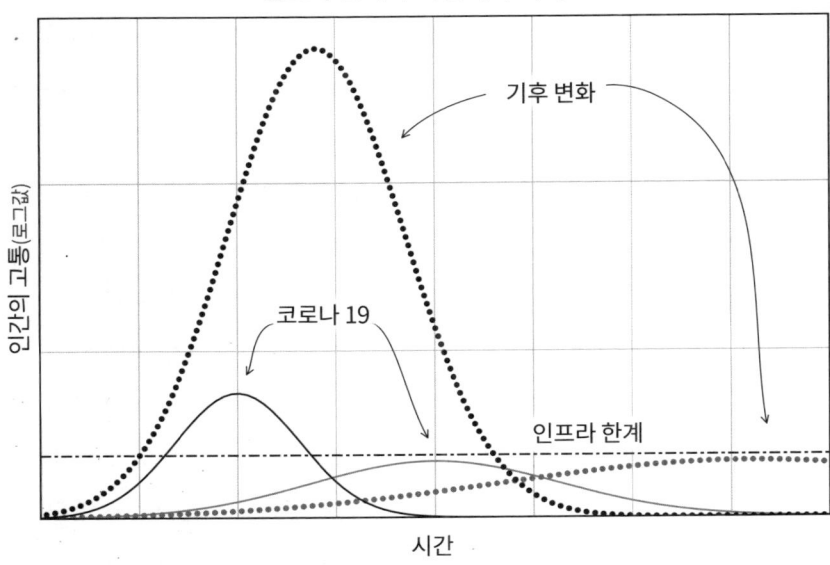

그림 1.1 곡선을 평평하게! 기후 위기는 코로나19와 유사한 패턴을 가진다. 기후 위기가 파멸로 치닫기 전에 미리 조치를 취해야 한다. 코로나19는 몇 주 앞서 대응하면 상대할 수 있다. 하지만 기후 위기는 수십 년 전에 대응해야 효과를 볼 수 있다. 코로나19의 경우, 인프라의 한계는 병원이다. 한편 기후 위기의 경우, 인프라의 한계는 우리가 가진 모든 것이다.

나19 대응과 기후 위기 대응이 동일한 패턴을 따른다는 점을 보여 준다. 기후 위기와 코로나19는 모두 현재 인프라로는 감당할 수 없는 큰 파동을 일으킨다. 다만 기후 위기가 초래할 파동은 훨씬 더 크고 오래 지속된다. 코로나19의 경우 바이러스 유입 시점보다 20일 앞서 대응했어야 하며 파동은 수년간 지속되고 있다. 반면 기후 변화는 20년 앞서 대응해야 하며, 그 파동은 수십 년, 나아가 수백 년에 걸쳐 이어질 것이다. 두 가지 모두 사전 준비와 과학에 기반한 정책 없이는 대응할 수 없는 문제다.

2022년 현재, 코로나19에 대응하는 다양한 백신이 이미 출시되었다. 이 짧은 시간 내에 이를 현실로 만들어낸 과학자들과 엔지니어들에게 감사를 표한다. 그런데 우리는 기후 위기를 해결하기 위한 백신도 이미 가지고 있다. 바로 '청정에너지 인프라'이다. 여기에는 풍력 터빈, 태양광 패널, 전기차, 히트펌프 등 개별적으로 흩어진 기술뿐만 아니라, 이 모든 것을 하나로 연결해 주는 확장된 전력망, 즉 인터넷처럼 망중립성을 갖춘 대규모 전력망이 필요하다.

만약 정부와 정치인들이 현재의 인프라 대부분을 전기화한다면, 놀랍게도 모든 미국인의 에너지 비용이 감소할 것이다. 이 전기화 프로젝트를 위해 대출, 인센티브, 보조금 등 적절한 방식으로 자금이 충분히 조달된다면, 우리는 모두가 더 저렴한 비용으로 전기화된 에너지 환경을 누릴 수 있는 미래를 맞이할 수 있을 것이다. 우리는 이미 공해 문제가 없고, 탄소 배출이 거의 없으며, 녹색 환경을 되찾고, 번영하는 미래를 현실로 만들 수 있는 청정에너지 솔루션을 보유하고 있다.

나에게는 여전히 한 줄기 희망이 있다. 그러나 이 희망을 현실로 구현하려면 몇 가지 핵심적인 질문을 던지고 그 답을 찾아야 한다. 이 책의 핵심 내용이기도 하다.

대체 무엇이 가장 시급한 과제인가? 인간 활동에서 배출된 이산화탄소는 지구를 위험 수준으로 가열한다. 지구 가열이 계속되면 상상을 초월할 만큼 많은 사람들에게 피해가 갈 수밖에 없다. 경제는 파탄에 빠지고, 전쟁과 대량 이주가 진행될 것이며, 생물종은 수없이 멸종할 것이고, 그들 주변의 환경 역시 돌이킬 수 없이 파괴될 것이다. 지금 존재하는 기계들이 화석연료를 태우기 때문에 발생하게 될 '예정 배출committed emission'은 일반적인 인식보다 훨씬 더 긴급한 문제다.

기후 목표를 달성하고자 한다면, 지금 당장 거의 모든 분야에 걸쳐 탈탄소 에너지 기술을 100% 도입해야 한다. 이는 이미 준비된 기술의 규모를 키워야 한다는 뜻이다. 물론 기적 따위는 바랄 수 없고, 아직 개발되지 않은 방법, 즉 저렴한 비용으로 대기 중 이산화탄소를 흡수하여 격리하는 기술같이 아직 실용하되지 않은 기술에 의존해서는 안 된다. 이러한 문제는 2장에서 자세히 논의하려 한다.

우리는 무엇을 보고 동기를 얻을 수 있을까? 이 책의 계획은 불가능에 가까운 일처럼 대담해 보일지 모른다. 그러나 기후 '위기'란, 이렇게 불가능해 보이는 일을 해내야 하는 상황을 말한다. 이때 우리는 미국의 과거를 살펴볼 수 있다. 지난 200년간, 미국이 어려운 문제에 도전해 난관을 극복해 낸 사례들을 통해 불가능한 요구를 불

가피한 목표로 바꿀 길을 확인할 수 있을 것이다.(3장)

우리는 어떤 지식을 어떻게 알아나가야 할까? 1980년대 이래, 정부 기관과 과학자들이 기후 변화 대응에 필요한 정보를 수집해 온 시간은 40년이 넘는다. 이들이 제시하는 에너지 정보를 세세히 이해함으로써 과학자들은 화석연료를 탄소 중립 에너지로 어디서, 어떻게 대체해야 하는지, 그리고 그 과정에서 얼마나 많은 에너지를 절약할 수 있는지를 이미 알고 있다. 이 내용은 4장에서 자세히 살펴보겠다.

그럼 기후 위기에 대한 우리의 생각은 어떻게 변화시켜야 할까? 이전의 에너지 위기와 다르게 기후 위기는 효율 향상이나 현행 시스템의 개선만으로는 해결할 수 없다. 문자 그대로 진정한 변화가 필요하다. 나는 지금까지 미국인들이 겪어온 에너지 사용 패턴의 변화를 분석할 것이다. 여기에는 좋은 소식이 하나 숨겨져 있다. 우리는 삶의 방식을 크게 바꾸거나 손에 익고 애정이 담긴 여러 가지 기기를 대부분 포기하지 않고도 탈탄소화에 성공할 수 있다. 이때 필요한 에너지의 양은 현재 사용량의 절반에 불과할 것이다.(5장)

그럼 우리는 무엇을 해야 할까? (거의) 모든 것을 전기화해야 한다. 공급 측면에서는 풍력과 태양광(그리고 아마도 원자력)을 대규모로 도입해야 한다. 이미 이들 에너지원으로 만든 전기는 천연가스나 다른 화석연료로 만든 전기보다 더 저렴하다. 수소와 바이오연료는 특정 용도(예: 항공용 생물유래 연료)를 제외하고는 중요한 역할을 하지 못할 것이다. 수요 측면에서는 전기차, 히트펌프, 그리고 에너지 저장 장치 공급량을 크게 늘려야만 한다. 이 내용은 6장에서 다루겠다.

그럼 여기서 사용할 에너지는 어디에서 얻을 수 있을까? 미국의 에너지는 대부분 태양광 발전과 기타 재생에너지원에서 공급될 것이다. 그렇지만 사람들은 자신이 상상할 수 없는 미래를 두려워한다. 사람들의 두려움을 가라앉히려면 잘 정리된 정보가 필요하다. 7장에서는 에너지 공급에 적용되는 기초 물리학을 간략히 설명하고 청정에너지로 사회가 돌아가는 미래에 대한 그림을 명확히 그리려고 한다.

그럼 재생에너지 시스템을 어떻게 하루 종일, 휴일 없이, 1년 내내 작동하도록 만들 수 있을까? 사람들은 정전으로 인한 불편을 혐오한다. 어떻게 하면 이 시스템을 우리가 잘 알고 있고 또 기꺼이 받아들일 만큼 신뢰성 있게 만들 수 있을까? 8장에서 이 질문에 대해 설명하겠다.

인프라는 무엇인가? 많은 사람들은 과거의 인프라 개념에 갇혀 있다. 도로, 교량, 댐, 송전선로 같은 요소만이 인프라를 구성한다는 생각 말이다. 그러나 이들만으로 우리가 건설하게 될 새로운 세계를 설명하기에는 충분하지 않다. 집, 자동차, 그리고 난방 시스템을 균형 잡힌 에너지 인프라의 필수 요소로 보아야 한다. 더불어 그 기반에는 자금 조달에 대한 새로운 사고방식이 있어야 한다. 또한 소비자들은 자신의 탄소 발자국 규모가 몇 년에 한 번, 드물게 이루어지는 몇몇 결정에 크게 좌우된다는 사실을 깨달아야 한다. 이렇게 되면 일상적인 작은 결정의 부담에서 벗어나게 될 것이다. 9장에서 이 내용을 다룬다.

우리에게 전기화 전환을 감당할 만한 역량이 있을까? 미국은 전 인류는 물론 자신의 경제를 위해서도 재생에너지로 전환하지 않을 수 없다. 재생에너지는 이제 화석연료보다 저렴하며, 점점 더 저렴해지고 있다. 10장에서 설명하겠지만, 이러한 기술이 대규모로 확대되면 재생에너지는 20세기 중반 원자력 초창기에 나왔던 말을 따라갈 것이다. 기본적으로 "너무 저렴해서 가격을 측정할 수 없는" 에너지가 될 것이라는 말이다.

하지만 과연 돈도 절약할 수 있을까? 에너지가 저렴하면 모든 것이 더 저렴해진다. 나는 부엌 식탁 위에서 청정에너지 전환이 각 가구 재정에 어떤 영향을 미칠지 보여주는 모델을 만들어보았다. 11장에서는 청정에너지를 올바르게 활용하면 모든 소비자가 에너지 비용을 낮출 수 있다는 사실을 구체적으로 확인할 수 있다.

전환 비용을 어떻게 지불할까? 사실 이 질문은 너무 느슨하다. 아마도 더 나은 질문은 "어떤 금리에서?"일 것이다. 왜냐하면 오랜 시간 동안 활용될 인프라에 들어갈 돈은 빌려서 조달하는 것이 합리적이기 때문이다. 탈탄소화를 위한 전환에 들어가는 비용은 필요한 인프라의 생애 주기에 맞춰 조달해야 한다. 모든 탈탄소화 기술은 초기 투자액은 많이 필요해도 수명이 다할 때까지의 연료비와 유지비는 적게 들어간다. 미국은 1920년대에 자동차 금융을 개발하고, 1930년대에는 정부 보증 30년 주택 담보 대출을 도입했으며, 뉴딜 시대에는 비슷한 금융 기법을 동원해 농촌 전기화 정책을 현실로 만들어냈다. 오늘날에도 이와 유사한 금융 해법이 필요하며 12장에서 자세히 다룬다.

과거에 대한 대가는 어떻게 치를까? 기후 운동가들은 우리의 삶이 다할 때까지 화석연료 기업들과 싸울 수도 있다. 하지만 미국인들은 이 회사들에게 지난 세기 동안의 노고에 감사함을 표하고 우리 미래를 위한 싸움에 동참시킬 수도 있다. 13장을 확인하라.

법령과 규제는 어떻게 다시 설계할 수 있을까? 지금 미국은 화석연료로 움직이는 세계에 맞춰 만들어진 규제 속에서 살고 있다. 물론 화석연료 보조금 문제가 대체로 잘 알려져 있는 건 다행이다. 그러나 지금 더 중요한 건 따로 있다. 정책 입안자들이 올바른 일을 하는 데 드는 비용을 높이는 규제를 없애야만 한다. 정치 지도자들은 미국이 만들 수 있는 최고의 에너지 시스템, 전기차와 건물의 전기화를 촉진하는 간단명료한 법령을 만들어야 한다. 14장에서 이를 위한 몇 가지 사항을 제시했다.

일자리와 경제는 어떻게 될까? 미국은 코로나19로 인해 대공황 이후 최고 실업률을 경험하고 있다. 2차 세계대전 당시 승리를 위해 제조업 전 분야를 동원했던 것처럼 이제 청정에너지 인프라에 대규모 투자를 단행하면 새로운 일자리를 무수히 창출할 수 있을 것이다. 탈탄소 경제로 전환하는 데 성공한다면 미국민은 수백만 개의 일자리를 얻을 수 있다. 15장에서 이 문제를 살필 것이다.

그런데 우리는 과연 이렇게 거대한 도전을 감당할 수 있을까? 전례 없는 일은 아닐까? 제2차 세계대전 당시 있었던 산업 동원은 문제의 규모와 난이도 및 비용 면에서 지금과 비견할 만한 사례다. 16장에서는 그 과정을 자세히 설명한 다음 이번 기후 대전에서는 우리가 어떻게 이길 수 있을지 탐구한다.

기후는 수많은 환경 문제 중 하나에 불과하지 않나? 그렇다. 기후 변화를 해결하더라도 바다는 플라스틱으로 질식하고, 아마존 열대우림은 계속 불탈 것이며, 산호초는 농업 폐수로 인해 절멸할 것이다. 17장에서는 우리의 생활을 통과해 흘러 나가는 수많은 물질들을 살펴보려 한다. 이들 물질의 순환을 잘 살펴보면, 에너지 소비와 탄소 배출을 줄일 틈이 보일 것이다. 더불어 상당량의 탄소를 포집하고 우리 인류가 지구에 남기는 생태 발자국을 지금보다 더 작게 만드는 데도 기여할 것이다.

모든 것을 전기화하지 않고도 탄소포집, 탄소세, 수소 등으로 기후 변화에 대처할 수 있는 계획은 어떤 것들이 있을까? 포집하기에 탄소는 너무 많고, 탄소세로 충분한 효과를 얻기에는 너무 늦었으며, 수소는 허상에 불과하다. 이들 기술이 쓸모가 있기는 하다. 그러나 부록 A

에서 확인할 수 있듯이 '감옥 탈출 카드$^{\text{get out of jail card}}$○'는 결코 아니다.

그럼 이제, 어떻게 변화를 만들 수 있을까? 우리 모두는 전쟁과 같은 규모의 동원에 호응할 수 있다. 스스로의 노력은 물론 기술로도 그렇다. 기후 변화와의 전투에서 승리하는 유일한 길은 계속 싸우는 데만 있다. 우리는 정치인과 기업인들에게 항상 더 많은 것을 요구해야 한다. 우리가 매번 타협한다면 결국 기다리는 것은 패배뿐이다. 정치인들이 2050년으로 목표를 설정하려고 한다면 2030년을 목표로 요구해야 한다. 산업계가 천연가스로 전환하겠다고 하면 천연가스를 사용할 만큼 한가한 상황이 아니라고 대응해야만 한다(천연가스는 이름과는 달리 자연을 부수고 얻은 것이다). 중국, 러시아, 인도, 브라질이 하지 않을 것이기 때문에 다른 나라가 무엇을 하든 중요하지 않다고 말할 수도 있다. 이때는 미국이 다른 국가들에게 길을 보여줘야 한다고 대답해야 한다. 이제는 절망에 빠져 변화를 미룰 만한 여유가 없다. 절망은 희망으로 바꾸고 희망은 행동으로 변환해야만 한다. 부록 B에서 더 상세한 내용을 다룬다.

이런 말들을 하는 나는 누구일까? 내 정체는 과학자, 엔지니어, 발명가이자 아이들에게 더 나은 세상을 물려주고 싶은 아버지이다. 나는 내가 운 좋게 누리고 있는 지구와 그 위의 여러 생명체에 대한 경외감을 아이들에게도 느끼게 해주고 싶다. 나는 지금껏 이 싸

○ 모노폴리 보드 게임에서 플레이어가 감옥에 갇혔을 때 탈출 자격을 주는 카드.-옮긴이

움에서 내가 가진 모든 것을 바쳐왔다. 데이터는 아직 희망을 갖는 것이 여전히 합리적이라는 사실을 확신하게 만든다. 그러나 시간은 거의 남지 않았다. 우리는 기후 위기에 맞서 큰 승리를 거둘 수 있지만 기회는 지금이 마지막이다. 승리한다면 우리 모두의 삶은 지난 시기보다 훨씬 더 나아질 것이다. 우리에게는 승리를 향해 나아가는 것 말고는 다른 선택의 여지가 없다.

기후 위기 시대, 플러그를 꽂을 수 있게 하자
모든 것을 전기로 돌아가도록 바꾸자

이 책의 범위는 미국의 에너지 시스템이다. 이 시스템에서는 미국에서 나오는 온실가스 배출량의 약 75%가 발생한다. 미국에 초점을 맞추는 것은 물론 이 책의 한계일 수 있다. 그러나 이 나라는 분명 전 세계의 에너지 상황을 대표할 수 있다.[1] 나머지 25%의 배출량 출처는 농업 부문(약 12%), 토지 이용 및 임업(7%), 산업의 비에너지 사용 배출(7%) 등이다. 이 책에서 제안하는 동원 작전대로 기후 위기에 대응한다면 산업 비에너지 배출량의 많은 부분은 물론 나머지 두 영역에서 나오는 배출량도 일부 줄일 수 있다. 결국 미국의 에너지 공급을 탈탄소화하는 일이야말로 기후 위기에 대응해 해야 할 일의 약 85%를 차지한다. 우리가 문제의 85%를 해결하기 위해 노력한다면 나머지 15%의 문제에 맞서 분투하고 있는 똑똑하고 열정 있는 사람들도 제 몫을 다할 것이라 믿는다. 따라서 나는 에너지와 무관한 배출은 책에서 가끔씩만 언급할 것이다.

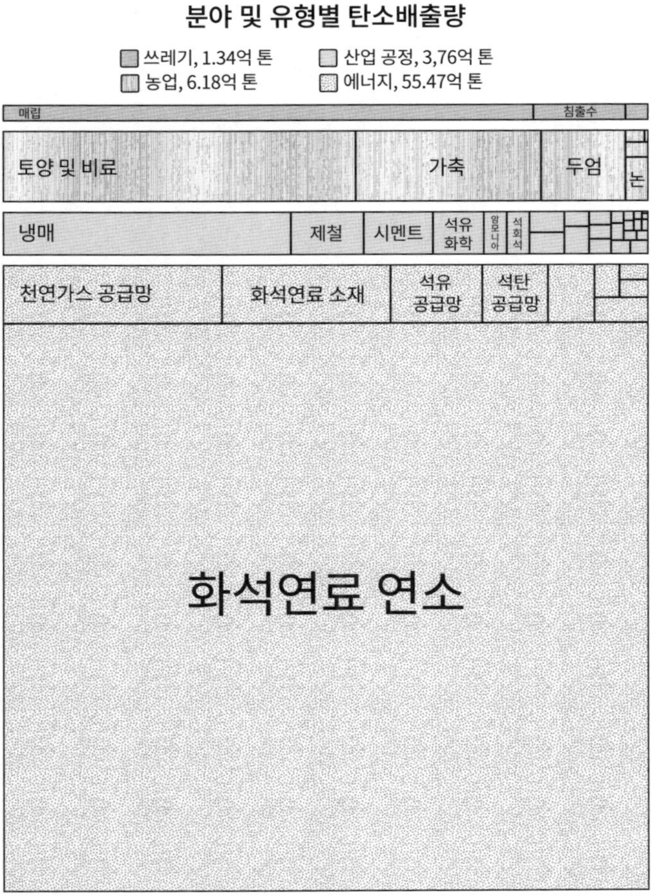

분야 및 유형별 탄소배출량

- 쓰레기, 1.34억 톤
- 농업, 6.18억 톤
- 산업 공정, 3,76억 톤
- 에너지, 55.47억 톤

매립				침출수	
토양 및 비료		가축	두엄	논	
냉매		제철	시멘트	석유화학	용매 / 석회석
천연가스 공급망	화석연료 소재		석유 공급망	석탄 공급망	

화석연료 연소

그림 1.2 이 책은 주로 이산화탄소 배출의 가장 큰 원인인 에너지 부문의 화석연료 연소에 대해 다룬다. 그림은 미국 온실가스 배출량에 대한 미국 환경보호청 EPA 의 추정에서 발췌한 것이며 토지 사용에 따른 '마이너스 배출량'은 표시하지 않았다.

02
생각보다 시간이 없다

+ 기후 위기는 사람들의 생각보다 훨씬 더 심각한 문제다. 널리 알려진 배출량 전망 수치들은 21세기 후반으로 접어들면 대기 중 이산화탄소를 포집하여 격리할 수 있고, 따라서 급속도로 "마이너스 배출"이 이뤄질 것이라고 말한다. 그렇지만 이런 일이 실제로 일어나리라 믿기는 어렵다. 기적에 의존할 수는 없는 일이다.
+ 게다가 문제는 더욱 심각하다. 예정 배출 committed emission — 현존하는 설비에 의해 불타게 될 화석연료에서 나올 온실가스 — 로 인해 기후 위기는 가속화할 수밖에 없다.

기후 변화에 대해 과학은 명확히 말하고 있다. 과학자들은 지구 가열이 진행 중이라는 결론에 도달하는 방대한 연구를 진행해 왔다. 이 연구는 현재의 탄소 배출량을 산정할 뿐만 아니라 이를 통해 미래의 기후를 예측할 수 있는 수준에 도달해 있다. 이에 따르면 인류는 자연 환경과 인간에게 괴멸적 피해를 끼칠 재앙을 향해 돌진하고 있다는 것이 확실하다. (기후 과학에 대한 기본 정보는 '부록 C. 토끼굴 속으로'를 확인할 것.)

기후 과학의 이 결론을 놓고 논쟁할 필요는 더 이상 없다. 물론 적지 않은 사람들에게는 아무리 과학적 증거를 들이대도 의미가 없을지 모른다. 진화 이론을 둘러싼 "논란"을 생각해 보라. 진화는 계속해서 누적되는 증거 아래 생물학의 발전을 150년 이상 이끌어 왔다. 그렇지만 오늘날 미국인 중 인류가 자연선택 등 자연 과정을 통해 진화했다고 믿는 사람은 약 35%에 지나지 않는다.[1] 생각해 보면 이건 통탄할 일이다. 내 딸이 여섯 살 때 이해할 수 있던 일을 아직 미국인의 65%가 받아들이지 못한다는 뜻이니… 나는 2019년 연말쯤에 있던 일을 떠올린다. 그때 나는 케냐 리프트 밸리주, 다시 말해 인류가 처음 나타난 지역에서 고인류를 연구하고 있는 친구 루이즈 리키Louise Leakey를 만나기 위해 딸과 함께 그곳을 찾았다. 리키 일가는 3대에 걸쳐 인류의 기원을 연구해 왔다. 그 덕에 루이즈는 최소한 백만 년 된 해골들이 어떤 특징을 가지고 있는지, 그리고 여기에 비춰보면 인류가 어떤 여정을 거쳐 진화했는지 의심할 여지가 없이 이해할 수 있다는 걸 여섯 살배기에게도 쉽게 이해시킬 수 있었다.

지구 가열을 의심하는 사람도 여전히 많다. 하지만 그들에게도 탄소 중립을 위한 노력을 지지해야 하는 이유가 차고 넘친다. 모두의 돈을 아낄 수 있을 뿐만 아니라 전체 경제의 지속 가능성을 향상시킬 수 있고, 대기 질을 높일 수 있으며, 우리의 건강 또한 증진시킬 것이다. 그렇지만 역시 아무리 많은 증거를 늘어놓더라도 그것이 곧 광범위한 합의를 의미하는 건 아니다. 문화는 결국 과학보다 천천히 바뀐다. 우리는 모든 악조건 속에서도 기후 문제를 해결하기 위해 전진해야만 한다.

교황[2], 달라이 라마Dalai Lama는 말할 것도 없다. 청소년 기후 파업단과 같은 아주 젊은 활동가들뿐만 아니라 멸종 저항Extinction Rebellion 같은 성인 활동가들 역시 열의가 아주 뜨겁다. 민주당과 공화당의 지도적 인물들, 예를 들어 밋 롬니^Mitt Romney 상원의원, 마이크 브라운^Mike Braun 상원의원, 린지 그레이엄^Lindsey Graham 상원의원은 물론[3] 소장파 민주당, 공화당 정치인들도 기후 위기와 싸우겠다는 이야기를 공공연하게 하고 있다.[4] 이제 미국민의 다수는 정부가 기후와 환경을 보호하는 데 들이는 노력이 불충분하다고 생각한다는 조사 결과도 있다.[5] 크리스티아나 피게레스^Christiana Figueres, 전 유엔 기후 책임자 같은 저명 인사도 시민 불복종을 촉구하는 게 현실이다.[6] 제인 폰다^Jane Fonda 같은 유명인 역시 이 문제로 여러 차례 구금된 바 있다.[7]

당신이 기후 재난을 얼마나 긴급한 일로 받아들일 것인지는 당신이 어디에 살고 있는지, 그리고 당신이 사는 지역이 얼마나 더워지는지, 주변 해수면이 얼마나 급격히 상승하는지에 따라 크게 차이가 날지도 모른다. 하지만 확실한 것은 사실상 모든 과학자들의 의견이 일치한다는 점이다. 기후 재난은 비상사태다.

- 만일 나처럼 호주에 사는 사람이라면 섭씨 1도 가열이 얼마나 파괴적인 결과를 불러오는지 이미 피부로 느끼고 있을 수밖에 없다. 산불, 홍수, 가뭄은 야생동물뿐만 아니라 사람도 죽인다. 숫자로 적어보자. 2020년 1월 산불은 약 1만 제곱킬로미터°의 숲과 초원을 잿더미로 만들었다. 이 때문에 10억 마리의 짐승이 죽었고 사람도 결국 20여 명이나 죽고 말았다. 바다에서도 (이산화탄소로 인한 해양 산성화 때문에) 문제가 발생한다. 호주 해변의 거대

○   경기도 면적에 해당된다.-옮긴이

산호초, 대보초는 궤멸하고 있다. 2도 가열이 현실로 나타난다면? 생각만 해도 끔찍하다.

- 만약 당신이 또한 나처럼 캘리포니아 사람이라면 더 많은 대형 화재, 그리고 이로 인한 죽음, 재산 피해, 이주, 그리고 먼지와 검댕을 눈으로 보게 될 것이다.
- 태평양 섬나라 같은 저지대 섬나라 주민, 아니면 방글라데시 같은 범람원 주민 역시 할 말이 많을 수밖에 없다. 이들 입장에서는 1.5도 가열 역시 끔찍한 일이다. 그렇지만 2도 가열은 홍수 빈도를 높이고, 해수면 상승을 더 가파르게 만들며, 상수원을 못 쓰게 만들고, 질병이 더욱 극심하게 창궐하는 상황을 부를 수밖에 없다. 인명 손실은 걷잡을 수 없을 것이고 주택 손실은 광범위할 것이다.
- 뉴욕처럼 저지대에 위치한 대도시 주민이라면? 2도 가열로 예상되는 해수면 상승 피해를 막고자 해안과 근해에 제방과 방파제를 건설하면 된다고 믿을 수도 있다. 하지만 강력한 폭풍 해일이 몰아치면 결국 홍수는 일어날 것이다. 게다가 제방과 방파제는 다른 데 쓸 수 있는 자금을 끌어다가 건설해야 하는 시설이다.
- 마이애미나 플로리다 반도 주민이라면? 2도 가열은 곧 당신 주변의 해안선을 완전히 바꿔버릴 것이다. 물론 해변 주변의 모든 것들은 물속이나 땅속으로 가라앉을 것이다. (물론 부동산 가치도 해저로 처박힐 것이다.)
- 당신이 기후 변화로 인해 멸종 위기에 처한 1/3가량의 생물종에 속하는 개체라고 하자. (식량 생산에 꼭 필요한 꿀벌이나 다른 여타 꽃가루

매개자들도 여기 포함된다) 어떤 수준의 지구 가열이라도 당신에게 위협이므로 발생하지 않는 것이 좋다는 데 동의할 가능성이 아주 크다.

- 농부라면 이미 날씨 패턴이나 계절에서 변화가 진행 중이라는 걸 알고 있을 것이고 이에 따라 작황이 더욱 극단적으로 변화한다는 것도 잘 알 것이다.
- 보험회사 직원이라면? 당신은 기후 관련 재난이 다시 일어날 수 있다는 걸 쉽게 알 수 있으므로 일단 재난이 일어나면 관련 상품의 갱신을 거절할 것 같다.
- 당신이 의료 종사자라고 하자. 기후 변화는 대유행 pandemic 과 비견할 만한 공중 보건 문제를 부른다는 걸, 그리고 미래에도 대유행이 좀 더 쉽게 일어나도록 만든다는 걸 쉽게 이해할 수 있을 것이다. 이들 문제 때문에 이미 매년 수천 명의 사람들이 사망하고 있을 뿐만 아니라 수조 달러에 달하는 돈이 의료비로 지출되고 있다.[8] 게다가 이 문제는 매년 갈수록 악화되고 있을 뿐이다.
- 오늘 막 태어난 아기는 기대수명을 고려하면 분명 최대 3미터까지 해수면이 상승하여 수억 명의 이재민이 발생할 2100년까지도 살아 있을 것이다. 물론 지금은 너무 어려 잘 모르겠지만 이후 자신이 얼마나 심각한 비상사태의 시대 속에 살고 있는지 자연히 알게 될 것이다.
- 당신이 군인이라면 이미 기후 난민이 증가하는 데다 글로벌 공급망이 약화하고, 일부 소지역에서만 발생했던 상황이 전 지구적 불안정성을 확대한다는 데 주목하고 기후 변화가 국가 안보의 최대 위협이라고 인식할 것이다.

기후 변화에 관한 또 다른 종말론을 쓰는 건 쉬운 일이다. 하지만 더 나은 세상을 위한 명확한 길을 제시하는 것이 이 책의 목적이며, 각자의 생각 차이를 좁힐 수 있을 만큼 충분한 세부 사항을 포함시키려 한다. 나는 과학에 기초해서 기술적으로 가능한 방법들에 희망을 걸고 있다. 하지만 가장 먼저 살펴야 하는 것은 왜 사안이 긴급한지, 왜 행동에 착수하기까지 남은 시간이 별로 없는지 확인하는 일이다.

바로 지금부터 행동해야 한다

기후 변화에 대응해 행동해야만 한다. 10년 후, 심지어 한 달 후가 아니라 바로 지금이 그렇게 해야만 하는 순간이다. 우리는 1.5도, 아니면 2도 이내로 지구 가열을 억제하면서도 전 지구의 에너지 인프라를 전환할 수 있는 마지막 순간에 도달했다. 우리에게는 더 나은 미래를 열기 위해 기후 변화에 대응할 수 있는 기회가 아직 남아 있다.

2016년 체결된 파리 협정은 금세기 지구 가열의 수준을 산업화 이전 대비 2도 이하로 억제하여 기후 위기를 방지하는 한편, 지구 가열 수준을 1.5도 이하로 억제할 수 있는 추가적인 노력이 필요하다고 요구했다.[9] 1.5도와 2도라는 목표들은 전문적인 과학은 물론 정치적인 측면도 고려된 값으로 어떤 면에서는 반올림되어 계산하기 쉽다는 점 때문에 채택된 것이기도 하다.

그런데 파리 협정에서 천명한 배출량 목표를 달성하더라도 우리가 원하는 수준으로 기후를 안정시킬 수 없을 가능성이 더 크다.

2018년 기후 변화에 관한 정부 간 협의체[IPCC], 즉 기후 과학자들의 유엔 산하 국제 기구는 기후 변화에 대한 전 세계 연구 결과를 요약하는 보고서를 발간했다. 이 보고서는 파리 협정의 목표인 지구 가열 1.5도 이하 억제는 달성할 수 있다고 결론 내렸다. 그러나 이를 위해서는 "사회의 모든 측면에서 신속하고 광범위하며 전례 없는 변화"가 필요하다.[10]

이 보고서는 만일 우리가 이 목표를 달성하기를 원한다면 12년 이내로 탄소 배출량을 절반으로 줄여야 한다고 밝혔다. 보고서가 발표된 2018년 배출량 기준으로 말이다. 그러나 2019년과 2020년에는 상황을 개선하기 위한 어떠한 실질적인 조치도 없었다. 결국 인간 활동에 의한 온실가스 배출량을 절반으로 줄여야 하는 제한 시간인 2030년까지 남은 시간만 계속해서 줄어들고 있을 뿐이다. IPCC는 더욱 비극적인 경고 또한 제시한 상태이다. 이미 달성하기는 너무나 어렵게 된 목표, 지구 가열 수준을 1.5도 선에서 억제하더라도 심각한 가뭄, 대규모 기근, 생물종 멸종, 생태계 및 거주 가능 토지의 손실이 발생할 것이며 특히 중동과 아프리카에서만 1억 명 이상의 사람들이 빈곤선 이하로 추락하고 말 것이라는 예측이다.[11]

이런 경고는 아마도 현실이 될 것이다. IPCC 보고서는 '1.5도 가열'이라는 방어선을 지키기 위해 탄소 격리[CCS] 같은 '마이너스 배출' 기술까지 인류가 개발해서 활용할 수 있다고 가정했기 때문이다. 현재로서는 이런 기술들은 제대로 작동하는 수준까지 발전하지 못했고 향후에도 비용 대비 효과가 형편없을 가능성이 높다.[12] 다른 영역에서처럼 기후 대응을 위해서도 환상 속의 기술에 의존할 수는 없다. (다시 말해 언젠가 대기 중 이산화탄소를 흡수할 수 있게 되니 화석연료를 계속 사용하자고 주장하는 건 헛소리다.) 우리는 지금 이용할 수 있는 기술만 가지고 지구 가열 수준을 2도 이내로 억제해 내야 한다. 다행인 소식은 현재 사용 중인 기술들을 제대로 활용한다면 이 목표도 달성할 수 있다는 점이다.

2030년까지 온실가스 배출량 절반 감축이라는 방어선이 돌파될 경우 이제 우리는 돌이킬 수 없는 지점을 넘게 된다. 이른바 '티핑 포인트', 비등점을 넘게 되는 것이다. 티모시 렌턴Timothy Lenton 및 그의 동료들이 최근 논문에서 이야기했듯, '티핑 포인트'에 대해 더 많이 알게 될수록 우리 인류의 앞에 더 빠른 시점 내로 더 심대한 혼란이 발생할 수 있다는 사실도 더욱 명백해진다.[13] 빙하는 과

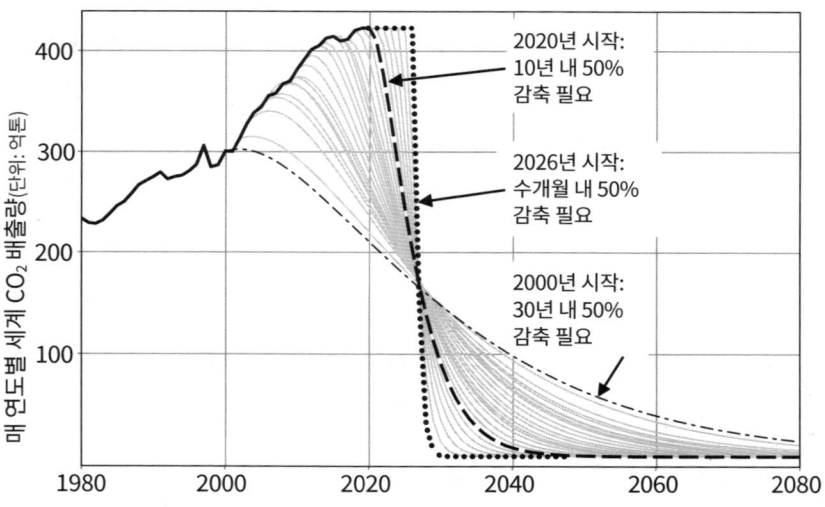

그림 2.1 로비 앤드루의 데이터를 그림으로 옮겨 나타낸, 지구 가열 1.5°C선을 억제하기 위해 따라야 할 완화 곡선. 이 그림은 배출량 감축을 시작해야 할 시간이 이제 얼마 남지 않았다는 것을 보여준다. 그렇지 않으면 지구 가열을 1.5°C선에서 억제할 수 있는 기회는 사라진다

거보다 더 빠르게 녹고 있다. 그린란드 빙상은 이제 사라질 일만 남았다는 과학자들의 주장도 있을 정도이다.[14] 아마존 등의 열대우림은 회복이 어려운 타격을 받고 있다. 북극 툰드라에서는 메탄이 말 그대로 끓어오른다. 산불로 인해 대기에 탄소가 보태진다는 점도 무시할 수 없다. 이들 조건은 아주 민감한 기후 피드백 회로를 건드릴 수 있다. 이제 우리는 기후 변화가 일으킬 수 있는 파국에 문자 그대로 한 걸음만 더 가면 도달할 수도 있는 상태일 것이다. 정치적 혁명 아니면 기술적 기적을 기다리며 시간을 보내는 건 우리 행성의 건강을 결국 무너뜨릴 것이다. 기후 대응이 얼마나 시급한 일인지 확인하기 위해 지크 하우스파더Zeke Hausfather[15] 와 로비 앤드루Robbie Andrew[16]의 분석과 도표를 검토해 보자. (그림 2.1)

이 도표는 이렇게 보면 된다. 온실가스 배출량을 억제하는 대규모 프로젝트를 2000년에 시작했다고 하자. 그러면 매년 4%씩 배출량을 줄임으로써 지구 가열을 1.5도선에서 억제하는 데 성공했을 것이다. 2021년부터 시작한다면 연간 10%라는 엄청난 속도로 배출량을 줄여야 동일한 목표를 달성할 수 있다. 4년을 더 기다리면? 남은 탄소 예산의 절반을 소진한다. 8년 후에는 남은 탄소 예산은 0이 된다. 그야말로 거덜난다는 말이다. 지금 당장 시작해도 부족하다. 내 친구 조너선 쿠미Jonathan Koomey 의 말을 빌리면 "10년마다 배출량을 절반으로 줄여야만" 그나마 희망을 가질 수 있다. 그보다 더 잘 해낸다면 좋겠지만 말이다.[17]

예정 배출 Committed Emissions °

사실 아직 10년의 시간이 남아 있다고 말하는 사람들은 우리가 이미 보유한 인프라가 수명을 다할 때까지 가동되며 발생할 "예정 배출"을 간과하고 있다. 예를 들어 막 새로 산 차가 휘발유차라고 하자. 탄소 배출이 심각한 문제임을 알고 있다고 해도 그 이유만으로 이 차를 팔고 전기차로 교체할 사람이 과연 얼마나 될까?

오늘 완공된 화석연료 발전소가 있다면 즉시 폐쇄하지 않는 한 최소 50년간 이산화탄소를 배출할 수밖에 없다. 어제 구입한 가솔린 차량이나 가스 보일러 역시 최소 20년 동안 이산화탄소를 뿜어낼 것이다. 이런 불가피한 배출원 때문에 지구 온도가 1.5도 상승하는 것은 피할 수 없는 사실이며, 심지어 2도까지 상승할 가능성도 크다.[18] 우리는 이러한 예정 배출에 대해 경각심을 가져야 한다. 앞으로 진행될 모든 의사 결정에서 기후 위기 대응을 최우선으로 삼는다 해도, 1.5도 상승을 막는 데 예정 배출량이 결정적인 걸림돌이 될 가능성이 크기 때문이다.

지금까지 논의한 내용을 다시 생각해 보자. 우리는 기후 대응을 시작하기에 너무 늦었다. 이제부터는 화석연료를 사용하는 모든 기기를 폐기할 때 반드시 탄소 배출이 없는 설비로 교체해야 한다. 개인이든, 전력 회사든, 기업이든, 에너지를 사용하는 모든 주체가

○ 영어 술어 commit에 1대1로 대응하는 한국어 술어가 없다. committed emission에서 commit는 이미 보유한 탄소 배출 설비를 계속 보유하도록 사회가 허용함으로써 앞으로 배출될 것을 사실상 승인한 배출량을 의미한다. '인정', '개입', '언급', '다짐' 등의 기존 번역어(주로 분석 철학자들이 철학 내부의 맥락을 반영해 제안)는 문맥과 정확히 맞지 않고, 국내 기후·환경학계에는 해당 용어가 도입되지 않은 상태로 보인다. 따라서 새로운 번역어를 제안한다.-옮긴이

이 원칙을 따라야만 한다. 이들 모두가 탈탄소화를 위한 방법을 필요로 한다. 물론 탄소 배출량이 압도적으로 많은 석탄 화력 발전소를 수명보다 일찍 폐로하면 상황이 약간은 달라지겠지만, 결국 미국이 화석연료를 사용하는 모든 기기를 폐기하지 않는 한 탈탄소화는 불가능하다는 근본적인 결론은 변하지 않는다.

채택률 100%

모든 에너지 사용 기기를 교체할 때 탄소를 배출하지 않는 기기로 바꾼다는 이 시나리오를 채택률 100% 시나리오라고 부르기로 하자. 그런데 오늘날 수명이 다 된 자동차를 차주가 전기차로 대체할 가능성은 거의 없다. 10%도 높다. 아무튼 10명 중 1명이 전기차를 구매한다면∞ 이 경우 대체율은 10% 수준이다. 자동차 같은 기계는 수명이 꽤 길기 때문에 지금 새로 출고된 내연기관 차량은 오랜 시간 동안 도로를 달릴 것이다. 하지만 탄소 배출량을 정말로 줄이려면 이처럼 완만한 변화를 뜻하는 대체율을 용납할 수 없다. 차량이 필요한 사람이라면 전기차를 사는 것이 맞다. 마찬가지로 전력 구매 계약을 체결하는 기업 역시 천연가스 발전소 대신 태양광 발전소를, 석탄 화력 발전소 대신 풍력 발전소를 선택해야 한다. 다행히도 이런 변화는 예상보다 빠르게 진행되고 있다. 2018년에는

○○ 한국의 경우 2022년 150만 대의 신규 등록차량 가운데 16만 대 정도가 전기차이므로 2022년의 대체율이 이 수준이다. 그런데 한국은 50만 대씩 차량 대수가 순 증가한다. 따라서 내연기관 차량의 전체 수는 30만 대 이상 증가하므로, 이 수준의 대체율로는 내연기관 차량은 당분간 늘어날 것이고 배출량도 늘어날 것이다.-옮긴이

전 세계 신규 발전소의 66%가 재생에너지 또는 무탄소 발전소였다![19] 이는 분명 좋은 소식이다. 그러나 충분하지 않다. 이제는 모든 분야에서 100% 채택율이 달성되어야 한다. 탈탄소화, 즉 무탄소라는 궁극적 목표를 현실로 만들려면 결국 100% 채택률이 필수적이다.

과격한 말처럼 들릴지도 모르겠다. 하지만 이게 당신이 오늘 당장 새 전기차를 구매해야 한다는 뜻은 아니다. 나중에 자동차나 다른 설비·장비를 폐기할 일이 있을 때 더는 CO_2를 배출하지 않는 것으로 바꾸라는 뜻일 뿐이다. 당신 차의 수명이 다했다면 이제는 차를 전기차로 바꾸어야 한다. 소비자 운동에서 영향력 있는 잡지 〈컨슈머 리포트Consumer Reports〉에 따르면 미국에서 신차의 수명은 약 8년, 주행거리는 약 24만 킬로미터이나 잘 관리된 자동차는 훨씬 더 오래 사용할 수 있다. 내 경우 약 64만 킬로미터를 달린 1963년식 랜드로버 차량에 새 엔진을 장착해 타고 다닐 정도이다. 다만 이제 새롭게 바꿀 엔진은 전기 모터로 하려 한다. 온수기, 보일러, 가스레인지에도 똑같이 말할 수 있다. 지붕은 태양광 발전 기능이 있는 것으로 바꿔야 한다. 당신이 사는 도시에 2000년대 중반 설치되었을 천연가스 발전소 역시 당장 내일 문을 닫아야 하는 건 아니다. 하지만 2040~2045년 사이 수명이 다하면 결국 무탄소 발전소로 바꿔야만 한다. 당장 지역 정치인들에게 로비를 시작해야 한다.

설비나 장비의 종류에 따라 그 수명은 제각기 다르다. 온수기의 수명은 대략 10년이다. 냉장고는 12년, 의류 건조기는 13년, 옥상 구조물은 15년, 보일러는 18년, 자동차 및 트럭은 20년, 온도 조절기는 35년, 발전소는 50년 정도로 보면 맞다.[20] 기후 운동가들이 사람들에게 친환경 기술을 사용하는 설비를 구매하도록 설득하는 데 대성공하더라도 기존 제품과 설비들의 예상 수명보다 빠른 탈탄소화는 어려울 수밖에 없다. 화석연료 설비나 장비를 가능한 한 빨리 전기 기반 설비나 장비로 교체하기 위해 환매 정책, 보조금과 같은 다양한 인센티브가 필요하다.

온실가스를 너무 많이 배출하는 인프라는 수명이 다하기 전에 가동을 중단시키면 시간을 조금 더 벌 수 있다. 이것이 바로 화석연료 발전소, 특히 석탄 발전소의 조기 폐쇄를 추진하는 이유다. 그러나 화석연료에 의존하는 인프라를 조기에 폐로하면 소비자, 유틸리티utility°, 다른 전기 관련 기관 모두는 막대한 매몰 비용을 감당해야 한다. 이렇게 만들기 위한 강력한 동기가 필요한 이유이다. 자기 차를 새 전기차로 교체하겠다는 결심을 돕는 재정적 인센티브가 없다면 내연기관 차를 포기할 사람은 거의 없을 것이다.

100% 전기차 보급을 달성하려면 이를 강제하는 정책과 강력한 재정적 인센티브가 반드시 뒷받침되어야 한다. 새로운 기술이 시장의 힘에만 의존해 매년 서서히 점유율을 높여 지배적인 위치를 차지하기까지는 보통 수십 년이 걸린다. 예를 들어 2018년 미국 전체 차량 판매에서 전기차가 차지한 비율은 2%에 불과했다. 그러나 2019년에는 캘리포니아에서 전기차의 점유율이 전체 차량 판매량의 5%에 이르렀다. 테슬라는 2019년 기준으로 설립된 지 15년이

○   "유틸리티utility"는 일반적으로 전기, 가스, 수도, 통신 등과 같은 공공 서비스 또는 이를 제공하는 회사를 의미한다. 이들은 가정, 기업 등에 필수적인 인프라와 서비스를 제공하며, 공공기관이나 민간기업이 운영할 수 있다.-옮긴이

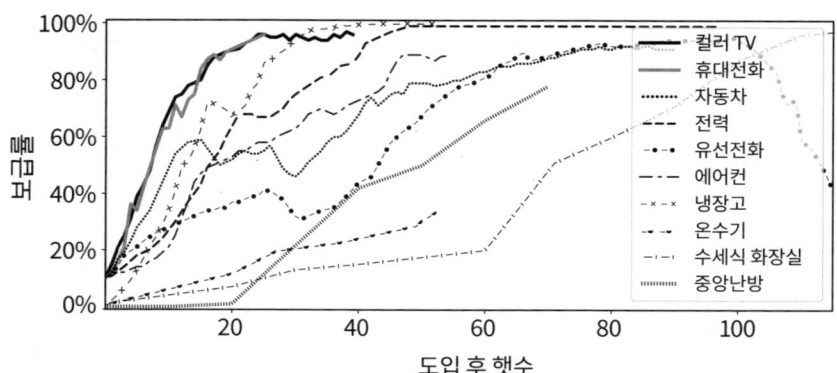

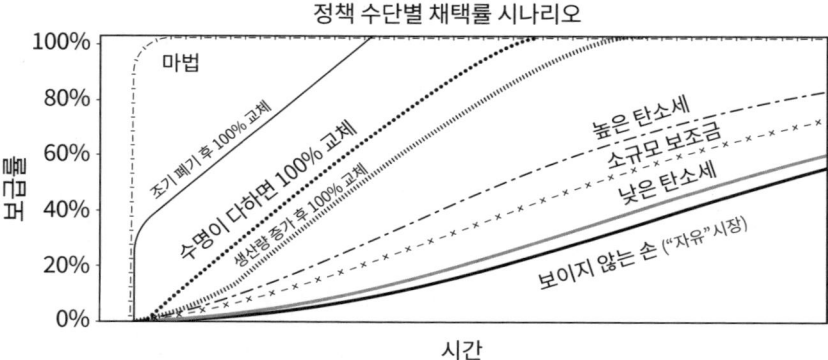

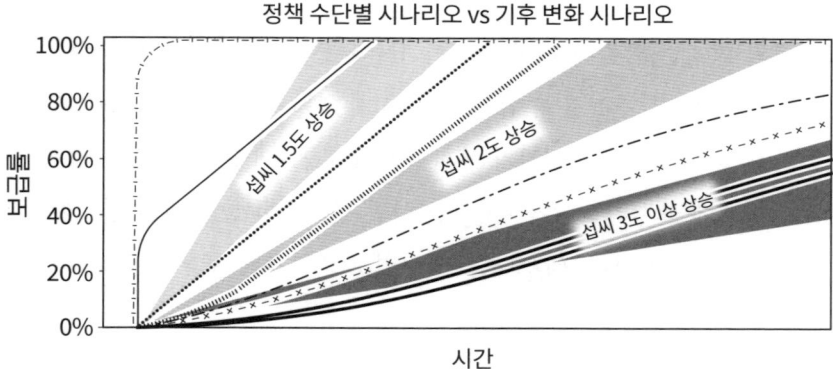

그림 2.2 a) 실제 역사에서 확인 가능한 기술별 채택률을 살펴보면, 휴대폰과 같이 빠르게 채택된 혁신적인 기술조차도 보급률이 포화 상태(100%)에 이르기까지 20년이 걸렸다!

b) 다양한 정책 수단별 채택률 시나리오를 정량적으로 비교해 보면, 어떠한 정책 수단도 활용하지 않는 "자유" 시장 접근법을 택하면 시간이 너무 오래 걸린다. 지구 온난화를 정말로 억제하고자 한다면, 수명이 다한 장비는 100% 교체해야 한다.
c) 정책 수단별 채택률 시나리오와 기후 변화 시나리오를 중첩하여 분석한 결과, 섭씨 2도 상승 시나리오를 달성하기 위해서는 결국 수명이 다한 설비나 장비를 전량 100% 탈탄소 제품으로 교체하는 정책이 필요하다.

되었으며, GM이 최초의 전기차인 EV1의 생산을 중단한 지도 20년이 지났다. 우리는 전기차와 기타 배기가스 배출이 없는 차량이 전체 차량 판매의 100%를 차지하는 시점을 물리적으로, 그리고 산업이 감당할 수 있는 한도 내에서 가능한 한 빨리 달성해야 한다. 그러나 2020년 기준 미국에서는 연간 100만 대의 전기차도 생산되지 않고 있으며 신차 시장은 연간 1,700만 대 규모에 달한다. 이는 그만큼 다양한 승용차, 트럭, SUV, 미니밴이 여전히 내연기관을 장착한 채 판매되고 있다는 의미다.

100% 전기차 보급을 달성해야 한다는 요구는 거대한 갈등을 해결해야 한다는 요구와도 같다. 우리가 알고 있는 '자유 시장'의 보이지 않는 손은 지구 온난화를 2도 이하로 막기에는 역부족이며, 그 힘만으로는 지구 온난화를 1.5도 이하로 억제할 가능성은 전무하다. 이 이야기가 정부가 경제에 개입해야 한다는 주장을 하기 위해 사태를 과장하는 것처럼 들릴 수도 있겠다. 하지만 결코 그렇지 않다. 목표를 이루기 위해 기술적으로 필수적인 요구가 바로 정부의 개입이다. 마치 변기가 고장 난 상황에서 사태를 수습하기 위해 나에게 전화를 걸었다고 하자. 나는 당연히 "보이지 않는 손이 고쳐줄 것"이라고 말하지 않고, 배관공을 부르라고 할 것이다. 마찬가지로, 기후 위기 앞에서 세계는 지금 변기가 고장 난 것보다 더

심각한 상황에 처해 있다. 보이지 않는 손에 의존한다고 해도 그 힘만으로는 충분한 속도로 지구 온난화를 억제할 수 없다. 집안의 배관과 설비가 고장 났을 때 당장 배관공, 전기 기술자, 엔지니어, 제조업체에 연락해야 하듯, 우리가 의존하고 있는 인프라가 잘못된 상황에서는 그에 책임이 있는 정부에 조치를 요구해야 한다.

이런 말을 기업과 시장의 역할이 중요하지 않다는 뜻으로 곡해하지는 말라. 지금은 비상 상황이고 과거의 이념이 얼마나 시대착오적인지 깨닫는 게 중요하다는 뜻일 뿐이다. 대자연과 보이지 않는 손이 힘을 겨루면 항상 대자연이 이길 것이다. 내 친구인 경제학자 스킵 라이트너 Skip Laitner가 말했듯 가끔씩은 자유 시장에도 신속하게 엉덩이를 걷어차 줄 보이지 않는 발이 필요하다. 모든 사회 구성원들이 행동에 나서야 한다. 그리고 그 속에서 각자의 역할을 해야만 한다. 개인, 정부, 기업, 시장… 이들 모두가 모든 방법을 동원해야 하고 이를 통해 모든 주체가 함께 힘을 합쳐 급한 불을 꺼야만 한다.

다음 장들에서 상세히 논의하겠지만 기후 비상사태에 대한 비상 대응의 방향은 개념만 보면 아주 간단하다.

- 공급 에너지, 최종 사용 에너지를 모두 전기화해야 한다. 그 전기의 원천은 재생에너지와 원자력이 되어야 한다.
- 거대 사회 기반 인프라는 물론, 개인이 제품을 구매해 가정에서 만드는 개인 인프라도 변화시켜야 한다.
- 앞으로 새로 구매하는 차량은 모두 전기차여야 한다. 새로 구매하는 보일러는 히트펌프여야 한다. 지붕마다 태양광 패널을 설

치해야 한다. 이것이 바로 각각의 개인이 결정할 수 있는 개인 탈탄소화 인프라이다.
- 정치가들에게는 자유 시장에서 작용하는 힘만으로 할 수 있는 것보다 더 빠르게 인프라의 변화를 추진하도록 요구해야 한다.
- 은행가와 금융당국은 모든 사람이 이와 같은 비상 대응 행동에 참여할 수 있도록 새로운 금융 시스템을 구성해야 한다.

탈탄소화와 청정에너지 전환은 미국 전역의 제조업, 건설업, 설비 설치 및 유지보수, 인프라, 농업, 임업 등 모든 분야에서 일자리를 창출할 것이다. 이러한 수천만 개의 양질의 일자리는 도시, 교외, 농촌 지역 모두에 활력을 불어넣을 것이며 미국이 제2차 세계대전 이후 누렸던 것처럼 두터운 중산층을 재건할 수 있는 기회를 제공할 것이다. 미국이 올바른 방향을 향해 충분한 속도로 나아간다면 모든 사람의 에너지 지출도 점차 줄어들 것이다. 물론 이 모든 것은 우리가 기후 위기에 맞선 싸움에서 각자의 역할을 충실히 이행했을 때 가능한 이야기다.

현재 미국이 직면한 기후 비상사태는 20세기에 미국이 겪었던 다른 모든 위기를 합친 것만큼이나 해결하기 어려운 문제다. 이 비상사태에 대응하기 위해서는 대규모 자원을 신속하게 동원해야 한다. 당신은 아마도 걱정과 두려움에 휩싸여 있을 수 있다. 충분히 이해할 수 있는 상황이다. 그렇다고 해서 가만히 손을 놓고 있을 수는 없다. 다음 장에서 이야기하겠지만 이 비상사태에 대응하기 위한 대규모 동원은 세계와 우리의 경제를 모두에게 더 나은 방향으로 개선할 수 있는 놀라운 기회이기도 하다.

03
비상사태는 영속적 변화를 위한 기회

+ 미국이 과거에 직면했던 비상사태들은 기후 위기에 담대하게 대응할 때 취해야 할 행동의 지침이 된다.
+ 미국은 다양한 비상사태에 맞서 그에 맞는 방식으로 대응해 온 긴 역사를 가지고 있다.
+ 위기 상황에서 대담한 행동은 우리 삶의 질을 영속적으로 개선할 수 있다.

미국은 코로나19 대응에 실패했다. 그러나 역사적으로 수많은 비상사태를 성공적으로 극복해 왔다. 미국은 개인과 집단이 모두 행동에 나서 무언가를 바꾸어냈다. 야생 생태계와 인류의 번영은 물론, 민주주의, 시민권, 적의 기술적 우세, 국가 안보, 공중 보건 위기, 나아가 오존층 파괴와 같은 놀랍도록 많은 적과 마주했던 것이 바로 미국과 미국의 국민이었다. 그러나 미국은 이들과 맞서 싸워 결국 승리를 거두었다. 이번 장에서는 역사를 되돌아보고 승리를 위해 필수적인 영감과 지혜를 찾아내려 한다. 다시 말해 과거의 미국이 어떻게 어려움들을 극복했는지, 그리고 기후 위기라는 현재의 적과 싸울 때 유용하게 사용할 수 있는 도구가 무엇인지 확인하기 위해 우리는 역사를 철저히 살펴보고자 한다.

자연 보존

1903년, 박물학자 존 뮤어^{John Muir}는 경외감을 담아 기꺼이 '자연의 신전'이라고 부를 만한 야생의 땅이 미국 곳곳에 여전히 남아 있다고 지적했다.[1] 하지만 당시 이 땅들은 벌목, 채굴, 개발로 인해 파괴되고 수탈당하고 있었다. 비참한 파괴와 수탈이 계속된다면 이들 야생의 땅은 사라져 버릴 것이다. 영원히 소멸되기 전에 야생의 땅을 지켜내야 했다. 뮤어는 당시 대통령인 시어도어 루스벨트^{Theodore Roosevelt}를 설득하기 위해 작전을 세웠다. 그는 3일 동안 요세미티^{Yosemite} 일원에서 캠핑과 탐험을 함께 즐기도록 루스벨트를 초청했다. 기꺼이 초청에 응한 "테디^{Teddy}"를 뮤어는 설득했다. 그는 미래 세대를 위해 미국의 자연 자원을 보호하려면 공유지를 보존해야 한다고 강조했다(미국 대통령이 골프 대신 캠핑을 즐긴다니! 생각만 해도 꿈 같은 일이다). 결국 루스벨트는 5개의 국립공원, 18개의 국가기념물, 55개의 국립 조류 및 야생동물 보호구역, 150개의 국유림을 지정했다.[2] 물론 이로 인해 북미 원주민들이 이주하는 비극도 발생했지만 미래 세대를 위해 야생지를 보존하려는 루스벨트의 비전과 끈기는 본받을 가치가 있다.

우리는 미래 세대가 누릴 수 있도록 자연을 보존해야만 한다.

뉴딜 정책

1933년부터 1939년까지, 프랭클린 D. 루스벨트 대통령은 국회는 물론 여러 위원회를 통해 수많은 정책 프로그램을 시행했다. 이는 미국을 대공황의 충격에서 벗어나 회복의 길로 이끌기 위해서였다. 일련의 일자리 창출 프로그램, 공공 근로 프로젝트, 금융 개혁 프로그램이 시행되었다. 그중 하나가 현대적인 장기 정부 지원 주택 대출 보증 기금이다. 이 기금을 통해 많은 사람들이 주택을 구입했고 이를 기반으로 안정적이고 지속 가능한 중산층을 형성하게 되었다. 문자 그대로 수백만 명의 미국인들에게 이 프로그램은 큰 도움이 되었다. 물론 여기서 부당하게 소외된 사람들도 많았다. 예를 들어, 아프리카계 미국인들은 주택 거래는 물론 연방 대출 보증 기금의 혜택에서도 배제당하는 경우가 많았다.

오늘날 2020년대의 미국은 현재 우리가 직면한 경제 위기를 극복할 절호의 기회를 맞이하고 있다. 이는 기후 재앙에 대응하고 미국 경제가 가능한 한 빠르게 탄소에서 벗어날 수 있도록 하는 작업이 시급하기 때문이다. 게다가 뉴딜 정책 당시와는 달리 이번 탈탄소화 과업은 누구도 배제하지 않고 형평성 있게 추진할 수 있다.

대출 보증 기금과 저금리 대출은 기후 비상사태라는 맥락에서도 매우 중요한 역할을 한다. 태양광, 풍력 등 청정에너지는 운영 중에는 비용이 거의 들지 않지만 설치 시에는 많은 초기 자본이 필요하기 때문이다. 예를 들어 당신의 지붕에 태양광 패널을 설치해 장기적인 경제적 효과를 얻기 위해서는 먼저 여유 자금이 필요하다. 기후 문제를 해결하기 위해서는 "기후 대출"이 필요하다. 다시 말해, 화석연료로 작동하는 기계에 계속 의존하는 대신, 전기차나 전기 냉난방 기기를 쉽게 구매할 수 있도록 자금을 조달할 수 있어야 한다.

뉴딜 정책의 요소 중 전기화를 위한 자금 조달 모델로는 1936년 제정된 농촌 전기화법Rural Electrification Act 을 들 수 있다. 이 법안은 미국 농촌 지역에 전기 시스템을 설치할 수 있도록 연방 정부가 보증하는 대출을 제공하는 내용을 담고 있다. 가정 및 농장 전기화 추진청The Electric Home and Farm Authority, EHFA 은 농촌 지역의 미국인들이 냉장고, 전자레인지, 온수기와 같은 가전제품을 구매할 수 있도록 자금을 지원했다. 당시 미국의 총 가구 수가 약 3,000만 가구였던 상황에서 이 기관은 약 420만 대의 가전제품 구매를 위해 대출을 제공했다.[3]

이와 같은 혁신적인 재정 계획은 위기를 극복하는 데 도움이 될 뿐만 아니라, 시민들이 더욱 풍요로운 생활을 누릴 수 있는 튼튼한 기반이 된다.

제2차 세계대전에 대응한 동원령

히틀러의 대군이 프랑스를 무너뜨리고, 영국군이 됭케르크에서 철수하던 시점에서 유럽의 미래, 나아가 민주주의의 미래는 극히 암울해 보였다. 히틀러에 맞서 전시 내각을 이끌던 윈스턴 처칠은 프랭클린 루스벨트에게 참전을 요청했다. 루스벨트는 새로운 유형의 전쟁에 대응하기 위해 병력뿐만 아니라 항공기, 전차, 군용 차량, 총기, 탄약, 함선, 폭탄을 생산할 수 있는 산업 인프라가 필요하다고 판단했고, 바로 이 인프라를 구축함으로써 처칠의 요청에 응했다. 당시 미국은 전쟁에 참여할 준비가 전혀 되어 있지 않은 상태였다. 대공황에서 막 벗어난 미국에는 고립주의가 팽배했고 군의 무장은 빈약했으며 편제도 허술했다. 루스벨트는 기업가들과 협력해 전쟁에 필요한 수많은 장비를 적시에 공급할 수 있는 시스템을 구축했다.

우리는 위기 극복을 위해 필요한 기술이 제때 효과를 발휘할 수 있도록, 빠르게 산업 생산을 전환하고 재조직할 수 있다.

우주 경쟁

1957년 10월 4일, 소련은 세계 최초의 인공위성인 스푸트니크 1호를 성공적으로 발사했다. 이 소식에 드와이트 D. 아이젠하워 Dwight D. Eisenhower 대통령과 미국은 큰 충격을 받았다. 스푸트니크 1호는 비치볼 크기의 작은 물체였지만 이로 인해 미국과 소련이라는 두 세계 강대국이 우주 경쟁에 뛰어들게 되었다. 이 덕분에 우주 경쟁이 없었다면 불가능했을 수많은 정치적, 군사적, 기술적, 과학적 발전이 이루어졌다.

스푸트니크 사태 직후 미국은 미 항공우주국 National Aeronautics and Space Administration, NASA 과 방위고등연구계획국 Defense Advanced Research Projects Agency, DARPA 등 일련의 민첩한 과학 기관들을 설립했다. (DARPA는 처음에는 ARPA로 시작했으며 1972년에 '국방'을 의미하는 D가 추가되었다.) 이들 기관은 미래에 발생할 수 있는 제2의 스푸트니크 사태를 방지하고 미래 연구개발의 방향을 명확히 하기 위해 설립되었다. 이 기관들은 인공지능, 스텔스 기술, 마이크로 전자공학, 감시 및 통신 분야에서 수많은 기술적 성취를 이룩했다. 우리가 사용하는 인터넷의 초기 형태인 아파넷ARPANET 역시 이들 기관에 의해 현실화된 기술 중 하나다.

존 F. 케네디John F. Kennedy 대통령은 아이젠하워 시기에 설립된 이들 기관에 새 임무를 부여했다. 바로 달 탐사 프로젝트였다. 이 프로젝트는 오늘날에도 과학이나 공학 분야에서 야심 찬 프로젝트의 대명사로 사용된다. 1961년 3월 25일, 케네디는 당시로부터 10년 내에 미국인을 달에 착륙시키겠다고 선언했다. 이는 매우 극적인 목표 설정이었다. 그로부터 8년 반이 지난 1969년 7월 20일, 아폴로 11호가 달에 착륙했다. 닐 암스트롱Neil Armstrong은 작은 발걸음을 내디뎠지만 그것이 곧 "인류를 위한 거대한 도약"이라고 선언했다. 우주 탐사는 인류에게 작은 지구를 넘어서는 시야를 제공했을 뿐만 아니라 우리 자신을 태양계와 우주라는 큰 맥락 속에서 생존해 가는 하나의 종으로 인식하게 하는 기반이 되었다.

오늘날의 물가로 환산하면 아폴로 프로그램에는 10년 동안 약 1,500억 달러의 자금이 투자되었다. 반면 현재 미국 정부는 에너지 및 기후 기술에 매년 약 30억 달러를 지출하고 있다. 이 액수는 아폴로 프로그램에 비하면 대략 1/50 수준에 불과하다. 미 에너지부의 총 예산은 연간 약 300억 달러에 달하지만 이 대부분은 핵 억지력 유지, 무기 비축, 안보를 위한 용도로 사용된다. DOE의 기초 과학 투자도 분명 상당한 규모이지만 그중 가까운 시일 내에 실질적인 효과를 발휘할 수 있는 에너지 기술에 투자되는 금액은 약 30억 달러에 불과하다.[4]

만약 지구를 구하는 것이 우리의 목적이라면 에너지 기술에 대한 지출을 수십 배로 늘려야 한다. 그렇게 하는 것이 오히려 바람직하다.

기후 위기라는 중대한 문제를 해결하기 위해서는 과학과 기술에 막대한 투자가 이루어져야 한다.

민권 운동

민권 운동은 제도화된 미국의 인종차별, 즉 미국의 역사에 깊이 뿌리박혀 있으나 명백히 인간성에 반하는 사태에 맞서 싸웠다. 로사 파크스Rosa Parks와 프리덤 라이더Freedom Riders의 용감한 행동에서 시작된 이 운동은, 마틴 루서 킹Martin Luther King Jr 목사가 인종 간 평등을 외친 1963년 8월 28일의 워싱턴 행진에서 한 정점을 이뤘다. 수많은 용감한 활동가들이 차별적 법안을 바꾸기 위해 힘을 보탰다. 비록 킹 목사가 암살당하고 민권 운동이 전국 각지에서 끈질긴 반대에 직면하기도 했지만, 이 운동은 린든 B. 존슨Lyndon B. Johnson 대통령이 1964년 민권법, 1965년 투표권법, 1968년 공정 주택법을 통과시키는 데 크게 기여했다.

1970년대 이후, 미국은 투표권 등 여러 쟁점에서 퇴행을 겪기도 했다. 그러나 21세기에 들어 최초의 흑인 대통령을 선출하며 인간의 다양성을 더욱 폭넓게 포용하는 사회를 건설해 나가고 있다. 2010년대 후반, '흑인의 생명도 소중하다Black Lives Matter' 운동은 인종차별적 경찰 폭력에 대응하며 여전히 미국에 만연한 인종차별적 관행과 폭력을 많은 이들에게 각인시키는 계기가 되었다. 민권 운동가들은 수많은 활동가들에게 하나의 전범이 되었고 이는 오늘날에도 마찬가지다. 기후 운동가들은 물론, 생존 가능한 미래를 요구하며 일어선 청소년 활동가들에게도 민권 운동은 큰 영감을 준다. 특히 오늘날의 기후 운동가들은 기후 변화가 전 세계에 미치는 영향이 유색 인종에게 더욱 강력한 악영향을 끼친다는 불균형을 깊이 인식하고 있다.

사람들은 함께 힘을 모아 집단 행동을 통해 역사의 흐름을 바꿀 수 있다. 이는 용기와 직접적인 행동을 필요로 한다.

1973년, 에너지 위기

1973년 말, 리처드 닉슨 대통령은 "에너지 비상사태"에 대해 국민에게 연설하며 외국 석유에 대한 의존성을 경고했다. 이 에너지 위기는 미국 정책 입안자들에게 대담한 대응을 요구했다. 닉슨 대통령은 환경 문제를 연구하고 해결하기 위해 과학 기반의 여러 기관을 설립했다. 이들 기관이 바로 에너지정보청 Energy Information Administration, EIA, 에너지부, 환경보호청 Environmental Protection Agency, EPA 이다. 우리가 에너지 및 기후 위기에 대해 이해하게 된 많은 부분은 닉슨, 포드, 카터 대통령을 거치며 설립된 이들 기관의 성과에서 비롯된 것이다.

당시 문제는 에너지의 10%를 외국에서 수입한다는 점이었다. 따라서 화석연료를 10% 더 효율적으로 사용하는 방법을 찾으면 문제가 해결될 수 있다는 생각이 가능했다. 이러한 배경에서 기업평균연비규제 Corporate Average Fuel Economy Standards, CAFE 와 가전제품의 '에너지 스타 Energy Star' 등급 제도가 탄생했다. 하지만 이러한 접근법은 미국인들에게 에너지 문제는 단순히 효율성을 높이면 해결될 수 있다는, 이제는 낡은 개념을 심어주었다. 1970년대의 에너지 위기는 수입 석유에 의존하던 에너지 시스템의 10%에만 해당했지만 현재의 위기는 에너지 시스템의 거의 100%를 청정 전기로 전환해야 하는 문제이다.

이제 우리는 화석연료 사용을 완전히 중단해야 하며 단순히 '효율성'만으로는 탄소 중립을 달성할 수 없다.

1970년대 미국이 광범위한 에너지 데이터 수집을 선도했기 때문에 우리는 지금 우리의 에너지 수요와 전략을 이해하고 있다. 탄소 중립을 달성하기 위해 필요한 기술을 제때에, 그리고 충분한 규모로 개발하려면 미국은 기존의 연방 기술 혁신 시스템과 데이터 수집에 더 많은 투자를 해야 할 것이다.

흡연, 공중 보건 위기

1964년 미국 보건의료총감 루서 테리Luther Terry는 미국 사회에 일종의 충격을 던졌다. 그의 발표 내용은 흡연이 폐암을 비롯한 다양한 암을 유발하며 담배 업계가 담배의 위험성을 숨겨 소비자를 잘못된 길로 이끌고 있다는 주장이었다. 당시 성인 미국인의 42%가 흡연자였다. 테리 총감은 흡연의 위험성을 시민들에게 널리 알리기 위해 건강 경고 메시지, 담배 광고 금지 조치, 흡연 인식 캠페인 등 다양한 공공 캠페인을 벌였다.[5] 그 결과, 오늘날 미국의 흡연자 비율은 18%로 절반 이상 감소했다. 〈미국의학협회지The Journal of the American Medical Association〉에는 이러한 캠페인으로 인해 흡연율이

하락하면서 약 800만 명의 조기 사망°이 예방되었다고 추정하는 논문이 실리기도 했다.[6]

흡연처럼 기후 변화도 인간의 건강에 중대한 위협이 될 것이다. 세계보건기구 World Health Organization, WHO는 파리 협정의 목표를 달성할 수만 있다면 대기 오염을 줄이고 이를 통해 천식 및 기타 호흡기 질환을 감소시킬 수 있다고 밝혔다. 이를 통해 2050년까지 전 세계적으로 매년 700만 명의 생명을 구할 수 있을 것이다.[7] 한편, 미국 환경보호청은 기후 변화로 인해 대기 중 오존 농도가 높아지면서 2030년까지 미국에서 매년 수만 명이 오존 관련 손상과 질환으로 인해 조기 사망할 것이라고 전망한다.[8] 열사병 및 열에 기인한 다양한 종류의 사망도 증가할 것이다.

집중적인 공공의 노력 덕분에 공중 보건 위기의 확산을 막을 수 있었을 뿐만 아니라 거대 담배 회사나 거대 화석연료 기업 등 사람들의 건강을 해치는 행태를 조장하는 기업들을 견제할 수 있었다.

오존층 파괴와 냉매

과학자들이 오존층에 커다란 구멍이 생겼다는 사실을 발견한 것은 1960년대였다. 이 소식은 유해한 자외선이 오존층에서 한 번 걸러지는 것이 아니라 지표면으로 바로 쏟아지는 미래가 올 것이라는 경고였다. 세계 각국은 수년간의 협상 끝에 1987년 몬트리올

○ 특정 요인에 노출된 사람들의 수명이 일반 인구에 비해 짧다면 해당 요인은 사람들을 더 빠르게 죽음에 이르게 한 것이다. '조기 사망'이란 이러한 요인으로 인해 앞당겨진 죽음을 말한다. – 옮긴이

의정서에 합의했다.⁹ 당시 대부분의 냉매에는 염화불화탄소^CFC가 사용되었는데 이 물질을 단계적으로 퇴출하는 것이 이 조약의 주요 내용이었다. 몬트리올 의정서는 최근의 키갈리 수정안을 포함해 여러 차례 개정되었다. 이러한 개정 작업은 단순한 이타주의에 의한 것이 아니었다. 다우 케미컬은 1980년대에 CFC로 인한 수익이 감소하자 자신들이 특허를 보유한 수소불화탄소^HFC를 선호하는 몬트리올 의정서를 지지했고, 그 결과 CFC는 단계적으로 퇴출되었다.¹⁰ 2020년대에도 비슷한 상황이 반복되고 있는데 듀폰^DuPont, 케무어스^Chemours, 하니웰^Honeywell 등 수소불화올레핀^HFO 관련 새로운 특허를 보유한 화학 회사들이 HFC를 단계적으로 폐지하려는 키갈리 수정안에 자금을 지원하고 있다.¹¹ 이들 기업은 또한 HFO의 경쟁자인 천연 냉매의 보급을 저지하려 하고 있다.¹² 이와 같은 기업들의 행태에도 불구하고 인류가 냉매 사용량과 그로 인한 누출 규모를 감소시켜왔다는 사실은 주목할 만한 긍정적 사례임에 틀림없다. 이는 전 지구적 비상 상황에서 국제 협력을 어떻게 조직할 것인지에 대해 중요한 교훈을 제공한다. 이 책에서 자주 언급하게 될 히트펌프 역시 냉장고나 에어컨과 마찬가지로 냉매를 사용한다는 점을 기억해 두어야 한다. 과학이 오존층 파괴를 밝혀내지 못했다면 대기에 재앙을 초래할 수 있었기 때문이다. 미래의 냉매로 주목받고 있는 것은 초임계 CO_2와 같은 "천연" 냉매로, 이들 물질은 비교적 온실효과가 작다.

    세계 각국은 지구 규모의 복잡계를 안정화시키기 위해 하나의 목표 아래 힘을 합쳤다. 과학자들은 문제를 파악했고, 엔지니어들은 해결책을 제시했다. 정치인들은 적절한 규제를 통해 기업 등 다양한 주체들이 올바르게 행동할 수 있는 환경을 조성했다.

오늘의 기후 비상사태

- 오늘날의 상황은 국립공원 제도를 창안했을 당시와 유사하다. 당시 미국은 미래의 아이들, 즉 지금의 우리를 위해 야생 지역을 보존해 냈다. 지금 우리 역시 지구 전체를 보존하여 미래 세대에게 넘겨줄 수 있다.
- 또한, 뉴딜 정책이 출범했을 때와도 비슷하다. 기후 위기는 금융 및 공공 사업 프로젝트의 혁신을 필요로 하기 때문이다. 또한 이 과정에서 대규모의 일자리가 창출될 것이다.
- 2차 세계대전 당시 발령된 동원령과도 비견할 수 있다. 지금을 일종의 전시 상황으로 생각한다면 미국은 산업 구조를 전환하여 인프라를 혁신하고 긴급한 문제를 해결하기 위한 다양한 물자의 생산을 가속화해야 한다. 이런 작업이 기업에 의해 자발적으로 이루어지지 않을 경우 연방 정부는 동원의 권한을 발휘할 수 있을 것이다.
- 우주 경쟁에서도 배울 점이 있다. 국가는 명확하고도 야심 찬 계획을 제시하고, 동시에 과학에 대규모 투자를 진행해야만 한다.
- 민권 운동도 중요한 시사점을 준다. 입법 활동은 직접 행동과 사회 운동의 바탕 없이는 힘을 발휘할 수 없다. 이를 통해 변화를 원하는 사람들의 의지가 정치적 압력으로 연결될 수 있기 때문이다.
- 1970년대 에너지 위기에서처럼 데이터가 우리의 행동을 이끌

어야 한다.
- 흡연으로 인한 공중 보건 위기에서 얻을 수 있는 교훈도 빼놓을 수 없다. 보건 당국은 규제, 가격 책정, 대중의 인식, 접근성 등 행동에 영향을 미칠 수 있는 다양한 요인을 조합하여 흡연율을 낮추기 위해 노력했다. 탈탄소화도 마찬가지 방식이 필요하다.
- 몬트리올 의정서는 좋은 전범이 된다. 미국은 당시처럼 기후 위기 앞에서도 이 위기에 대응하기 위한 적절한 국제 정책을 수립하는 데 힘을 보태야 한다.

물론 우리가 오늘날 직면한 기후 위기는 이전의 위기들과는 여러 면에서 다르다. 이번에 맞서야 할 상대인 화석연료는 현행 경제 구조와 긴밀하게 결합해 있다. 기후 대응에는 시간이 오래 걸리기 때문에 최악의 사태를 몸소 겪게 되면 이미 모든 것이 늦은 상태일 것이다. 이런 이유로 기후 변화는 "사악할 정도로 풀기 어려운 문제", 즉 해결이 거의 불가능한 문제로 종종 묘사된다.

그럼에도 불구하고 이 일은 충분히 할 만한 가치가 있다. 이 일을 통해 지구를 구하는 것뿐만 아니라 풍부하고 값싼 에너지, 양질의 일자리, 향상된 공중 보건 환경을 얻을 수 있을 것이다. 이 위기를 극복함으로써 새로운 번영의 시대를 열 수 있다. 우리는 다시 한번 대담해져야 한다.

04
우리는 우리가 알고 있는 걸 어떻게 알 수 있을까?

+ 오늘날 우리가 보유한 훌륭한 데이터는 1970년대에 데이터를 수집하기 위해 구축한 기반 인프라 덕분이다.
+ 1970년대 석유 위기는 에너지 시스템의 효율화를 통해 해결할 수 있었다.
+ 오늘날의 기후 위기는 석유 위기와는 다르며 에너지 시스템을 근본적으로 변혁함으로써 해결해야 한다.
+ 우리는 공급의 탈탄소화만큼이나 시급하게 수요도 탈탄소화해야 한다.

기후 위기는 명백히 비상사태이다. 이 사태를 해결하기 위해 어떤 전문 지식을 활용할 수 있을까? 우리가 무탄소 미래로 나아가려면 현재의 에너지원과 최종 에너지 사용처를 모두 청정에너지로 대체해야 한다. 이를 위해서는 지금 에너지가 어디에서, 어떻게 공급되고 사용되고 있는지를 정확히 파악해야 한다.

우리가 에너지원과 에너지 사용에 대해 알고 있는 지식은 1970년대의 마지막 에너지 위기에서 비롯되었다. 그 이후 우리는 에너지 공급과 수요에 대한 방대한 데이터를 축적해 왔다. 그러나 그 위기는 지금과는 다른 종류의 위기였다. 따라서 무탄소를 실현하려면 에너지에 대한 기존 관점을 먼저 바꾸는 것이 급선무이다.

1970년대의 위기는 석유 수입 위기였다. 미국 에너지 사용량의 약 10%를 차지하던 중동산 석유 공급이 중단되면서 발생한 공급 위기였다. 공급은 수요와 균형을 이루어야 하므로 전문가들은 수요 측면, 즉 에너지 사용 방식을 조사했고 특히 자동차와 가전제품의 에너지 효율을 10%만 높여도 연료 수입 필요성을 제거할 수 있다고 판단했다. 효율성 향상은 정말 공급량 10% 감소로 인한 문제를 해결해 주었다. 이로 인해 기업평균연비규제와 에너지 스타 가전제품이 탄생했다. 그러나 앞서 확인했듯이 효율성만으로는 무탄소를 달성할 수 없다. 효율적인 가솔린 자동차는 운전하지 않을 때만 탄소 배출 제로를 달성할 수 있다. 미국은 이제 새로운 종류의 에너지 위기에 직면해 있다. 우리는 에너지 공급과 수요를 이해하는 오래된 도구를 가지고 있지만 현재의 기후 위기라는 도전에 맞서기 위해서는 그 도구와 사고방식을 모두 업데이트해야 한다.

에너지 데이터의 유래

1973년 말, 미국인들은 주유소 어디를 가든 긴 줄과 계속 치솟는 기름값을 마주해야 했다. 정치적 성향에 관계없이 누구나 에너지 문제를 염두에 두지 않을 수 없었다. 1970년대에 에너지 문제에 대한 대중의 관심은 매우 높았다. 석탄을 때는 석기시대 사람들로 유명한 윌마와 프레드 플린스톤이 TV 스페셜 '에너지-국가적 이슈'(그림 4.1)°의 주인공으로 등장할 정도였다. 이 프로그램의 해설

○ 〈고인돌 가족 플린스톤THE FLINSTONES〉은 가족을 소재로 한 미국 애니메이션으로 1960년 9월 30일 ABC에서 첫 방영을 했다. 석기시대를 배경으로 현재의 가

그림 4.1 〈에너지-국가적 이슈〉. TV 가이드에서 보았을 법한 바로 그것이다. 출처: WXYZ-TV, 〈TV 가이드 매거진(디트로이트 에디션)〉, 1977년 11월 19-25일.

은 찰턴 헤스턴Charlton Heston이 맡았으며, 그는 이후 전미총기협회 회장을 다섯 번이나 역임하게 된다. 이 프로그램은 마치 클린트 이스트우드Clint Eastwood가 〈심슨 가족〉이나 〈사우스 파크〉 에피소드에 등장해 기후 문제를 주제로 대중을 교육하는 것과 비슷한 역할을 했다.

족 구성원들의 고충과 일상을 그대로 담아내는 독특함으로 큰 인기를 끌었다. 예를 들어 돌로된 자동차와 석판 신문이 등장하고 공룡이 엘리베이터를 끌어올려주는 식이다.
TV 스페셜 〈에너지 - 국가적 이슈Energy - A National Issue〉는 플린스톤 가족을 바탕으로 1977년 제작된 미국의 교육용 애니메이션으로, 플린스톤 가족의 프레드와 윌마가 주인공이다. 이 작품은 찰턴 헤스턴의 내레이션과 함께, 미국 조지타운 대학교 산하 전략국제문제연구소CSIS의 의뢰로 한나-바베라 프로덕션이 제작하였다. 출처: https://en.wikipedia.org/wiki/Energy:_A_National_Issue - 옮긴이 당시 상하 양원합동원자력위원회Joint Committee on Atomic Energy (현 에너지부의 전신)의 위원장이었던 멜빈 프라이스Melvin Price 하원의원은 위원회 직원들에게 종합적인 에너지 감사를 실행할 것을 지시했다. "일상에 치여 매우 바쁜 사람조차도 미국이 처한 에너지 딜레마의 규모와 복잡성을 한 시간 이내에 이해할 수 있도록" 미국의 모든 에너지 사용 데이터를 취합하여 준비하라고 요구했다.

위원회 소속이자 조지타운 대학교 전략 및 국제 연구 센터의 국가 에너지 프로그램 책임자였던 잭 브리지스Jack Bridges는 미국의 에너지 사용 현황을 시각적으로 파악하기 위해 매우 상세한 샌키 도표Sankey diagram○를 고안했으며, 이를 바탕으로 《미국 에너지 딜레마의 이해Understanding the National Energy Dilemma》[1]라는 획기적인 저서를 출간했다(샌키 도표를 읽는 방법은 부록 D 참조). 브리지스의 도표는 미국이 에너지를 어떻게 생산하고 사용하는지 시각화하며, 이 책은 "전 세계 인구의 6%에 불과한 미국이 지구 전체 에너지 및 광물 생산량의 35% 이상을 소비하고 있다"라는 직설적인 표현으로 시작한다.

브리지스의 흐름 도표∞는 미국의 석유와 천연가스 사용 현황을 상세히 보여주며 산업, 상업, 주거, 운송 부문별로 에너지를 얼

○ "샌키Sankey"는 이 도표를 처음 고안한 아일랜드 출신의 공학자 매튜 헨리 피니어스 샌키Matthew Henry Phineas Riall Sankey의 이름에서 유래한 것이다. 샌키 도표는 에너지나 자원의 흐름을 시각적으로 표현하기 위해 사용되며 흐름의 양을 굵기로 나타내는 것이 특징이다. 에너지가 어떻게 흐르고 사용되는지를 시각적으로 보여준다. 부록 D에 관련 설명과 해석하는 법이 자세히 수록되어 있다.-옮긴이
○○ 잭 브리지스가 1970년대 미국의 에너지 사용 현황을 분석하기 위해서 만든 도표를 의미하며 에너지 데이터를 측정하고 요약하는 방식에 지금도 널리 사용된다.-옮긴이

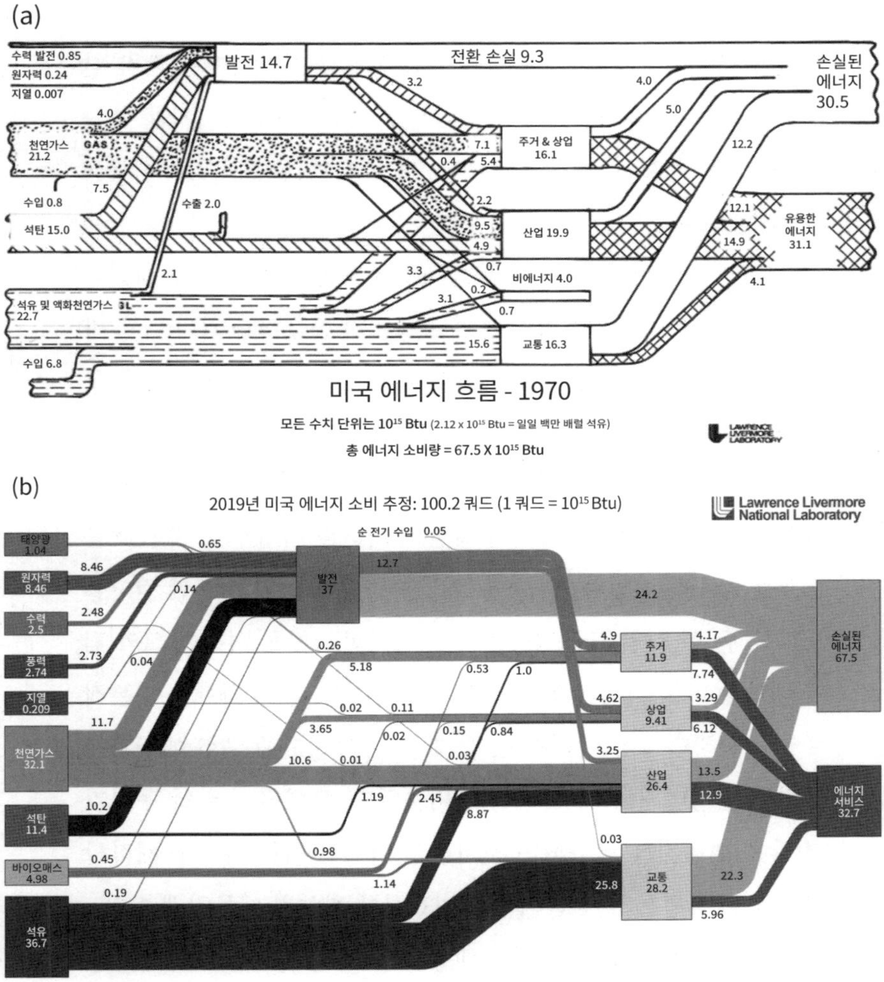

그림 4.2 a) 1970년 에너지 흐름을 보여주는 최초의 LLNL 샌키 도표.
b) 2019년의 LLNL 샌키 도표, 에너지의 더 많은 부분이 "낭비"된다는 점을 제외하면 대체로 동일하다(그러나 이는 방법론 차이에 기인한 것이다).
출처: 로런스 리버모어 국립연구소, "에너지 흐름 차트: 에너지, 물, 탄소 간의 복잡한 관계 도표화", 2020.

마나 효율적으로 사용하는지를 구분해 나타낸다. 이 연구는 이후 수십 년간 에너지 데이터를 측정하고 요약하는 방식에 깊은 영향을 미쳤다. 도표의 왼쪽은 에너지 공급, 즉 미국이 에너지를 얻는 측면을 나타내고 오른쪽은 에너지 수요, 즉 에너지를 어떻게 사용하는지를 보여준다.

1970년대 오일 쇼크는 미국의 자동차 효율이 의미 있게 개선되기 전, 그리고 우리의 소비 습관이나 에너지 공급처가 의미 있게 바뀌기 전에 자연스럽게 해결되었다. 그림 4.2는 2019년의 흐름 도표와 로런스 리버모어 국립연구소Lawrence Livermore National Lab, LLNL가 1973년에 발표한 첫 번째 도표를 비교한 것이다. 오늘날까지도 LLNL은 에너지정보청에서 수집한 데이터를 바탕으로 매년 흐름 도표를 발표하고 있다.[2] 나는 LLNL을 방문해 엄격한 보안 검사를 통과한 후, 이 작업을 수행하는 A. J. 사이먼Simon을 비롯한 그의 팀과 대화를 나눌 기회가 있었다. 2019년과 1973년의 차트는 기본적으로 동일하다. 1차 에너지원, 경제 부문, 그리고 유용한 에너지와 낭비되는 에너지의 비율이 거의 비슷하다. 오히려 오늘날 우리가 더 많은 에너지를 낭비하는 것처럼 보이지만 이는 차트를 제작할 때 적용된 방법론의 세부 사항이 미묘하게 변했기 때문일 뿐이다.

1970년대 오일 쇼크에 대한 대응은 두 가지 사고방식을 남겼다. 하나는 수요 측면에서 효율성(CAFE 표준 및 에너지 스타 인증 가전)으로 에너지 문제를 해결할 수 있다는 믿음이고, 다른 하나는 더 새로운 에너지 공급 방식의 확대(원자력이나 천연가스 등)가 필요하다는 믿음이다. 그러나 이러한 사고방식은 우리를 구시대적인 틀에 가두고, 오늘날 필요한 큰 그림을 보지 못하게 하며, 에너지 공급과 수요를 동시에 바꿔야 한다는 사실을 인식하지 못하게 만든다. 이 사실을 더 명확하게 인식해야 한다고 본다.

공급과 수요는 같아야 한다

1970년대 에너지 위기에 대한 대응의 또 다른 결과는 '공급 측면'에 중점을 둔 관점을 고착화한 것이다. 처음 샌키 도표가 구상되었을 때 이 도표는 공급 측의 석유 배럴과 석탄 톤에서 시작하여 수요 측의 산업, 주거, 교통, 상업이라는 네 개의 크고 불투명한 분야로 흘러가는 구조였다. 이 도표는 귀중한 광물과 고밀도 에너지 액체에 중점을 두는 관점을 제공했으나 수요 측 에너지 사용에 대한 깊은 통찰을 제공하지는 못했다. 당시의 사고방식은 각 소비 부문의 효율성을 높이면 공급량을 줄일 수 있다고 보는 데 그쳤다. 이 도표는 수입 석유의 필요성을 효율성 향상으로 상쇄할 수 있다는 일반적인 주장을 시각적으로 나타냈다. 더 나은 연비와 더 효율적인 주택 및 가전제품이 그 구체적인 해결책이었다(당시 많은 주택이 석유로 난방되었으며, 오늘날에도 일부는 여전히 석유를 사용하고 있다). 그러나 이 도표는 그 이상의 통찰을 제공하지는 못했다.

닉슨 행정부가 추진하고 카터 행정부 시기에 설립된 연방 기관들은 수요 측면을 훨씬 더 풍부하게 다루는 데이터 세트를 수집하기 시작했다. 이제 우리는 산업,[3] 주거,[4] 상업,[5] 교통[6] 부문에 대한 반기별 조사 덕분에 고해상도의 데이터를 보유하고 있다. 오늘날 에너지와 에너지 시스템의 변화를 고민하는 사람들은 여전히 과거와 동일한 양의 에너지가 필요할 것이라고 합리적으로 가정한다.

그러나 이 데이터를 통해 수요 측면을 자세히 살펴보면 꼭 그렇지는 않다는 사실을 알 수 있다.

이 새로운 방법론은 먼저 우리가 인간으로서 무엇을 원하는지(즉, 우리의 수요)를 확인하고, 이를 충족하기 위해 필요한 모든 에너지를 살펴본다. 그런 다음 그 수요를 어떻게 탈탄소화할지 상상하고 그 과정에서 필요한 새로운 에너지의 양을 추정할 수 있다. 또한 어떤 무탄소 에너지원(예를 들어 전기나 바이오연료)을 사용할지 결정하는 것도 중요한 문제이다. 이러한 계산은 거의 모든 것을 전기화해야 한다는 결론으로 이어진다. 전기 기기가 본질적으로 더 효율적이기 때문에 우리가 생각하는 것보다 훨씬 적은 양의 에너지가 공급 측면에서 필요하다. 이 과정에서 공짜 점심은 없으며 다만 우리가 그동안 먹지 않았던 더 나은 점심이 있을 뿐이다.

이 지점에서 우리는 잠시 화석연료에 감사를 표해야 한다. 1700년대 중반부터 1800년대 중반까지 사람들이 바이오매스 대신 대량의 석탄을 태우기 시작하면서 산업혁명이 촉발되었고 이는 인류를 고된 육체노동에서 해방시켰다. 화석연료는 우리의 집을 데우고, 거리를 밝히며, 열차와 증기선을 움직이게 하고, 식품을 냉장 보관하며, 자동차, 기차, 오토바이 등 빠르고 편리한 교통수단을 제공했다. 석탄, 석유, 천연가스는 현대적인 삶을 지탱하며 많은 사람들에게 만족스러운 삶을 선사했다. 화석연료를 통해 얻은 성취는 진정으로 놀라운 것이다.

그러나 화석연료는 이제 이산화탄소를 배출하는 구시대적인 자원이 되고 말았다. 우리는 이제 모든 화석연료를 새로운 에너지원으로 전환해야만 한다. 에너지 사용에 대한 수요를 최대한 이해하고 그 수요를 어떻게 충족시킬지 세밀하게 파악해야 한다. 나는 오랫동안 에너지 데이터에 집착해 왔다. 한때 나는 차량 연료부터 집에서 사용하는 전기와 가스까지 모든 에너지 사용을 측정했으며 이로 인해 아내의 불만을 사기도 했다. 심지어 내가 소유한 모든 물건을 측정해 신문 구독과 책 컬렉션이 내 에너지 소비에서 차지하는 비중을 정확히 알아냈다. 결국 나는 아내에게 일간 신문 구독을 취소하자고 제안했다. 매주 4.5킬로그램의 종이가 우리 집 에너지 사용량의 상당 부분을 차지했기 때문이다. 물론, 이혼을 피하기 위해 우리는 일요일 신문 구독으로 타협했다!

10년 동안 개인적으로 에너지 데이터에 집착한 후, 2018년에 내 회사인 아더랩Otherlab은 미국 에너지부DOE 산하 ARPA-E° 와 함께 에너지 사용에 관한 모든 데이터를 심도 있게 분석하는 계약을 체결했다.[7] 우리는 주거용 에너지 소비 조사Residential Energy Consumption Survey, RECS, 상업용 건물 에너지 소비 조사Commercial Buildings Energy Consumption Survey, CBECS, 전국가구통행실태조사National Household Transportation Survey, NHTS, 교통 에너지 데이터북Transportation Energy Data Book, TEDB, 연방 에너지 관리 프로그램Federal Energy Management Program, FEMP, 그리고 북미 산업 분류 체계North American Industry Classification System, NAICS 에서 수집한 데이터를 종합했다.

내 역할은 각종 데이터에 달린 주석을 상세히 검토하고 그 출처

○ ARPA-E는 첨단 연구 프로젝트 에너지Advanced Research Projects Agency-Energy 의 약자다. ARPA-E는 기존의 에너지 기술보다 훨씬 더 효율적이고 환경친화적인 새로운 기술을 연구하고 지원하며, 기후 변화와 에너지 위기에 대처할 수 있는 방법을 찾는 데 중요한 역할을 한다.-옮긴이

를 끝까지 추적하는 것이었다. 우리 팀은 연방 에너지 연구 및 개발 예산의 우선순위를 정할 수 있는 도구를 구축하는 임무를 맡았다. 자연스럽게도 나에게 이 작업은 에너지의 채굴, 생산, 수입부터 가정, 공장, 심지어 교회에서의 최종 사용에 이르는 에너지 흐름을 보여주는 샌키 흐름 도표로 요약되었다. 나는 키스 파스코Keith Pasko, 샘 칼리시Sam Calisch, 아르준 바르가바Arjun Bhargava, 피트 린Pete Lynn, 제임스 맥브라이드James McBride를 포함한 여러 동료들을 이 집요한 여정에 끌어들였다. 우리는 심지어 최종 결과물을 사무실 욕실에 걸린 샤워 커튼에 인쇄했으며 사무실 벽에는 이 포스터의 거대한 버전이 여전히 걸려 있다. 우리는 미국의 에너지 소비를 소수점 한 자리까지 추적하는 것을 비공식적인 목표로 삼았다. 모든 에너지 흐름과 데이터 세트를 근원까지 추적하며 무엇을 배울 수 있는지 탐색했다. 목표를 달성했을 때 그 결과는 샌키 도표의 별명인 '스파게티 차트'에 걸맞게 매우 복잡한 것이었다.

에너지 시스템에 대한 모든 정보를 확보한 후에는 이 데이터를 바탕으로 시스템을 어떻게 변화시킬지 고민할 수 있다. 데이터를 시각화함으로써 공급 측면뿐만 아니라 수요 측면도 동시에 변혁해야 할 필요성이 명확해졌다. 또한, 전기화가 혁신의 경로일 뿐만 아니라 이전에는 경험하지 못했던 더 높은 효율을 달성할 수 있는 방법이라는 사실도 드러났다. 우리 팀의 작업 결과는 매우 상세하고 완벽히 매혹적인 복잡한 그림(그림 4.8 참조)으로 나타났다. 이제 나는 저녁 식사 손님들과 대중 앞에서 미국의 에너지 사용 비율에 대한 통계를 늘어놓으며 지루하게 만들기 일쑤인 사람이 되었다. 예를 들어 아이들을 교회나 학교로 데려다주는 데 사용되는 에너지 비율(0.7%), 빈 건물에서 사용되는 에너지(0.03%), 육류, 어류, 가금류, 해산물 운송에 사용되는 에너지(0.2%), 군용 제트 연료로 쓰이는 에너지(0.5%), 이동식 주택에 사용되는 에너지(0.5%), 전국에 걸쳐 710만 킬로미터에 이르는 파이프라인을 통해 천연가스를 운반하는 데 사용되는 에너지(0.87%), 심지어 광고판을 밝히는 데 사용되는 에너지(0.005%)까지 우리가 도출한 결괏값에 포함된다.

미국의 경제와 사회 각 분야가 에너지를 활용하는 일반적이지 않은 방식, 또는 명확하지 않은 방식들을 데이터를 통해 깊이 파고들어 보면 우리는 상당한 통찰력을 얻게 된다. 적어도 나는 큰 만족감마저 느낄 수 있었다. 이 데이터는 우리 사회의 모든 현상을 에너지 사용 측면에서 요약하며 인간의 욕망에 대한 집합적 관점을 제공한다. 모든 숫자가 명확해지면, 한 종류의 에너지 사용량을 다른 종류의 에너지 사용량과 비교하고 평가하려는 유혹에 빠지기 쉽다. 예를 들어 여가용 선박에서 사용되는 25만 3,200테라줄[TJ]과 공공 건물에서 사용되는 50만 6,400테라줄의 가치를 비교하고 싶어질 수 있다. 그러나 이러한 비교는 사과와 오렌지를 비교하는 것과 같으며 도덕적 잣대를 들이대기는 곤란하다. 내 친구 데이비드 맥케이[David J. C. MacKay]○가 종종 말했듯이 "인간의 모든 활동은 헛짓이다".

○ 영국의 물리학자이자 저명한 지속 가능 에너지 연구자로《지속 가능한 에너지 – 달궈진 기체 없이 Sustainable Energy - Without the Hot Air》라는 책을 발간했으며 과학적 접근을 통해 에너지 소비와 그에 따른 환경 영향을 설명하고 영국 에너지 정책 형성에 기여했다. –옮긴이

정부 부문

1975년부터 연방 에너지 관리 프로그램ᶠᴱᴹᴾ은 미국 정부 기관의 에너지 소비를 모니터링해 왔다(그림 4.3 참조). 이 데이터는 세금으로 지원되는 정부의 에너지 사용에 대한 흥미롭지만 불완전한 그림을 제공한다. 이 데이터가 불완전한 이유는 석유, 전기, 천연가스 사용과 같이 쉽게 측정할 수 있는 항목만 추적하기 때문이다. 여기에는 정부 건물, 항공모함, 전차 및 화포에 사용된 에너지는 포함되지 않는다. 이 모든 것들은 미국 통계에서 '산업ⁱⁿᵈᵘˢᵗʳⁱᵃˡ' 분류에 속한다. 초기 분석에서 두드러진 관찰 결과 중 하나는 정부의 에너지 소비에서 전 세계의 군사 작전을 수행하는 데 사용되는 제트 연료가 압도적으로 많은 부분을 차지하며, 이는 전체의 0.5%에 달한다는 점이다. 연방 정부의 에너지 소비에서 두 번째로 많은 부분을 차지하는 것은 비가 오나 눈이 오나 바람이 불어도 우편물을 배달하는 미국 우체국이다. 반면 NASA는 우주 탐사를 지원하고 인류가 별을 향해 나아가도록 돕지만 상대적으로 적은 에너지만 사용한다.

주거 부문

다음으로 살펴볼 분야는 우리가 가장 익숙한 주거 부문이다. 교외의 자부심인 단독 주택이 에너지 소비에서 압도적인 비중을 차지하며 대형 아파트가 (차이가 꽤 크지만) 그 뒤를 잇는다. 전체 주거 에너지 소비의 대략 절반이 난방에 사용되며 4분의 1은 온수 가열에, 나머지 4분의 1은 조명, 요리, 세탁, 전자 기기 작동에 사용된다.

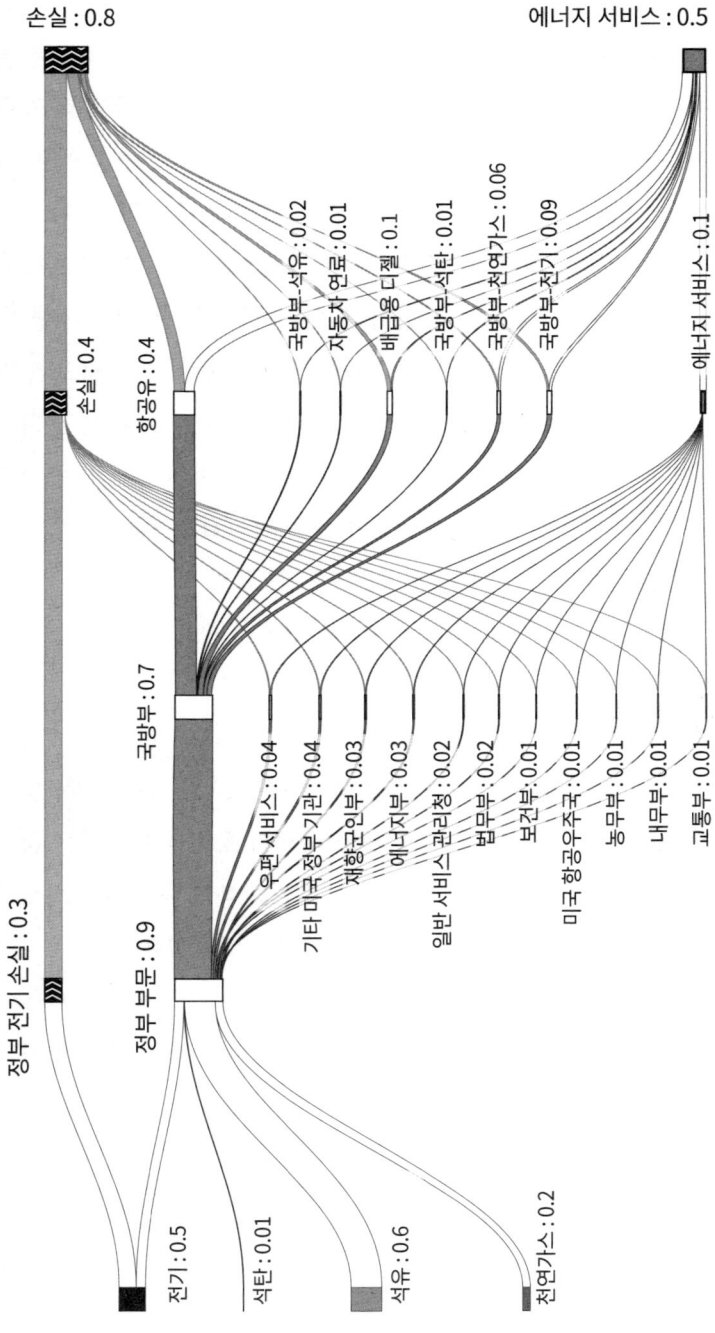

그림 4.3 미국 정부 부문 기준, 공급에서 수요로 가는 에너지 흐름

우리는 우리가 알고 있는 걸 어떻게 알 수 있을까?

기후 변화에 대응하기 위해서는 모든 주거 환경에 대한 해결책을 찾아야 한다. 예를 들어, 이동식 주택mobile home○은 미국 주택 총량의 중요한 부분이지만 종종 간과된다. '작은 집tiny house' 운동이 강조하듯, 작은 크기의 집에서 생활하는 것이 효율적이다. 그러나 주거 부문을 탈탄소화할 때 반드시 염두에 두어야 할 점은 모든 집을 새로 지을 시간이 없다는 사실이다. 현존하는 주택과 거주지를 미래의 전기화된 생활에 맞게 개조하는 방법을 찾아내지 않으면 기후 변화 문제를 제때 해결하기 어려울 것이다. 미국에는 약 1억 3,000만 가구의 주택이 있으며 그중 약 9,500만 가구가 단독 주택이다. 그러나 매년 150만 가구만이 새로 건설되기 때문에 모든 주택을 새로 짓는 데는 100년 이상의 시간이 걸릴 것이다.

산업 부문

산업 부문은 열-전기 손실을 포함할 경우 모든 경제 부문 중 에너지 소비량이 가장 많다. 이 부문의 에너지 흐름을 분석하는 작업은 매우 복잡하다. 이 부문에서 사용되는 대량의 에너지는 화석연료를 찾고 채굴하며 정제하는 데 쓰인다. 석탄, 석유, 천연가스를 지하에서 추출하고 정제된 제품으로 변환하는 데도 상당한 에너지가 필요하다. 또한 플라스틱과 비료를 제조하는 데는 막대한 양의

○ 이동식 주택mobile home 은 공장에서 미리 제작된 후 특정 장소로 옮겨 설치하는 주택이다. 설치된 후에는 주로 고정된 상태로 사용되며 비교적 저렴하고 간편하게 주거 공간을 마련할 수 있는 방법이다. 초기에는 이동이 가능했던 형태도 있지만 현대의 이동식 주택은 주로 고정된 주거지로 사용된다.-옮긴이

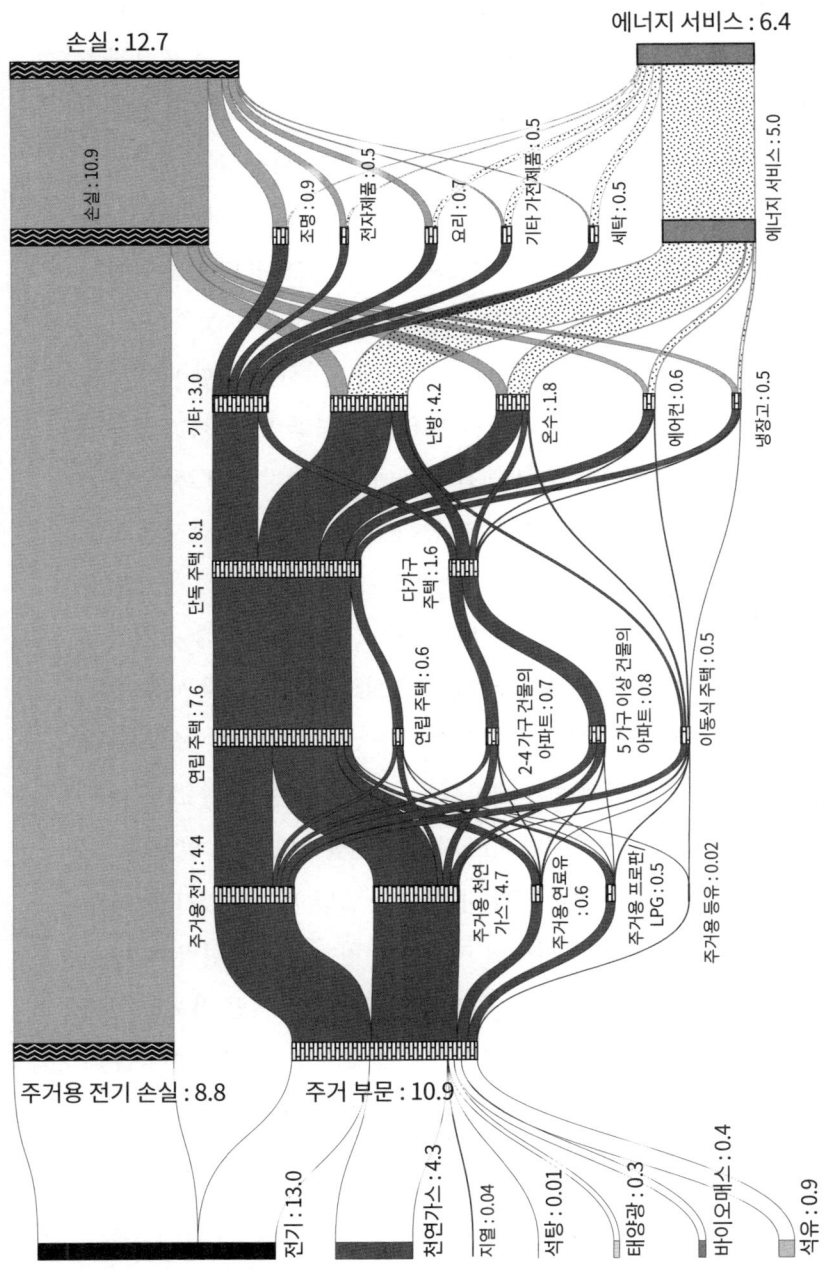

그림 4.4 미국 주거 부문, 공급에서 수요로 가는 에너지 흐름

천연가스가 필요하다. 종이 펄프 산업도 큰 에너지 소비처로, 종이, 판지, 신문지, 건축 자재 등을 생산하는 데 많은 나무가 필요하며 이 과정에서 나오는 부산물은 그 산업의 바이오연료로 사용된다. 이 부문을 조사하다 보면 주요 농작물 관리에 사용되는 에너지가 약 0.28%이며, 암석을 분쇄하는 데 사용되는 에너지가 약 0.5%라는 놀라운 세부 사항이 드러난다. 이러한 정보는 흥미로운 이야기 거리가 될 수 있지만 내 아내는 그렇게 생각하지 않는 듯하다.

산업 부문에 속한 일부 분야는 너무 새로워서 정확한 데이터를 얻기가 어렵다. 그중 하나가 인터넷의 대부분을 담고 있는 데이터 센터이다. 현재 데이터 센터는 전체 에너지 소비의 약 0.25%(전기의 1%)를 차지한다고 추정되며 그 비중은 계속 증가하고 있지만 일부에서 우려했던 것만큼 빠르지는 않다.[8] 내 대학원 시절 동료이자 친구인 제이슨 테일러Jason Taylor는 페이스북의 인프라를 운영하고 있다. 구글이나 페이스북 같은 데이터 회사에게 에너지 사용은 인건비 다음으로 큰 비용이며 운영의 핵심 요소이다. 페이스북의 탈탄소화 방안을 논의하면서 제이슨은 "이제 우리는 한번 쓰고 다시 읽지 않는 데이터 패러다임으로 작업해야 합니다"라고 말했다. 즉, 할머니를 위해 올린 아이들의 사진은 한 번만 보여지겠지만 그 사진은 어떤 외진 메모리 서버에 저장되어 영원히 미세한 양의 에너지를 필요로 하게 될 것이다. 우리의 일회용 문화처럼 정보도 그러하며, 그 때문에 오래된 데이터를 온라인에서 유지하는 데 점점 더 많은 에너지가 필요해지고 있다. 가까운 미래에는 데이터 청소 및 재활용과 '지속 가능한 소셜 미디어'를 요구하는 운동이 일어날 것이다.

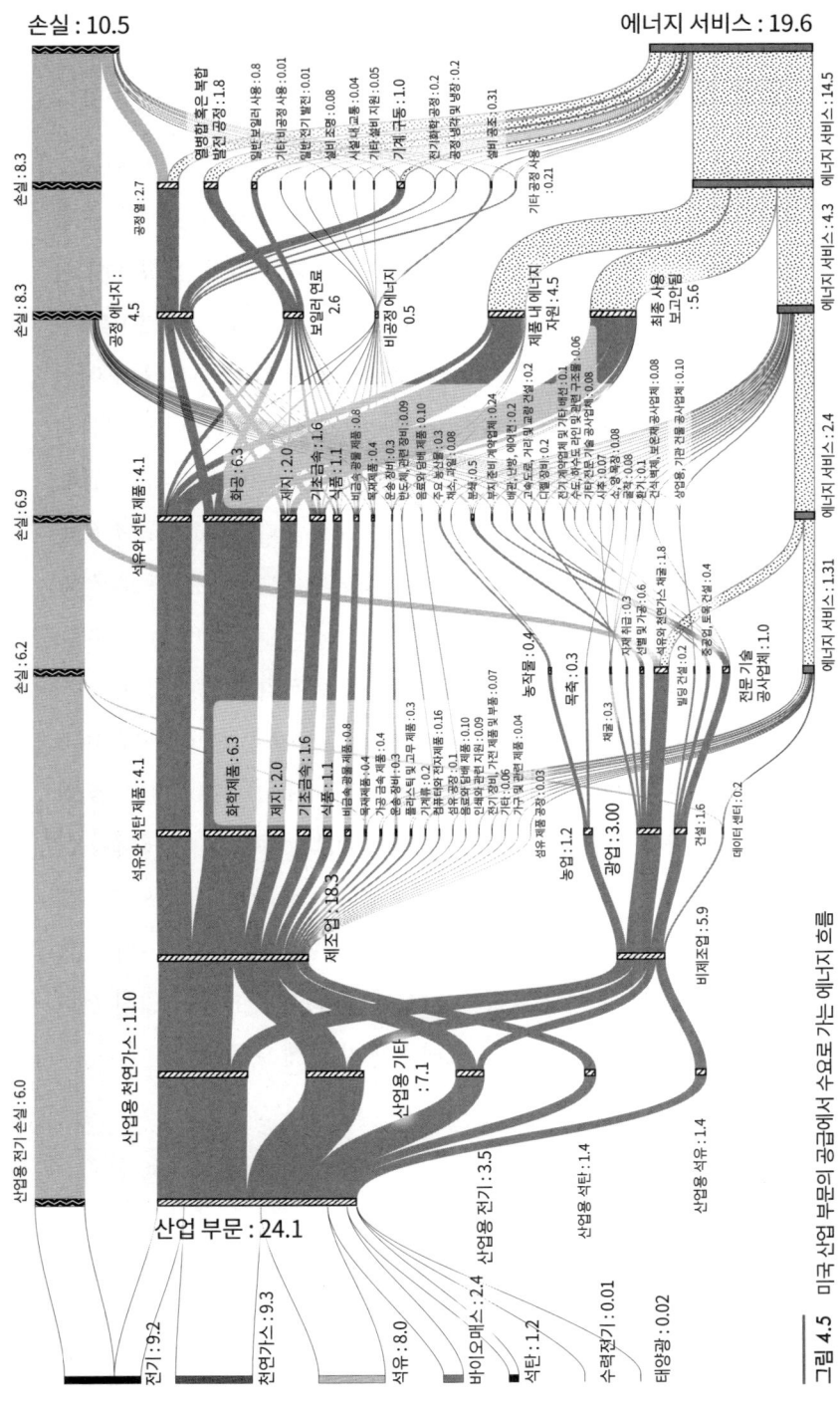

그림 4.5 미국 산업 부문의 공급에서 수요로 가는 에너지 흐름

우리는 우리가 알고 있는 걸 어떻게 알 수 있을까?

교통 부문

　교통 부문은 에너지 소비 측면에서 산업 부문에 이어 두 번째로 큰 부문이다. 항공 여행이 많은 비판을 받지만 실제로는 도로 운송이 교통 부문 에너지 소비의 대부분을 차지한다. 도로 운송에서 사용되는 에너지는 항공 여행의 10배가 넘는다. 이 도로 에너지의 약 75%는 승용차와 트럭 같은 소형 차량이 차지하며 사람들이 이동하는 데 사용된다. 놀랍게도 이 중 거의 절반은 32킬로미터 미만의 짧은 거리 이동에 사용되며 대부분이 출퇴근과 가족을 위한 교회, 쇼핑, 학교로의 이동 등 일상적인 용도로 쓰인다. 비고속도로 운송에서는 항공 여행이 가장 큰 에너지 소비자이며 그다음으로 선박과 기차가 있다. 만석을 채운 최신 제트기는 승객 한 명당 약 리터당 25킬로미터의 연비를 달성할 수 있어 장거리 여행에는 혼자 차로 여행하는 것보다 효율적이다(물론 친구 네 명과 함께 차를 타면 기름을 많이 먹는 미국산 자동차도 나쁘지 않다고 차량 공유 커뮤니티는 강조한다). 또한 화석연료 운송에 필요한 에너지도 상당하다. 미국 전체 에너지 사용의 약 1%가 천연가스 수송에 사용된다(이에 대해서는 나중에 다시 설명할 것이다). 화물 철도 운송의 거의 절반은 석탄 운송에, 나머지 절반은 대부분 밀과 식량 운송에 사용된다. 샌키 도표를 면밀히 살펴보면 화석연료 공급망 자체가 그리 놀랍지 않게 드러난다.

상업 부문

　상업 부문은 제조나 운송과 관련되지 않은 모든 경제 활동을 포괄한다. 이 활동들은 매우 다양하지만 에너지 소비량으로 볼 때 가

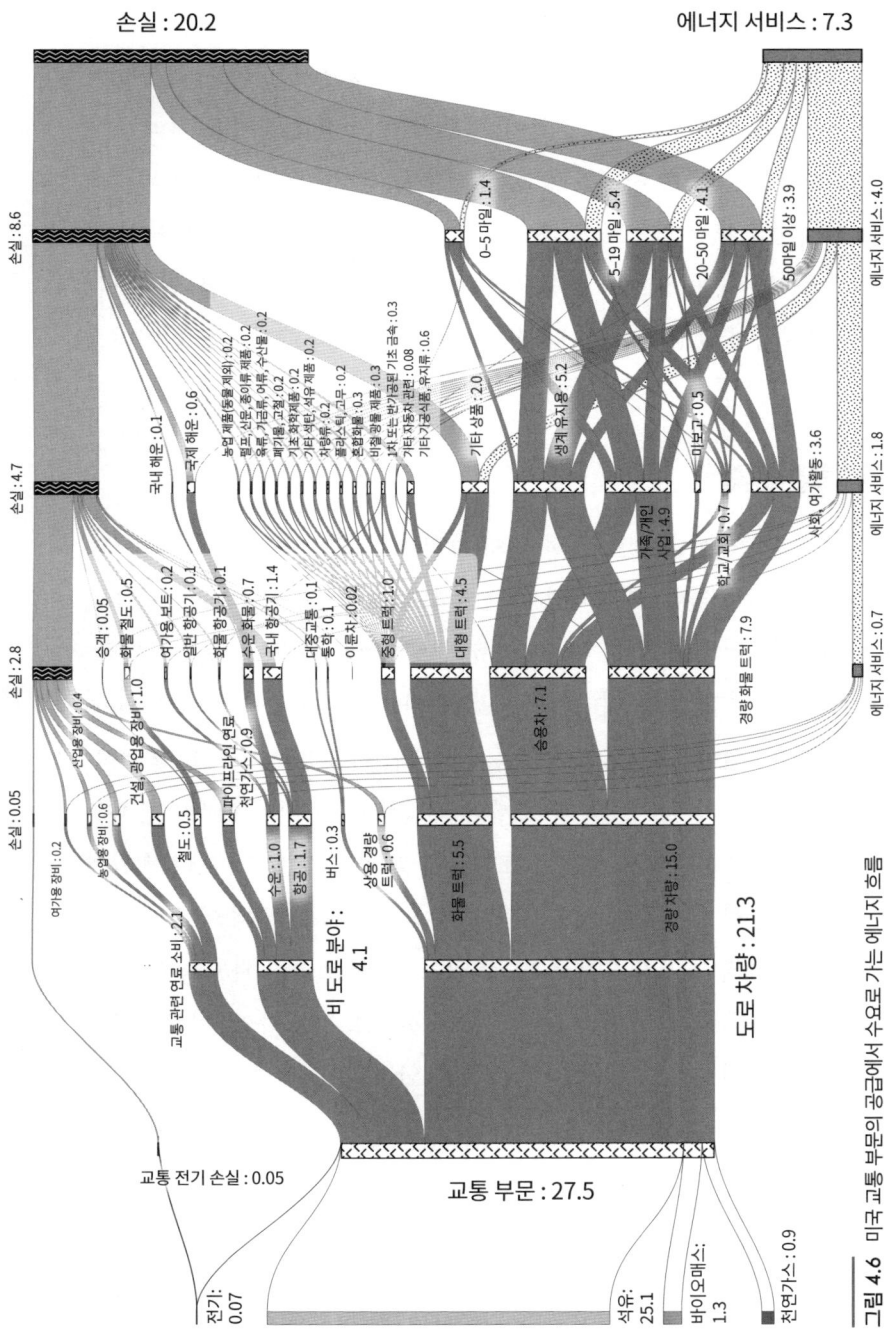

그림 4.6 미국 교통 부문이 공급에서 수요로 가는 에너지 흐름

우리는 우리가 알고 있는 걸 어떻게 알 수 있을까?

장 큰 비중은 사무실 건물과 학교에서의 냉난방 및 온수 공급이 차지한다. 호텔, 쇼핑몰, 병원이 그 뒤를 이어 전체 상업용 에너지 사용의 약 20%를 차지한다. 신선 식품을 가정으로 운반하는 과정에서 냉장 보관하는 '콜드 체인cold chain○' 은 전체 상업용 에너지의 약 10%를 사용한다. 이 부문은 화석연료를 사용해 전기를 생산하는 과정에서 발생하는 열전기적 손실이 주요 에너지 소비 요인이다.

빅 픽쳐

전체 데이터 세트는 한 장의 그림으로 집약되었으나 정보의 밀도가 너무 높아 책 형식으로 제시하면 읽기가 쉽지 않다. 그럼에도 이 데이터를 여기에 수록한 이유는 실용적인 목적보다는 완전함을 위해서이다. 모든 데이터는 인터넷 사이트(www.departmentof.energy)에서 확인할 수 있으며 자유롭게 탐색할 수 있다(도메인 이름을 정하는 과정도 무척 즐거웠다). 현대 세계의 복잡성이 우리의 에너지 경제를 복잡하게 얽어놓은 선들로 표현되어 있다. 수십 년 전 에너지 위기에 대응하여 구축한 공공기관 덕분에 미국은 전 세계 어느 나라보다 자국의 에너지 수요를 더 잘 알고 있다. 오늘의 과제는 이 모든 에너지 흐름, 심지어 가장 작은 흐름까지도 검토하고 "이산화탄소를 생성하지 않고도 동일한 결과를 달성할 수 있을까?"라는 질문

○ 신선 식품, 의약품 등 온도에 민감한 제품을 생산지부터 소비자에게 전달될 때까지 저온 상태로 유지하여 품질을 보존하는 유통 시스템이다. 생산, 저장, 운송, 유통 전 과정에서 일정한 온도를 유지해 제품의 신선도와 안전성을 보장하는 것이 핵심이다.-옮긴이

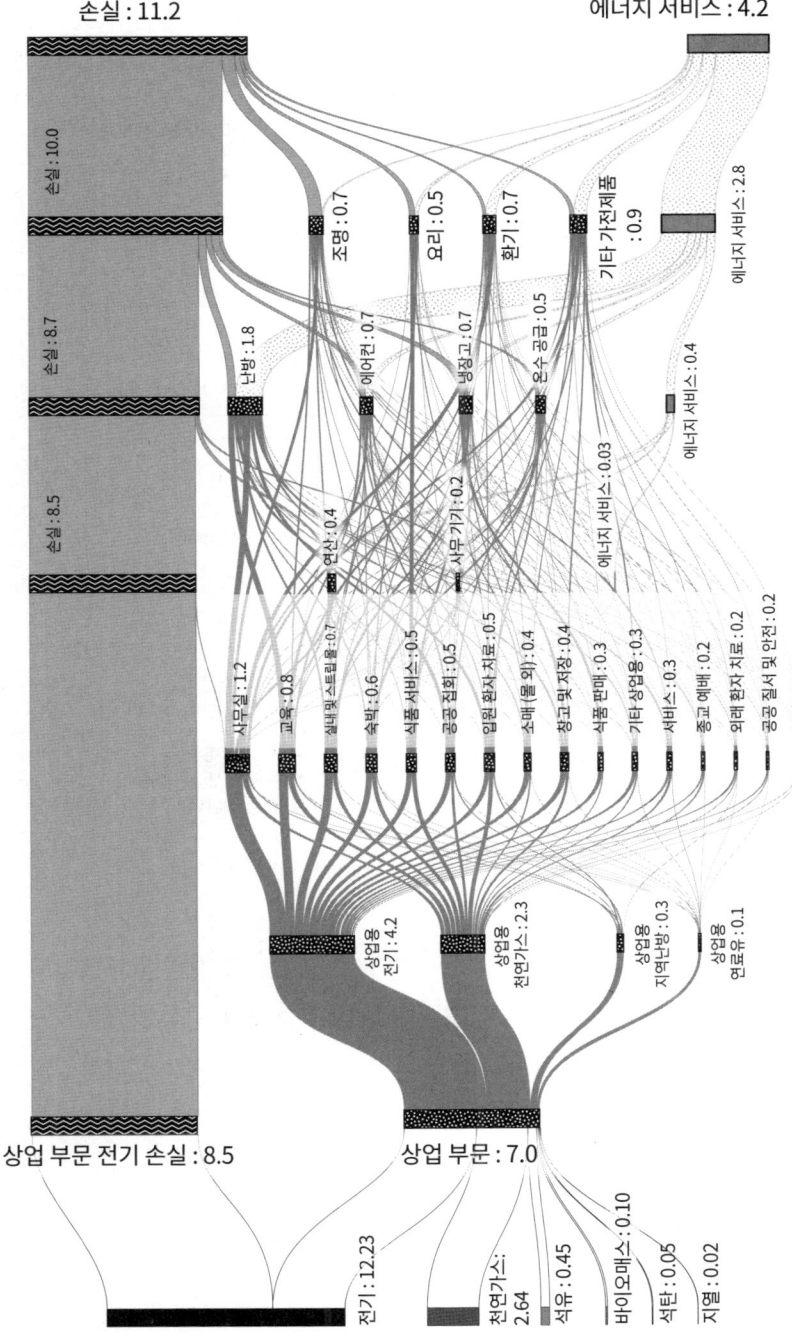

그림 4.7 미국 상업 부문이 공급에서 수요로 가는 에너지 흐름

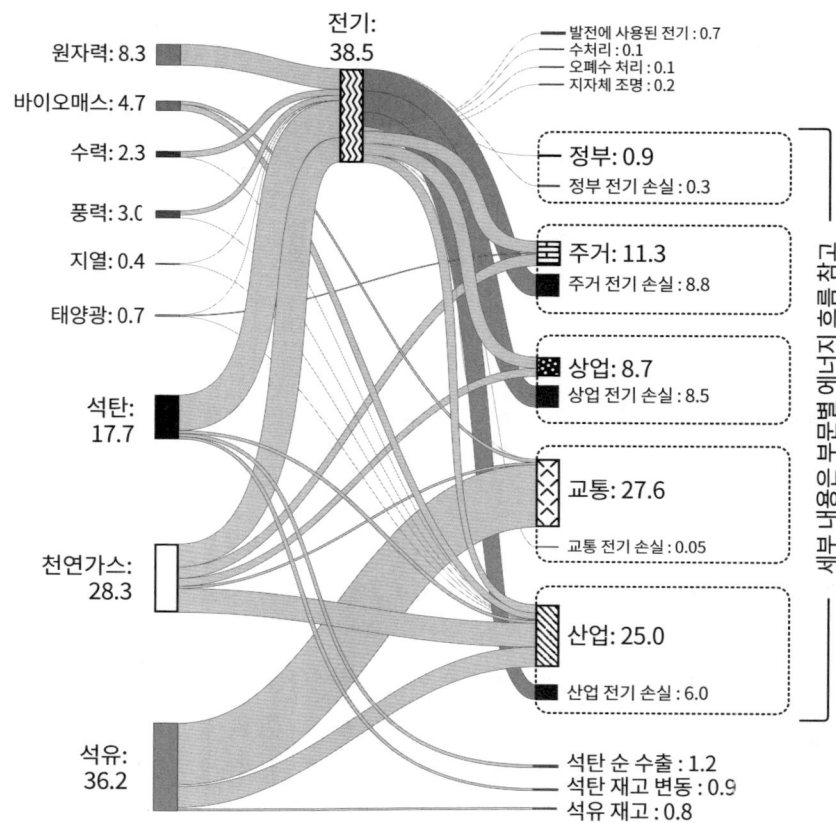

그림 4.8 미국 에너지 경제 전체 영역에서 에너지의 흐름

을 던지는 것이다. 에너지 분야의 기업가로서 나는 이 거대한 차트를 활용해 향후 수십 년 동안의 경제적 기회를 모색하고, 온실가스 배출 문제를 해결하며, 성공적인 비즈니스를 구축하기 위한 전략과 기술을 도출한다.

곧 알게 되겠지만 우리는 이미 지금 하고 있는 모든 일을 훨씬 더 효율적으로 수행할 방법을 알고 있다. 그 방법은 바로 재생 가능하고 깨끗한 전기를 사용하는 것이다. 과거의 문제를 해결하기 위해 시작된 이 접근법이 이제는 미래를 위한 기회의 문이 되었다.

05
이제 2020년대에 걸맞은 생각이 필요한 시간

- 2020년대는 1970년대와 다르다. 오늘날 우리가 직면한 문제는 에너지 효율 개선으로 해결할 수 있는 1970년대의 에너지 문제와는 다르다. 우리에게 필요한 것은 변혁이다.
- 1970년대식 사고방식은 많은 작은 결정들에 집중하게 만들고 큰 그림을 놓치게 한다.
- 1970년대식 사고방식은 열역학적 효율성과 행동 변화를 통한 에너지 절약을 혼동시켜 결국 혼란을 초래했다.
- 1970년대식 사고방식은 삶의 질을 낮춰야 한다는 이야기로 이어진다.
- 1970년대식 사고방식은 모든 것을 덜 나쁘게 만드는 것에 중점을 두었다. 그러나 지금 우리가 필요로 하는 것은 좋은 것을 더 많이 하고, 우리가 하는 모든 일을 더 나은 방향으로 만드는 방법을 찾는 것이다.

1970년대부터 시작된 사고방식이 있다. 미국 전역에 널리 퍼진 이 사고방식은 (호주식으로 말하자면) "만일 우리가 죽어라 노력하고 많은 희생을 치른다면, 미래가 그렇게 하지 않을 때보다는 덜 망가질지도 모른다"라는 생각이다.

그러나 기후 문제에 대응하려면 오늘날의 과제를 더 솔직하게 직시하면서도, 희생을 이야기하는 것보다 더 많은 사람들의 공감을 이끌어낼 수 있는 새로운 서사가 필요하다. 더 깨끗한 전기화된 미래와 편안한 집, 멋진 자동차와 같이 우리가 얻을 수 있는 것들을 이야기하는 것이 잃어버릴 것들에 대한 악몽을 이야기하는 것보다 더 낫다. 탈탄소화를 달성하려면 변화가 필요하지만, 그 변화는 박탈이 아닌 더 나은 삶을 위한 것이다. 2020년대의 사고방식은 이렇게 말한다. "우리가 지금부터 올바른 인프라를 구축한다면 미래는 분명 멋질 것이다."

"녹색"이라는 말이 희생과 연관되었던 것은 1970년대의 사고방식, 즉 효율성과 보존에 중점을 둔 사고방식 때문이었다. 1970년대는 지구의 날(1970년 4월 22일)로 시작되었으며 두 차례의 오일 쇼크로 정의된 시대였다. 에너지 생산으로 인해 대기[1]와 수질[2]이 오염되는 문제가 부각되었고 이는 레이첼 카슨의 《침묵의 봄 Silent Spring》과 그로부터 영감을 받은 환경 운동 덕분에 더 많은 사람들에게 알려지게 되었다. 이 문제들에 해결책으로 제시된 것이 바로 보존이었다. 즉, 화석연료를 덜 사용하고, 온도 조절기를 낮추며, 작은 차를 타고, 운전을 줄이라는 것이었다. 이 시대는 우리에게 "줄이고, 재사용하고, 재활용하라"는 짧은 주문을 남겼다.

그러나 이 접근 방식은 더 연료 효율이 높은(하지만 여전히 석유를 사용하는) 자동차와 더 잘 단열된(하지만 여전히 천연가스로 난방하는) 주택으로 이어졌다. 1970년대 이후 에너지 효율이 강조된 것은 분명 합리적이었다. 거의 모든 사람이 재활용, 이중창 설치, 더 공기역학적인 자동차 설계, 더 나은 단열, 그리고 산업 효율화를 지지했다. 그러나 이러한 효율화 조치들은 에너지 소비 증가 속도를 늦췄을 뿐, 에너지의 구성 자체를 바꾸지는 못했다. 오늘날 우리가 필요로 하는 것은 무탄소이며 "효율성"만으로는 무탄소를 달성할 수 없다.

게다가 1970년대에 강조된 효율성 접근법은 서로 다른 종류의 효율성을 뒤섞어 혼란을 초래했다. 예를 들어 아주 큰 차량 모델이 있다고 가정해 보자. 이 차량의 효율을 높이는 방법은 무엇일까?

에너지 효율이 높은 엔진을 사용하는 것이 하나의 방법이고, 더 작은 차체를 만들어 엔진이 같아도 더 효율적으로 만드는 방법도 있으며, 차량을 덜 사용하는 것도 또 하나의 방법이다. 첫 번째는 열역학적 효율이고, 나머지 두 가지는 행동 변화를 통해 얻은 효율이다. 환경 운동가들은 주로 행동 변화를 통한 효율에 중점을 두어왔다. 물론 이것도 나쁜 것은 아니며 실제로도 효과적일 수 있다. 그러나 기술적 변화를 통해 더 큰 효과를 얻을 수 있다. 화석연료를 사용하는 차량의 효율을 높이거나(열역학적 효율), 덜 사용하는 것보다 재생에너지로 충전되는 전기차를 사용하는 것이 더 나은 선택이다.

2020년대의 사고방식은 효율이 아닌 전환에 초점을 맞춘다.

지미 카터 대통령이 에너지 절약 조치를 언급하며 백악관의 온도 조절기를 낮추고 카디건을 입는 것으로 그 의지를 보여준 것이 어느덧 반세기가 되어간다. 하지만 전문가들은 이제 효율성만으로는 충분하지 않다는 것을 잘 알고 있다. 잊혀진 사실 중 하나는 카터의 발언이 리처드 닉슨 대통령이 6년 전에 했던 발언과 유사하다는 점이다.[3] 우리는 그동안 연료 효율이 더 높은 가전제품을 사용하고 일상적인 소비를 "녹색" 제품으로 대체하는 데 많은 노력을 기울여 왔지만 더 큰 문제인 탄소 문제를 해결하는 데에는 거의 손을 대지 못했다. 에너지 효율이 충분히 개선되었다 해도 1970년대 이후 미국은 소비 자체를 대폭 줄이려는 의지나 노력을 보여주지 않았다.

사실 미국인들은 탈탄소화가 광범위한 박탈과 결핍을 초래할 것이라고 믿게 되면 이를 전적으로 지지하지 않을 것이다. 많은 사람들이 효율성을 이런 결말과 연결 짓는다. 사람들이 자신들의 큰 차, 햄버거, 그리고 안락한 가정 환경을 잃을까 봐 두려워하며 싸운다면 우리는 기후 변화에 제대로 대응할 수 없다. 미국인들은 자신이 소유한 물건을 잃게 되거나 불편을 감수해야 한다는 요구에는 결코 동의하지 않을 것이다.

이제 환경 운동은 효율성에만 집중하는 방식을 버려야 한다. 단순히 사용량을 줄이면 공급량도 줄일 수 있다는 에너지 방정식의 수요 측면에만 주목하는 것도 적절하지 않다. 수요 측 모든 기기를 바꾸지 않는 한 공급 측면만 친환경화한다고 해서 문제를 해결할 수 있는 것은 아니다. 1970년대식의 공급과 수요를 이분법적으로 나누어 보는 개념에서 이제는 벗어나야 한다. 필요한 것은 두 측면이 서로 밀접하게 연계되어 있다는 것을 인정하는 완전히 새로운 패러다임이다. 미국은 수요의 탈탄소화와 동일한 속도로 공급의 탈탄소화도 달성해야 한다. 이는 결국 전기를 사용하는 기계에 무탄소 전력을 공급하겠다는 의미이다.

어느새 50년이 지났다. 이제 우리는 탈탄소화의 결정적 수단을 현실로 만들어야 한다.

2020년대의 패러다임에서 환경 운동가들은 더 큰 그림을 봐야 한다. 이제는 1970년대의 효율성 중심의 환경주의에서 벗어나 21세기에 걸맞은 변화를 생각해야 한다. 효율성 옹호자들은 먼저 효율적인 기기를 사용하면 전기를 덜 필요로 할 것이라고 주장할 것이다. 맞는 말이다. 하지만 나는 전기화가 정치적으로 더 적절하고 더 큰 즉각적인 이익을 제공하며, 문제를 모든 측면에서 살펴보아야 최대의 진보를 이룰 수 있다고 생각한다. 지속 가능하게 생산된 생선을 사고, 대중교통을 이용하고, 스테인리스 물병을 사용하는 것만으로 기후 문제를 해결할 수 있다는 상상을 이제 그만두어야 한다. 우리는 매번 작은 결정을 내릴 때마다 정보에 압도되거나 선택이 잘못되었을까 봐 죄책감을 느끼는 상황에서 벗어나야 한다. 그래야 더 크고 중요한 결정을 잘 내릴 수 있다.

효율성보다는 대규모 전기화가 기후 변화에 대응하는 최선의 방법이다. 만약 당신의 전기차가 지붕에 설치된 태양광 패널이나 지역 태양광 발전소에서 생성된 전기로 충전되고, 집안의 냉난방이 멀리 떨어진 풍력 발전소에서 생성된 전기로 운영된다면 당신은 이미 온실가스 배출의 대부분을 줄이는 핵심 결정을 내린 것이다.

탈탄소화의 거의 모든 것은 결국 모든 것을 전기화하는 것이다. 이는 에너지 공급이나 수요를 바꾸기에 앞서 인프라 자체를 변혁하는 일이며 이렇게 해야 습관을 바꾸는 것보다 개인과 집단 모두에게 더 빠르고 효과적인 방법이 될 것이다.

06
전기화하라!

+ 아무리 화석연료가 익숙하다고 해도, 이제는 단지 익숙하다는 이유로 비슷한 종류의 연료를 대체 에너지원으로 사용할 수는 없다.
+ 누구도 화석연료를 계속 태우면서 대기 중 이산화탄소를 포집해 땅속이나 바다에 되돌려 넣는 방법이 해결책이 될 것이라고 생각해서는 안 된다. 이러한 방법에도 에너지가 필요하며, 이산화탄소가 영구적으로 격리되는 것도 아니다.
+ 우리는 (거의) 모든 것을 전기화해야 한다.
+ 모든 것을 전기화할 수 있다면 현재 사용하고 있는 에너지의 절반만으로도 충분할 것이다.

이제 화석연료를 역사 속으로 보내줄 때가 되었다. 그럼 세상을 어떻게 계속 돌아가게 만들 것인가?

사람들이 무탄소 에너지로 전환하는 것을 상상할 때 자주 저지르는 실수는 화석연료를 단순히 또 다른 '익숙한 연료'로 바꾸면 된다고 생각하는 것이다. 예를 들어 가지고 있는 잔디깎이 기계나 익숙한 자동차 연료통에 무배출 연료를 채워 그대로 사용하고 싶어 할 것이다. 바로 이 때문에 많은 사람들이 탄소 중립 연료에 주목하는 것이다. 바이오매스, 에탄올, 큰개기장^{*Panicum virgatum*}°, 모자반 등

○   북미 원산의 다년생 풀로 영어명은 switchgrass. 이 식물은 키가 크고 뿌리가 깊어 토양 침식을 막고, 가혹한 기후에도 잘 견딘다. 바이오연료(에탄올 등)를 생산하기

은 성장 과정에서 대기 중의 이산화탄소를 흡수하고 연소될 때 다시 배출하므로 실질적으로 탄소 중립이라고 할 수 있다. 이런 연료를 사용하면 삶의 변화를 최소화하면서 기존 기계를 그대로 사용할 수 있을까? 그럴듯하게 들린다.

이와 유사하게, 수소나 암모니아 또는 에탄올처럼 휘발유나 천연가스와 비슷한 특성을 가진 합성 연료를 생산하자는 이야기도 많다. 이런 주장은 그럴싸해 보이지만 이는 전기차를 전력망에서 직접 충전하는 것보다 훨씬 더 많은 재생에너지나 원자력에너지를 필요로 한다. 수소차는 이런 비효율성의 대표적인 사례이다. 전기를 생성한 후 수소로 변환하는 과정에서 약 25%의 에너지가 손실되고, 연료전지가 다시 수소를 전기로 변환하는 과정에서 또 25%의 에너지가 손실된다. 이 모든 손실을 감수하면서 얻는 것은 익숙한 연료를 익숙한 연료 탱크에 채울 수 있다는 점뿐이다. 게다가 현재 사용되는 대부분의 수소는 천연가스를 개질하여 얻은 부산물이다. 이는 현재 우리가 직면한 문제를 계속 연장시키는 원천일 뿐이며, 수소가 웃음거리가 된 중요한 이유 중 하나이다.

총괄 에너지 경로의 효율성은 구성 요소들의 효율성을 모두 합한 것이다. 이를 이해하기 위해 세 가지 차량의 에너지 경로를 살펴보자. 하나는 전기를 사용하는 경우, 또 하나는 수소를 사용하는 경우, 마지막으로 전기로 합성해 낸 마법 같은 유사 가솔린을 사용하

위한 원료로 주목받고 있다. 비교적 적은 물과 비료로도 잘 자라며, 재배 과정에서 많은 양의 이산화탄소를 흡수하므로 탄소 중립적인 에너지 생산에 기여할 수 있다.-옮긴이

는 경우이다. (예를 들어, 프로메테우스 연료°를 생각해 보자. 이 회사는 오래된 포드 머스탱을 타고도 세상을 구할 수 있다고 주장한다.)

전기차에서는 전력을 받아 배터리에 저장하며, 이때의 효율은 약 90%이다. 이후 저장된 전기는 주행 계통을 통해 동력으로 변환되며, 이 과정의 효율은 약 80%이다. 이들 값을 곱하면 전체 에너지 경로의 총 효율을 구할 수 있다.

총 효율 Total efficiency = 0.90 × 0.80 = 0.72

전기 에너지를 1단위 투입하면, 그중 0.72단위가 실제 수송에 사용된다.

같은 양의 전기를 사용해 수소를 만든다면 어떻게 될까? 수전해 과정의 효율은 약 65%이다. 이렇게 만든 수소를 탱크에 압축하고 다시 압축을 풀 때 효율은 약 75%이다. 그리고 이를 연료전지에 넣어 자동차를 구동할 때의 에너지 효율은 약 50%이다. 이제 이 세 가지 효율을 곱해보자.

총 효율 = 1.0 × 0.65 × 0.75 × 0.50 = 0.24

같은 전기 1단위로 제공할 수 있는 수송 에너지는 0.24이다.
이번에는 전기를 이용해 휘발유를 합성한다고 가정해 보자. 이

○   프로메테우스 연료 Prometheus Fuels 는 탄소 중립적인 연료를 만드는 스타트업 회사이다. 이 회사는 대기 중에 있는 이산화탄소(CO_2)를 직접 포집하여 이를 사용해 합성연료를 만드는 기술을 개발하고 있다.-옮긴이

경우, 에너지 효율은 최대 50%에 이를 것이다. 그리고 휘발유 차량의 에너지 효율은 잘 알려져 있듯이 약 20%에 불과하다. 이 두 값을 한번 곱해보자.

총 효율 = 1.0 × 0.50 × 0.20 = 0.10

결론적으로, 동일한 전기 1로 제공할 수 있는 수송 에너지는 전기차의 경우 0.72, 수소차의 경우 0.24, 휘발유 합성 연료의 경우 0.1에 불과하다.

지금 필요한 전기를 생산하는 일은 이미 엄청나게 어려운 일이다. 20세기에 널리 퍼졌던 연료를 사용하는 편리함을 누리기 위해 세 배에서 다섯 배 많은 전기를 생산해야 한다는 주장은 터무니없다. 이는 마치 헨리 포드Henry Ford가 금속 말을 만들어 석유로 달리게 하려는 것과 다름없다. 이런 기본적인 수학은 우리가 모든 탈탄소화 선택에서 적용할 수 있는 원칙이 된다.

바이오연료 경로는 충분한 양의 바이오매스를 생산해 연료로 사용할 수 있다고 상상하지만, 실제로는 지구상의 모든 바이오매스의 1/4을 태워야만 필요한 양을 확보할 수 있다. 이는 엄청난 환경적 재앙을 초래할 것이다. 최선의 경우에도 이러한 방식으로 전체 연료의 약 10%만 생산할 수 있을 것이다.[1]

합성 연료 경로는 태양광, 원자력, 풍력, 수력 등을 이용해 탄소 중립 전기를 생산하고, 이를 연료로 변환하는 방식을 상상하지만, 이는 방금 본 것처럼 비효율적인 선택이다.

익숙한 연료를 계속 사용하려는 상상은 결국 1970년대의 열효율이 낮은 기계를 계속 사용하겠다는 것과 같다. 이는 대량의 물질을 태우면서 엄청난 비효율 속에 갇히게 만든다. 17장에서 확인하겠지만, 인류는 현재 화석연료를 다른 모든 물질보다 더 많이 사용하고 있다. 이런 상황에서 대체 연료를 필요한 시점에 맞춰 생산할 수 있다는 생각은 터무니없다.

또 다른 익숙한 연료 전략은 탄소 격리이다. 이 방법을 지지하는 사람들은 화석연료를 계속 사용하고, 이산화탄소를 대기에서 포집해 땅속이나 바다에 묻으면 된다고 생각한다. 그러나 인류가 매년 배출하는 이산화탄소의 양은 우리가 사용하는 다른 모든 물질의 양보다 훨씬 많다. 이산화탄소를 묻을 만한 충분한 장소가 없을 뿐만 아니라, 열역학적으로도 비현실적이다.

열역학적으로 보면, 문제는 더 심각하다. 탄소 격리를 위해서는 CO_2를 대기에서 포집하기 위해 현재보다 약 20% 더 많은 화석연료를 소비해야 한다. 그리고 CO_2를 압축하고 땅속에 묻는 과정에도 추가적인 에너지가 필요하다. 이 과정에서 묻힌 CO_2가 영구히 그 자리에 머물러 있을 것이라는 보장도 없다.

재생에너지로 생산한 전력은 이미 화석연료로 생산한 전력 대비 가격 경쟁력이 있다. 따라서 탄소 격리 비용이 추가되면 화석연료로 만든 전력은 더욱 비싸질 수밖에 없다. 결국, 탄소 격리를 통해 화석연료의 탄소 배출을 0으로 만든 전력은 경제적으로 성립하지 않는다는 결론에 이르게 된다.

앞선 주장들은 결국 화석연료로 이익을 계속 얻으려는 사람들이 내세우는 교활한 생각이다. 그들은 우리를 혼란스럽게 하여 분열시키려고 한다. 우리는 단지 연료를 바꾸는 것에 그쳐서는 안 된다. 기계도 함께 바꿔야 한다. 이제는 2020년대에 맞는 사고로 우리의 인프라를 새롭게 구상해야 한다.

궁극적으로, 총체적 탈탄소화를 위한 현실적인 계획은 매우 단순하다. 모든 것을 전기로 가동하라.

우리는 기후 변화를 해결하기 위해 필요한 기술을 이미 보유하고 있다. 곧 설명하겠지만, 모든 것을 전기로 전환할 경우 에너지 수요를 절반으로 줄일 수 있다.

그럼 대체 어디서 에너지 수요가 줄어드는가?

미국에서 사용되는 모든 에너지 데이터를 바탕으로 "만약 모든 기계를 전기로 가동한다면 어떤 일이 벌어질까?"라는 사고 실험을 해보자. 그림 6.1에 나타난 바와 같이 전기화를 통해 우리가 필요로 하는 1차 에너지의 양은 현재 우리가 생각하는 양의 절반도 채 되지 않을 것이다. 이는 재생에너지만으로도 필요한 에너지를 공급하는 일이 두 배는 쉬워진다는 의미다. 어떻게 이런 결과가 나왔는지 살펴보자.

깨끗한 전기 생산, 최대 23% 절감

먼저, 화석연료를 사용한 발전소를 가동하지 않으면 현재 사용되는 1차 에너지의 약 1/4을 더는 필요로 하지 않게 된다.

현재 발전소에서는 화석연료를 태워 열을 발생시키고, 이 열로 증기를 만들어 터빈을 돌려 전기를 생산한다. 물리학적으로 열을

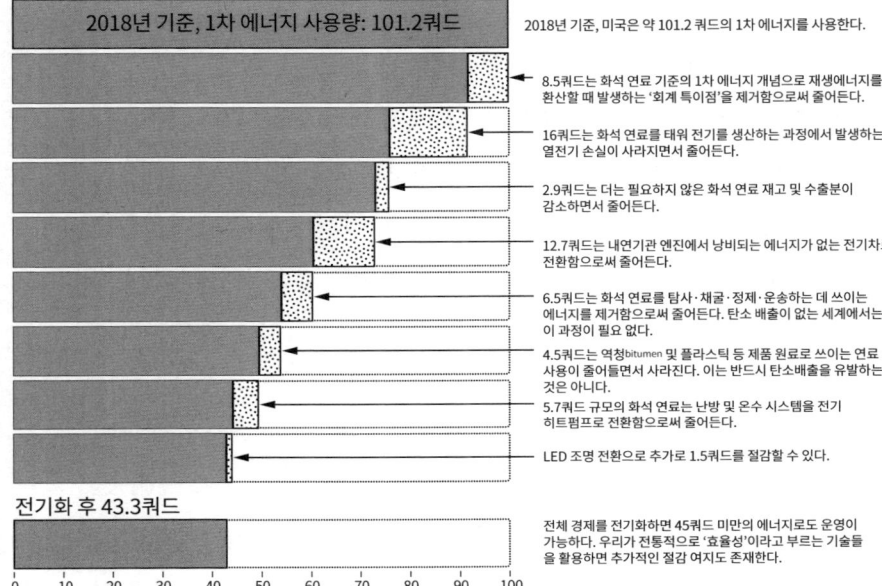

그림 6.1 에너지 시스템 전체를 전기화하면 1차 에너지 사용량을 얼마나 줄일 수 있을까? 각 부문별 및 최종 용도별 시나리오를 통해 살펴보자. 미국이 탄소 배출이 없는 에너지원으로 전환할 경우 에너지 수요는 절반 이상으로 감소할 것이다. 이는 전기 생산 과정에서 발생하는 폐열을 제거하고 전기차와 전기 난방 시스템의 높은 효율성을 활용하며 화석연료의 탐사, 채굴, 정제, 수송에 소요되는 막대한 에너지가 더는 필요하지 않게 되기 때문이다.○

이용해 전기를 생성하는 과정은 필연적으로 효율성의 한계가 있을 수밖에 없다. 이러한 한계는 열역학 법칙에 의해 결정되며 열을 전기로 전환하는 기계는 전환 과정에서 에너지의 절반 이상을 손실하게 된다. 이는 니콜라 레오나르 사디 카르노 Nicolas Léonard Sadi

○ 미국 에너지정보청의 최신 통계에 따르면, 2023년 기준 1차 에너지 소비는 약 93.59쿼드로 감소하였다. 이는 에너지 효율성 향상, 재생에너지 확대, 석탄 사용의 축소 등의 요인에 기인하며, 이 책에서 주장하는 '전기화로 인한 전체 에너지 수요의 감소'라는 관점과 일맥상통한다.

Carnot의 이름을 따 '카르노 효율'이라고 불리며, 연소 온도와 주변 온도의 비율로 계산된다. 현실 세계에서 화석연료를 사용하는 기관의 효율성은 20~60%에 불과하다.

태양광과 풍력처럼 연소 과정이 없고 탄소를 배출하지 않는 에너지원 역시 물리 법칙의 지배를 받는다. 그러나 이들 에너지원은 전기로 변환할 때 거치는 과정이 상대적으로 간단하다. 따라서 재생에너지로만 경제를 운영할 경우 같은 양의 전기를 화석연료로 얻을 때보다 1차 에너지가 약 15% 절감된다.

지금 우리가 화석연료를 사용하려면 아주 길고 복잡한 에너지 전환 과정을 밟아야 한다. 오래전 태양 에너지는 생물(식물, 플랑크톤, 공룡 등)로 전환되었고, 이들이 지층 속에서 오랜 시간을 거쳐 화석연료로 변환되었다. 우리는 이를 채굴해 물을 끓이고 그 증기로 터빈을 돌려 전기를 생산한다. 이 모든 과정에서 상당한 양의 에너지가 손실된다.

반면 태양광 패널을 사용해 전기를 얻을 때는 과정이 훨씬 간단하다. 태양에서 날아온 광자가 반도체에 부딪히면 광전 효과에 의해 전자가 방출되며(이 과정을 이해할 수 있는 것은 아인슈타인 덕분이다) 이 전자가 전기를 생성한다. 태양광 패널의 효율이 도달한 태양광에너지의 약 20%에 불과하더라도 이는 동일한 효율을 보이는 내연기관 자동차와는 완전히 다른 의미이다. 태양광 발전에서는 힘들게 얻은 에너지가 중간 과정에서 거의 손실되지 않는다.

또 다른 측면에서의 '절약'은 화석연료를 기준으로 한 오래된 회계 방식에서 비롯된 오해를 바로잡는 것이다. 이로 인해 수력과 원자력에서 전기를 얻기 위해 필요한 1차 에너지량이 과대평가되었다. 1차 에너지는 국가 경제를 운영하기 위해 필요한 에너지의 총량을 측정하는 유용한 지표이다. 전통적으로는 석탄의 톤수, 천연가스의 세제곱미터, 석유의 배럴 수와 같이 경제에 투입되는 화석연료의 양을 측정하는 데 사용되었다. 그러나 원자력과 재생에너지가 새로운 에너지 옵션으로 등장하면서 1차 에너지를 어떻게 계산할 것인지가 중요한 문제가 되었다.

1970년대에는 자원의 희소성과 가뭄에 대한 우려로 과학자들이 수력 발전의 1차 에너지량을 가뭄으로 인해 수력 발전소가 가동되지 않을 때를 대비하여 계산하기 시작했다. 즉, 수력 발전소의 전력 생산을 화석연료 발전소로 대체하려면 얼마나 많은 화석연료가 필요할지를 고려한 것이다. 화석연료 발전소의 평균 효율이 약 30~40%에 불과하기 때문에, 이는 수력 발전의 1차 에너지량을 실제보다 2~3배 과대평가하게 만들었다. 현재까지도 이러한 회계 관행은 계속되고 있다. 이상하게도 수력 발전의 에너지량을 계산할 때 수력 발전소의 발전량을 화석연료 발전소의 평균 에너지 효율로 나눠 얻은 값을 입력한다. 이는 화석연료가 표준이 된 세상에서 발생한 이상한 일 가운데 하나이다.

원자력에너지를 계산할 때도 독특한 방법이 사용된다. 현재 미국에서 가동 중인 원자로는 모두 경수로이다. 이는 핵확산을 방지하고, 폐기물의 양을 줄일 수 있기 때문이다. 그러나 경수로에서는 핵분열성 물질의 에너지 중 단 1~2%만이 실제로 사용되고 나머지 98%는 활용되지 않은 채 남게 된다. 이러한 과정은 핵분열에서 발생할 수 있는 위험을 줄이고 무기화 가능한 동위원소의 생성을 억제한다는 장점이 있다. 반면, 증식로는 핵분열성 물질의 양을 늘리지만 이로 인해 안전과 보안 측면에서 더 큰 문제가 발생할 수 있다.

미국 에너지부는 원자력 발전소의 효율을 측정할 때, 핵연료의 에너지를 유용한 에너지로 전환하는 효율 대신 "열율"을 사용하기로 결정했다. 열율은 발전소에서 증기 터빈의 열역학적 효율을 측정하는 방법으로 노심 내부에서 일어나는 반응은 고려하지 않는다. 이렇게 열율을 사용하여 원자력 발전소의 효율을 정의하면 핵연료의 98%를 차지하는 사용되지 않은 에너지를 무시하게 되므로 원자력의 실제 효율성을 반영하지 못한다. 이러한 계산 방식은 미국의 탈탄소화 전략을 수립할 때 원자력의 가능성을 제대로 평가하는 데 적합하지 않다.°

이런 회계 오류는 에너지 시스템에 불필요한 낭비가 더 많다고 오해하게 만들고, 원자력에너지를 활용할 수 있는 다른 기술적 방안도 무시하게 만든다.

화석연료 중심의 사고에 빠진 이러한 회계 오류를 바로잡으면 우리가 필요하다고 생각했던 에너지의 약 8%는 실제로는 필요하지 않다는 것을 알 수 있다. 열역학적 효율성과 적절한 회계 방식을 적용하면 단지 전력 생산을 탄소 배출 없는 에너지원으로 전환하고 21세기에 맞는 회계 방법론을 선택하는 것만으로도 1차 에너지 소비량을 약 23% 줄일 수 있다. 이 모든 과정이 복잡하게 들릴 수 있지만 결론은 화석연료 없는 세상을 운영하는 데 필요한 에너지는 우리가 생각했던 것보다 훨씬 적다는 것이다. 따라서 기후 변화

○ 원자로에 장전된 핵연료에 들어 있는 우라늄 가운데 1~2%인 우라늄 235만 핵분열을 해 전력 생산에 기여하고, 나머지 대부분인 우라늄 238은 활용되지 않는다.-옮긴이

를 해결하는 일도 이 사실을 알기 전보다 10%는 더 쉬워졌다고 평가할 수 있다.

교통수단의 전기화, 15% 절감

교통수단을 전기화하는 것은 미국이 에너지 소비를 줄일 수 있는 중요한 방법이며, 약 15%의 에너지를 절감할 수 있다. 현재 대부분의 차량은 가솔린과 디젤 엔진을 사용하고 있는데 이 엔진들은 화석연료 발전소보다도 에너지 효율이 낮다. 연료의 에너지가 차량의 움직임으로 변환되는 효율은 약 20%에 불과하다. 긴 운전을 마친 후 차량 본네트가 뜨거워지는 것은 이러한 에너지 낭비의 증거이다. (구형 랜드로버를 운전할 때 엔진룸에 더치 오븐을 넣고 주행 중에 스튜를 요리하는 방법이 있을 정도이다!) 모든 자동차와 트럭을 전기화하면 이러한 낭비되는 폐열의 대부분을 제거하고, 차량을 운행하는 데 소비되는 에너지를 3분의 1로 줄일 수 있다.

전기차는 이제 주류가 되어가고 있다. 가격은 더 저렴해지고, 충전 속도는 더 빨라지며, 성능과 주행거리, 옵션도 다양해지고 있다. 현재의 개선 속도를 감안할 때 800킬로미터를 주행할 수 있는 전기차는 몇 년 내에 등장할 것이다. 이미 험지 주행이나 장거리 여행을 제외하고는 거의 모든 용도에 적합한 전기차가 출시되어 있다. 전기차가 주류가 되는 것은 시간 문제일 뿐이며 그 시점이 언제일지에 대한 질문만 남아 있다.

화석연료 탐사, 채굴, 정제, 11% 절감

화석연료를 탐사, 채굴, 정제, 그리고 운송하는 데는 막대한 양의 에너지가 사용되며 이는 대부분 간과되고 있다. 무탄소 경제로 전환되면 이러한 에너지를 더는 소비하지 않아도 되어 전체 에너지 소비량의 11%를 절감할 수 있다. 예를 들어, 석유와 가스를 추출하는 공정에는 미국에서 사용되는 에너지의 약 2%가 쓰인다. 천연가스를 수송하는 데 1%, 석탄 채굴 장비를 운전하는 데 0.25%, 철도로 석탄을 광산에서 발전소로 운송하는 데 0.25%, 원유를 정제해 휘발유와 경유로 만드는 데 3~4%가 추가로 소모된다. 이 모든 과정은 미국이 사용하는 1차 에너지의 8%를 소비한다. 또한 철도 화물 수송의 절반가량이 석탄을 운반하는 데 쓰이고 있다. (25%는 곡물, 나머지는 자동차와 기계, 그리고 극소수의 사람들을 운송한다.) 물론, 이러한 계산은 석탄, 천연가스, 그리고 석유의 비축량이 변동하기 때문에 정확하게 하기 어렵다. 그럼에도 불구하고, 나는 이로 인해 약 11%의 에너지를 절약할 수 있다고 추정한다. 사실, 화석연료 사용을 중단함으로써 절약할 수 있는 에너지는 11%보다 더 클 가능성이 높다. 정유소에서 주유소로 기름을 운송하는 유조차에 소모되는 연료나, 이 거대한 중공업을 운영하기 위해 필요한 채굴 및 운송 장비를 만드는 데 들어가는 에너지까지 감안하면 더욱 그러하다. 다시 한번 강조하지만 미국은 다른 어떤 상품군보다 화석연료를 더 많이 운송하고 있다. (17장에서 이 주제를 자세히 다룰 것이다.)

물론 이렇게 반문할 독자도 있을 것이다. "화석연료를 대체하기 위해 건설되는 풍력 발전소, 태양광 패널, 에너지 저장용 배터리, 원자력 발전소, 전력망, 전기차 등이 화석연료 산업만큼 많은 에너지를 소비하는 것 아닌가?" 그러나 이들 재생에너지 설비를 건설하고 운영하는 데 소모되는 에너지는 현재 화석연료 처리에 들어가는 에너지에 비해 훨씬 적을 가능성이 크다. 투입 에너지 대비 획득 에너지Energy Returned on Energy Invested, EROI (나는 이 약자가 세계 최악이라고 생각한다.°)라는 지표를 통해 1만큼의 에너지를 투입했을 때 얻을 수 있는 에너지가 얼마나 되는지를 알 수 있다. 화석연료의 EROI는 약 7~8이다. 즉, 화석연료 생산에 에너지 1단위를 투입하면 화석연료 7~8단위를 새로 얻을 수 있다. 그런데 이 값은 전기 생산 과정에서 발생하는 비효율을 고려하지 않은 것이기 때문에 실제보다 더 효율이 높은 값이다. 이를 고려하면, 재생에너지는 화석연료보다 월등히 우수하다.[2] 추정치는 다양하지만 풍력과 태양광의 EROI는 화석연료 발전소의 거의 두 배에 달할 것이다. 더불어 풍력과 태양광 제조업체가 에너지 투입량을 줄이는 기술을 개발하고 엔지니어들이 이들 녹색 기계의 수명을 늘려간다면 이 차이는 더욱 커질 것이다.

건물의 전기화, 6~9% 절감

집과 사무실에서 사용하는 에너지를 전기로 전환하는 것은 기후 위기에 대응하는 새로운 에너지 경제에서 중요한 기회이다. 일상생활에서 필요한 것은 주로 저온 열(즉, 인간의 피부보다 온도가 높지만

○ 투입 에너지를 기준으로 산출 에너지를 간단히 수치화하는 방식이어서, 실제 에너지 생산 과정의 복잡성과 손실, 환경적·경제적 요소 등을 충분히 반영하기 어렵다.-옮긴이

끓는 물보다는 낮은 온도)이다. 이 영역에서 우리는 히트펌프라는 놀랍고도 이미 완성된 기술을 가지고 있다. 이 기술은 현재의 방식보다 훨씬 더 효율적이다.

현재 가정과 사무실에서 난방과 온수를 얻는 방법은 주로 천연가스나 등유를 태우거나 전선에 저항을 걸어 열을 발생시키는 방식이다. 하지만 히트펌프는 이와는 다른 원리를 이용한다. 히트펌프는 외부 공기나 집 아래의 지열과 같은 풍부한 원천에서 열에너지를 집중시켜 가전제품이나 HVAC(Heating, Ventilation, and Air Conditioning: 난방, 환기, 냉방) 장비에 공급한다. 이 차이 덕분에 히트펌프는 기존 방식보다 훨씬 더 높은 에너지 효율을 자랑한다. 동일한 에너지 입력으로 기존 방식보다 3배 이상의 난방이나 냉방 효과를 얻을 수 있기 때문이다. 이 장치가 미국 전역에 보급된다면 국가 전체 에너지 소비량의 5~7%를 절감할 수 있을 것이다.

또한, LED 조명은 에너지 소비를 1~2% 추가로 절감할 수 있다. 전기차처럼 LED 기술도 지난 몇 년간 품질, 성능, 보급 측면에서 크게 발전했다. 같은 밝기의 빛을 내는 데 전통적인 조명 기술에 비해 1/5 정도의 에너지만 필요하다. 게다가 LED는 수명이 수만 시간에 달해 전구 교체 빈도도 훨씬 적다. 조명이 필요 없을 때 자동으로 꺼지는 통합 제어 시스템과 감지 센서를 활용하면 추가적인 에너지 절감 효과를 얻을 수 있다. 이러한 기술을 전면적으로 도입할 경우 미국의 에너지 수요를 1~2%가량 더 절감할 수 있을 것이다.

태우지 않고 소재로 쓰는 화석연료, 4~5% 절감

현재 우리가 일상생활에서 사용하는 다양한 소재로 전환되는 화석연료는 전체 에너지 사용량의 4~5%를 차지한다. 이들 화석연료는 동력을 제공하기 위해 연소되지 않고, 우리에게 익숙한 다양한 제품으로 변환된다. 대표적인 예로 도로 포장에 사용되는 아스팔트가 있다. 역청은 석유 정제 과정에서 나오는 부산물이며 미국 가정의 85% 이상의 지붕에 아스팔트 싱글$^{Asphalt\ Shingle}$ ○ 로 사용된다. 플라스틱도 이와 유사하게 천연가스나 나프타와 같은 석유 정제 부산물을 원료로 만든다. 또한 석탄에서 얻은 코크스는 연철을 탄소강으로 변환하는 데 사용된다. 이러한 소재들에 포함된 탄소 대부분은 CO_2의 형태로 대기 중에 배출되지 않으므로 이들이 포함하고 있는 에너지량은 오늘날의 기후 문제와 직접적인 관련이 없다. 물론 이들 소재의 사용량과 흐름은 면밀히 추적해야 하지만 이는 자원의 흐름과 지속 가능성 평가라는 맥락에서 중요한 것이지 에너지 경제에 미치는 영향과는 큰 관련이 없다.

제조업의 전기화

제조업을 전기화하는 것만으로도 막대한 에너지를 절감할 수

○ 주로 지붕에 사용되는 방수 건축 자재로 유리섬유나 유기섬유 매트에 아스팔트를 코팅한 후 그 위에 자외선 차단용 자갈을 뿌려 만든다. 색상과 디자인이 다양해 미관상으로도 유리하며 내구성도 우수해 미국과 캐나다는 물론 국내에서도 가정용 주택에 적합한 자재로 널리 사용되고 있다.-옮긴이

있다. 자세히 설명하지 않아도 경제 전반의 전기화를 통해 얻을 수 있는 엄청난 이점은 쉽게 이해할 수 있을 것이다. 환경 및 기후 문제 해결을 위해 제조업이 기여할 수 있는 부분은 17장에서 더욱 자세히 다루겠다. 간단히 말하자면 제조업 분야에는 혁신의 여지가 무궁무진하며, 이로 인해 에너지 절감 전망은 더욱 밝아질 것이다.

동일한 편안함, 동일한 편의성으로 에너지 절반 절감

이들 절감 효과를 모두 합쳐보면 우리는 현재 사용하는 1차 에너지의 약 42%만 재생에너지 등으로 공급하면 충분하다는 결론이 나온다.

이는 분명히 놀라운 수치이다.

미국은 전기화 외에 다른 효율화 조치를 도입하지 않더라도 에너지 사용량을 절반 이상 줄일 수 있다. 냉난방 온도를 낮추지 않아도, 차량의 크기를 줄이지 않아도, 집의 크기를 줄이지 않아도 말이다. 더욱이 전기화는 "후회 없는" 선택이다. 행동 변화나 효율화 같은 다른 전략과 결합하면 추가적인 이익을 얻을 수 있다. 이러한 이유로 전기화는 탈탄소화를 위한 유일한 현실적 전략이다. 또한 전기화는 "무엇을 해야 할까?"라는 마비 상태에서 우리를 벗어나게 해주고, 화석연료가 미래에 차지할 역할에 대해 대중을 혼란에 빠뜨리려는 사람들에 대한 강력한 예방책이기도 하다.

미래에 대해 지나치게 많은 숫자를 자신 있게 언급하는 사람들이 많다. 물론 나도 1차 에너지 공급이 현재의 42%만 필요할 것이라고 말하긴 했다. 하지만 이는 꽤 구체적인 수치이고 미래의 변화로 인해 이 값은 조금씩 증가할 가능성이 있다. 예를 들어, 미국의 인구는 조금씩 증가할 것이고 우리는 더 많은 에너지를 필요로 하는 새로운 취미를 발명할지도 모른다(전기 패러글라이딩, 어떨까?). 게다가 일반적으로 삶의 질이 향상되면 에너지 소비도 늘어나기 마련이다. 이러한 변수들을 고려할 때 전기화를 통해 미국이 현재 사용하는 에너지의 절반만으로도 생활 수준을 유지하고 개선할 수 있을 것이라고 간단히 말할 수 있다. 이는 분명 엄청난 성과다.

기후 위기와의 전쟁에서 승리한다는 것은 더 깨끗하고 긍정적인 미래를 의미한다. 히트펌프와 에너지를 저장할 수 있는 복사 난방 시스템으로 전환하면 우리의 집은 더욱 쾌적한 공간이 될 것이다. 집과 자동차의 크기를 줄이는 것이 바람직할 수 있지만 이는 적어도 미국에서는 필수적인 요구는 아니다. 전기차는 더 날렵해질 것이다. 가스레인지 사용이 천식과 호흡기 질환의 위험을 높이는 점을 감안할 때, 전기화는 가정 내 공기 질을 개선하고 이를 통해 공중 보건도 향상될 것이다. 철도나 대중교통 사용을 강제할 필요도, 소비자의 온도 조절 장치 설정을 바꾸라고 강요할 필요도 없다. 적색육을 좋아하는 미국인들에게 채식주의자가 되라고 요구할 필요도 없으며, 지미 카터식 스웨터를 꼭 입어야 하는 것도 아니다(물론 카디건을 좋아한다면 기꺼이 입어도 좋을 것이다). 바이오연료를 현명하게 사용하면 비행을 금지할 필요도 없을 것이다.

결론적으로 기후 친화적인 미래는 우리가 일상에서 사용하는 주요 물건들-자동차, 집, 사무실, 난방 장치, 냉장고-이 모두 전기로 구동되는 모습으로 나타날 것이다. 이 미래를 두려워할 필요는 없으며, 받아들인다면 비용 절감과 건강상의 이점을 누릴 수 있을 것이다. 그리고 이 모든 과정에서 기후 위기도 해결될 것이다.

07
그 모든 전기는 어디서 구해야 할까?

+ 재생에너지만으로도 전 세계 에너지 수요를 충분히 충족할 수 있다.
+ 태양열과 풍력이 가장 큰 공급원이 될 것이지만 수력 발전 역시 거대한 배터리 역할을 하며 특별한 중요성을 지닌다.
+ 바이오연료는 특히 항공과 같은 대체 불가능한 분야에서 중요한 역할을 하지만 모든 문제를 해결할 수는 없다.
+ 원자력 발전은 필수적인 것은 아니지만 매우 유용하다. 무엇보다도 토지 이용 방식이 성공의 핵심 요소이다.

모든 것을 전기화하려면 미국은 현재보다 세 배 이상의 전기를 생산해야 한다. 오늘날 미국의 전력망은 평균적으로 450기가와트^{GW}의 전기를 공급하고 있다. 만약 앞서 언급한 대로 거의 모든 것을 전기화한다면, 전력망에서 매 순간 1,500~1,800기가와트의 전기를 공급해야 한다는 뜻이다. 이는 엄청난 규모이다. 태양광만을 사용한다고 가정해 보자. 이 정도의 전력을 생산하려면 미국의 모든 지붕 위에 태양광 패널을 설치해도 부족하고 모든 주차장을 덮어도 충분하지 않을 것이다. (그림 7.1 참조) 미국의 모든 옥수수밭(미국에서 재배 면적이 가장 넓은 작물이다)에 풍력 터빈을 추가로 설치한다고 가정해 보자. 이 경우 필요한 전력의 대략 절반 정도를 공급할 수 있다. 이 수치는 풍력 발전소에서 표준 터빈 간격을 고려한 풍력의 전력 밀도를 2와트/제곱미터$^{W/m^2}$로 가정하고,[1] 옥수수밭의 총 면적을 36만 4,217제곱킬로미터$^\circ$로 계산한 결과이다.[2] 물론 풍력 터빈과 그 지원 인프라는 농작물 생산에 사용되는 토지의 일부를 차지하겠지만 이 수치는 우리가 해야 할 일의 규모를 이해하는 데, 그리고 탈탄소화의 성공을 위해 농업과 농부들의 역할이 얼마나 중요한지를 이해하는 데 큰 도움이 된다.

좋은 소식도 있다. 에너지가 부족하지는 않다는 것이다. 대기를 통과해 지구 표면에 도달하는 태양 복사 에너지는 매 순간 8만 5,000테라와트^{TW}에 달한다. 1테라와트는 1조 와트^{W}로, 1,000억 개의 LED 전구가 동시에 켜질 때 나오는 에너지와 같다. 인류가 현재 매 순간 사용하는 에너지의 규모는 약 19테라와트로, 지구에 도달하는 태양 에너지의 1/4500 수준이다.[3] 미국은 그중 약 20%, 즉 3.5~4테라와트의 1차 에너지를 소비하고 있다.

태양은 거의 모든 재생에너지, 즉 고갈되지 않는 에너지의 주요 원천이다. 태양 에너지는 햇빛이 비추는 모든 곳에서 풍부하게 존재한다. 태양은 공기를 데워 바람을 생성하며 이 바람은 터빈을 통해 에너지로 전환될 수 있다. 바람은 파도를 일으키고, 파도의 힘은 파력 발전기를 통해 포획될 수 있다. 또한, 태양은 물을 증발시켜 구름과 비를 형성하며 이 비는 강물을 채워 수력 발전에 이용될 수 있다. 여름 해변에서 뜨거운 모래를 걷는 것처럼 태양은 지표면도 데운다. 이 '지열'은 히트펌프라는 기술을 통해 일년 내내 건물을

○ 한국(대한민국 부분만)의 전체 면적은 약 10만 제곱킬로미터이며, 따라서 미국의 옥수수밭 면적은 한국의 3.6배다.-옮긴이

일정한 온도로 유지하는 데 활용될 수 있다.

혼란스럽게도 '지열에너지'라는 이름을 가진 에너지원이 있다. 이 에너지원은 간헐천, 화산, 온천과 밀접한 관련이 있다. 이러한 지열에너지는 태양이 아닌 지구가 형성될 때 남은 잔열과 일부 방사성 붕괴로 인해 발생하는 열에서 비롯된다. 이 열은 지하의 암석을 극도로 뜨겁게 만들며 시추를 통해 이 뜨거운 암석에 접근할 수 있다. 이 열을 이용해 증기를 생성하고 이를 통해 터빈을 구동하여 전기를 생산할 수 있다. 수평 시추와 관련된 수압 파쇄 기술을 적용하면 더 깊은 지층에 있는 지열에너지를 활용할 수 있다(실제로 미국은 5~10킬로미터 깊이의 지층에 엄청난 양의 지열에너지를 보유하고 있다). 그러나 이 기술이 비용 면에서 효과적인지는 아직 입증되지 않았다.

태양은 광합성에도 필수적이다. 광합성은 바이오매스(목재, 조류, 풀, 산림 및 농업 폐기물, 음식물 쓰레기, 인분 및 기타 생물학적 물질 등)를 생성하며 이 바이오매스는 탄소 배출을 줄이기 어려운 장거리 항공 같은 분야에 필요한 바이오연료로 전환될 수 있다. 사실 지구상의 모든 화석연료는 시간이 지나면서 땅속에 묻히고 농축된 아주 오래된 바이오연료에 불과하다.

어떤 에너지원을 사용할 것인가?

미국의 거대한 에너지 수요를 감안할 때 전기는 가능한 모든 곳에서 생산해야 한다. 또한 일부 에너지원이 다른 에너지원보다 설치와 관리가 더 쉽고 비용이 저렴하며 수요와의 연계가 더 편리하다는 점도 중요하다. 미국의 일부 지역은 바람이 좋고 다른 지역은 태양광이 적합하며 둘 다 충분하지 않은 지역에서는 아마도 원자력을 사용해야 할 것이다. 큰 강이 있는 곳에서는 현재 미국 전력의 약 7%를 공급하는 수력 발전이 중요할 것이다. 바닷가에서는 파력과 조력 발전이 도움이 될 것이다. 해상 풍력은 해안 지역의 가장 중요한 에너지원이 될 가능성이 크다.

태양, 바람, 원자력은 미국의 에너지 수요를 초과해 공급할 수 있는 중요한 자원이다. 태양과 바람은 가장 저렴하고 원자력보다 문제가 적다. 에너지 공급의 미래를 둘러싼 논쟁은 곧 막대한 자금을 둘러싼 싸움이기도 하다. 스탠퍼드 대학의 마크 제이콥슨Mark Jacobson[4]과 그 동료들이 세계를 100% 물, 바람, 태양°만으로 운영할 수 있다고 주장하자[5] 기후 및 에너지 분야에서 큰 논란이 일어났다. 이에 대한 반발은 매우 격렬했다.[6] 학계의 기준으로 보아도 비판과 반박,[7] 재반박은 극도로 날카로웠다.[8] 결국 이 논쟁은 소송으로 이어졌다. 그러나 나는 역사가 제이콥슨의 편에 설 것이라고 믿으며 그 말고도 물, 바람, 태양만으로도 충분하다고 믿는 사람들은 아주 많다.[9] 제이콥슨의 계획을 비판하는 사람들은 재생에너지로만 구성된 세계에서는 우리가 필요로 하는 에너지 공급의 신뢰성이 보장되지 않을 것이라고 주장한다. 나는 다음 장에서 이 문제를 정면으로 다룰 것이다. 이러한 간헐적인 에너지원도 신뢰할 수 있는 에너지 공급원으로 전환하는 일이 우리가 생각하는 것보다

○ 물, 바람, 태양의 영어 약자 WWS(Water, Wind, Solar)는 재생에너지원 중 물, 바람, 태양광을 활용해 에너지를 공급하는 시스템이나 기술을 통칭하기 위해 영어권에서 널리 쓰인다. 이들 기술만으로 에너지를 100% 공급할 수 있다는 주장을 표현할 때 자주 등장한다.-옮긴이

더 쉽다는 점을 보여줄 것이다. 우리는 반드시 공급과 수요를 모두 고려해야 한다. 학계를 뒤흔든 이번 논쟁에 대해 나는 이렇게 비판하고 싶다. 모든 논쟁 참여자들은 상대방의 이론에 담긴 논리를 더 주의 깊게 살펴보았어야 했다. 제이콥슨은 지나치게 원자력을 반대하는 사람일 수 있지만 그와 맞서는 비판자들은 지나치게 미래를 부정하는 사람들이다.

미국에는 충분한 무배출 에너지가 있다. 이 에너지는 우리의 필요를 채울 수 있을 뿐만 아니라 더 나아가 우리의 욕구를 확대하는 데도 사용할 수 있다. 우리가 할 일은 이 에너지를 현명하게 활용하는 방법을 찾는 것뿐이다. 원자력은 재생에너지가 아니다. 이 지구상에 있는 분열성 물질의 양은 제한적이기 때문이다(대부분 플루토늄과 우라늄의 일부 동위원소).[10] 우리의 최선의 추정에 따르면 분열성 물질은 앞으로 200~1000년 정도 사용할 수 있을 양이다. 이 범위가 넓은 이유는 매장량이 불확실할 뿐만 아니라 미국이 무기화가 어려운 경수로를 계속 사용할지, 아니면 증식로를 사용할지에 따라 사용 가능한 분열성 물질의 양이 달라지기 때문이다. 물론 미국이 원자력 없이도 버틸 수 있다고 생각할 수 있다. 그러나 풍력과 태양광 인프라를 설치할 충분한 땅이 없는 지역에서는 원자력이 분명히 유용할 것이다.

탄소 감축 방법의 세부 사항이 어떻게 되든 간에 태양과 바람이 주도적인 역할을 할 것이다. 화석연료로 작동하는 세계를 주로 전기로 운영되는 세계로 빠르게 전환할 수 있는 후회 없는 경로가 있다. 대다수 재생에너지(태양광, 풍력, 수력, 지열)를 기반으로 하고 적절한 비중의 원자력과 일부 바이오연료를 보조 에너지원으로 조합해 활용하는 것이다.

이들 에너지원 사이의 정확한 균형은 지역의 지리적 여건에 따라 달라질 것이며, 시장의 영향과 토지 이용에 대한 여론에 따라 크게 좌우될 것이다. 에너지원의 세부 사항과 균형은 재생에너지의 변동성을 해결하기 위해 전기를 얼마나 잘 저장할 수 있는지에 따라 결정될 것이다. 이에 대해서는 8장에서 자세히 논의할 것이다.

그럼 땅은 얼마나 필요할까?

미국의 경관은 재생에너지로의 전환이 이루어지면서 필연적으로 달라질 것이다. 태양광 패널과 풍력 터빈이 우리의 도시, 교외, 농촌 전역에서 보편적인 모습이 될 것이다. 예를 들어, 미국 전체를 태양에너지로 운영하려면 토지 면적의 약 1%를 태양광 발전에 할애해야 한다. 이는 현재 도로나 지붕에 사용되고 있는 면적과 거의 같다(그림 7.1 참조). 지붕, 주차장, 상업 및 산업용 건물은 태양광 수집기로도 활용할 수 있다. 동시에 농작물을 재배하는 토지에서 풍력을 이용해 전력을 생산할 수도 있다.

앞서 확인했듯이 미국 전체를 전기화하려면 매 순간 약 1,500기가와트에서 1,800기가와트의 전력이 필요하다. 이 모든 전력을 태양광으로 생산하려면 약 6만 703제곱킬로미터의 태양광 패널이 필요하다. 내가 사용한 계산 변수는 다음과 같다. 태양광 패널이 땅을 덮는 실제 비율은 60%, 태양 에너지가 전기로 변환되는 셀 효율은 21%, 그리고 설비이용률(하루 중 태양광이 기준치 이상으로 효율적으로 발전할 수 있는 시간 비율)은 24%이다. 따라서 1,500기가와트에서

1,800기가와트의 전력을 얻으려면 약 6만 703제곱킬로미터가 필요하며, 이는 대략 축구장 하나의 면적에서 1메가와트(MW)를 얻을 수 있다는 뜻이다. 같은 양의 에너지를 오직 풍력으로만 생산하려면 약 40만 4,686제곱킬로미터°의 땅에 터빈을 설치해야 한다. 참고로 미국의 전체 면적(수면 제외)은 약 971만 2,464제곱킬로미터이다.

 애리조나 사막 한가운데 태양광 발전소를 건설하면 미국 전역에 전력을 공급할 수 있다는 주장이 있다. 그러나 송전(장거리)과 배전(단거리) 비용 때문에 실제로 그렇게 할 수는 없다. 재생에너지 설비는 우리 주변 곳곳에 설치될 것이므로 태양광과 풍력 발전을 사람들이 토지를 사용하는 다른 방식과 비교하는 것이 더 현실적이다. 태양광과 풍력으로 전력을 공급하려면 많은 토지가 필요하기 때문에 두 가지 역할을 동시에 수행할 수 있는 토지와 활동을 찾아보는 것이 중요하다.

 우선 태양광을 살펴보자. 표 7.1에서는 미국 내 모든 지붕, 도로, 주차 공간의 면적을 제시한다. 이는 모두 태양광 패널을 설치할 수 있는 장소들이다. 물론, 이 토지들을 재생에너지 발전에 효과적으로 사용하는 방법에 대한 세부 사항이 존재하지만 이 수치들은 단지 비교를 위한 것이다. 예를 들어 도로를 태양광 패널로 포장하자는 주장이 많은 주목을 받지만, 자동차가 태양광 셀 위를 주행하면서 발생하는 먼지와 손상 때문에 이는 좋은 생각이 아니다. 고속도로 중앙 분리대, 도로 및 주차 공간의 상부에 패널을 설치하는 것이

○ 터빈 사이의 이격거리가 1킬로미터 이상 필요하기 때문에 넓은 면적을 잠식한다.-옮긴이

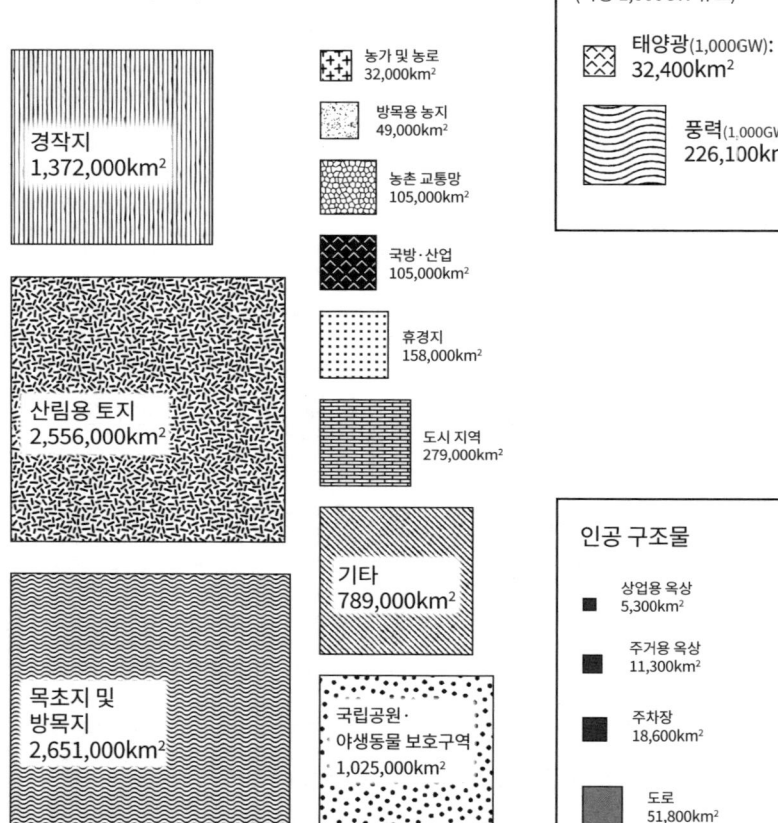

그림 7.1 미국의 토지 이용을 예시적으로 보여주는 도해에서는 미국 전체를 운영할 수 있는 충분한 재생에너지를 확보하기 위해 필요한 면적을 포함한다. 해상 풍력 발전에 적합한 해역은 포함되지 않았다.

훨씬 더 나은 방법이다.

이 모든 면적을 합치면 약 8만 4,984제곱킬로미터가 된다. 만약 우리의 전기 수요를 모두 태양광으로 생산하려면 대략 6만 703제

표 7.1○

구조물 유형	면적(km²)
인간이 만든 구조물	4,047
상업용 건물 옥상	4,856
주거용 건물 옥상	11,331
도로	51,800
주차장	18,211

국내 상업용 건물 600만 채, 주택 1억 2,000만 채, 도로 1,400만 킬로미터, 그리고 최소 10억 면의 주차 공간이 차지하는 토지 면적에 대한 추정치.

표 7.2 미국의 토지 이용, 주요 범주별

토지 이용	면적(km²)
농경지, 활용중	1,371,886
유휴 농경지	157,828
경작지 목초지	48,562
초원, 목초지, 방목지	2,650,693
숲	2,553,569
농촌지역 통과 교통로	105,218
자연공원과 야생동물 보호구역	1,023,856
방위 및 산업	509,904
농장 및 농로	32,375
도시 지역 토지	279,233
여러 종류의 기타 토지	789,138

출처: 다니엘 P. 비글로 Daniel P. Bigelow 와 앨리슨 보처스 Allison Borchers, 미국의 주요 토지 이용, 2012, EIB-178, 미국 농무부 US Department of Agriculture, 경제연구서비스 Economic Research Service, 2017년 8월.

○ 상업용 건물은 국토의 상당 부분을 사용하며, 주택이 그 뒤를 잇는다. 도로망은 광대한 지역에 걸쳐 분포하며, 주차 공간의 수는 무려 10억 면에 달한다. 이들은 미국민의 토지 사용에서 매우 중요한 의미를 가진다.-옮긴이

곱킬로미터의 면적에 태양광 패널을 설치해야 한다. 이는 가능한 모든 지붕, 도로, 주차 공간의 3분의 2 이상에 해당한다. 따라서 태양광 패널을 설치할 수 있는 모든 곳에 설치해야 한다는 의미이다. 환경주의자들 중 일부는 분산된(지붕이나 지역사회 기반의) 태양광만으로도 우리의 에너지 수요를 충족할 수 있다고 생각하지만 실제로는 가능한 모든 분산 에너지를 활용해야 하며, 태양광과 풍력의 산업적 설치 역시 필수적이라는 사실이 숫자로 입증된다.

다행히도 우리는 미국의 풍부한 풍력 자원에 의존할 수 있다. 풍력 터빈을 설치할 수 있는 장소를 보여주는 표 7.2를 살펴보자. 이 표는 농경지와 목초지 등 더욱 광대한 면적을 차지하는 토지 이용 방식을 보여준다.

보다시피 우리는 풍력 터빈을 설치할 수 있는 충분한 경작지를 가지고 있다. 경작이 중단된 농경지는 풍력 터빈 설치에 이상적이다(농민들의 소득 창출에도 도움이 된다). 풍력 터빈에 적합한 또 다른 토지로 목초지와 방목지도 방대한 규모를 자랑한다. 도시 지역, 교통, 방위 및 산업에 사용되는 토지, 자연공원 및 야생동물 보호구역, 숲을 제외하더라도, 약 157만 8,275제곱킬로미터의 토지가 여전히 남아 있다. 이 토지는 풍력 터빈을 설치하기에 충분하며 다른 용도로도 활용할 수 있다. 일부 지역은 바람의 세기와 정치적 요인에 따라 풍력 발전에 더 적합할 것이다.

태양광과 풍력에너지에 있어서는 '내 뒷마당에는 안 된다(NIMBY)'는 태도가 있을 수 없다. 화석연료는 공기, 물, 토양 등 모든 요소를 오염시키며, 우리의 모든 뒷마당을 더럽히고 있다. 지난 수십 년 동안 우리는 송전선, 고속도로, 콘도, 쇼핑센터 등 주변 경관을 바꾼 여러 요소에 적응해 왔다. 앞으로는 더 많은 태양광 패널과 풍력 터빈과 함께 살아가야 한다. 그 대가로 우리는 더 깨끗한 공기, 더 저렴한 에너지를 얻게 될 것이다. 무엇보다 중요한 것은 이 과정에서 우리의 땅과 경관을 보호해 미래 세대에게 온전히 넘겨줄 수 있다는 점이다. 우리는 토지 사용과 에너지 수요 사이의 균형을 찾아야 할 것이다.

원자력

원자력은 분명히 작동하지만, 50년 동안 핵 확산과 폐기물 처리 문제에 대한 최선의 방법을 두고 논쟁이 계속되어 왔으며 여전히 합의에 이르지 못했다. 원자력은 한때 예상했던 것처럼 "계량하기에는 너무 싼" 에너지가 아니며,[11] 실제로는 재생에너지보다 더 비쌀 가능성이 높다. 원자력의 정확한 비용은 누구에게 묻느냐에 따라 달라진다. 예를 들어, 특정 발전소의 운영 비용은 매우 낮을 수 있다. 그러나 많은 사람들은 원자력 관련 설비와 핵물질의 안전한 유지를 위해 필요한 군사적 비용과 폐기물 처리 비용도 포함해야 한다고 생각하며, 이는 비용을 상당히 증가시킨다. 이러한 관점의 차이는 원자력의 진정한 비용에 대한 논쟁을 더욱 복잡하게 만든다.

그럼에도 불구하고 원자력은 기저부하 전력을 공급하는 신뢰할 만한 에너지원이다. 기저부하 전원은 특정 그리드 서비스 지역에서 가장 안정적으로 공급되며 중단될 가능성이 적은 에너지를 의미한다. 그러나 오늘날 기저부하 전원이 과거만큼 중요한지에 대해 전문가들 사이에서 자주 논쟁이 벌어지고 있다.[12] (8장에서 이에 대해 자세히 논의할 것이다.) 아마도 기저부하 전력이 예상보다 덜 필요할 가능성이 높으며 경우에 따라 전혀 필요하지 않을 수도 있다. 이는 다음 네 가지 요인 때문이다. 첫째, 전기 차량에 내재된 배터리의 저장 용량. 둘째, 가정과 상업 건물의 열 부하 조절. 셋째, 상업 및 산업 분야에서의 부하 이동 및 에너지 저장 가능성. 넷째, 백업용 바이오연료와 다양한 배터리의 잠재적 용량이다.

현재 미국에는 약 60개의 원자력 발전소와 100여 기의 원자로가 있으며 이들이 미국 전체 전력 공급 용량(약 450기가와트)의 약 20%(약 100기가와트)를 담당하고 있다. 문제는 원자력 발전소를 계획하고 건설하는 데 수십 년이 걸린다는 점이다. 예를 들어 2016년에 전력망에 연결된 와츠바Watts Bar 2호기는 착공(1973년)부터 전력망 연결까지 43년이 걸렸다.[13] 와츠바 2호기는 1996년 이후 미국에서 처음으로 건설된 신규 원자로이기도 했다.[14] 현재 미국에서는 소수의 신규 원자력 발전소만 계획되고 있으며 원자력 발전을 빠르게 확대하는 작업은 기술적 한계보다는 정치적 요인으로 인해 어려움을 겪고 있다.○

또 다른 문제는 현재의 원자력 발전소가 강이나 바닷물을 냉각수로 사용해야 하며 이 과정에서 물이 어류와 식물에게 해를 줄 정도로 뜨겁게 가열된다는 점이다. 미국 내 담수 중 5분의 2가 증기

○ 보글Vogtle 4호기의 24년 3월 상업 운전 이후 2024년 9월 현재 PRIS Power Reactor Information System (원자로 정보 시스템) 기준 미국에서 신규 건설 중인 원전은 없다.-옮긴이

력 발전소^{○○}의 냉각 계통을 통과한다. 미국의 많은 주들은 이제 냉각수가 부족해 더 많은 증기 발전소를 설치할 수 없는 상황이다. 현재 기술로 배치할 수 있는 원자력 발전의 잠재적 양은 이미 배치한 것의 두 배나 세 배에 불과할 것이며, 그 결과 미국의 순간 전력 공급 목표 1,500~1,800기가와트 가운데 약 10~25%만을 원자력으로 공급할 수 있을 것이다.

미국은 원자력 발전소를 더 신속하게 건설하려 노력할 수 있다. 또한 규제 환경을 개선해 건설 자금 차입에 따른 이자 비용을 낮추어 원자력 발전소 건설 비용을 줄일 수도 있다. 차세대 원자력 기술을 개발하고 대량 생산과 규모의 경제를 통해 비용을 절감할 수도 있다. 그러나 이는 많은 전제 조건이 충족되어야 가능한 일이며, 재생에너지와 배터리 저장 기술의 결합이 비용 효율성과 정치적 실현 가능성 측면에서 더 우위를 점하기 전에 미국이 이러한 조치를 모두 취할 가능성은 낮다.

원자력은 문제가 너무 많아 일본이 원자력 발전소를 폐쇄했고 독일도 마찬가지다. 중국 또한 원자력 발전 확장 속도를 늦추고 있다.^{○○○} 이는 원자력이 작동하지 않아서가 아니라 원자력을 둘러싼

○○ 열로 물을 끓여 만든 증기로 터빈을 돌리는 동력 구조를 가진 발전소. 원자력, 석탄 화력 등이 이 방식을 택한다.-옮긴이

○○○ 일본은 2011년 후쿠시마 원전 사고 이후 모든 원전을 일시적으로 가동 중단했다. 현재 9기의 원전만 재가동되어 운영 중이며 전체 원전 중 약 1/3만이 가동되고 있다. 독일은 후쿠시마 원전 사고 이후 단계적 탈원전 정책을 확정하고, 2023년 4월 15일에 모든 원전의 가동을 중지했다. 중국의 경우 2010년대 초반(2010~2014년) 5년간 11기, 2010년대 후반 5년간 30기를 그리드에 연계하며 급격히 확장했으나, 2020년대 들어 2024년 4월까지 9기를 연계하는 데 그쳐 확장 속도가 둔화되었다. 출처: IAEA PRIS, https://pris.iaea.org/ -옮긴이

사회적, 정치적, 생태적, 경제적 논란과 의문이 원자력 확장을 어렵게 만들기 때문이다. 또한 원자력이 태양광보다 비용이 더 많이 든다는 점도 잊지 말아야 한다.

미국 에너지부는 2030년까지 옥상 태양광은 킬로와트시^{kWh} 당 5센트¢, 상업용 태양광은 킬로와트시당 4센트, 대규모 태양광은 킬로와트시당 3센트로 단가를 낮추겠다는 목표를 세웠다.[15] 그럼에도 국가 안보를 고려할 때 미국이 원자력 발전을 완전히 포기하는 것은 불가능하다. 핵무장을 완전히 해제하지 않는 한 미국이 원자력 발전에서 완전히 손을 떼는 것은 극히 비현실적이다. 기후 변화에 대응하기 위한 가장 가능성 있는 시나리오는 미국에서 원자력(핵분열) 발전 용량을 약간 늘리는 것이지만 앞서 설명한 이유들로 인해 원자력이 지배적인 에너지원이 되기는 어려울 것이다. 다만 인구 밀도가 매우 높거나 재생에너지 자원이 부족한 국가의 경우 원자력 또는 수입 재생에너지(대부분 전기, 수소, 또는 유사한 형태)가 유일한 현실적인 선택지가 될 것이다.

아마도 이 모든 것을 보고 원자력에 대한 내 입장이 궁금할 것이다. 만약 내가 이 문제에 대해 전권을 가진다면 나는 원자력 없는 더 단순한 삶을 선택할 것이다. 하지만 이를 다른 사람들에게 강요할 수는 없다. 현실적으로 원자력은 미래 세계에서 일정한 역할을 할 것이다. 그러나 원자력 기술, 폐기물 처리, 그리고 안전성을 개선하는 데 더 많은 투자가 이루어지지 않는다면 원자력을 더 확대하는 것은 무책임한 일이라고 생각한다.

하지만 내 생각이 달라질 가능성도 있다. 이 책을 쓰는 동안 나는 MIT 동문이자 빌 게이츠$^{Bill Gates}$가 투자한 핵융합 에너지 기업의 창업자들과 대화를 나눴다. 이 기업은 핵융합 에너지로 가는 현실적인 길을 찾았다고 생각하지만 시간과 비용 면에서의 도전이 크다는 것을 그들 스스로도 인정하고 있다. 그들이 주장하는 킬로와트시당 5센트의 발전 단가와 2032년에 첫 시제품이 설치될 것이라는 시간 계획을 믿는다면 여전히 약간 비싸고 너무 늦은 감이 있다. 나는 핵융합이 성공하길 바라며 실제로 성공할 것이라 믿는다. 그러나 동시에 약간의 두려움도 느낀다. 나의 오랜 친구이자 훌륭한 사상가이면서 작가인 조지 다이슨George Dyson (물리학자 프리먼 다이슨Freeman Dyson 의 아들)은 에너지가 너무 저렴해져서 마음만 먹으면 산을 옮길 수 있다면 인간이 어떤 일을 하게 될지 질문을 던진다. 이 질문에 나는 걱정이 된다. 우리가 세상을 끔찍하게 만드는 방식으로 자연을 지배하게 되지는 않을까(핵융합 동력의 불도저가 악당에게 장악되어 거리를 질주하는 모습을 상상해 보라).

응, 그건 좋다. 그럼…

우리는 다양한 에너지원이 필요하므로 누군가 정답을 제시하려 한다면 그것을 막아야 한다. "응, 그건 좋다. 그럼…"이라는 태도를 취해 탈탄소화 방법에 대한 논쟁을 넘어서야 한다. "좋다, 그럼…" 만약 이 에너지 기술들을 대규모로 실현할 수 있다면 그렇게 해야 한다. 이는 암모니아 같은 재생 가능한 방식으로 생산된 액체 연료, 공중 풍력 발전, 저에너지 핵반응, 저온 핵융합 등 창의적인 사고에서 비롯될 수 있는 모든 기술에 적용된다. 또한, "좋다, 그럼…" 만약 저렴한 바이오연료, 합성 연료, 수소가 저장 메커니즘으로 효과를 발휘한다면 이들 역시 탈탄소 파티에 함께할 수 있을 것이다.

"좋다, 그럼…"이라는 접근 방식은 올바른 연구개발에 투자하고 약간의 행운이 따른다면 탄소 포집, 핵융합, 또는 더 놀라운 기술의 발전을 가능하게 한다. 하지만 이미 언급했듯이 기적에 의존하기에는 너무 늦었고 위험하다. 이러한 다른 프로젝트에 투자되는 소중한 자본은 이미 효과가 입증된 무배출 솔루션에 투자되지 않기 때문이다. "좋다, 그럼…" 전략은 탈탄소화에 기여해야 할 핵심 주체로부터 주의를 분산시키지 않으면서도 다른 기술들이 작지만 중요한 기여를 할 수 있음을 인정하는 방법이다.

재생에너지만으로 모든 것을 해결하는 데 물리적이나 기술적 제한은 없다. 다만 우리가 할 수 없다는 냉소적이거나 허울 좋은 논쟁만 있을 뿐이다. 현재 남아 있는 가장 큰 장벽은 관성과 기존 방식을 고집하는 태도에서 비롯된다. 이는 화석연료 보조금과 대규모 잘못된 정보 캠페인으로 나타난다. 또한 국가가 지원하는 독점 유틸리티에게는 낮은 이자율을 제공하면서도, 가스 보일러를 태양열 및 히트펌프로 교체해야 하는 소비자들에게는 동일한 혜택을 주지 않는 등의 오래된 방식에 뿌리박혀 있다.

어떤 방향을 택하든 얻는 것과 잃는 것이 있을 것이다. 원자력을 더 많이 사용하면 배터리 활용률은 낮아질 수 있지만, 대중의 저항은 커지고 비용도 높아질 가능성이 크다. 반면, 태양광과 풍력을 더 많이 사용하면 더 많은 토지를 필요로 하게 될 것이다. 우리가 용납할 수 없는 것은 이러한 문제를 놓고 시작도 하기 전에 논쟁으로 시간을 낭비하거나 충분히 확장할 수 없는 기술에 과도하게 투자하여 진전을 이루지 못하는 상황이다. 기후 문제가 그야말로 시급하다는 점을 감안하면 진짜 필요한 질문은 "오늘 당장 대규모로 확장할 준비가 되어 있는가?"이다.

    바로 지금, 우리는 행동해야 한다.

08
하루 24시간, 1주일 7일, 1년 365일

- 재생에너지는 공급이 간헐적인 에너지원이다. 그러나 서로를 보완하면 이들 간의 간헐성을 상쇄할 수 있다.
- 에너지를 저장할 수 있는 모든 방법을 동원해야 한다.
- 에너지 소비를 집중할 수 있는 모든 사용은 해가 떠 있을 때나 바람이 불 때로 옮길 수 있다면 그 시간대로 옮겨야 한다.
- 전기를 거의 사용하지 않던 분야를 전기화하면 그리드의 부하를 더욱 쉽게 조절할 수 있다.
- 남는 전기는 이웃과 나누고 부족한 전기는 친구들에게서 빌려와야 한다.
- 주·지역 경계를 넘어 전기를 전달하기 위해 장거리 송전 인프라를 확충해야 한다.
- 화석연료 기반 인프라와 마찬가지로 전기도 대규모로 설비 용량을 확충하여 규모의 경제를 확보하면 비용을 크게 절감할 수 있다.
- 21세기의 인프라를 최대한 효과적으로 활용하기 위해서는 '그리드 중립성'이 절실히 필요하다.

지금까지 우리는 필요한 에너지의 양과 그 에너지를 어디서 얻을 수 있는지, 그리고 이러한 에너지가 모든 미국인들에게 어떻게 더 나은 삶을 제공할 수 있는지를 확인했다. 이 과정에서 공기는 더 깨끗해지고, 물은 더 맑아지며, 정치적 부패도 줄어들 것이다. 만약 적절한 재원을 마련할 수 있다면 이 에너지는 더욱 저렴해질 수 있고(10장에서 다루었다) 동시에 수백만 개의 새로운 일자리도 창출할 것이다(15장 참조). 그렇다면 왜 아직 모든 것을 전기화하는 일에 가속도가 붙지 않고 있는 걸까?

탈탄소화를 반대하는 사람들은 종종 화석연료를 계속 사용해야만 이익을 볼 수 있는 기득권을 가진 경우가 많다. 또는 단순히 변화를 싫어하는 사람들이 있을 수 있다. 이러한 사람들은 재생에너지가 간헐적이고, 너무 비싸며, 신뢰성이 떨어진다고 주장한다. 이들은 재생에너지가 연중 무휴, 24시간 안정적으로 전기를 공급해야 하는 전력망과 본질적으로 맞지 않다고 주장한다. 재생에너지는 날씨, 계절, 낮과 밤에 따라 출력이 변화하기 때문에 재생에너지를 기반으로 한 전력 공급 시스템은 수요를 충분히 충족시키지 못해 순간 정전(브라운아웃)이나 전면 정전(블랙아웃)°을 초래할 수 있다는 우려를 제기한다.

물론 우리는 버튼만 누르면 가스레인지가 켜지고, 불이 들어오며 수도꼭지를 돌리면 따뜻한 물이 나오는 세상에 살고 있다. 이러한 신뢰성은 20세기의 전력망에서 구축된 것이며, 유틸리티 기업에게 독점권을 주는 대신 24시간 연중무휴로 서비스를 제공해야 한다는 보장을 통해 실현되었다. 이 거래는 20세기 동안 꽤 잘 작동했지만, 이로 인해 에너지 부문이 기후 변화에 대응할 만큼 빠르게 탈탄소화하거나 혁신을 이루기 위한 동기는 약화되었다.[1] 이 외에도, 농촌 전기 협동조합은 미국 전력 소비자들의 상당 부분을 대변하고 있지만 이들 역시 우리가 아이들에게 더 나은 미래를 제공하기 위해 필요한 진보를 이끄는 데 있어 여러 가지 어려움을 안고 있다.

재생에너지를 사용할 때 항상 사용할 수 있는 전기를 기대하는

○ 순간 정전(브라운아웃 Brownout)은 전력 공급이 일시적으로 감소해 전압이 낮아지는 현상으로, 조명이 어두워지거나 기기 성능이 저하될 수 있다. 반면, 전면 정전(블랙아웃 Blackout)은 전력 공급이 완전히 중단되어 특정 지역에 전기가 전혀 공급되지 않는 상황을 의미한다.-옮긴이

것은 여러 문제를 일으킬 수 있다. 예를 들어 우리는 밤에 조명이 필요하지만 태양광은 낮에만 사용할 수 있다. 또한 겨울에는 태양의 고도가 가장 낮아 광량이 줄어드는 시기에 더 많은 난방이 필요하고, 여름에는 주변 공기가 가장 뜨거울 때 더 많은 에어컨이 필요하다.

다행히도 이러한 문제에 대한 해답은 이미 존재한다. 실행이 어려울 수는 있지만 그 해결책 자체는 생각보다 간단하다. 21세기의 거대 기업들이 물류의 상품화에 기반을 두고 성장한 것처럼 우리의 에너지 시스템도 이와 같은 접근 방식을 도입해야 한다. 물론 해결해야 할 문제는 많지만 청정에너지로의 전환을 더는 지체할 이유가 없다.

매 분, 매 시간, 매일, 매 월마다 에너지 수요는 변동한다. 이 수요 변동을 가능한 한 균등하게 조정하려면 우리가 동원할 수 있는 모든 창의적인 방법을 사용해야 한다. 다행히도 미국은 이 문제를 해결할 많은 아이디어를 이미 보유하고 있다. 에너지 소비자 간의 연결이 무엇보다 중요하다. 시간적, 지리적으로 분산된 에너지 소비자들을 연결하여 각자가 가진 발전 및 전력 저장 용량을 필요할 때 활용할 수 있어야 한다. 그래야 우리 모두가 지금처럼 안정적으로 전력을 사용할 수 있다.

이 책은 우리 모두가 "좋다"라고 동의할 수 있는 길을 제시하고 함께 그 길을 향해 나아갈 수 있도록 하기 위해 쓰였다. 또한 이 책은 반대하는 사람들이 제기하는 여러 우려에 충분히 상세한 설명을 제공하는 것을 목표로 한다. 이제, 연중무휴 24시간 운영되는 그리드를 확보하는 방법을 살펴보자.

이것은 탈탄소화 과정에 남아 있는 가장 어려운 문제다. 이 문제는 달에 가는 것만큼 어렵지는 않지만 많은 요소들이 함께 작동하도록 조직화하는 것이 지난한 과제다. 익숙하게 들릴지도 모르겠다. 우리가 인터넷을 구축할 때 했던 일이 바로 그것이다.

이야기했던 것처럼 미국이 필요로 하는 1,500~1,800기가와트의 전력 용량은 대부분 재생에너지로 충당할 수 있다. 하지만 이 양은 현재보다 3~4배 더 많은 전력을 생산하고 전달해야 한다는 것을 의미한다. 기존의 전력망을 약간 조정하는 것만으로는 충분하지 않으며 21세기에 걸맞은 새로운 규칙과 인터넷과 같은 분산형 기술을 활용해 전력망을 다시 구축해야 한다.

일일/주간 공급 문제

오늘날의 미국 가정은 매우 다양한 에너지 서비스를 이용한다. 하루 동안에도 에너지 수요는 극적으로 변화한다. 대부분의 가정은 낮보다는 아침에(샤워, 빨래, 아침 식사 준비 등) 더 많은 에너지를 사용한다. 이후 저녁이 되면 조명, 난방 및 냉방, 음식 준비, 설거지, 오락 등으로 인해 더 많은 에너지를 소비한다. 낮에는 많은 사람들이 출근해 사무실과 공장에서 에너지를 소비하기 때문에 전체적인 에너지 소비량은 여전히 높게 유지된다. 하지만 집을 비웠다고 해서 에너지 사용이 완전히 멈추는 것은 아니다. 냉장고의 컴프레서, 일부 조명, 케이블TV 수신기, 인터넷 공유기, 시계, 타이머 등 여러 기기가 계속해서 전기를 소비하기 때문이다. 정리하자면, 가정에서는 아침에 큰 부하가 발생한 후 낮에는 소강상태를 보이다가 저녁에는 더 큰 부하가 발생하고 밤에는 그 양이 점차 줄어든다. 시간별 수요 변동에 더해 날씨와 계절적 변화에 따른 일별 차이도 무시할 수 없다.

현재 이러한 다양한 에너지 수요는 천연가스, 전기, 프로판, 장작, 석유 등의 다양한 에너지원 조합으로 충족된다. 이들 모든 에너지원이 재생에너지로 전환된다면 탄소 문제는 해결되지만 부하의 변동성은 엄청나게 커질 것이다. 예를 들어 전기차, 전기 보일러, 전기 온수기, 전기 레인지, 전기 건조기를 사용하는 가정이 있다고 가정해 보자. 가족 모두가 낮 동안 외출하면 집에서의 에너지 부하는 거의 없는 상태가 될 것이다. 해가 진 후 이들이 집으로 돌아오면 에너지 부하는 급격히 증가할 것이다.

엄마가 빨래를 돌리는 동시에 아빠는 전기 인덕션으로 저녁을 준비한다. 한 아이는 하루의 활동을 씻어내기 위해 샤워를 하고, 다른 아이는 눈 속에서 하루를 보낸 후 몸을 데우기 위해 난방 온도를 올린다. 부모는 퇴근하자마자 두 대의 자동차를 충전하기 위해 플러그를 꽂았다. 3시간 전만 해도 거의 전기를 사용하지 않던 이 집이 갑자기 20~50킬로와트^{kW}의 부하를 발생시키게 되었다. 이는 시간에 따라 얼마나 극단적으로 부하가 달라질 수 있는지를 보여주는 전형적인 사례이다.

열 수요를 전기로 대체할 경우 큰 부하가 발생한다. 문화적으로 우리는 고열로 조리한 음식을 선호하며, 주방기구 제조사들은 고출력, 고열량 제품을 자랑하며 마케팅을 한다. 전기 히트펌프는 매우 효율적이지만 순간적으로 매우 높은 전기 부하를 발생시킨다. 에어컨 역시 에너지를 많이 소비하는 기기로 악명이 높다. 빨래를 건조하는 과정도 본질적으로 많은 에너지를 소비한다. 젖은 빨래를 탈수하고 모든 수분을 증발시키기 위해서는 상당한 에너지가 필요하다. 내 아내와 아버지는 빨래를 자연 건조하면 옷의 수명도 길어지고 냄새도 더 좋아진다는 점을 강조하며, 이는 무료로 얻을 수 있는 태양광과 바람을 활용하는 훌륭한 방법이라고 생각한다. 참고로 호주에는 태양광을 활용한 힐스 호이스트$^{Hills\ Hoist}$ 야외 빨래걸이대° 가 있다는 점도 빼놓을 수 없다.[2]

우리는 휘발유 차량을 통해 즉각적인 연료 보급에 익숙해져 있다. 이미 전기차를 사용하고 있다면 고속 충전에 필요한 회로가 매우 크다는 것을 알고 있을 것이다. 일반적인 120V, 30A 충전기로 1시간 충전하면 약 16킬로미터를 주행할 수 있다. 그래서 많은 전기차 사용자들은 40A, 230V와 같은 더 높은 전류와 전압을 선호한다. 이 경우 1시간 충전으로 약 40킬로미터를 주행할 수 있다. 일부 사람들은 480V의 '슈퍼차저^{supercharger}'°° 를 요구하기도 한다.

나는 지금 살고 있는 집에 센서를 설치해 모든 기기의 부하 작동 상황을 관찰했고, 그 결과를 그림 8.1에 정리했다. 분 단위로 에너지 사용량을 살펴보면 변동 폭이 엄청나다는 것을 알 수 있다. 밤에는 야간 조명만 켜져 있고, 가끔 냉장고 컴프레서가 작동할 때도 있지만, 이때 집에 걸리는 총 부하는 100와트도 되지 않는다. 하지만

° 힐스 호이스트 야외 빨래걸이대는 호주에서 개발된 회전식 빨래걸이대이다. 중앙 기둥을 중심으로 회전하며 여러 개의 팔 사이에 빨래줄이 연결된 형태로, 넓은 야외 공간에서 많은 양의 빨래를 자연 건조할 수 있도록 설계되었다.-옮긴이

°° 전기차 배터리를 매우 빠르게 충전할 수 있는 고속 충전기이다. 일반 충전기보다 높은 전압과 전류를 사용해 짧은 시간 내에 전기차의 주행 거리를 크게 늘릴 수 있다. 대표적으로 테슬라^{Tesla}에서 제공하는 슈퍼차저 네트워크가 있다.-옮긴이

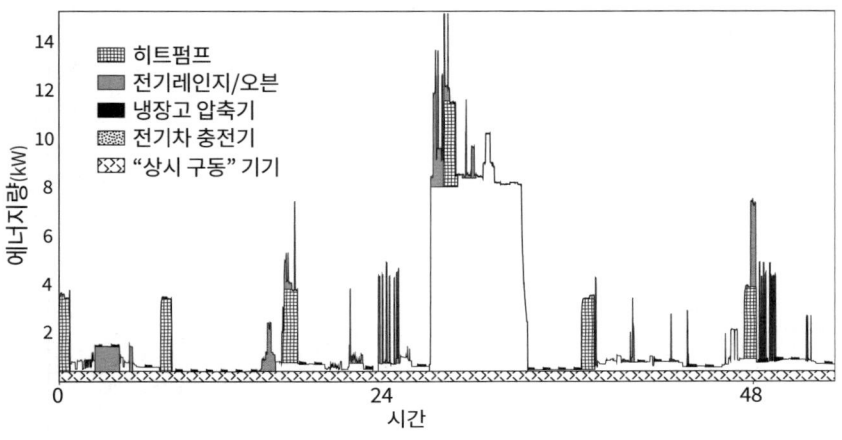

그림 8.1 Sense™와 같은 측정 장치를 사용하면 에너지 사용량을 매우 세밀하게 분석할 수 있다. 2020년 3월 10일부터 11일까지의 전력 부하를 보여주는 이 그림은 완전한 전기화를 실현할 때 우리가 직면하게 될 과제를 시각적으로 보여준다.

자동차 두 대를 충전하고 인덕션으로 저녁을 요리하며 식기세척기와 빨래 건조기를 돌리고 난방과 온수 시스템까지 가동하면, 집의 부하량은 약 25킬로와트에 이르게 된다. 전력 부하 측면에서 볼 때 이렇게 모든 작업을 동시에 하는 것은 바람직하지 않다.

    우리 집 같은 단독 주택만 있다면 부하의 변동성을 관리하는 것은 매우 어려울 것이다. 우리 집이 그리드에 연결된 유일한 집이라면 그리드는 우리 집의 부하를 감당하지 못할 것이라는 말이다. 석탄 발전소나 천연가스 발전소를 "돌리는" 데는 시간이 걸리기 때문이다. (돌린다는 말은 실제로 발전기를 회전시켜 전기를 생산한다는 의미이다.) 만약 우리 집만 전기를 사용한다면 전등을 켜거나 TV를 틀기 위해 석탄 발전소가 가동되어 전기를 보내줄 때까지 한 시간 정도 기다려야 할 것이다. 바로 이 점이 다수의 가정과 그들이 망에 주는 평

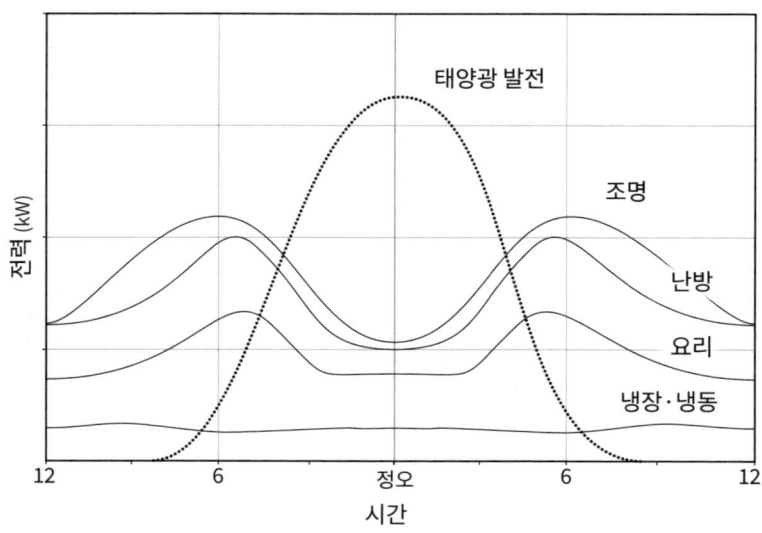

그림 8.2 여러 가정에서 조명이나 전기 주전자 같은 기기를 켜는 순간마다 그리드에 걸리는 부하를 기록한 후, 이를 평균 내어 그린 가정용 전력 부하 곡선을 보여준다. 이 곡선이 실선으로 나타나며, 여기에 태양광 발전량을 표시한 곡선(점선)이 겹쳐진다.

균 부하를 고려해야 하는 이유다. 모든 가정이 똑같이 전기를 사용하지 않으며 저녁을 요리하거나 샤워하는 시간도 각기 다르기 때문에 여러 가정의 전력 수요를 함께 고려하면 부하의 변동이 줄어 균형을 더 쉽게 맞출 수 있다. 하지만 여러 가정의 수요를 합친다 하더라도 하루 동안의 전력 수요는 여전히 시간대에 따라 변동할 것이다(마치 교통량처럼!). 전력망 운영자는 그리드에 연결된 발전기의 운전 일정을 신중하게 계획하고 관리하여 우리가 안정적으로 전기를 사용할 수 있도록 한다. 그들은 공급(발전량)과 수요(부하)를 맞추는 일을 담당하며 이를 잘못하면 순간 정전이나 대규모 정전이 발생한다. 부하 관리는 현재의 그리드와 미래의 그리드 모두에서 매우 중요한 요소이다. 우리는 서로의 부하와 평균 효과에 의존해 현재의 그리드를 운영하고 있으며 이러한 상호 연결성은 앞으로 더욱 중요해질 것이다.

하루 동안 각 가정의 전력 소비는 24시간 내내 변동한다. 그림 8.2에서 볼 수 있듯이 아침에는 작은 피크가 나타나고 한낮에는 수요가 감소하며 저녁에는 모든 사람이 집으로 돌아오면서 큰 증가가 나타난다. 그런 다음 밤이 되면 다시 수요가 감소한다. 캘리포니아처럼 에너지 정책이 진보적인 지역에서는 상황이 조금 더 복잡해진다. 이 주는 친환경 기술의 얼리 어답터로서 많은 사람들이 지붕에 태양광 패널을 설치해 '미터기 뒤$^{\bigcirc}$Behind the Meter', 즉 자가소비용으로 전기를 사용한다. 낮 시간 동안 태양광으로 생산된 전력은 대부분 집에서 발생하는 부하를 감당할 수 있다. 그러나 태양광 발전량은 하루의 전력 소비 패턴과 잘 맞지 않는다. 이러한 불일치 때문에 그림 8.3에 나타난 이른바 '덕 커브$^{Duck Curve}$'가 생긴다. 이 곡선은 실제로 오리를 닮았다. 지붕 태양광 보급이 확대되면서 정오 무렵에 발전량이 최고조에 이르고 늦은 오후와 저녁에 수요가 급격히 증가하면서 발전량은 감소한다. 매년 지붕 태양광이 더 많이 설치될수록, 한낮의 그리드 수요는 줄어들고 오리의 뱃살은 점점 더 두꺼워진다.

○ 가정이나 건물에서 직접 생산하여 전력계량기를 거치지 않고 바로 사용하는 전력을 의미한다. 일반적으로 분산에너지원 형태의 활용을 포괄한다. – 옮긴이

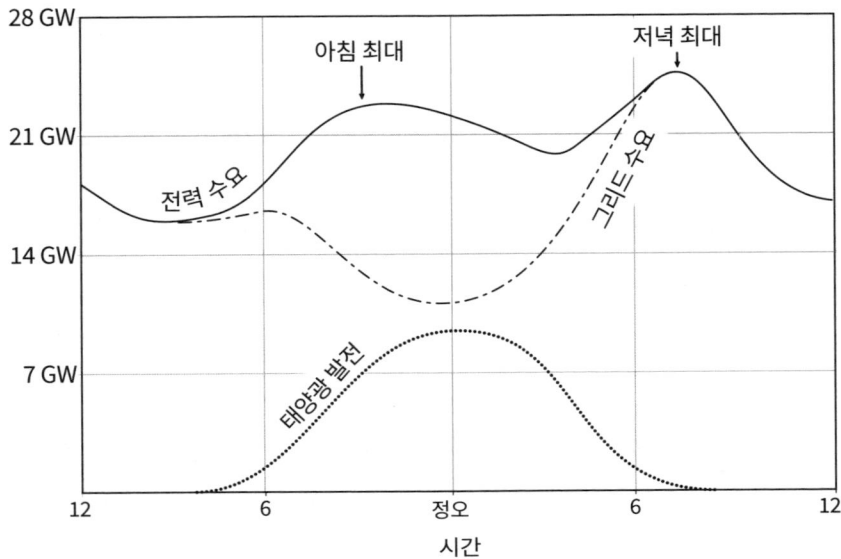

그림 8.3 "덕 커브": 캘리포니아의 전력망 수요에 미터기 뒤 태양광에너지가 미치는 영향이다. 매년 지붕 태양광 설치가 증가하면서, 오리의 배는 점점 더 두꺼워지고 있다.

연간 공급 문제

덕 커브 외에도 우리가 맞이할 새로운 세계에서 직면하게 될 중요한 공급과 수요 문제는 여러 가지가 있다. 그중 하나가 계절적 문제이다. 여름에는 일조량이 풍부하고 겨울에는 바람이 강하다는 점을 생각해 보라. 이는 이미 수천 년 동안 잘 알려진 사실이며 미국의 풍력 및 태양광 발전소에서 얻을 수 있는 데이터를 통해서도 확인할 수 있다.

이와 더불어 겨울에는 난방 수요가 증가하고 여름에는 냉방 수요가 많아진다. 또한 여름에는 야외 활동이 많아져 운전 거리가 약간 늘어나고, 겨울에는 실내에서 보내는 시간이 길어지면서 가정

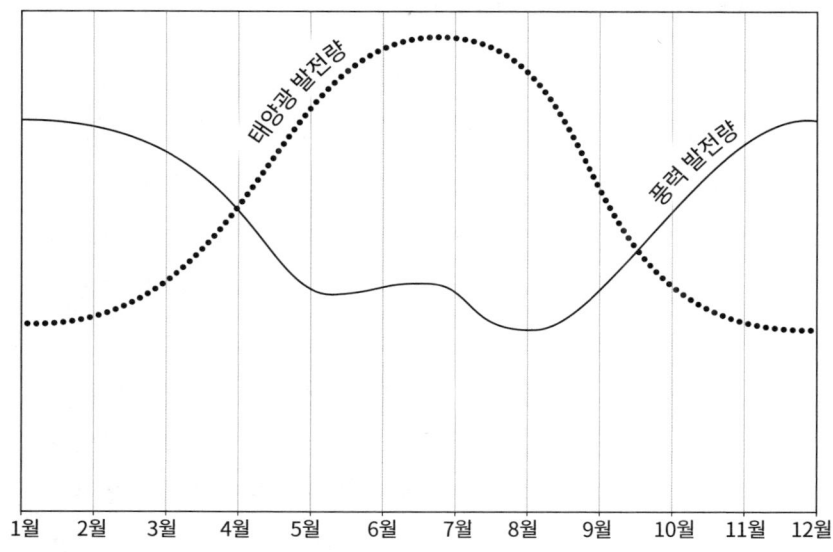

그림 8.4 태양광과 풍력은 계절에 따라 달라진다. 따라서 태양광 발전량과 풍력 발전량도 계절적 변화를 보인다.

용 전기 사용량이 증가하는 경향이 있다. 이러한 현상들은 계절별 부하 프로파일로 나타나며, 이는 미국 에너지정보청EIA이 수집한 전력 부하,[3] 석유 사용(주로 운송용), 천연가스 사용(난방용 및 전력용) 데이터를 통해 도출할 수 있다.

이제 우리가 직면한 문제가 분명해졌다. 부하는 분 단위, 시간 단위, 일 단위로 변하며 계절과 날씨에 따라 달라진다. 그렇다면 365일 내내 24시간 동안 에너지를 안정적으로 공급하려면 어떻게 해야 할까? 이 문제를 해결하는 것이 바로 우리의 과제이다.

수요와 공급의 일치-솔루션 solution

수요와 공급을 일치시키는 문제를 해결하려면 에너지 전체의 그림을 포괄적으로 살펴보아야 한다. 하지만 이를 제대로 다룬 사람은 거의 없다. 실제로 자신의 직무 범위에 전체 에너지를 다루는 일을 포함시키는 사람은 드물다. 대부분의 사람들은 운송 연료, 전력망 균형, 천연가스 공급과 같은 특정 부분만을 다룬다. 우리가 원하는 미래가 현실 가능하다는 확신을 얻으려면 에너지 흐름 전체를 한꺼번에 포괄적으로 분석해야 한다. 난방용 천연가스처럼 현재 전기로 사용되지 않는 에너지 수요를 전기로 전환하는 방법을 알아야 한다. 그렇게 해야만 모든 에너지 사용을 균형 있게 조정할 수 있는 시스템을 구상할 수 있다. 이 문제를 해결할 수 있는 많은 아이디어는 이미 존재하며, 공급자와 수요자 간의 연결이 문제 해결에 결정적인 역할을 한다는 사실도 곧 알게 될 것이다.

배터리, 어디에나 있는 배터리
(그리고 마실 물에는 기름을 잘못 흘려서는 안 된다)

재생에너지의 변동성 문제를 해결하려면 대규모의 에너지 저장 장치가 필요하다. 대부분은 배터리가 될 것이며 이는 누구나 아는 사실이다. 그러나 배터리의 역할에 대한 더 폭넓은 관점에서의 고려가 아직 부족하다.

미국은 재생에너지를 저장하기 위한 대규모 저장 시설을 구축해야 한다. 현재 화석연료 기반의 세계에서도 우리는 이미 거대한 저장 시설을 운영하고 있다. 천연가스는 대규모 지하 동굴에 저장되며 미국에는 약 1,000억 세제곱미터m^3 [4]○, 즉 한 달 정도 사용할 수 있는 양의 천연가스를 저장할 수 있는 용량이 있다. 남부 캘리포니아의 포터 랜치$^{Porter\ Ranch}$에서는 메탄이 대량 누출되는 사고가 발생하기도 했다. 루이지애나와 텍사스에 위치한 미국의 전략 비축유 저장 시설에는 수억 배럴의 원유가 저장되어 있지만 이는 미국의 한 달 분량의 석유 소비량에 불과하다. 대부분의 석탄 화력 발전소도 한 달간 사용할 수 있는 석탄을 비축하고 있다.[5] 이러한 화석연료 저장 시스템은 혹한, 파이프라인 손상, 석유 금수 조치 등 예기치 못한 상황에서도 에너지 공급을 유지하는 데 필수적이다.

안정적인 전력 공급을 위해 가장 단순한 접근 방식은 남는 전기를 저장하고 필요할 때 꺼내 쓸 수 있는 저장 인프라를 구축하는 것이다.

화학 전지는 전기를 직접 저장할 수 있는 대표적인 예이다. 전지라는 말을 들으면 일상에서 쉽게 접할 수 있는 AA, AAA 사이즈 건전지가 떠오를 수 있지만 충전과 방전이 가능한 이차 전지도 있다. 대표적인 이차 전지인 리튬이온 전지의 경우 2010년에는 저장 용량 1킬로와트시당 1,000달러가 넘는 가격이었으나, 2019년에는 150달러로 떨어졌고, 2024년에는 75달러○○까지 내려갈 것으로 예

○   이 용량에 물을 채우면 약 1,000억 톤이 들어간다. 이는 충주댐(국내 담수용량 최대, 28억 톤) 40개 규모 수준이다. 산 중에서는 한라산 본체의 부피에 가깝다. 반지름 8,000미터, 높이 2,000미터인 원뿔의 부피는 약 1,300억 세제곱미터에 달한다. 한라산은 비교적 평평한 제주 주변부(순상 화산)와는 달리 종 모양의 화산체(종상 화산)를 이루고 있어, 본체의 지름을 활용해 부피를 계산하는 것이 적합하다.─옮긴이

○○ 저자의 예상대로 배터리 가격은 많이 떨어졌으나, 75달러가 아닌 2024년 9월 기준 90~120 달러 수준이다. 다만, 현 시점에서 가격이 더 내려갈 것이라는 전망이 우세하다.─옮긴이

상된다.[6] 이로 인해 배터리의 대규모 활용이 현실로 다가오고 있다. 화학 전지는 단기적이거나 일일 전력 변동을 조정하는 데 가장 적합하다. 1시간, 하루, 또는 일주일 동안의 에너지 저장에 탁월하지만 겨울철과 같은 장기적인 에너지 저장에는 적합하지 않다. 1년에 한 번 충전하고 방전하는 용도로 사용하기에는 설치 비용이 너무 비싸 투자비 회수에 1,000년이 걸릴 수도 있다.

현재 상용화된 리튬이온 배터리는 약 1,000회 정도 충방전을 반복할 수 있다. 수명을 약간 늘릴 수는 있지만 그 경우에도 1회 충방전당 비용이 약 10~25센트/킬로와트시¢/kWh 에 이를 수 있다. 제조사들이 배터리 수명을 지금의 1,000회에서 두세 배로 늘려야만 충방전당 비용을 킬로와트시당 몇 센트 수준으로 낮출 수 있다.

자가소비형 지붕 태양광과 배터리 저장 시스템BESS 이 결합되어 이들이 그리드 전력보다 저렴해지는 순간, 에너지 산업의 판도가 완전히 바뀌게 될 것이다. 내 친구들 중 BESS에 대해 낙관적인 사람들은 이 순간을 바로 에너지 특이점이라 부르며 배터리 비용이 그리드의 송배전 비용보다 저렴해지는 시점이 될 것이라 본다. 물론 나는 이들보다는 덜 낙관적이다. 분명 에너지 경제에 근본적인 변화가 있을 것이지만 그리드와 균형을 맞추기 위한 다양한 서비스는 여전히 필요할 것이다. 일부 시장에서는 이미 이러한 순간이 다가왔거나 곧 도래할 것이다. 미국의 평균 전력망 기반 전기 요금이 13.8센트/킬로와트시인데, 지붕 태양광이 6~7센트/킬로와트시, 배터리 저장 시스템이 충방전당 6~7센트/킬로와트시에 도달하면 비용 면에서 그리드를 넘어설 수 있다. 더불어 그리드와 달리 대규모 투자가 필요하지 않으므로 점진적인 설치가 가능하다. 배터리의 자본 비용을 절반으로 줄이고 수명을 두 배로 늘리면 우리는 그 미래를 앞당길 수 있을 것이다. 이 방향으로 속도를 더 낸다면 더 나은 기후 변화 대응의 결과를 도출할 수 있다.

현재 배터리는 비싸며 앞으로도 공짜는 아닐 것이다. 따라서 일상에서 배터리가 필요한 모든 것과 배터리로 활용할 수 있는 다른 장치를 생각해 볼 필요가 있다. 예를 들어 전기차에 장착된 배터리는 엄청난 에너지 저장 수단이 될 수 있다. 미국의 약 2억 5,000만 대의 차량이 모두 전기차로 바뀌어 주행거리 약 400킬로미터를 제공하는 80킬로와트시짜리 배터리가 탑재된다면 총 배터리 용량은 약 20테라와트시^{TWh}에 이를 것이다. 이는 전기화된 미래에서 일상적인 전력 수요 변동을 완화하는 데 충분한 용량이다. 물론 자동차를 자주 사용하기 때문에 배터리 용량 전체를 에너지 저장용으로 사용할 수는 없겠지만 그리드에 큰 도움이 될 것임은 분명하다.

전기차 배터리 외에도 미국의 1억 2,000만 가정과 5,000만 채의 상업용 건물에는 에너지 저장에 사용할 수 있는 많은 장치들이 있다. 온수기, 냉장고, 냉난방 공조 시스템 등이 그 예다. 이러한 장치들은 전기를 열이나 냉기로 변환하여 저장할 수 있는 열에너지 저장 시스템으로 활용될 수 있다. 태양광 덕분에 낮에 에너지가 남아돌게 될 미래에는, 밤에 냉장고를 차갑게 유지하고 집을 따뜻하게 유지하기 위해 낮에 생성된 에너지를 열로 저장하는 것이 중요할 것이다. 이러한 방식은 혁신적이거나 비용이 많이 드는 것도 아니다. 이미 많은 사람들이 전기 요금이 저렴한 시간대에 온수기를 가동해 온수를 저장하고 있다.

이러한 기회를 최대한 많이 찾아내고 활용해야 한다. 예를 들어,

가정용 세탁기나 건조기 크기의 저렴한 축열 시스템을 도입하면 가구당 25킬로와트시의 에너지를 추가로 저장할 수 있다. 이를 미국 전역에 보급한다면 약 3테라와트시의 전력을 더 저장할 수 있을 것이다. 이미 에어컨 시스템에 얼음 저장 장치를 판매하는 회사들도 존재한다. 이 시스템은 전기 요금이 저렴할 때 물을 얼리고, 전기 요금이 비싼 한낮에는 이 얼음의 냉기를 활용해 냉방을 유지하는 방식으로 작동한다.

또한 다른 형태의 배터리도 있다. 양수 발전은 일종의 기계식 배터리이다. 이 시스템은 바람이 불거나 태양이 강하게 내리쬘 때 전기를 사용해 물을 높은 위치로 끌어올렸다가 해가 지고 바람이 멎을 때 그 물을 다시 아래로 흘려보내며 터빈을 돌려 전기를 생산한다. 양수 발전은 저렴하고 기존의 수력 발전 인프라와 함께 사용하기에도 적합하다. 현재 전력망에 연결된 에너지 저장 용량의 95%가 양수 발전에서 나오고 있다. 이 시스템은 단기 및 중기 저장에는 적합하지만 현재의 저수지 용량으로는 계절별 에너지 수요 변동을 해결하기에는 부족하다. 플라이휠, 압축 공기, 수소 등 다른 에너지 저장 기술도 존재하지만 이들 기술이 전력망 규모에서 주요한 역할을 할 가능성은 낮다. 이러한 기술들에 대한 자세한 내용은 부록 A에서 다루었다.

계절 변화에 대응할 수 있는 충분한 에너지를 저장하기 위해 바이오연료를 활용하는 것도 중요한 방안이 될 수 있다. 가장 잘 알려진 바이오연료인 목재를 예로 들어보자. 미국에서는 목재의 에너지량을 코드^{cord}라는 단위로 측정하는데 이는 4피트(약 122cm)×4

피트×8피트(약 3.6m³) 크기의 목재 더미를 의미한다.° 일반적으로 한 가정이 겨울을 나기 위해서는 약 3코드, 즉 약 3톤의 나무가 필요하다. 평균적으로 1에이커(약 4,047m²)의 숲에서 매년 약 1톤의 목재를 지속적으로 얻을 수 있으며 약간의 관리가 이루어진다면 1.5톤까지 생산할 수 있다. 만약 모든 사람이 약 2~2.5만 제곱미터의 숲을 가진다면 겨울철 에너지 저장 문제는 해결될 수 있을 것이다 (다만 대기 오염 문제는 고려해야 한다). 내 오랜 친구 데이비드 맥케이는 "숲에 사는 사람들에게는 나무가 있고, 그 외의 사람들에게는 히트펌프가 있다"[7]고 말하곤 했다. 하지만 내가 여기서 장작으로 돌아가자는 뜻은 아니다. 장작은 탄소 중립적인 겨울 난방 수단이 될 수 있지만 모든 사람에게 적합한 것은 아니며 국가적인 규모로 적용하기에는 현실적이지 않다.

겨울철 장작 사용을 떠올리며 생각을 확장해 보면 우리는 상당한 양의 생물학적 폐기물을 잠재적인 겨울철 '배터리'로 활용할 수 있다. 농업 폐기물, 하수, 음식물 쓰레기, 임업 잔여물 등을 바이오연료로 저장해 두면 여름과 겨울 간의 에너지 수급 차이를 쉽게 메울 수 있다.°° 이러한 폐기물 바이오연료는 현재 우리의 총 에너지 공급량의 약 10%에 해당하는 자원으로 기술적, 경제적, 정책적 세부 사항에 따라 바이오연료가 계절적 에너지 저장의 일부로 얼마나 큰 역할을 할지는 달라질 것이다.

○ 목재의 비중을 0.3으로 보면 대략 1톤가량이 될 것이다. 한국의 감각에서는 목재를 비롯한 고체연료의 물량을 무게로 재는 게 통상적이므로 아래에서는 1코드의 목재는 1톤으로 번역하겠다.-옮긴이
○○ 실제 독일 등에서는 바이오연료가 기저발전원으로 활용되고 있다.-옮긴이

이들 다양한 에너지 저장 장치를 전력망에 연계하고 자가 소비 용도로도 활용해야 한다. 이를 통해 24시간 연중무휴로 지속 가능한 방식의 전기 공급을 실현하는 것이 필수적이다.

그러나 에너지 저장만으로는 수요와 공급의 균형을 맞추기에 충분하지 않다. 이를 보완할 수 있는 두 가지 추가적인 기술이 있다. 첫째는 수요 반응demand-response, DR 기술이며, 둘째는 과잉 용량 확보over-capacity이다. 이 두 가지 방법은 배터리보다 오히려 더 경제적일 가능성이 크다.

모든 것을 전기화하면 부하는 안정된다

인터넷 사용자가 많아질수록 인터넷이 더 풍부해지듯이 더 많은 분야에서 전기를 사용할수록 전력망의 균형을 잡는 일이 더 쉬워질 것이다.

미국이 모든 분야에서 전기화를 이룬다면 가정뿐만 아니라 교통, 상업, 산업 분야도 전기화될 것이다. 이들 분야는 가정보다 더 많은 에너지를 소비한다. 가정의 부하를 평균화하는 효과는 이들 분야의 전기화를 통해 더욱 커질 것이다. 모든 분야가 전기화되고 새로운 21세기 전력망에 연결되면 부하의 균형을 맞추고 연결하는 일이 훨씬 더 수월해질 것이다.

우리가 집을 떠나 직장으로 갈 때 대부분의 사람들은 상업이나 산업 분야의 일터로 이동하며, 그와 함께 전력 부하도 이동하게 된다. 집에서는 전등과 여러 기기를 끄고 직장에서는 컴퓨터와 계산대, 생산 라인을 가동하게 된다. 이러한 일상적인 흐름을 활용하면 전력 부하를 더욱 균형 있게 맞추고 이를 재생에너지와 일치시키는 데 큰 도움이 될 것이다.

에너지와 문화, 사회 사이의 중요한 연관성을 깊이 생각해 볼 필요가 있다. 석탄 화력 발전소는 건설 비용이 크고, 가동을 중단하기 어렵다. 가동을 중단한 후 다시 가동하려면 최대 8시간이 걸리기 때문이다. 이 때문에 석탄 발전소는 한번 가동되면 밤새 계속 운영되는 경우가 많다. 이러한 이유로 인해 심야 시간에는 값싼 전기가 과잉 공급되었고 사람들은 이 전기를 온수기를 가동하는 데 사용했다. 값싼 에너지를 소비하기 위해 심야에 전력 부하를 만들었던 것이다. 인류가 에너지 시스템을 설계했지만 결과적으로 이 에너지 시스템이 우리의 생활 패턴을 형성했다. 라스베이거스의 화려한 야경도 결국 값싼 심야 전력 덕분에 가능해진 것이다.

값싼 심야 전력의 존재로 인해 중공업 분야에서 야간 근무가 가능해졌고, 이는 공장이 밤에도 가동되도록 하여 비용 절감 효과를 얻었다. 그러나 태양광과 풍력으로 에너지를 공급하는 미래에는 이러한 야간 근무 체제도 재검토될 가능성이 크다. 많은 사람들은 야간 근무를 선호하지 않으며 새로운 전력 공급 체계는 이러한 노동자들에게 혜택을 줄 수 있을 것이다.

산업과 상업 분야에서 대규모 전력 부하를 발생시키는 시간대를 조정하는 것도 중요한 전략이다. 콜드 체인처럼 막대한 에너지를 소모하는 시스템의 경우 압축기 운전 시간을 부하가 적은 시간대로 조정하고 온도 관리를 철저히 하는 방법으로 에너지 효율을 높일 수 있다. 요약하자면 모든 분야에서 에너지 저장 장치로 활용할 수 있는 것은 최대한 활용하고, 전력 부하 발생 시간을 조정할 수 있는 곳에서는 이를 적극적으로 시행해야 한다.

제철소와 알루미늄 제련소도 전력 공급에 맞춰 대규모 부하의 시간대를 조정할 수 있는 중요한 요소다. 미국의 철강, 제지, 화학, 식음료 산업은 하루에 약 6테라와트시의 전기를 소비한다.[8] 이들의 전력 소비를 조절할 수 있다면 이는 가구당 약 50킬로와트시의 대형 에너지 저장 장치를 설치한 것과 비슷한 효과를 낼 수 있다. 전력 공급량에 따라 부하를 조절하면 단기적으로는 생산량에 변화가 있을 수 있지만 장기적으로는 동일한 생산량을 유지할 수 있는 방법을 찾을 수 있다. 예를 들어 태양광 발전량이 줄어드는 겨울에는 설비 정비를 하고, 전력이 저렴하고 풍부한 계절에는 생산량을 늘리는 전략을 고려할 수 있다. 전기를 직접 저장하는 것보다 제품을 저장하는 것이 더 경제적일 때도 있다. 가을에 수확한 곡식을 겨울과 봄에 먹기 위해 저장하듯 내구재 생산도 이러한 접근법을 적용할 수 있다. 제조업체는 태양광이 풍부한 시기를 잘 활용해 생산량을 늘려야 할 것이다.

수요 반응 기법: 부하 균형 잡기

에너지 저장 장치 외에도 전력망의 균형을 맞추는 또 다른 중요한 방법은 수요 측면의 부하를 조정하여 간헐적인 공급에 대응하는 것이다. 우리는 이미 이러한 수요 반응 기법을 자주 활용하고 있다. 예를 들어 현재의 에너지 구조에서는 밤에 수요가 낮아지고 화석연료 발전소를 쉽게 끌 수 없기 때문에 전기가 저렴해진다. 많은 가정이 이 시간대에 타이머를 설정해 수영장 펌프나 온수기를 가동하는 이유도 이 때문이다. 앞으로 태양광 발전이 주류가 될 경우 전기가 가장 저렴한 시간대가 이른 오후로 바뀌게 되면 타이머 세팅도 그에 맞춰 바뀔 것이다.

현재 미국 가정은 하루에 약 25킬로와트시의 전기°를 사용한다. 만약 두 대의 전기차를 주행거리가 미국 평균인 연간 약 2.1만 킬로미터 수준으로 운행한다면 이들 차량을 충전하는 데 하루 약 2킬로와트시의 전력이 추가로 필요할 것이다. 또한 급탕, 난방, 요리 등 천연가스를 사용하는 모든 활동을 전기로 대체한다면 추가로 30킬로와트시가 더 필요할 것이다(효율적인 히트펌프를 사용하지 않을 경우 추가 부하는 80킬로와트시까지 증가할 수 있다). 이렇게 가정에서 사용되는 모든 에너지를 전기로 바꿀 경우 전기 소비량은 현재의 약 3배로 늘어나게 되며 휘발유와 천연가스는 더는 필요하지 않게 된다. 이처럼 수요가 크게 증가하는 것이 문제처럼 보일 수 있지만 열 공급과 전기차 충전 부하를 결합하여 태양광 발전에서 생산된 전기를 더 효과적으로 사용할 수 있는 방법을 찾는 것이 중요하다. 이러한 기법이 바로 "수요 반응"이다.

가정과 상업용 부하 중 일부는 유연하게 조정할 수 있다. 예를 들어 수영장 펌프는 어떤 시간대에 가동되더라도 큰 문제가 없다. 여러 전기 장치를 망으로 연계하면 이들의 전력 사용 시간을 공급 상황에 맞춰 조정할 수 있다. 또한 여러 가구를 하나의 네트워크로 묶으면 특정 시간대에 모든 가구가 동시에 전력 부하를 발생시키는 것을 피할 수 있다. 이러한 방식으로 전력망의 피크 부하를 줄이

○ 한국의 4인 가정의 경우 하루에 평균 10~10.5킬로와트시 정도의 전기를 사용하고 있다.-옮긴이

면 전력망의 안정성이 높아지고 송배전 비용도 절감될 것이다.

나는 우리 집의 모든 전력 수요를 충족하기 위해 시스템을 구축하고 있다. 집 지붕에 설치 가능한 최대 규모의 태양광 패널을 설치할 예정이다. 이 패널은 대략 20킬로와트(화창한 여름날 기준)의 정격 출력을 낼 수 있고 하루 평균 100킬로와트시 정도의 전력을 생산할 것이다. 이 전력은 전기차, 전기 자전거, 스케이트보드, 전기 히트펌프, 인덕션, 전기 오븐 등 모든 가전제품에 충분하다. 필요한 모든 난방은 태양광 발전량이 최대인 낮 시간에 발생하며 이 열은 밤 동안 사용할 수 있도록 저장된다. 전력 소비량이 가장 큰 전기차 충전이 다음 우선순위이며 타이머를 이용해 식기세척기와 세탁기를 최대 전력 가용 시간대에 작동시킬 것이다. 하루 동안 대부분의 에너지를 태양광으로 충당할 수 있지만 여전히 변동성을 조정하기 위해 전력망 연결이 필요하다. 전기 시스템과 제어 장치의 일부 맞춤 작업이 필요하지만 이러한 솔루션들은 전 세계적으로 개발되고 있으며 앞으로 더 쉽고 저렴하게 구현될 것이다. 또한 이러한 시스템을 단순하고 소비자가 사용하기 편리하게 만드는 기업들에게는 거대한 사업 기회가 될 것이다.

록키 마운틴 연구소 Rocky Mountain Institute 의 "건물 전기화 The Electrification of Buildings" 보고서는 수요 반응이 무엇인지와 그것이 어떻게 작동하는지를 잘 설명하고 있다. 그림 8.5는 수요 반응을 적용하기 전과 후의 변화를 시각적으로 보여준다. 원래의 전력 수요는 하루 동안 변동성이 큰 형태를 보인다. 그러나 수요 반응 기법을 활용하면 대부분의 전력 부하를 태양광 발전 곡선 아래로 조정할 수 있다. 많은 가정이 전력망에 연결되고 공급과 수요를 공유할 수

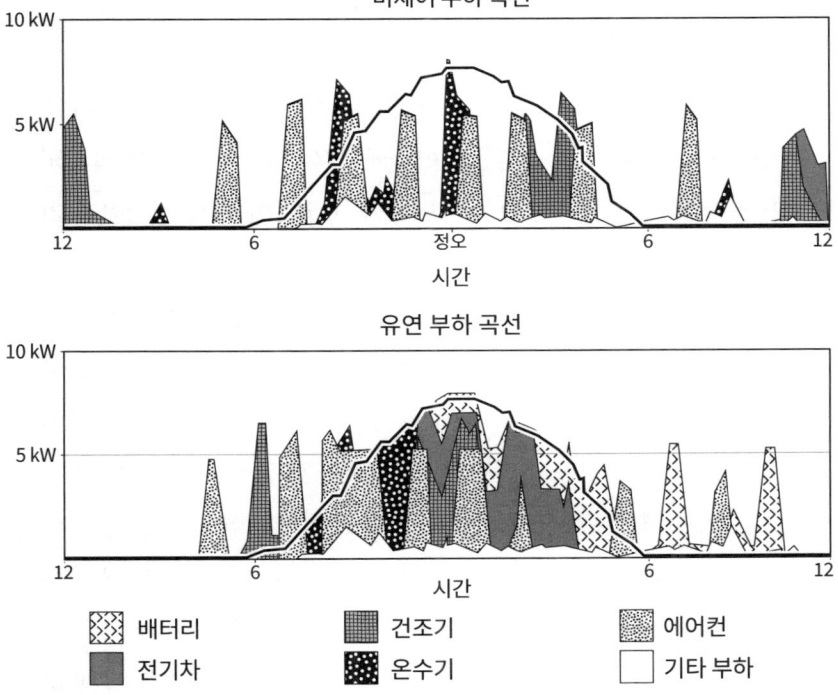

그림 8.5 일반적인 주택의 부하 구조를 분석하여, 수요 반응 기법을 통해 얼마나 많은 부하를 태양광 발전 곡선에 맞출 수 있는지를 보여준다. 이 분석을 통해, 주택의 전력 소비가 태양광 발전 시간대에 집중될 수 있도록 부하를 조정하는 방법을 확인할 수 있다.

록 이러한 효과는 더 커질 것이다.

당신의 마음, 우리의 햇빛, 당신의 원자력, 우리의 수력

결국 필요한 것은 미국 전역을 아우르는 장거리 송전망이다. 이를 통해 당신 지역의 태양광으로 우리 집의 아침 식사를 준비하고 우리 지역의 태양광으로 당신의 심야 TV를 켜는 것이 가능해진다.

캘리포니아에 풍력 터빈 10개가 있다면, 바람이 불지 않아 전력을 충분히 생산하지 못하는 날이 있을 것이다. 그러나 캘리포니아, 아이다호, 텍사스, 노스캐롤라이나에 각각 10개의 터빈이 설치되어 있다면 어느 날이든 이들 터빈 가운데 일부는 전력을 생산할 가능성이 매우 크다. 마찬가지로 버지니아에 구름이 끼더라도 플로리다와 뉴멕시코에서는 여전히 햇빛이 비칠 가능성이 높다. 전력망에 연결된 지역이 넓을수록 항상 전력을 생산할 가능성이 높아진다. 48개 주는 네 개의 시간대에 걸쳐 있어 태양광 발전 시간이 길어진다. 동부 해안의 햇빛은 중부 주의 아침 수요 증가를 돕고, 늦은 오후 캘리포니아의 햇빛은 시카고의 저녁 피크 수요를 충족시킬 수 있다. 평야의 저녁 산들바람은 캘리포니아의 야간 전력 수요를 채우고 동부 해안의 아침 전력 수요를 지원할 수 있다.

20세기에는 중앙집중식 발전소에서 전력을 송배전망을 통해 각 가정에 공급하는 '허브스포크 Hub-and-Spoke' 모델○이 일반적이었다. 이로 인해 장거리 송전은 필수적이었다. 21세기에는 분산형 재생에너지 발전소를 운영하기 위해 더욱 장거리 송전이 필요하다. 현재 약 100기가와트의 원자력 발전소가 기저부하를 담당하며 그리드에 전력을 공급하고 있다. 원자력 발전소의 용량을 확장하면 탈탄소 전력 공급이 가능해지지만, 이를 위해서는 더 먼 거리까지 전

○ '허브 앤 스포크' 모델은 중앙 허브가 여러 스포크(말단 지점)와 연결된 중앙집중식 구조이다. 발전소가 허브 역할을 하여 전력을 생산하고, 이를 송배전망을 통해 각 가정이나 시설로 전달하는 방식이다. 이 모델은 효율적이지만, 허브에 문제가 생기면 전체 시스템이 무너질 수 있다.-옮긴이

력을 전송할 수 있는 송전망이 필요하다.

에너지를 동서남북으로 대량으로 이동시키면 연중무휴 24시간 에너지를 안정적으로 공급하는 것이 쉬워진다. 캐나다의 풍력, 멕시코의 태양광을 활용하면 에너지 공급을 더 강화할 수 있다. 인터넷처럼 전력망도 연결이 많을수록 더 효율적으로 작동한다. 미국의 전력망은 이미 시간대와 주 경계를 넘나드는 광범위한 인터커넥션interconnection 을 가지고 있다. 우리는 새로운 기술을 상상할 필요 없이 이미 알고 있는 것을 더 잘 활용해야 한다.

초과 공급

여기서 점검해야 할 한 가지 근본적인 문제가 있다. 우리는 에너지의 미래를 이야기할 때 효율성과 희소성에 지나치게 집착해 왔다. 그러나 이 과정에서 압도적인 공급을 통해 미래를 열어갈 수 있다는 생각은 잊혀졌다. 현재 에너지 산업에서도 초과 용량 설비는 흔하다. 재생에너지와 송배전망을 압도적인 규모로 공급해야만 더욱 안전하고, 깨끗하며, 신뢰할 수 있는 재생에너지 시스템을 가장 저렴하게 확보할 수 있을 것이다.

현존하는 초과 용량 설비의 대표적인 사례로 천연가스 첨두부하 발전기를 들 수 있다. 이러한 발전기는 냉방 수요가 많은 늦은 오후에 가동을 시작해 저녁 피크 시간에 대응하는 임무를 수행한다. 하루 종일 가동하지 않기 때문에 설비 용량 대비 이용률이 낮은 편이다. 또 다른 초과 용량 설비의 사례로는 미국의 자동차를 들 수 있다. 모든 차량이 거의 모든 시간에 운전 중이라고 가정해 보자.

그럼 우리의 이동 수요를 처리하기 위해 필요한 자동차의 숫자는 크게 줄어들 것이다. 그러나 사람과 화물의 이동 수요는 매우 가변적이기 때문에 차량이 100% 이용률을 기록하는 것은 불가능하다. 다만 차량 공유 서비스에 쓰이는 차량은 자가용 차량보다 훨씬 높은 이용률을 보인다. 현재 미국에 존재하는 모든 승용차와 트럭의 엔진을 최대 출력으로 가동할 경우 그 에너지는 40테라와트에 달할 것이다. 하지만 실제 미국의 자동차는 시간당 평균 1테라와트 정도의 출력만 사용한다. 이는 우리가 도로 위에 40배에 달하는 거대한 초과 용량 설비를 보유하고 있다는 것을 의미한다.

이제 조금 독특한 아이디어를 제시해 보겠다. 현재 풍력과 태양광으로 생성된 전기는 약 2~4센트(26~52원)/킬로와트시로 미국에서 가장 저렴한 에너지원이 되었다. 그렇다면 겨울철에 공급량이 줄어드는 것을 걱정하기보다는, 그 겨울철 최소 공급량을 충족할 수 있도록 시스템을 설계하고 나머지 계절에는 초과 공급과 초과 용량을 유지하는 방식으로 시스템을 구축하면 어떨까? 이는 그리 급진적인 생각이 아니다. 나 외에도 많은 사람들이 이 방안을 지지하고 있다.[9]

그림 8.6에서는 모든 부문이 전기화되고 연결된 에너지 시스템을 가정하여 연중 발생하는 에너지 초과분과 부족분을 대략적으로 모델링한 결과를 보여준다. 이 모델에서는 현재 전력망에서 볼 수 있는 풍력과 태양광 발전의 패턴을 확대한 시나리오를 사용했다. 수요 측면에서는 난방으로 인한 겨울철 피크와 냉방으로 인한 여름철의 작은 피크가 나타난다. 이와 마찬가지로 태양광 및 풍력 발전의 현재 계절적 패턴을 바탕으로 미래의 전기 공급을 모델링했

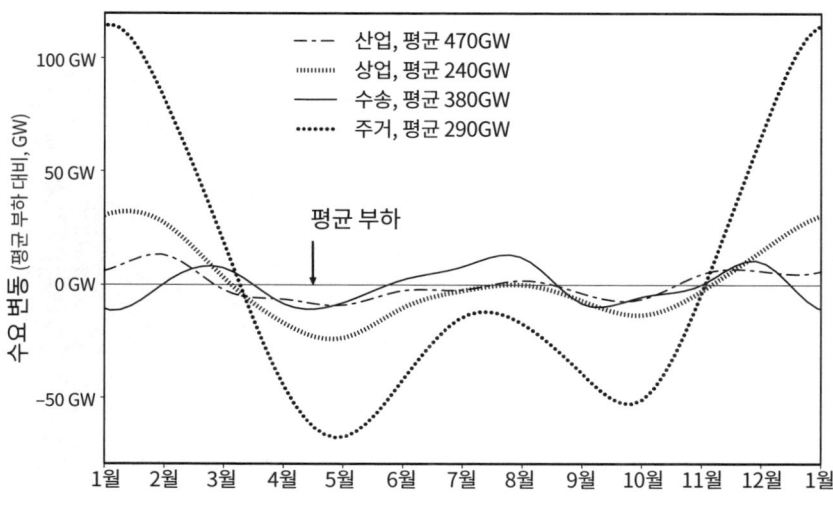

그림 8.6 에너지 부하의 대부분이 전기화되었을 때 부문별 에너지 부하의 계절별 변화를 모델링한 결과이다. 이 모델에서는 연평균 값과 각 월별 값을 비교하여 분석했다.

다. 여기에는 대규모 태양광 및 풍력 발전소의 발전 패턴을 사용하고[10] 태양광 발전 용량은 현재의 50배, 풍력 발전 용량은 30배 증가시키는 것으로 가정했다. 또한 원자력과 수력 발전은 현재의 두 배로 확대했다. 당연하게도 그림 8.7에서는 태양광 발전이 극대화되는 여름철에 공급량이 최고치를 기록한다.

다행히 겨울철에는 바람이 더 많이 불기 때문에 이러한 두 가지 에너지원이 서로를 어느 정도 상호 보완한다. 예상대로 1월은 공급량이 가장 적은 달이며, 바람이 여전히 강하고 태양의 힘이 다시 강해지는 늦봄이 공급량이 가장 많은 시기이다.

이제 수요와 공급 모델링 결과를 결합하면 대략 언제 에너지 초과분과 부족분이 나올지 분석할 수 있다. 이를 해결하기 위해 두 가지 접근법을 고려할 수 있다. 첫째, 여름철의 초과 공급량을 저장하

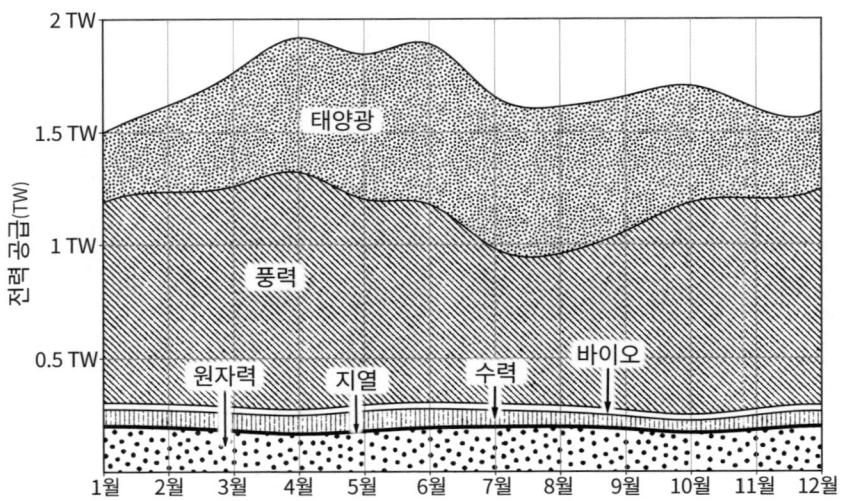

그림 8.7 미래 미국 전력 공급량의 계절적 변동을 보여준다. 주요 전원은 풍력과 태양광으로 각각 30배에서 50배까지 증가한 용량을 기준으로 하고 있으며, 기존의 생산 실적을 바탕으로 발전 패턴을 반영했다. 또한 기저부하용 원자력과 수력 발전은 현재 대비 약 2배로 증가시킨 시나리오이다.

여 겨울철 피크 수요를 충족시킬 수 있는 어떤 획기적인 에너지 저장 기술을 사용하는 방법이다. 둘째, 여름철에 필요한 에너지보다 훨씬 더 많은 양을 생산하고 겨울철 최소 공급량이 최대 수요량보다 충분히 크도록 공급 능력을 확장하는 방법이다. 그림 8.8은 이 두 번째 접근법의 예시를 보여준다.

이 모델에 따르면 1년 동안 예상되는 모든 전력 수요를 안정적으로 충족하기 위해서는 겨울철 수요 대비 약 20% 정도 더 많은 공급 용량을 구축하면 된다. 현재 그리드 규모의 재생에너지 전기 가격이 대략 2~4센트(25-50원)/킬로와트시인 점을 감안하면 전체 발전 용량을 약 20% 더 늘리더라도 추가되는 비용은 킬로와트시당 0.5~1센트에 불과하다. 이는 앞서 논의한 어떤 에너지 저장 장

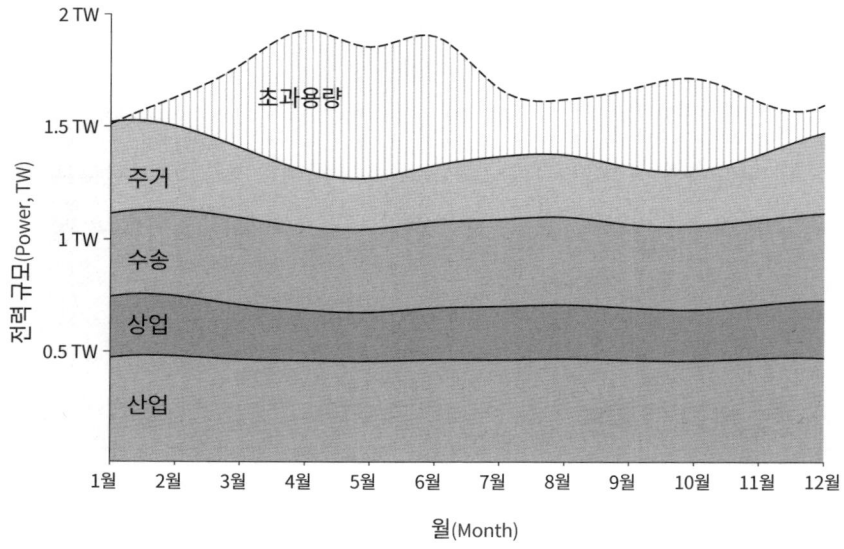

그림 8.8 재생에너지 설비 용량을 연중 최대 수요보다 초과하여 확보하면, 겨울철 최소 공급량만으로도 겨울철 최대 에너지 수요를 충족할 수 있을 것이다. 이러한 초과 공급력을 미리 준비해 두는 전략은 현재의 에너지 시스템에서도 흔히 볼 수 있는 방법이다.

치보다도 훨씬 저렴한 선택지이다.

현재 자가소비용 지붕 태양광 발전의 원가가 대략 6~7센트/킬로와트시이며, 산업용 풍력° 및 태양광 설비의 경우 단가가 이미 약 4센트/킬로와트시까지 떨어졌다. 이러한 상황을 고려하면 에너지 설비를 필요한 것보다 20% 더 구축하는 것이 비합리적인 선택으로 보이지 않을 것이다. 여름철의 초과 에너지는 수소나 암모니

○ "산업용 풍력"은 대규모 전력 생산을 위해 설치된 상업적 풍력 발전 시설을 의미한다. 이는 많은 수의 대형 풍력 터빈을 포함하며, 주로 전력망에 전기를 공급하는 것이 목적이다. "산업용"이라는 표현은 이 풍력 발전이 상업적 목적과 대규모 전력 생산에 사용된다는 점을 강조한다.—옮긴이

아 생산, 혹은 대기 중 탄소를 제거하는 데 사용될 수 있을 것이다.

우리는 전체 에너지 수요와 재생에너지 공급 사이에 균형을 맞출 수 있으며, 이를 위해 화석연료는 더는 필요하지 않다. 이제 에너지 문제에 대한 낡은 관념을 버려야 할 때이다. 청정하고 탄소로부터 자유로운 미래는 압도적인 에너지 초과 공급을 준비할 때 비로소 가능해질 것이다.

21세기 그리드

물론 이러한 모든 방법들이 실제로 실행되고 난제를 모두 해결하려면 이 모든 요소를 하나로 묶어낼 수 있는 전력망을 구축하는 것이 무엇보다도 중요하다.

1973년과 1974년, 현대 인터넷의 전신인 아파넷을 연구하던 소수의 연구자들이 네트워크상에서 정보가 흐르는 방식을 결정하는 TCP/IP라는 프로토콜protocol을 설계했다. 이들은 정보를 "패킷packet○"이라는 단위로 나누어 전송하도록 했다.

이 위대한 혁신의 핵심은 새로 고안된 프로토콜이 네트워크 상의 모든 패킷을 동등하게 취급한다는 점이다. 데이터의 내용, 출처, 목적지에 관계없이 모든 패킷은 동일하게 처리되었다. 이 아키텍처architecture는 네트워크의 규모가 커지거나 새로운 기술이 도입되더라도 이를 유연하게 수용할 수 있도록 설계되었으며, 그 결과 소

○ 네트워크에서 전송되는 데이터의 작은 단위이다. 데이터는 여러 패킷으로 나누어 전송되며, 각 패킷에는 전송 경로와 목적지 정보가 포함되어 있다. 목적지에서 패킷들이 모여 원래 데이터로 조립된다.-옮긴이

규모 학술 및 군사 네트워크에서 출발한 인터넷이 수십억 개의 장치가 연결된 현대 인터넷으로 성장하게 되었다.

새로운 시대의 전력망을 위해서는 인터넷의 아키텍처에 비견할 만한 분산형 전력망 프로토콜이 필요하다. 이 새로운 프로토콜을 통해 수십억의 상호 연결된 수요처들이 각자의 전기 '패킷'을 교환하고, 필요에 따라 이를 저장하거나 수요-공급 균형을 맞출 수 있어야 한다. 물론 인터넷은 순전히 디지털 정보를 다루는 반면, 전력망은 전압과 전류를 물리적으로 관리해야 하므로 이 비유는 완벽하지 않다. 그럼에도 불구하고 이러한 분산형 전력망 프로토콜은 미국이 함께 목표로 삼아야 할 중요한 지침이다.

이와 유사한 시스템들이 소규모로 구현된 사례도 있다. 이른바 마이크로 그리드micro-grid들이 그 예이다. 그러나 미국의 에너지 시스템을 완전히 전기화하려면 서로 긴밀히 연결되고 일부는 중첩된 수많은 마이크로 그리드들이 필요하며, 이들을 통합한 분산형 전력망이 필수적이다. 모든 에너지의 공급과 소비가 이 망을 통해 이루어질 것이다.

이러한 분산형 전력망이 실현되면 전국적으로 수요 반응 제어가 가능한 모든 지점에서 수요를 조절할 수 있고, 우리 가정과 차량 전체가 에너지 저장 장치 또는 배터리로서 기능하게 될 것이다. 각지에 분산된 소규모 에너지 저장 장치들이 모이면 이들이 바로 지금 우리에게 필요한 거대 배터리 역할을 할 수 있을 것이다.

전국에 걸쳐 분산형 전력망이 실현되면 수요 측면에서는 모든 지점에서 수요 반응 제어가 가능해지고, 공급 측면에서는 가정과 차량이 에너지 저장 장치나 배터리로서 기능하게 될 것이다. 각지에 분산된 소규모 에너지 저장 장치들이 연계되면 이들이 모여 지금 필요한 거대한 배터리처럼 활용될 수 있을 것이다.

그러나 현재의 제도는 이를 막고 있는 면이 있다. 예를 들어 태양광 패널을 보유한 사용자는 생산한 에너지를 그리드에 판매할 수 있지만 월말 전기료가 0이 되도록 자신이 사용한 만큼만 판매해야 하는 제약이 있다. 우리는 각 가정이 원하는 만큼 태양광 패널과 에너지 저장 장치를 연결할 수 있도록 보편적인 권리를 인정해야 한다. 또한 정부는 시민들이 자신의 차량과 가전제품을 전국적인 수요 대응 인프라에 연계할 수 있도록 권한을 부여해야 한다. 미래의 에너지 시스템은 시간대별 요금제보다 더 혁신적이어야 하고 사용량 기반 요금제보다 더 유연해야 한다. 그리드는 연결된 모든 사람을 공급자이면서 동시에 수요자, 전기 부하 유발자이자 에너지 저장자로 대해야 한다.

이를 실현하기 위해서는 망 중립성이 필수적이다. 만약 농촌에서 거주하고 있다면 농촌 전기조합 이사회에 참여해 요구하고, 지역구 의원에게 편지를 쓰며, 주 유틸리티 위원회 위원으로 선출되는 것도 방법이다.

09
인프라를 다시 정의하기

+ 이제 미국인들은 작은 '녹색' 소비가 지구를 구원할 수 있다는 착각에서 벗어나야 한다.
+ 대신 우리의 개인 인프라를 결정하는 몇 가지 대규모 소비에 초점을 맞춰야 한다.
+ 우리의 개인 인프라는 21세기 에너지 시스템의 공유 인프라에 결정적인 영향을 미칠 것이다.
+ 인프라의 개념을 재정의하면 녹색 대규모 소비를 위한 새로운 금융을 생각해 낼 수 있을 것이다.

인프라란 사회나 기업이 운영될 때 필요한 기본적인 물적, 조직적 구조와 시설을 의미한다. 현재 우리는 인프라를 주로 댐, 도로, 철도, 교량과 같은 대규모 시설로 생각한다. 하지만 청정 경제를 구축하려면 21세기에 맞는 새로운 인프라의 정의가 필요하다.

20세기의 인프라가 주로 공급 측면에 중점을 두었다면 21세기의 인프라는 수요 측면도 포함해야 한다. 이제 도로뿐만 아니라 그 위를 달리는 차량과 그 차량 내부의 배터리도 중요하다. 송배전선이 어디로 이어지는지뿐만 아니라 그 끝에 연결된 온수기, 오븐, 인덕션, 히트펌프, 냉장고도 인프라의 일부로 간주해야 한다. 최종 소비자는 그리드뿐만 아니라 주변의 모든 사람과 사물과도 연결된 존재이다.

우리가 인프라를 다시 정의해야 하는 이유는 세 가지이다. 첫째, 개인이 CO_2 배출을 크게 줄일 수 있는 중요한 요소에 집중할 수 있도록 돕기 위함이다. 둘째, 개인의 물품(난로, 차량)과 집단의 인프라(그리드, 송배전선) 사이의 연결성을 명확히 이해할 수 있게 한다. 셋째, 이를 통해 새로운 금융을 모색할 수 있기 때문이다.

개인 인프라

인프라를 다시 정의하는 작업은 우리 각자의 개인 인프라에서 시작된다. 기후 위기에 대응하려면 이 문제에 집중해야 한다. 우리의 개인 청정에너지 인프라는 일상적으로 사용하는 기계와 가전제품을 의미한다. 우리 눈에 잘 보이지 않을 수 있지만 이러한 기기들이 우리의 탄소 발자국을 결정짓는다. 자동차, 난로, 온수기, 가스레인지, 드라이어 등과 같은 가정 내 대형 내구재는 현재 미국에서 배출되는 온실가스의 40%를 차지한다. 여기에 사무실 난방, 영업용 차량의 연료와 같은 자영업 및 상업 시설까지 포함하면 우리는 배출량의 60% 이상을 결정할 수 있는 권한을 가진 셈이다. 이것이 바로 우리가 개인의 내구재 구매를 인프라로 생각해야 하는 이유이다. 이러한 결정을 잘 내리면 배출량에 큰 영향을 미칠 수 있다.

오늘날 환경에 관심이 많은 사람들은 일상적인 소소한 구매에 많은 신경을 쓰며 장바구니, 합성육, 휴가 항공편, 플라스틱 포장에 대해 복잡한 도덕적 판단을 내린다. 물론 작은 것 하나하나가 중요하다. 하지만 이러한 사고방식은 1970년대의 효율성 프레임워크

(미국에서는 3R, "줄이기! 재사용! 재활용!Reduce! Re-use! Recycle! "°)에 갇혀 있다. 이러한 구매 결정이 작은 변화를 가져올 수는 있지만 큰 탄소 문제를 해결하기에는 역부족이다.

우리는 더 큰 생각을 해야 한다. 우리의 인프라를 근본적으로 다시 생각해 올바른 선택이 우리가 사는 세상에 자연스럽게 녹아들 수 있도록 해야 한다. 미국이 인프라를 올바르게 설계한다면 작은 것에 일일이 신경 쓰지 않아도 충분히 지속 가능한 삶을 살 수 있을 것이다.

우리의 에너지 체계를 탈탄소화하려면 정말로 중요하지만 자주 내리지는 않는 큰 결정들에 우선순위를 맞출 필요가 있다. 우리는 어디에 살 것인가? 이동 수단은 무엇으로 할 것인가? 운전한다면 어떤 차량을 선택할 것인가? 집의 크기는 얼마나 될까? 지붕에는 무엇을 설치할까? 지하실에는 무엇을 둘까? 주방과 집안 곳곳의 가전제품은 어떻게 구성할까? 이 모든 것들을 전기로 구동할 것인가?

개인 인프라에 올바르게 투자한다면 그저 일상을 살아가는 것만으로도 기후 변화 해결의 일부가 될 수 있다. 개인 인프라 개선은 기후 시민이 되는 지름길이다.

훌륭한 기후 시민이 되기 위해서는 네다섯 가지의 큰 결정을 잘 내리기만 하면 된다. 이 결정들은 대략 10년마다 한 번 정도 이루어지는 것으로, 차고지에 무엇을 둘지, 옥상에 무엇을 설치할지, 집을 어떻게 난방하고 냉방할지에 관한 것이다. 이때 현명한 선택을

○ '아나바다'(아껴쓰고 나눠쓰고 바꿔쓰고 다시쓰자) 운동이 비슷한 느낌의 말이다. - 옮긴이

한다면 일상에서 작은 문제들로 고민할 필요가 없다. 이러한 중요한 결정들이 우리가 얼마나 많은 에너지를 사용하고 얼마나 많은 탄소를 배출할지를 좌우하기 때문이다.

1. 개인 교통 인프라: 모든 사람은 다음 차, 그리고 그 이후의 차도 전기차를 선택해야 한다. (물론 대중교통, 자전거, 전기 자전거, 전기 스쿠터 등 화석연료를 사용하지 않으면서도 전기차보다 에너지와 공간을 덜 차지하는 이동 수단을 사용하는 것이 훨씬 더 낫다.)

2. 개인 전기 인프라: 집을 리모델링하거나, 지붕을 교체하거나, 새 집을 구매 또는 건축할 때 지붕에 태양광 패널을 설치해야 한다. 현재 사용 중인 전기 부하에 맞춰 작은 용량의 패널만 설치하는 것보다는 전기차와 전기화된 냉난방 시스템까지 고려해 충분한 용량의 패널을 설치하는 것이 좋다.

3. 개인 냉난방 인프라 HVAC: 난로와 가스 또는 등유 난방 시스템을 전기 히트펌프로 교체하라. 또한 주택의 단열을 강화하고 바닥을 교체할 시점이라면 온돌을 설치하는 것도 좋다. 에어컨은 에너지 효율이 높은 제품을 선택하고 집 전체가 아닌 필요한 방만 냉난방할 수 있는 시스템을 갖추도록 하라.

4. 주방, 세탁실, 지하실 인프라: 가능한 한 에너지 효율이 높은 전기 냉장고, 드라이어, 인덕션, 전자레인지, 온수기, 식기세척기, 세탁기를 선택하라.

5. 개인 에너지 저장 인프라: 미국의 에너지 시스템이 점점 더 전기화됨에 따라 개인용 에너지 수요에 대응하기 위해 소규모의 전력 저장 장치를 가정에 설치하는 것이 경제적으로도 의미 있는 시점

이 올 것이다(이를 통해 그리드도 더욱 강해질 것이다). 소규모 분산 전원과 대규모 집중 시설 간의 논쟁은 필요 없다. 각 규모의 배터리는 모두 필요하다. 중요한 점은 모든 사람들이 참여해야 충분한 에너지 저장 용량을 확보할 수 있다는 것이다. 설치 비용이 중요한 판단 요소가 될 것이며 배터리가 최종 사용 지점에 더 가까이 설치될수록 송배전 비용이 낮아진다. 따라서 개인용 배터리가 더 많이 보급될 가능성이 크다고 본다.

6. 지역사회 인프라: 당신의 개인 인프라가 모두 탄소 중립 에너지원에 연결될 수 있도록 당신의 도시와 지역 사회에서 청정에너지 인프라를 지원하라. 예를 들어 학교와 교회의 주차장에 태양광 패널을 설치할 수 있도록 함께 노력하라.

7. 개인 식생활 인프라: 인프라를 논의할 때 식생활을 생각하는 것은 다소 어색할 수 있다. 하지만 고기를 덜 먹거나 채식주의자^{vegetarian}가 되거나 비건^{vegan}°을 선택하는 것은 에너지 소비와 기후변화에 큰 영향을 미치는 결정이다. 모두가 엄격한 비건이 될 필요는 없지만 지구의 점점 더 뜨거워지고 혼잡해지는 상황을 고려해 식단을 조정하는 것은 당신과 환경에 긍정적인 영향을 줄 것이다.

우리 모두가 이러한 선택을 한다면 각자의 삶과 공동체에서 기후 변화에 대응하는 데 큰 기여를 할 수 있을 것이다. 또한 우리는 집주인, 친구, 가족에게도 같은 선택을 권유해야 한다. 우리 각자가

○ 채식주의자는 고기와 생선은 먹지 않지만, 유제품이나 계란은 섭취할 수 있다. 반면, 비건은 모든 동물성 제품을 완전히 배제하며, 식단뿐만 아니라 의류나 화장품 등 생활 전반에서 동물성 제품을 사용하지 않으려는 생활 방식을 실천한다.-옮긴이

가진 개인 인프라가 모여 어떤 잠재력을 발휘할 수 있는지 다시 한 번 생각해 보자.

개인 인프라를 공동 인프라에 연결하기

개인 인프라와 기존 인프라가 서로 단단히 연결된 존재라는 점을 이해하는 것은 매우 중요하다. 집과 차량을 배터리로 생각하는 일도 마찬가지로 중요하다. 물론 미국이 탄소 중립에 도달하려면 시민 개개인의 노력만으로는 충분하지 않다. 정부와 산업계의 노력 역시 필수적이다. 하지만 우리가 일상에서 쉽게 줄일 수 있는 배출량은 소비자로서 직접 통제할 수 있는 범위에 있다.

지난 몇십 년 동안 공유 경제가 부상해 왔다. 이제 사람들은 에어비앤비^{Airbnb}를 통해 집이나 방을 쉽게 빌릴 수 있으며 공유 자전거나 스쿠터는 도시의 교통 인프라에서 중요한 역할을 한다. 인스타그램과 유튜브를 통해 모두가 콘텐츠를 제공한 덕에 우리의 인터넷은 점점 더 풍요로워지고 있다.

미국인들은 전체 에너지 시스템의 균형이 공유 인프라에 의존할 수밖에 없다는 사실에 익숙해질 필요가 있다. 이러한 인프라가 주의 깊고 공정하게 연계될 수 있도록 규칙을 마련해야 한다. 물론 모든 것을 개인적으로 해결할 수 있다. 예를 들어 자신의 전기 부하를 처리할 수 있을 만큼 큰 배터리를 구매하는 것도 가능하다. 하지만 이는 탈탄소화를 위한 가장 비싼 방법이 될 것이다. 개인 인프라와 공동 인프라를 더욱 영리하게 잘 연결하는 것이 모두의 비용을 절감하는 열쇠이다.

새로운 인프라를 위한 금융:
제다이 마인드 트릭 Jedi Mind Trick°

모든 것을 전기화하기 위해 필요한 자금을 어떻게 마련할 것인가가 매우 중요한 문제이다. 우리의 생활 속 개인 인프라는 21세기 인프라의 핵심을 이루므로 이를 공급하기 위한 비용은 모든 사람들에게 가능한 한 저렴하게 유지되어야 한다. 특히 금융 비용은 그 핵심이다. 내 차량 배터리의 일부가 그리드의 균형을 잡는 데 사용되고 내 히트펌프나 온수기가 전력 부하를 이동시키는 데 기여한다면 왜 나는 소매품 할부 구매에나 쓰이는 높은 금리를 지불해야 할까? 인프라에 걸맞은 낮은 금리를 적용받는 것이 더 합리적이지 않은가?

인프라를 다시 정의하는 것은 기후 대응을 금융의 관점에서 단순화할 수 있는 기반이 된다. 개인 인프라에 대해 공동 인프라 수준의 저금리 금융을 제공하는 것이 곧 기후 대응의 한 방법이 될 수 있다. 다음 장에서 다루겠지만 저렴한 인프라 비용은 매우 중요하다. 이들 개인 인프라는 개별적으로 매우 비싼 제품이며 이를 현금으로 구매할 수 있는 사람은 거의 없다. 따라서 금융 조달 방법이 비용 효율성을 좌우하게 될 것이다.

기후 변화를 논의할 때 우리는 산업 인프라뿐만 아니라 우리의 생활 인프라를 개선하는 데에도 힘써야 한다. 인프라를 잘못 구축

○   "제다이 마인드 트릭"은 스타워즈 영화에서 제다이가 상대방의 마음을 조종하거나 설득해 자신의 의도대로 따르게 하는 능력이다. 일상에서는 사람을 창의적으로 설득하거나 상황을 유리하게 바꾸는 전략적 방법을 비유적으로 표현하는 데 사용된다.-옮긴이

하거나 중요한 구매 시점에서 잘못된 선택을 하면 우리는 바람직하지 않은 탄소 배출 구조에 갇히게 되어 실패할 것이다. 반면 올바른 인프라를 구축하고 바람직한 결정을 지원한다면 우리는 에너지를 효과적이고 효율적으로 사용하며, 기후 변화에 대응하면서도 매 순간 그것을 의식하지 않고도 잘 살아갈 수 있을 것이다. 내 친구 데이비드 맥케이가 그의 책《허풍 없는 지속 가능한 에너지》에서 말한 것처럼 "결국 큰 것이 중요하다".

2020년대는 이제 21세기에 걸맞은 인프라의 정의를 확립해야 할 시기이다. 우리는 깨끗하고 전기화된 세계를 건설할 수 있는 길을 바로 이를 통해 볼 수 있을 것이다.

10
계량할 필요가 없을 만큼 저렴하다°

✚ 지난 20년 동안 기술 발전으로 태양광, 풍력, 배터리 등 핵심 기술의 비용이 화석연료보다 더 저렴해졌다.
✚ 미국의 탈탄소화 프로젝트는 그 규모가 재생에너지 비용을 절반으로 줄일 수 있을 만큼 충분하며, 그렇게 된다면 재생에너지는 화석연료보다 훨씬 저렴해질 것이다.
✚ 우리는 발전 비용뿐만 아니라 송전과 배전을 포함한 총 전기 비용을 고려해야 한다.
✚ 가장 저렴한 에너지 시스템은 가정, 지역, 커뮤니티에서의 발전을 최대화하고, 이를 산업적인 재생에너지와 결합하는 형태가 될 것이다.

탄소 배출이 없는 미래를 만들 기술은 우리 손에 분명 있다. 그럼, 우리는 전환에 필요한 비용을 감당할 수 있을까? 지구의 미래, 우리 종, 그리고 우리와 지구를 공유하는 여러 아름다운 생명체들을 고려할 때 비용을 따지려는 태도 자체가 신성모독처럼 느껴질 수 있다. 미래를 더 나아지게 할 일들을 정당화할 때 '경제적 비용'을

○ 원문 "TOO CHEAP TO METER"는 "계량할 필요가 없을 만큼 저렴하다"라는 의미로, 원래는 1950년대에 원자력에너지가 너무 저렴해서 전력 사용량을 측정할 필요가 없을 것이라는 기대를 나타내기 위해 사용된 표현이다. 이 표현은 이후로도 다양한 맥락에서 에너지 비용이 매우 저렴할 것이라는 희망적인 전망을 나타낼 때 사용된다.—옮긴이

내세우는 것은 우울한 일이다. 그러나 나는 이 문제를 세밀하게 들여다보고 탄소 없는 미래가 실제로 어떻게 모두에게 경제적 이득이 될 수 있는지 보여주려 한다.

우리는 기후 변화를 해결하고 동시에 미래의 에너지 비용을 낮출 기회를 가지고 있다.

깨끗한 전기는 이미 저렴하고, 점점 더 저렴해질 것이다

깨끗한 전기를 생산하는 비용은 이미 매우 저렴하며 더욱 저렴해지고 있고 정책 입안자들이 잘못된 규칙과 규정을 도입하지 않는다면 미터 뒤 behind the meter 에서의 가격은 더욱 저렴해질 것이다. 이에 대해서는 14장에서 논의할 것이다.

에너지 전문가들은 다양한 에너지 유형의 가격을 비교할 때 '균등화비용 LCOE'을 사용한다. 이는 특정 기술이 발전소 건설, 운영, 해체 등 모든 수명 주기 비용을 고려하여 에너지를 생산할 때 킬로와트시당 얼마가 드는지를 나타낸다. 또한, 에너지 장비의 자본 비용은 달러/와트 $/W 로 평가된다. 자산운용사 라자드 Lazard 에 따르면, 재생에너지는 화석연료보다 훨씬 저렴하다.[1] 최신 보고서에 따르면 대규모 태양광은 3.7센트/킬로와트시, 풍력은 4.1센트/킬로와트시인데 반해 천연가스는 5.6센트/킬로와트시, 석탄은 10.9센트/킬로와트시에 달한다.○

○ 2025년 4월, 가장 최신의 데이터(2024년 6월 기준)로 대규모 태양광 2.9~9.2센트/킬로와트시, 육상 풍력 2.7~7.3센트/킬로와트시, 천연가스 4.5~10.8센트/킬로와트

이 인상적으로 낮은 LCOE 수치는 대규모 설비에서 기록된 값이다. 그러나 배전 비용이 들지 않는 자가용 지붕형 태양광 발전이 더 저렴할 수 있다. 미국에서는 아직 현실이 되지 않았으나 호주는 지붕 태양광 발전 비용을 크게 낮춰 '미터 뒤' 에너지(전력 회사에 의존하지 않고 자체 지붕에서 발전하는 에너지)가 중앙집중식 발전소의 배전 비용보다 더 저렴하도록 만들었다. 미국의 평균 배전 비용은 약 7.8센트/킬로와트시로, 호주의 가정용 태양광 LCOE 6~7센트/킬로와트시보다도 높다. 호주 정부는 이미 낮은 1.20달러/와트의 설치 비용에 30~50센트/와트¢/W를 추가 보조하여 설치 가격을 70~80센트/와트로 낮췄다. 이 보조금을 감안하면 실질 LCOE는 5센트/킬로와트시 미만이다! 미국이 미래의 모든 에너지를 이런 식으로 만들 수는 없겠지만 이 방법을 광범위하게 적용하는 것은 충분히 해볼 만한 일이다.

호주에서 온 내 친구이자 동료인 앤드루 버치$^{Andrew\ Birch}$는 미국 환경에 호주식 지붕형 태양광을 이식할 때의 어려움을 다룬 영향력 있는 기사를 썼다. 그는 미국에서 지붕형 태양광 비용의 대부분이 하드웨어와 직접 연관되지 않은 '소프트 비용'이라는 점에 주목했다. 이들 비용에는 허가, 검사, 간접비, 거래 비용, 판매 비용 등이 포함된다.

그 의견에 동의한 미국 에너지부는 태양광 설치 비용을 1달러/와트로 낮추려는 프로젝트를 진행했고 그 목표는 바로 이러한 소프트 비용을 제거하는 것이다.[2]

시, 석탄 6.9~16.8센트/킬로와트시로 확인된다. - 옮긴이

미국에서는 태양광 설치가 마치 맞춤형 주택 건설 프로젝트처럼 진행된다. 각 부분마다 여러 단계의 설계, 사양 확정, 감리를 거쳐야 한다는 의미이다. 프로젝트의 각 단계는 평가와 승인이 필요하며 이 과정에서 비용이 계속 누적된다. 세금, 간접비, 기타 비용으로 인해 미국 소비자들은 3달러/와트 이상의 비용을 부담하고 있다.

내 동료인 토드 게오르고파파다코스Todd Georgopapadakos, 마크 두다Mark Duda, 에릭 빌헬름Eric Wilhelm은 이 과정을 소비자 가전제품 설치와 유사하게 만들기 위해 비교적 간단한 기술들을 개발하고 있다. 만약 미국이 검사 및 승인 단계를 자동화할 수 있다면 비용이 크게 절감될 것이다. 이는 미국의 클린 테크Clean Tech 분야에서 일하는 사람들을 괴롭히는 규제 문제 중 하나일 뿐이며, 일반 미국인들이 더 저렴한 에너지에 접근하지 못하는 원인이기도 하다.

호주에서는 지붕형 태양광 설치 비용이 1.20달러/와트 미만이다. 멕시코에서는 약 1.00달러/와트 수준이며, 동남아시아에서는 1.00달러/와트 미만이다. 이는 적절한 건축 규정, 교육 프로그램, 그리고 규제가 소프트 비용을 줄일 수 있다는 명확한 증거이다. 물론 각국의 상대적인 노동 비용 차이도 작용한다. 예를 들어 호주의 태양광 설치 기사는 시간당 약 40달러를 받는데 이는 미국의 최저임금보다 두 배 이상 높은 금액이다.

지붕형 태양광의 중요한 특장점은 송배전 비용이 없다는 점에서 비롯된다. 이로 인해 비용이 매우 저렴해질 수 있다. 대규모 발전 설비의 전기 비용이 아무리 낮아도, 그 전기를 소비자에게 송전하고 지붕형 태양광보다 저렴하게 판매할 방법은 없다. 물론, 이것이 전 세계가 태양광과 분산 자원만으로 운영될 것이라는 의미는 아닙니다. 그러나 가장 저렴한 에너지 시스템을 구축하려면 미국의 상당한 에너지원이 우리 각자의 지붕과 공동체에서 나올 수밖에 없다는 사실은 분명하다.

혁신과 규모의 경제가 함께 작용하면 재생에너지는 더욱 저렴해질 것이다

풍력과 태양광의 비용은 2010년대 이후 급격히 저렴해지고 있다. 혁신가들조차 따라가기 어려울 정도다. 2006년, 나는 연을 날리는 원리를 이용한 풍력에너지 기업인 마카니 파워 Makani Power 를 설립했다. 이 회사의 목표는 천연가스보다 저렴하고 당시 다른 풍력 발전보다 5~6배 저렴한 3~4센트/킬로와트시의 비용으로 풍력 에너지를 생산하는 것이었다. 이 프로젝트는 정말 대단했다. 우리는 보잉 747 크기의 날개를 만들고, 거대한 케이블로 이를 고정하여 시속 320킬로미터의 속도로 회전시키며 8G의 가속도를 견디면서 메가와트급 전력을 생산했다. 구글의 투자를 받은 마카니 파워는 기술을 현실화하기 위한 흥미진진한 개발 과정을 거쳐, 2019년 노르웨이에서 셸 Shell 과 함께 해상 설치 및 실증 발전을 성공적으로 마쳤다.

그러나 그 사이 풍력 산업 전반도 역사적인 진전을 이루어 이제는 4~5센트/킬로와트시 수준의 비용이 업계 표준이 되었다. 이로 인해 2020년 마카니는 비용 경쟁력의 상실로 사업을 중단하게 되었다. 마카니의 기술과 실행력은 탄탄했으나, 업계는 규모의 경제를 통해 비용을 크게 낮추는 방법을 찾아냈다. 결국 마카니의 기술은 비용 경쟁에서 승리하지 못했지만 풍력, 태양광, 배터리의 비용을 낮추어 화석연료와 경쟁할 수 있게 한 글로벌 혁신 생태계의 중요한 일부분으로 기능했다.

2011년, 나는 레일라 마드론Leila Madrone 과 짐 맥브라이드와 함께 선폴딩Sunfolding 이라는 회사를 창업했다. 우리는 처음에 태양이 하늘을 지나는 경로를 정확하게 따라가는 추적 장치를 개발했다. 원래 목표는 태양열 발전에 집중하는 것이었다. 햇빛을 반사시켜 집중시킨 다음 이를 이용해 용융염을 가열하고, 그 열로 증기를 만들어 발전기를 돌리는 기술을 개발하고자 했다. 그러나 광전지Photovoltaics, PV 가격이 급격히 하락하면서 우리는 기술 개발 방향을 바꾸어 PV 추적 장치로 피벗pivot○ 했다. 지금도 우리는 이 분야에서 경쟁을 이어가고 있으며 산업용 태양광 발전소에 2센트/킬로와트시 수준의 저렴한 가격으로 기술을 제공하고 있다. 이는 우리가 예상했던 것보다 훨씬 낮으며 화석연료로 생산된 전기보다 훨씬 저렴하다.

에너지 비용을 줄이는 방법에는 두 가지가 있다. 하나는 더 나은 쥐덫○○을 발명하는 것이고, 다른 하나는 쥐덫을 대량으로 생산하

○ 비즈니스에서 전략이나 목표를 수정하거나 새로운 방향으로 전환하는 것을 의미한다. 초기 계획이 예상대로 되지 않을 때, 유연하게 다른 접근 방식으로 바꾸는 것을 말한다. 이 용어는 원래 회전 동작에서 유래했으며, 스타트업에서 자주 사용된다.-옮긴이

○○ "쥐덫" 비유는 "더 나은 쥐덫을 발명하다"라는 미국의 표현에서 유래된 것으로, 혁신을 통해 더 나은 제품이나 해결책을 만드는 과정을 상징한다. 이 표현은 19세기 미국 작가 랄프 왈도 에머슨Ralph Waldo Emerson 이 강조한 격언에서 비롯되었으며, 더 나은 방법을 개발하면 사람들이 자연스럽게 그 해결책을 찾게 될 것이라는 의

는 것이다. 첫 번째 방법은 '연구를 통한 학습learning by researching'이라고 불리며 그 규모는 일반적으로 누적 연구개발 투자로 측정된다. 두 번째 방법은 '실행을 통한 학습learning by doing'에 의한 것으로 누적 총 생산량으로 측정된다. 마카니는 완전히 새로운 쥐덫을 만드는 데 주력했지만 대량 생산은 어려웠다. 반면 선폴딩은 작은 부품의 개선을 대표하는 사례 중 하나였다. 이는 더 나은 쥐덫 스프링을 만드는 것과 같았다. 선폴딩의 추적 기술은 1달러/와트의 비용을 5~10센트/와트로 낮추는 데 기여했다. 이 비용 절감의 절반은 우리가 개발한 하드웨어 덕분이지만, 나머지 절반은 설치 노동력을 절감하여 얻은 것이었다. 자재와 노동 효율성의 작은 개선은 '실행을 통한 학습'으로 얻을 수 있는 비용 절감의 전형이다. 이 사례와 경험적 연구에서 확인할 수 있듯[3] 무탄소 에너지의 장기적인 비용 감소를 극대화하려면 연구와 실행 모두에 걸쳐 대규모 투자가 필요하다.

    실행을 통한 학습은 가장 예측 가능한 방식으로 일을 완수할 수 있는 방법이다. 우리가 보아왔듯이 태양광과 풍력 산업은 혁신이 거듭될수록 점점 더 저렴해지고 개선되고 있다. '실행을 통한 학습'의 개선은 '학습률learning rates'로 측정되며 이는 기술의 생산이 두 배가 될 때마다 가격이 얼마나 하락하는지를 나타내는 백분율이다.

    이러한 학습률의 첫 관찰 사례 중 하나는 비행기 생산 비용을 설명하는 라이트의 법칙Wright's Law이다.[4] 이 법칙을 자동차에 적용하

    미를 담고 있다.-옮긴이

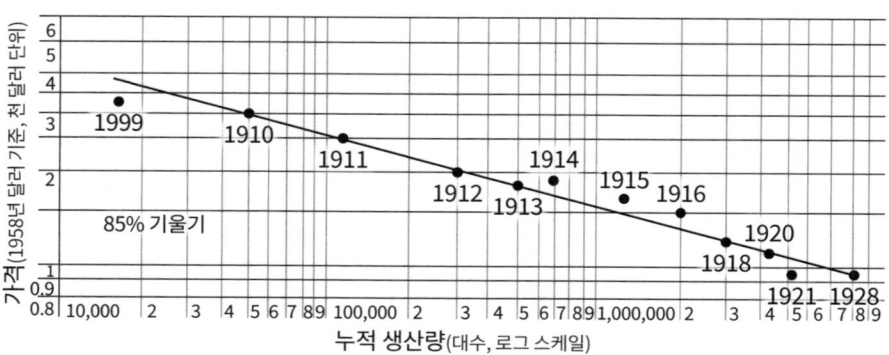

그림 10.1 포드 모델 T의 학습 곡선, 출처: 학습 곡선의 한계Limits of the Learning Curve, 윌리엄 애버내시William Abernathy 와 케네스 웨인Kenneth Wayne, 〈하버드 비즈니스 리뷰Harvard Business Review〉, 1974.

면 생산량 증가에 따라 포드 모델 T의 가격이 어떻게 감소하는지 추적할 수 있다(그림 10.1). 또한 무어의 법칙Moore's Law,[5] 즉 집적 회로의 밀도가 지수적으로 증가하는 현상도 같은 원리로 볼 수 있다.[6]

전기 생산의 경우, 태양광 PV는 약 23%, 풍력은 약 12%의 학습률을 보이고 있다.[7] 이는 20세기 초 화석연료 비용 감소의 전성기보다도 빠른 속도다. 태양광의 경우 설치 용량이 두 배로 늘어날 때마다 모듈 비용이 약 20% 감소한다는 스완슨의 법칙Swanson's Law으로 알려져 있다. 이 법칙은 선파워 코퍼레이션SunPower Corporation의 창립자 리처드 스완슨의 이름을 따서 명명되었다.[8] 그림 10.2는 2008년 경제 침체와 같은 극단적인 경제 사건에도 불구하고 태양광 PV 모듈의 비용이 지속적으로 하락해 왔음을 보여준다.[9] 또한 최근 5년 동안 세계적으로 재생에너지 신규 설치량이 화석연료 기반 설비를 앞질렀으며, 2018년에는 이 비율이 거의 2:1에 달했다.[10]

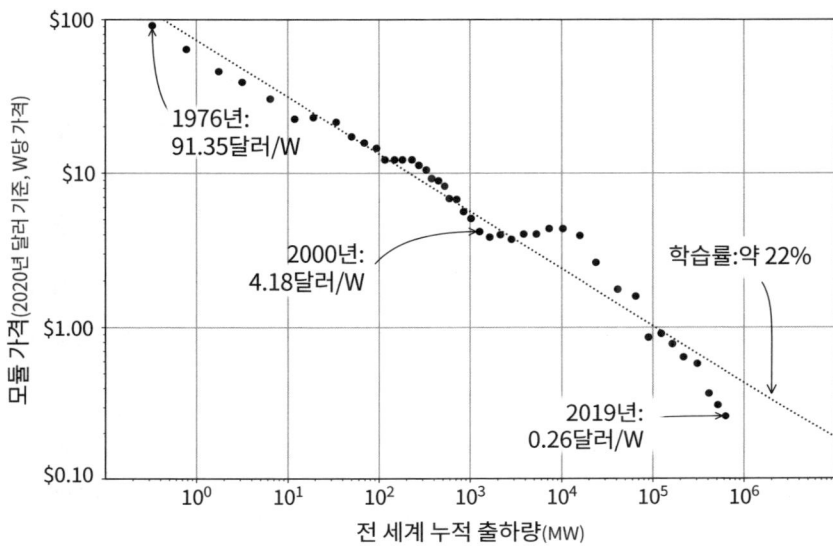

그림 10.2 태양광 모듈 가격의 학습 곡선
출처: 낸시 M 헤이젤(Nancy M Haegel) 외, "테라와트 규모의 태양광: 경로와 도전 과제Terawatt-Scale Photovoltaics: Trajectories and Challenges", 〈사이언스Science〉 356, no. 6334 (2017년 4월 14일): 141~143, https://science.sciencemag.org/content/356/6334/141.summary.

    이러한 변화는 더 많은 학습 기회와 비용 하락의 가능성을 의미한다.

    현재 전 세계적으로 약 250기가와트^{GW}의 풍력과 125기가와트의 태양광이 설치되어 있다. 그러나 완전히 전기화된 세계를 실현하려면 약 10~20테라와트^{TW}의 전력 공급 능력이 필요하다.[11] 이는 태양광 패널과 풍력 터빈의 누적 생산량이 우리가 필요로 하는 연간 생산 능력에 도달하기 위해 각각 4~5배 더 증가해야 한다는 뜻이다. 이미 알려진 학습률과 필요한 성장 규모를 감안할 때 재생에너지 비용은 현재보다 더욱 낮아져 화석연료보다 더 저렴해질 가능

성이 충분히 있다.○

잠시 이 점을 생각해 보자. 만약 우리가 기후 변화에 대응하기 위해 충분한 규모로 풍력과 태양광에 투자한다면 그 자체만으로도 재생에너지의 비용을 지금보다 절반으로 낮출 수 있을 것이다. 이는 화석연료의 종말을 알리는 마지막 대못이 될 것이다. 전기는 마침내 (거의) "계량할 수 없을 만큼 저렴한 에너지"로 불리게 될 것이다. 과거 원자력 발전에 대해 사람들이 가졌던 희망이 이제는 재생에너지를 통해 더 설득력 있게 실현될 수 있을 것이다.

이 모든 것은 크고 작은 산업체들에게 흔치 않은 기회를 제공한다. 실리콘밸리의 신화는 파괴적 혁신이 항상 긍정적이며 비범한 창업자들이 세상을 뒤집어 놓음으로써 진보가 이루어진다고 주장한다. 이 모델은 소프트웨어 분야에서는 효과적이었지만 하드웨어, 특히 인프라 분야에서는 잘 작동하지 않는다. 이러한 분야는 실패의 결과가 더 심각하고, 20년 이상 신뢰성 있게 작동해야 하는 기계가 필요하기 때문에 본질적으로 보수적일 수밖에 없다. 기술적 진보는 연구에 대한 일관된 투자와 대규모 제조의 결합을 통해서만 예측 가능하게 이루어진다.

스타트업의 혁신과 기발한 아이디어는 더 큰 생각으로 이어지는 영감을 제공할 수 있다. 그러나 지금 필요한 것은 대기업들이 이

○ 2025년 4월 현재 시점 기준으로 관련 수치를 다시 확인했을 때, 평균 가격: 0.10달러/와트(2024년 말 기준, 일부 보고서에서는 0.088달러/와트로 시작하여 연말에는 0.074달러/와트까지 하락) 수준인 것으로 확인되었다. 5년 동안, 50% 이상 추가로 하락했다는 뜻이다.
출처: https://www.pv-magazine.com/2023/11/23/solar-module-prices-mayreach-0-10-w-by-end-2024/– 옮긴이

러한 혁신을 받아들이고 규모를 확대하는 것이다. 야심 찬 동원 계획을 통해 산업 학습률을 활용하여 비용을 지속적으로 낮추고 전기화된 미래의 경제성을 개선해야 한다. 중요한 질문은 미국이 전기화된 미래를 현실로 만들 만한 산업적 역량과 의지를 가지고 있는가 하는 점이다.

11
이 모든 것을 정리하자면

- 에너지가 싸질수록 다른 모든 것도 싸진다.
- 재생에너지는 저렴하다. 하지만 화석연료 기술에 비해 초기 비용이 더 많이 든다.
- 오늘날 재생에너지로 전환하려면 미국 가정당 약 7만 달러의 투자가 필요하다.
- 적절한 정책과 시장 규모의 확대를 통해 2025년까지 이 비용을 2만 달러 이하로 줄일 수 있다.
- 미국이 탈탄소화에 성공하면 가정마다 연간 에너지 비용에서 수천 달러를 절감할 수 있을 것이다.
- 모든 미국 가정에 더 저렴한 에너지를 제공하려면 새로운 유형의 금융을 마련해야 한다.

전기가 싸지면 일상생활과 가정에서 필요한 많은 것들이 자연스럽게 저렴해진다. 기후 변화에 대응하기 위한 여러 계획들(그린 뉴딜 등)은 대담하고 훌륭한 시도이다. 하지만 이들 계획은 탈탄소화가 수조 달러의 막대한 비용을 필요로 한다고 주장하고 있다.

그렇다면 이처럼 막대한 비용을 생각하기보다는 청정에너지 미래를 더 저렴하게 만들고, 사람들의 비용을 절약하며, 회의론자든 옹호론자든, 부자든 가난한 자든 모든 대중에게 더 쉽게 다가갈 수 있는 방법을 모색하는 것이 어떨까?

내 동료 샘 칼리시와 나는 가정에서 사용하는 모든 에너지를 기반으로 탈탄소화 모델을 만들었다.[1] 이 모델은 기후 변화를 해결하는 과정에서 미국이 얼마나 많은 비용을 절감할 수 있는지를 구체적으로 보여준다.

청정에너지 시스템으로 전환하는 데 가정마다 얼마나 비용이 들까? 이번 장에서는 이 전환이 추가 비용을 발생시키지 않을 수 있음을 보여주고자 한다. 각 가정은 매년 상당한 금액을 절약할 수 있다. 하지만 이러한 결과를 얻으려면 우리에게 주어진 모든 수단을 최대한 활용해야 한다. 이는 기술 문제뿐만 아니라 정책, 정치, 금융 문제와도 깊이 얽혀 있는 복합적인 문제이다.

캘리시와 나는 다음과 같은 절차를 따라 모델을 만들어냈다.

1. 최근의 에너지 사용 패턴과 비용을 통해 현재 가정의 에너지 지출을 산정하고, 에너지가 가계 지출에서 차지하는 비중을 확인한다.
2. 현재 화석연료를 사용하는 활동을 탈탄소화된 전기로 전환할 때의 전력 사용량을 산출한다. 생활 방식을 바꾸지 않고 그 동력을 전기로 전환하는 것이 핵심이다.
3. 지금까지 설명한 내용을 바탕으로 미래 전기 요금이 어떻게 변할지에 대한 간단한 모델을 만든다.
4. 이를 통해, 탈탄소 전기에 의존하는 미래의 가구 에너지 비용을 현재와 비교하여 산출한다.
5. 청정에너지로 전환하기 위해 필요한 자본 지출CAPEX 항목을 계산한다. 여기에는 태양광 패널, 전기차, 히트펌프, 에너지 저장 장치 등이 포함된다. 이를 기반으로 새로운 가정 인프라의 총 비용을 모델로 구축한다.

6. 청정에너지 설비에 대한 금융 모델을 구축하고, 전기화된 미래의 연간 원리금 상환액이 현재의 화석연료 비용보다 낮은 수준이 될 수 있는 적정 이자율을 계산한다.
7. 펀치라인punchline°을 미리 공개하자면, 좋은 소식이 있다. 결국 우리는 탈탄소화를 이루면서도 비용을 절감할 수 있다.

현재 가정 에너지 비용의 기준선

제일 먼저 미국 가구의 소비 지출 및 에너지 지출 규모를 추정해 보자. 그림 11.1에서 볼 수 있듯, 2018년 가구당 세후 지출은 6만 1,224달러였고, 이 중 약 7%인 4,136달러가 에너지에 지출되었다. 전기에는 1,496달러가 지출되었는데, 이는 교육비(1,407달러)보다 많다. 천연가스에는 410달러가 지출되었는데, 이는 치과비용(315달러)보다 크다. 한편 휘발유와 경유에 2,109달러가 사용되었는데, 이는 신선식품(육류, 과일, 채소)에 사용된 1,817달러보다 더 많다.

모든 가구가 동일하지는 않으며 주별로도 차이가 크다. 예를 들어, 캘리포니아, 플로리다, 뉴저지, 뉴욕, 텍사스에서 노동통계국 Bureau of Labor Statistics, BLS 이 집계한 주별 통계를 보면 소득별로 비용 지출의 구조가 크게 다르다.[2] 저소득 가구는 에너지 지출 비중이 고소득 가구의 두 배에 달하며 비율로 보면 저소득 가구는 6~10%, 고소득 가구는 5~6%를 에너지에 사용하고 있다.

○ "펀치라인"이란 원래 코미디에서 웃음을 유발하는 마지막 결정적인 대사를 뜻하는 용어이다. 하지만 더 넓은 의미로는 이야기나 설명에서 독자나 청중에게 가장 중요한 메시지나 결론을 전달하는 순간을 가리키기도 한다.-옮긴이

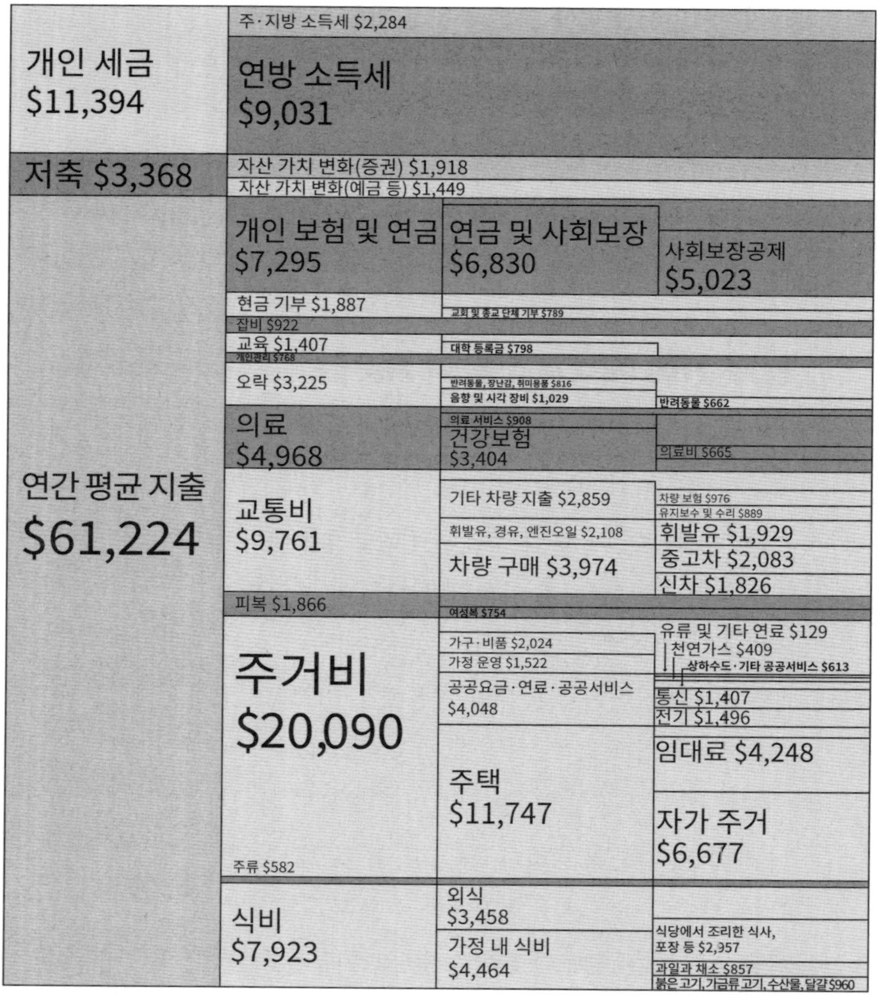

그림 11.1 2018년 노동통계국 BLS 소비자 지출 조사를 바탕으로 미국 평균 가계의 지출 구조를 도식화한 자료.

- 개인 세금 $11,394
  - 주·지방 소득세 $2,284
  - 연방 소득세 $9,031
- 저축 $3,368
- 연간 평균 지출 $61,224
  - 자산 가치 변화(증권) $1,918
  - 자산 가치 변화(예금 등) $1,449
  - 개인 보험 및 연금 $7,295
    - 연금 및 사회보장 $6,830
      - 사회보장공제 $5,023
  - 현금 기부 $1,887
    - 교회 및 종교 단체 기부 $789
  - 잡비 $922
  - 교육 $1,407
    - 대학 등록금 $798
  - 개인관리 $768
  - 오락 $3,225
    - 반려동물, 장난감, 취미용품 $816
    - 음향 및 시각 장비 $1,029
      - 반려동물 $662
  - 의료 $4,968
    - 의료 서비스 $908
    - 건강보험 $3,404
      - 의료비 $665
  - 교통비 $9,761
    - 기타 차량 지출 $2,859
      - 차량 보험 $976
      - 유지보수 및 수리 $889
    - 휘발유, 경유, 엔진오일 $2,108
      - 휘발유 $1,929
    - 차량 구매 $3,974
      - 중고차 $2,083
      - 신차 $1,826
  - 피복 $1,866
    - 여성복 $754
  - 주거비 $20,090
    - 가구·비품 $2,024
    - 가정 운영 $1,522
    - 공공요금·연료·공공서비스 $4,048
      - 유류 및 기타 연료 $129
      - 천연가스 $409
      - 상하수도·기타 공공서비스 $913
      - 통신 $1,407
      - 전기 $1,496
    - 주택 $11,747
      - 임대료 $4,248
      - 자가 주거 $6,677
  - 주류 $582
  - 식비 $7,923
    - 외식 $3,458
    - 가정 내 식비 $4,464
      - 식당에서 조리한 식사, 포장 등 $2,957
      - 과일과 채소 $857
      - 붉은 고기, 가금류 고기, 수산물, 달걀 $960

미국이 매우 다양하다는 점을 감안하여 모든 주에 걸쳐 가구별 데이터를 분석했다. 이를 통해 냉대와 온대, 도시와 농촌 간의 에너

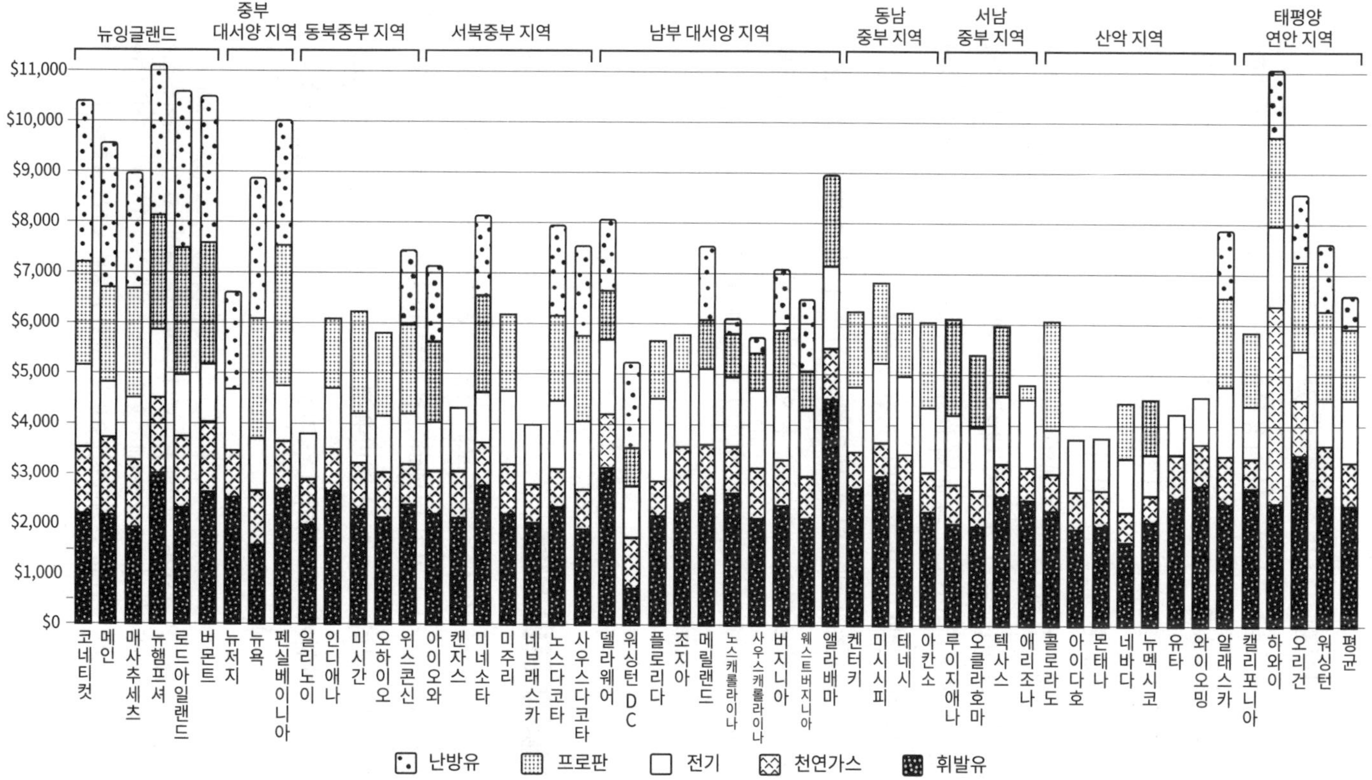

그림 11.2 각 주 State와 인구조사 구역 Census Division 별 연료 종류에 따른 가구당 에너지 지출액

이 모든 것을 정리하자면

193

지 지출 차이를 보다 명확히 할 수 있었다.

이를 바탕으로 각 가정이 사용하는 모든 연료 비용을 추산했다. 여기에는 수송용 연료(단순화를 위해 경유와 휘발유를 하나로 묶었음), 난방용 천연가스, 프로판LPG, 난방용 등유 같은 화석연료는 물론, 조명과 가전제품 등에 쓰이는 전기까지 포함된다.

미국 에너지데이터시스템State Energy Data System, SEDS 에서는 부문별, 주별로 세부적인 에너지 데이터를 제공한다.[3] 여기서 가정용 연료와 전기 소비량은 쉽게 확인할 수 있지만 가구별 수송용 연료 소비량은 포함되어 있지 않다. 이를 보완하기 위해, 우리는 전국가구통행실태조사 데이터를 사용했다. 이를 통해 주별 가구의 평균 교통 에너지 소비량을 확인할 수 있었다. 그림 11.2는 현재 가구당 에너지 지출액을 기준으로 전기화 비용과 비교하기 위한 초기 기준선을 보여준다.

에너지 교환 비율

전기는 우리가 사용하는 모든 "연료" 중에서 가장 큰 에너지 조정자Equalizer°이자 가장 다재다능한 연료이다. 그러나 이 점은 과소평가되고 있다. 예를 들어 휘발유를 조명에 사용하는 것은 비효율적이며, 천연가스로 에어컨을 가동하는 것은 사실상 불가능하다.

○   "Equalizer"라는 단어는 전기와 같은 에너지원이 모든 에너지원 간의 차이를 줄이고, 다양한 사용 사례에 공평하게 적용될 수 있음을 강조하기 위해 사용된 표현이다. 이는 전기가 다양한 에너지 수단을 통합하여 균형을 맞추는 역할을 한다는 점을 강조하는 것이다.-옮긴이

또한 차량을 프로판으로 운행하려면 여러 가지 개조가 필요하다. 그러나 전기는 이러한 모든 기계를 구동할 수 있을 뿐만 아니라 더 많은 가능성을 열어준다. 전기는 에너지 형태의 세계 공용어라고 할 수 있다. 전기의 높은 효율성뿐만 아니라 이러한 유연성은 우리가 탈탄소화된 미래를 구상할 때 큰 이점으로 작용할 것이다.

전기화에 드는 투자비와 유지비를 현재의 지출과 비교하려면 수송용 연료비를 전기차 비용으로, 난방 연료비를 전기 난방 비용으로, 그리고 기타 가정용 연료비를 전기 비용으로 환산하는 절차가 필수적이다.

연비 km/l를 전비 km/kWh로 변환하기

차량마다, 그리고 세부 스펙이나 구성 요소마다 효율성이 서로 다르므로 연료별 에너지 함량을 기준으로 연비를 전비로 변환하는 작업은 몹시 까다롭다. 이러한 변환을 위해서는 각 차량 및 모든 구성 요소의 효율성에 대한 많은 정보를 알아야 한다. 다행히도 현재 도로에는 충분한 전기차와 내연기관 차량이 운행되고 있어 실제 주행 데이터를 통해 휘발유 리터를 전기에너지 킬로와트시로 변환할 수 있다. 캘리시와 나는 동일한 거리에서 비슷한 크기와 성능을 가진 차량을 기준으로 이 계산을 수행했다.

예를 들어 테슬라 모델 3 Tesla Model 3나 BMW i3와 같은 소형 고효율 전기차는 도심에서 주행할 때 약 156와트시/킬로미터 Wh/Km의 전력을 소모한다. 이는 약 6.4킬로미터/킬로와트시 km/kWh의 전비에 해당한다. 이에 상응하는 내연기관 차량인 혼다 시빅 Honda

Civic의 경우 미국 환경보호청 기준으로 평균 연비가 약 15.3킬로미터/리터km/L이다.[4]

테슬라 모델 STesla Model S처럼 더 크고 무겁고 빠른 전기차는 킬로미터당 약 207와트시의 전력을 소모한다. 이는 약 4.8킬로미터/킬로와트시의 전비에 해당한다. 이와 비교할 수 있는 대형 럭셔리 차량인 BMW 5 시리즈의 연비는 약 11킬로미터/리터 정도이다.[5]

픽업트럭과 SUV는 미국 자동차 시장의 거의 절반을 차지하고 있다. 리비안 트럭Rivian truck과 같은 전기 픽업트럭은 킬로미터당 약 311와트시의 전력을 소모한다. 이는 약 3.2킬로미터/킬로와트시의 전비에 해당하며, 비슷한 크기의 내연기관 픽업트럭은 약 6.4~8.5킬로미터/리터의 연비를 기록한다.[6]

위에서 정의한 소형, 중형, 대형 차량 모델을 사용하여 이제 대부분의 차량을 연비MPG와 전비MPkWh로 상호 변환할 수 있게 되었다. 이를 통해 가정에서 소비하는 휘발유 양을 필요한 전력량kWh으로 변환할 수 있는 승수(L/kWh)를 도출할 수 있다. 표 11.1에서 확인할 수 있듯 이 승수는 우리가 고려한 각 차량 크기에 대해 놀라울 정도로 유사하며 대략 3~4 범위에 속한다. 이는 매우 편리한데 주차된 차량의 종류와 상관없이 평균값인 3.5를 사용하여 가정에서 소비하는 모든 휘발유를 전기 에너지로 손쉽게 환산할 수 있

표 11.1 내연기관 차량과 전기차의 유류 물량: 전력량 변환 승수

규모	km/l	km/kWh	내연기관차 차종명	전기차 차종명	kWh 변환 승수
소형	23	6	혼다 시빅	Tesla 모델 3	3.8
중형	16	5	BMW 5	Tesla 모델 S	3.2
대형	11	3	셰보레 픽업	리비안	3.7
평균	-	-	-	-	3.5

기 때문이다.

난방용 열 또는 열량 단위BTU를 kWh로 변환하기

난방용 에너지를 계산하는 것은 차량용 에너지를 계산하는 것보다 두 가지 이유로 더 복잡하다. 첫 번째 이유는 모든 가정이 동일한 방식으로 난방을 하지 않는다는 사실이다. 대부분의 가정은 천연가스로 난방을 하지만 전기를 사용하는 가정도 있고 일부는 프로판LPG이나 난방용 등유를 사용한다. 두 번째 이유는 우리 모델이 다양한 난방 장비를 전기 히트펌프로 대체하는 것을 고려하기 때문이다. 히트펌프의 성능계수Coefficient Of Performance, COP는 히트펌프의 유형(공기열 방식 또는 지열 방식)과 해당 지역의 지표 및 공기 온도에 따라 결정된다. 우리는 공기열 히트펌프가 지열 히트펌프보다 초기 투자 비용과 개조 비용이 낮기 때문에 모든 개조에 공기열 히트펌프를 사용하는 것으로 단순화하기로 했다. 단, 지열 히트펌프는 난방 수요가 많은 뉴햄프셔와 같은 추운 지역에서 공기열 히트펌프보다 더 높은 COP를 가지므로 이 지역에서는 지열 히트펌프가 더 경제적인 선택이 될 수 있음을 명시해 둔다.

모델에 적용한 연간 기후 데이터는 미국 국립재생에너지연구소National Renewable Energy Laboratory, NREL가 전국 각지에 약 1,000개 설치해 운영하는 기상 관측소에서 얻은 표준기상년 버전 3 Typical Meteorological Year Ver.3, TMY3 데이터에 기반한다.[7] 이 데이터에서 얻은 주별 대기 온도를 일반적인 공기열 히트펌프의 성능 데이터와 결합하였다.[8] 또한, 미국 에너지부 산하 에너지효율·재생에너지실 Office of Energy Efficiency and Renewable Energy, EERE에서 집계한 관측소별 TMY3 데이터와 가구별 시간대별 에너지 사용 프로파일을 함께 분석하였다.[9] 이 결과를 바탕으로 각 주별로 실내 난방과 온수 가열에 사용되는 히트펌프의 연간 평균 성능계수COP를 도출할 수 있었다.

다행히도 미국 에너지정보청EIA은 인구조사국Census Bureau과 협력하여 각 인구조사 지역 및 하위 지역별로 가정에서 사용하는 난방 설비의 유형에 대한 데이터를 체계적으로 관리하고 있다. 이를 통해 어느 지역이 천연가스를 사용하고 어느 집이 난방용 등유를 사용하는지, 그리고 그 비율이 어떻게 되는지를 쉽게 파악할 수 있다.

우리는 전기, 천연가스, LPG, 난방용 등유 등을 사용하는 기존 난방 패턴을 분석하고, 이들을 히트펌프로 대체했을 때 증가하는 성능계수COP를 활용하여 에너지 사용량을 킬로와트시로 변환했다. 이 값이 전기화 시대에 예상되는 난방 에너지 사용량의 추정치이다.

아쉽게도 미국 전역에 공통으로 적용할 수 있는 간단한 에너지 변환율을 제시하기는 어렵다. 자동차와는 달리 난방 조건은 지역마다 크게 다르기 때문이다. 다행히도, 스프레드시트와 데이터베이스를 사용하면 각 주와 기존 기기별 COP 값을 고려한 세부 계산이 가능하다. 만약 머릿속에 간단히 기억할 수치를 원한다면 3이라는 비율을 기억하는 것이 좋다.

수송, 난방에 사용되지 않는 연료를 전기로 변환하기

집에서는 난방 외에도 요리와 같은 다른 활동에 소량의 화석연료가 사용된다. 우리 모델에서는 이러한 남은 연료 사용을 COP 1로 간주하여 전기로 변환했다. 가스레인지나 그릴은 히트펌프로 대체할 수 없지만, 인덕션이나 저항 가열 방식의 전기 오븐으로 대체하는 것은 가능하기 때문이다.

또한 기존의 비난방 전기 부하로 인한 추가적인 에너지 비용도 고려해야 한다. 여기에 포함되는 것은 조명, TV, 휴대폰, 컴퓨터, 선풍기, 수영장 펌프, 전동 공구 등이다. 우리는 이러한 기기들이 사용하는 전력량에 대해 효율성이 크게 개선되지 않을 것이며, 전기화와 탈탄소화가 실현된 미래에도 현재와 비슷할 것이라고 가정했다.

자본 지출-인프라 업그레이드!

물론 지금의 내연기관차나 보일러를 110V 콘센트에 그냥 꽂는다고 해서 모든 에너지 절감 효과를 즉시 실현할 수는 없다. 우리의 생활을 전기화하기 위해서는 새로운 인프라, 즉 전기차, 히트펌프 냉난방기, 전기 온수기 등을 새로 구입해야 한다. 그러려면 무엇이 필요할까?

대부분의 가정에서 생활을 완전히 탈탄소화하기 위해 교체해야 할 여덟 가지 주요 범주가 있다(우리의 생활 방식은 생각보다 훨씬 더 비슷하다!). 표 11.2에서 이를 확인할 수 있다.

표 11.2 인프라 투자비 계산: 8종의 기기

항목	산정 기준	대표 비용	자금 회수 기간
인덕션	가구당 1개	$500	15
저압 차단기반	가구당 1개	$500	20
전기차 충전기	대당 1기	$500 (ea)	15
전기차 배터리	kWh	$100/kWh	7
가정용 배터리	신규 전력수요를 4시간 지탱	$100/kWh	10
난방기기	현재 난방열 공급량	$5,000	20
온수기	현재의 온수공급량	$600	15
지붕 태양광	태양광으로 전력의 60~80% 공급 가능 용량	$15,000	25

  투자비를 계산할 때 나는 항상 평균적인 제품을 선택했다. 프리미엄이 붙은 럭셔리 제품을 고려할 필요는 없다. 또한 이미 대부분의 미국 가정에는 가스레인지, 자동차, 보일러 등이 갖춰져 있을 것이므로 새 제품의 가격에서 기존 화석연료 사용 제품의 가격을 뺀 차액만을 인프라 투자 비용으로 계산하는 것이 공정하다. 예를 들어, 중간 가격대의 인덕션은 가스레인지보다 약 500달러 더 비싸므로 이 차액을 적용하는 식이다.

  전기화를 하면 가구당 전력 부하는 대략 두 배로 커진다. 따라서 새로운 저압 차단기반(배전반에서 가정용 전력량계를 연결하는 전선과 차단기가 들어 있는 패널)을 추가로 설치해야 한다. 또한 가구당 평균 차량 보유 대수(2.1대)에 맞춰 각 차량마다 전기차 충전기를 설치하고, 부하 변동을 완화하기 위해 4시간가량의 저장 용량을 가진 가정용 에너지 저장 시스템ESS도 설치해야 한다. 실내 난방은 히트펌프로 대체하며 자본 비용은 난방 에너지 수요에 비례하여 계산했다. 전기 온수기의 경우에도 현재의 온수 사용량에 비례하는 용량으로 설치하는 것을 기준으로 비용을 산정했다.

가장 비싼 두 가지 구성 요소를 마지막으로 다룬다. 먼저 전기차 전체 가격이 아니라 배터리만을 계산에 반영했다. 이는 배터리를 제외하면 내연기관차와 전기차의 가격 차이가 거의 없기 때문이다. 배터리 용량은 국가 평균 차량 주행거리인 400킬로미터를 기준으로 반영했다. 또 다른 고가의 구성 요소는 지붕 태양광 패널이다. 이 태양광 패널은 가정의 전기화와 에너지 비용 절감을 가능하게 하는 핵심 요소이다. 우리는 가정의 미래 전력 수요의 60~80%를 충당할 수 있는 규모의 태양광 패널 설치 비용을 가정했다. 만약 호주에서처럼 태양광 설치 비용에 낮은 금리를 적용한다면 이 비용도 크게 절감될 수 있다. 더불어 가정에서 별도로 전력을 구매할

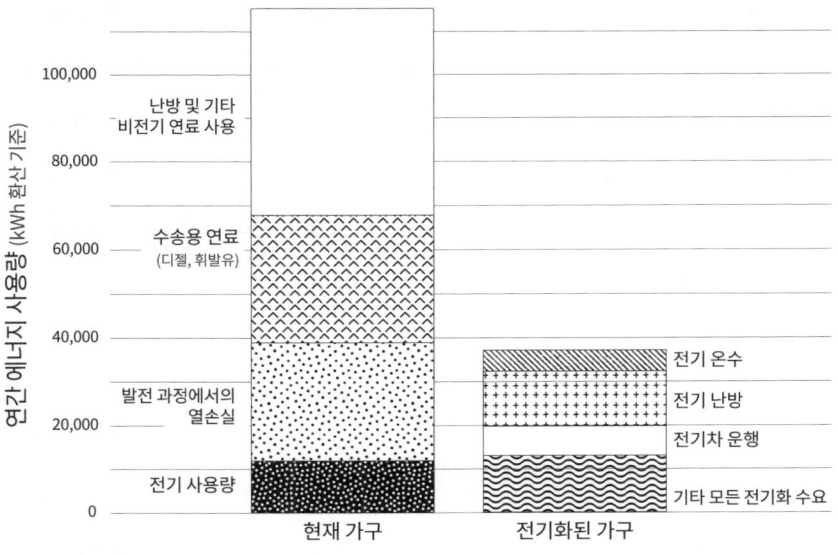

그림 11.3 2019년 미국의 가구당 연간 에너지 사용량(전기 포함, kWh 환산)과 모든 에너지를 전기화할 경우의 연간 에너지 사용량(kWh) 비교

필요가 줄어들어 더 큰 비용 절감으로 이어질 것이다.

파이낸싱 모델

모기지$^{mortgage○}$는 일종의 타임머신이다. 12장에서 자세히 다루겠지만, 모기지를 통해 우리는 미래에나 얻을 수 있을 것 같은 것을 지금 손에 넣을 수 있다. 우리가 아이들에게 안전한 미래, 탄소 배출이 없고 기후 위기가 극복된 미래를 물려주고 싶다면 모기지를 활용해 그 미래를 오늘로 앞당겨야 한다. 모든 미국인이 사용할 수 있는 저금리 금융 상품을 마련하면 충분히 가능하다.

이 생각을 실험하기 위해 나는 장비의 전체 자본 비용을 원금으로 하고 단순 이자를 지급하는 계산을 사용했다(선납금 없이!). 2020년 연방 모기지 이자율인 2.9%를 가정하고 표 11.2에 정의된 상환 기간을 적용했다. 단, 차량 배터리와 가정용 배터리만 잔존가치를 고려했으며 배터리의 수명이 다한 후에는 재활용을 위해 원자재의 가치가 약 40달러/킬로와트시$^{\$/kWh}$ 정도 남을 것으로 가정했다.

이제 이 모든 숫자를 입력해 계산을 완료하려고 하지만 그 전에 한 가지 더 고려해야 할 요소가 있다.

○ 주택 구입 시 사용하는 장기 대출이다. 집을 담보로 금융기관에서 자금을 빌리고 일정 기간 동안 원금과 이자를 갚는다. 보통 15년에서 30년 동안 상환하며, 고정 또는 변동 금리가 적용된다.-옮긴이

미래 전기 비용

 탄소 배출 없이 이뤄질 미래의 생활에 필요한 전기를 쓰려면 비용을 치러야 한다. 지붕 태양광이 차지하는 비율이 높을 것이라는 가정은 단순화된 계산을 위한 것일 뿐만 아니라 국립재생에너지연구소NREL의 지붕 태양광 잠재력 연구 결과에도 기반하고 있다.[10] 전국 평균으로 보면 일반 가정의 전력 부하의 75%는 지붕 태양광으로 충당할 수 있을 것이다. 가정용 태양광 설비의 투자비는 와트당 1달러로 계산했다. 호주에서는 이미 2021년에 이 가격이 실현되었으므로 미국에서도 가능할 것이다. 2.9%의 모기지 이자율을 고려하면 전력 생산 비용은 킬로와트시당 약 5센트 정도 될 것이다. 나머지 전력 수요는 그리드에서 공급받아 충당하며 이 경우 현재의 평균 전력 요금인 킬로와트시당 14센트를 적용했다.
 그렇다. 이러한 가정이 다소 공격적으로 보일 수 있지만 이미 선례가 있고, 우리가 충분히 해낼 수 있는 일이다.

미래 가계 비용

 컴퓨터의 힘을 빌려 모든 수치를 결합하면 그림 11.4와 11.5의 형태로 그 결과를 볼 수 있다. 우리가 비용 절감에 성공한다면 가구당 연간 약 1,000달러를 절감할 수 있을 것이다. 더 나아가면 절감액은 2,500달러까지 늘어날 수 있다. 그보다 더 큰 이익도 가능할지 모른다. 우리 아이들의 미래가 걸려 있는 문제라면 더 낮은 이자율로 자금을 조달할 수 있도록 해야 하지 않겠는가?
 미국이 연구개발R&D에 공격적으로 투자하여 작은 부분에서도

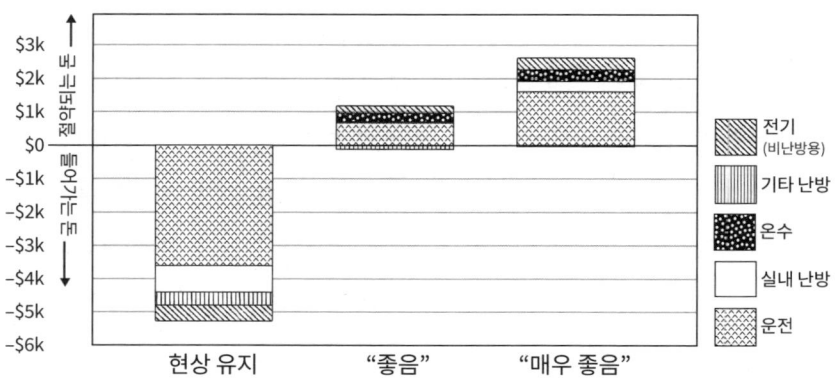

그림 11.4 우리가 정책을 설계할 때 연성 비용 soft costs 을 낮추는 데 중점을 두고 기술 가격을 집중적으로 낮추는 것과 연계된 금융 정책을 개발한다면 모든 미국인은 가까운 미래에 상당한 금액을 절약할 수 있을 것이다.

원가를 절감한다면, 전기화에 필요한 핵심 설비의 가격을 더욱 낮출 수 있을 것이다. 하지만 가격을 유지하면서 성능을 개선하는 것이 더 나은 방법일 수도 있다. 현재 태양광 패널의 에너지 변환 효율은 약 20% 수준이지만 이를 30% 이상으로 끌어올릴 필요가 있다. 배터리 기술 또한 비용을 결정하는 중요한 요소이다. 배터리 비용은 초기 투자비보다는 충방전 횟수, 즉 수명에 더 좌우된다. 이미 여러 제조사가 수명이 더 긴 배터리를 개발하기 위해 경쟁하고 있다. 현재 배터리의 충방전 횟수는 약 1,000회, 수명은 5~10년 수준인데, 이 수치가 5,000회, 20년으로 늘어난다면 더 큰 비용 절감도 기대할 수 있을 것이다.

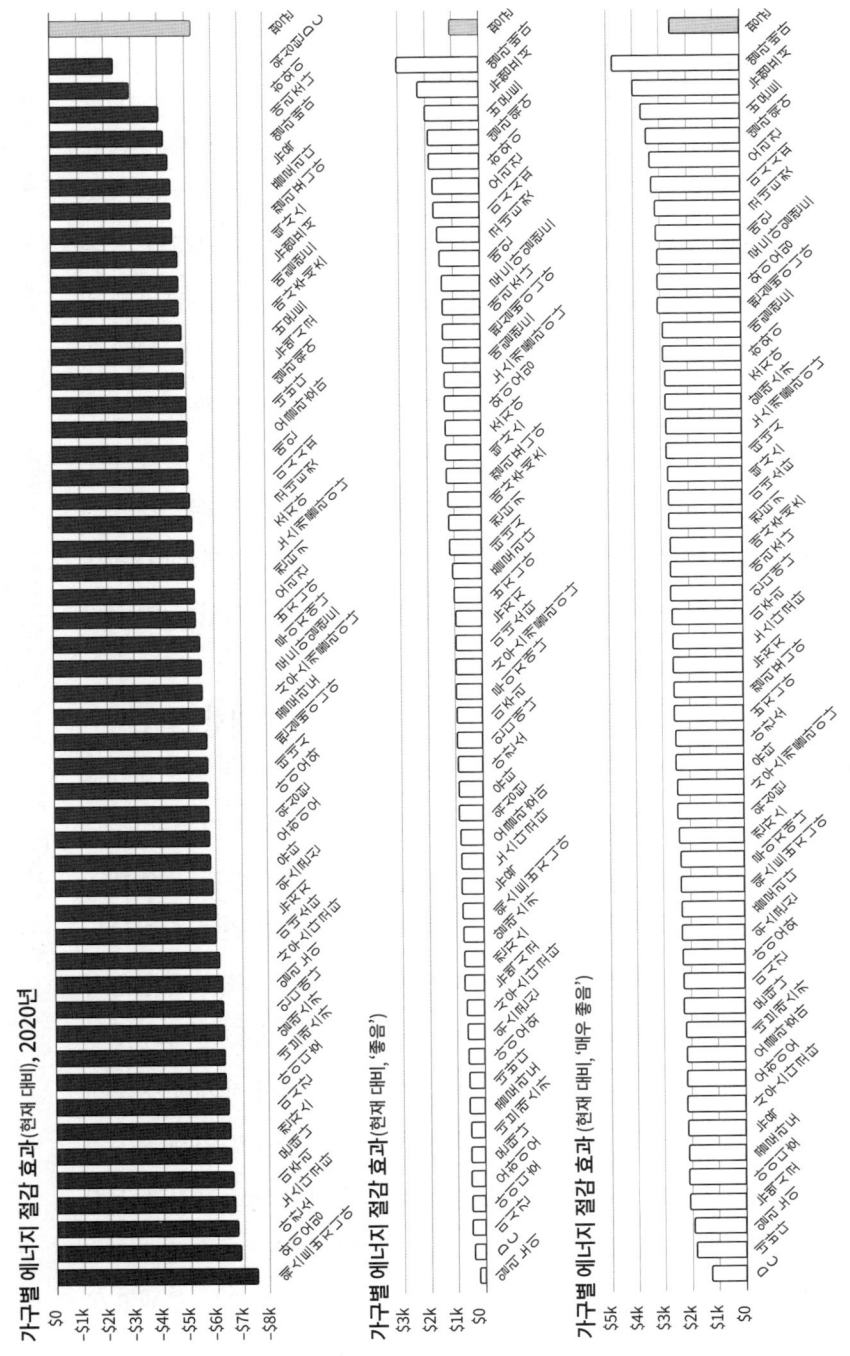

그림 11.5 현상 유지 시나리오와 두 가지 다른 탈탄소화 시나리오를 적용하여 분석한 주별 에너지 비용 절감액 규모 추정치

이 모든 것을 정리하자면

우리는 어떤 결정을 내릴 수 있나?

제대로만 한다면, 기후 위기를 해결하면서 모두가 돈을 아낄 수 있다. 방금 계산한 가구당 절감액을 미국의 1억 2,200만 가구 전체에 적용하면 연간 절감액은 총 1,220억 달러에 이를 것이다. 복잡하게 생각하지 말고 이 간단한 사실만 기억하라. 깨끗한 탈탄소 전기는 화석연료 기반 전기보다 더 저렴하다. 우리는 이 일을 해낼 수 있고, 그 과정에서 모두의 돈을 절약할 수 있다. 가장 과감한 시나리오를 적용하면 연간 절감액은 3,000억 달러 이상으로 증가할 수 있다. 이를 위해 배터리 비용은 킬로와트시당 60달러, 태양광 전기는 킬로와트시당 80센트, 이자율은 2.9% 이하로 설정하면 된다. 그린 뉴딜에 수조 달러의 비용이 든다는 말은 잘못되었다. 오히려 우리는 수조 달러를 절약할 수 있을 것이다.

지금까지 청정에너지 기술은 경제적 이점이 분명한 지역과 환경에서 개발되어 왔다. 예를 들어, 호주는 인구 밀도가 낮고 전력망이 광범위하게 분산되어 있어 배전 비용으로 인해 소매용 전력 요금이 비쌌기 때문에 주거용 옥상 태양광이 자연스럽게 발전했다. 사우스오스트레일리아주에서는 새로운 가스 발전소를 건설하는 것보다 비용이 저렴하기 때문에 대규모 배터리를 전력망에 연결하는 실증 작업이 이루어졌다. 캘리포니아는 LA를 비롯한 여러 도시의 심각한 대기 오염 문제로 인해 전기차 분야에서 세계를 선도하게 되었다. 최근 중국도 더욱 심각한 대기 오염 문제로 인해 전기차에 집중하고 있다. 서유럽과 일본은 제한된 천연가스 자원과 저렴한 난방 수요 때문에 히트펌프 기술을 발전시켰다.

이들 각각의 최선의 사례를 결합하고 대규모 제조와 불필요한 규제 비용을 제거한다면 우리는 앞으로 나아갈 길을 찾을 수 있다.

　과거 비상사태에서 미국이 가장 먼저 던졌던 질문은 "어떻게 비용을 지불할 것인가?"가 아니었다. 첫 번째 질문은 "무엇을 해야 하는가?"였다. 전쟁은 감당할 수 있어서 하는 것이 아니라 하지 않을 수 없기 때문에 하는 것이다. 우리는 기후 위기와의 전쟁을 포기할 수 없다. 또한 모든 것을 전기화하는 작업도 미룰 수 없다. 제대로만 수행하면 큰 비용 절감도 가능하기 때문이다.

12
모기지는 일종의 타임머신

- ✚ 화석연료를 사용하면 현재 비용을 아끼지만 미래에 그 대가를 치르게 된다. 반면 재생에너지를 사용하면 지금 비용을 지불하지만 미래에는 거의 그 대가를 치르지 않아도 된다. 물론 지구에게도 더 이롭다.
- ✚ 그러나 현재 대부분의 미국 가정은 탈탄소화를 통해 장기적으로 비용을 절감할 수 있음에도 막대한 초기 투자를 감당할 만한 여력을 갖추지 못했다.
- ✚ 만약 미국 정책 입안자들이 적절한 이자율로 '기후 대출'을 제공할 수 있다면 많은 가정이 청정에너지로 전환하는 길을 쉽게 선택할 수 있을 것이며, 빠른 시일 내에 지출을 절감할 수 있을 것이다.
- ✚ 이러한 유형의 대출은 전례가 없는 것이 아니다. 예를 들어 대공황 이후 미국 금융당국은 주택 소유를 가능하게 하기 위해 장기 모기지 제도를 설계하여 활용한 바 있다.

계속 강조했듯 청정에너지 기술은 초기 비용이 크고 운전 비용은 작다. 문제는 이 초기 투자에 필요한 자본에 어떻게 접근할 수 있도록 할 것인가에 있다. 기후 위기는 가계 예산이나 경제 상황을 고려하지 않고 모두에게 영향을 미치지만, 안타깝게도 현재 청정에너지에 대한 인센티브와 접근성에는 빈부 격차가 존재한다.

부유한 가정은 모든 것을 전기화하여 탈탄소화를 통해 얻을 수 있는 잠재적 절감 효과를 쉽게 누릴 수 있다. 이들은 신용 및 주택담보 대출에 쉽게 접근할 수 있기 때문에 옥상 태양광, 전기차, 수냉식 히트펌프 시스템에 필요한 초기 자본 비용을 감당할 수 있다. 반면 저소득층 가정은 탈탄소화를 통해 지출을 절감할 필요가 크지만 초기 자본 비용을 감당할 여력이 없다. 기후 정의를 논할 때 형평성에 초점을 맞춰야 하는 이유가 여기에 있다. 저소득층 가정은 탈탄소화된 전기 생활로 인해 가장 큰 혜택을 누릴 수 있지만 이를 위한 초기 비용을 마련할 여력이 부족하다. 모든 사람이 미래를 위한 투자를 감당할 수 있도록 도와야 한다. 그렇지 않으면 기후 변화를 해결할 수 없다.

우리가 얼마나 빨리 더 저렴한 미래로 전환할 수 있을지는 재원 조달 방법에 달려 있다. 그 핵심은 이자율 조정에 있다. 우리는 미국의 가계가 지금 구매하고 나중에 지불할 수 있도록 도울 방법을 찾아야 한다. 다행히도 이 문제는 특히 미국인들에게 익숙한 문제다.

모든 에너지를 재생에너지로 전환할 경우 미국의 가구당 평균 비용은 약 4만 달러에 달한다. 그러나 코로나19 사태 직전, 전체 미국 가구의 40%가 비상금으로 400달러도 보유하지 못한 상황이었다. 4만 달러에 달하는 프로젝트 비용을 즉시 지불할 수 있을 만큼 충분한 현금을 가진 사람은 거의 없다. 신용카드를 사용할 경우 이자율이 15~19%에 달해 너무 비싸다. 오늘날 미국에서 태양광을 위한 일반적인 금융 옵션을 사용하면 이자율은 약 8% 정도이다. 반면, 정부가 지원하는 금리 3~4% 수준의 대출을 활용할 수 있다면 4만 달러라는 금액도 거의 모든 사람이 부담할 수 있을 것이다. 금리 차이가 사소해 보일 수 있지만, 태양광 패널 비용을 상환하는 데는 20년 이상이 걸린다는 점을 고려해야 한다. 3.5%의 이자율로 대출을 받을 경우 상환해야 할 총액은 원금의 대략 두 배가 된다. 반면, 일반적인 8%의 시중 이자율로 대출을 받으면 상환할 총액은 원금의 약 4.5배에 달한다. 신용카드로 자금을 조달하는 것은 절대 생각하지 말아야 한다.

다시 말하지만 모기지는 우리가 원하는 내일을 오늘 누릴 수 있게 돕는 타임머신과도 같다. 우리가 원하는 내일은 깨끗한 에너지와 살기 좋은 지구이다. 그러므로 모기지를 활용하지 않을 이유가 없다. 데이비드 그레이버David Graeber의 책《부채: 처음 5,000년 Debt: The First 5,000 Years》에서 그는 빚을 지는 것이 곧 돈을 만드는 일이라고 강력히 주장한다. 우리가 실제로 하려는 일은 미래에 돈을 절약해 부채를 상환할 수 있다는 확신을 만들어내고 이를 통해 기후 위기에 대응하는 우리의 꿈을 실현할 자본을 창출하는 것이다.

빠른 탈탄소화의 핵심은 오랫동안 미국 경제를 뒷받침해 온 민관 파트너십과 혁신적인 자본 조달 전략, 즉 대출을 만들어 내는 것이다.

우리는 소비자들이 21세기 탈탄소화 인프라에 대한 자본 투자를 감당할 수 있도록 다양한 저금리 금융 상품을 개발해야 한다. 대규모 인프라를 지원하는 녹색 은행이 등장하고 있지만 더 대담한 접근이 필요하다. 기후 대출이 소매 금융 상품으로 제공되어야 하며 이를 통해 모든 사람이 일상생활에서 기후 변화 해결책을 실현하는 개인 인프라에 투자할 수 있어야 한다. 주택 소유자가 아니거나 주택 소유 계획이 없는 사람들은 모기지 비유가 지나치게 단순하다고 느낄 수 있다. 나도 세입자와 집주인을 위한 금융 상품, 그리고 더 나은 가전제품 구매를 위한 금융 상품이 필요하다고 본다. 그리고 모든 세부 사항을 해결하기 위해서는 더 많은 재정 전문가들이 필요할 것이다. (나 역시 다른 많은 사람들처럼 식료품 구입에도 어려움을 겪고 있다.)

미국인의 생활 방식은 대출을 기반으로 구축되어 왔다. 자동차 대출과 모기지는 모두 20세기 미국에서 탄생한 혁신이었다. 대다수 인구가 고가의 내구재를 구매할 수 있도록 도와주는 이러한 금융 상품이 없었다면 오늘날의 미국은 물론 현대 세계는 지금의 모습과 크게 달랐을 것이다.

기후 위기에 대응하기 위해 기후 대출을 창출하는 것은 명백한 역사적 선례가 있다. 현대 모기지 시장은 대공황 시기 연방 정부의 개입으로 형성되었다. 대공황 기간 동안 부동산 가치는 급락했고 전체 주택 소유자의 약 10%가 차압 위기에 처했다. 루스벨트 행정부는 뉴딜 정책의 일환으로 이 문제에 개입했으며 의회는 1933년 주택소유자융자법Home Owners' Loan Act 을 통과시켰다. 이를 통해 주택소유자대출공사Home Owners' Loan Corporation, HOLC 가 설립되어 채무 불이행 위험에 처한 가정에 저금리 대출을 제공했다. 물론 이 대출은 백인 가정에만 해당되었고 흑인 가정은 이 혜택에서 배제되었다. 그 결과 흑인들은 중산층에서 대부분 소외되었다. 따라서 이번에 추진하는 '기후 대출'은 모든 사람에게 공평하게 제공되어야 한다. 이 프로그램 덕분에 수십만 명의 주택 소유자가 모기지를 상환할 수 있었으며, 예상과 달리 세금 손실 없이 약간의 이익을 남기기도 했다.[1] 이 프로그램은 1936년 패니메이Fannie Mae, 1968년 프레디맥Freddie Mac 의 탄생으로 이어졌으며 세계에서 가장 저렴한 대출 자금 조달 시장과 가장 큰 자본시장을 만들어냈다. (한편, 자동차 대출은 다른 기원을 가진다. 헨리 포드는 종교적 신념 때문에 자신의 자동차가 빚으로 구매되는 것을 허용하지 않았으나, 제너럴 모터스General Motors 의 알프레드 P. 슬론

Alfred P. Sloan은 자동차를 대중에게 더 쉽게 접근할 수 있도록 하는 금융 기회를 포착하여 자동차 금융을 발명했다. 이 금융 혁신은 현대 미국 주택 대출의 선례가 되었다.)

뉴딜 정책하에서 또 다른 프로그램은 전기화와 이를 위한 저비용 연방 융자 지원이었다. 테네시강유역개발공사Tennessee Valley Authority, TVA에서 출발한 가정 및 농장 전기화 추진청은 냉장고, 레인지, 온수기 등 전기 제품 구매를 위한 융자금을 지원했다. 이 프로그램은 미국 농촌(특히 테네시강 유역)을 대상으로 진행되었으며 국내 전기 소비 시장을 확대하기 위한 목적이 있었다.

또 다른 뉴딜 정책 프로그램으로 농촌전기화프로그램Rural Electrification Program을 꼽을 수 있다. 이 프로그램은 미국 농촌 전역에 전력망을 설치하는 데 크게 기여했다. 표준 설치 규격은 부엌용 회로와 각 방의 전등용 콘센트를 갖춘 60A, 230V 퓨즈 패널이었다. 프로그램에 참여하고자 하는 제조업체는 농촌전기화개발공사EHFA 승인을 받은 표준 규격의 저가형 가전제품을 생산해야 했다. 소비자는 EHFA 승인 제품을 선택하고, 연방 재무부의 지원을 받아 가전 대리점에서 할부 신용 계약을 맺어 구매할 수 있었다. 이 조건에 따르면 소비자는 5~10%의 계약금을 지불하고, 5%의 이자로 36~48개월 이내에 대출을 상환해야 했다. 이 상품은 EHFA가 허용하는 요금을 부과하는 회사로부터 전기를 공급받는 소비자에게만 제공되었다. 이 프로그램은 궁극적으로 약 420만 대의 가전제품에 자금을 지원했으며, 당시 미국 가구 수는 약 3,000만 가구였다.[2]

기후 안정성과 더 강력한 에너지 인프라를 위해 미국 정부는 탄소 제로 자본에 대한 자금 조달에 과감해야 한다. 미래의 인프라는 재생에너지 기반으로 더 개인화되고 분산될 수밖에 없다. 주택 소유자가 이러한 국가적 노력에 기여하는 데 필요한 자본을 쉽게 조달할 수 있도록 도와 장기적 절약을 실현할 수 있도록 해야 한다.

공공 인프라를 위해 자금을 조달하는 방식처럼 이를 지원하지 않아야 할 이유가 있을까? 결국 미래의 그리드를 균형 있게 운영하려면 집단 배터리와 전력 부하 조정 기회를 활용하여 가장 적은 비용으로 모든 것이 원활하게 작동하도록 해야 한다는 것을 우리는 이미 배웠다.

모든 것을 전기화하면, 결국 모든 사람이 그리드에서 에너지를 가져갈 뿐만 아니라 일부를 그리드로 되돌려줄 수 있는 개인 인프라를 보유하게 된다. 이에 따라 미국 정부는 이러한 역할에 걸맞은 지원을 제공해야 한다. 전기차와 전기 주택을 국가 차원의 그리드에 연결해 그리드가 부하 균형을 유지하면서 운전되도록 하는 것이 이들의 역할이다. 소비자들은 이러한 전기 제품을 구매할 때 저렴한 대출과 같은 혜택을 제공받아야 하며, 이것이 바로 소비자와 정부 사이에 체결되어야 할 빅 딜이다.

채권 발행, 공공-민간 협력 금융, 유틸리티 규제 등과 같은 자금 조달 방법과 제도를 개발하는 것은 분명히 이러한 인프라를 채택하는 데 큰 도움이 될 것이다. 정책 입안자와 제조업체는 미국인의 모든 구매 결정 단계에서 금융, 제품, 정책 측면에서 부담이 적으면서도 탄소 배출량이 적은 선택지를 제공해야 한다. 자동차나 주택을 소유하지 않거나 소유할 계획이 없는 사람들을 위해 공유 인프라에 대한 금융도 필수적이다. 혁신적이고 저렴한 금융은 21세기에 저렴하고 안정적인 에너지에 대한 형평성과 보편적 접근성을 보장하는 가장 효과적인 방법이 될 것이다.

2020~2021년 코로나19 팬데믹으로 인해 전 세계적으로 금리가 거의 0에 가까워졌다. 이러한 저금리 상황은 미래 생활에서 탄소 배출을 없앨 가정용 기술과 인프라에 자금을 조달할 적기이다.°부유층만이 청정에너지로 전환할 수 있다면 기후 변화에 대응할 수 없다. 우리는 모든 것을 전기화하고, 그렇게 절감된 비용의 혜택을 모든 사람이 누릴 수 있도록 하며, 모두가 기후 목표를 달성하는 데 동참할 수 있도록 해야 한다.

○   그러나 이로 인한 유동성 과잉의 후과로 2022년 이후 세계적으로 인플레이션이 발생했다. 인플레이션 문제는 기후 문제에서도 중요한 도전이 될 수밖에 없다.-옮긴이

13

과거의 값을 치르다

- ✦ 우리의 방 안에 들어앉은 4톤짜리 코끼리°처럼 그 존재가 너무나 뚜렷하지만 누구도 이야기하지 않는 문제가 하나 있다.
- ✦ 그것은 화석연료 회사들의 대차대조표에 자산으로 기입된 화석연료의 입증 매장량이다.
- ✦ 그러나 이들 기업과 계속 싸우기만 한다면 우리 모두가 망할 수밖에 없다.
- ✦ 이들 기업이 우리 편으로 합류하도록 만들어야만 우리 모두가 살아남을 수 있다.
- ✦ 우리의 주식시장은 화석연료를 중심으로 구축되었다.
- ✦ 이 때문에 우리는 이 산업들이 계속 가동되도록 장려해 왔고, 우리의 재정적 운명을 화석연료를 태우는 것과 연결시켰다.
- ✦ 화석연료 기업에 대해 투자를 철회하는 것만으로는 충분하지 않다.
- ✦ 어쩌면 이 거대 공룡 Big Fossil(화석연료 기업)을 사들여 우리 모두가 같은 팀으로 기후 변화에 맞서 싸울 수 있도록 판을 짜는 것이 더 저렴한 길일지 모른다.

과거의 죄에 대한 대가

나의 가계를 거슬러 올라가면 코크스용 석탄 coking coal°°을 호주에 처음 도입한 조상들이 있다. 내가 처음 직장 생활을 시작한 곳은 석탄에 의존하는 호주 철강산업이었다. 나는 내 조상도, 석탄이 이 세

○ "4톤짜리 코끼리" 비유는 사람들이 명백히 알고 있지만 불편해서 이야기하지 않는 문제를 가리키는 "방 안의 코끼리 Elephant in the room"라는 관용구에서 나온 것이다. – 옮긴이

○○ 제철 산업에서 철강을 생산하는 데 사용되는 고품질 석탄. 이 석탄에 열을 가해 소결시킨 것이 '코크스'이다. 고로에서 코크스는 열을 공급하는 발열제의 역할을 할 뿐만 아니라 철광석(산화철)을 환원시키는 환원제의 역할까지 겸한다. 그러나 이 과정에서 이산화탄소가 나온다. – 옮긴이

상에 가져다준 놀라운 진보도 모두 존중하지만 경제적, 환경적으로 이제는 석탄을 그만 써야 할 때가 되었다. 부모님의 가계 중에는 아일랜드의 모든 등대를 건설한 조상들이 있다. 등대 역시 현대 세계를 가져온 기술임에는 틀림없으나 GPS와 개선된 지도가 있는 지금 시점에 크게 필요하지는 않게 되었다. 가장 저렴한 발전원이 재생에너지가 될 미래가 이미 도래했다. 조상들께 감사할 일이 많지만 기후 변화에 대처하는 방법을 찾아야 하는 우리에게 향수를 가질 여유 같은 건 없다.

그러나 화석연료에서 벗어나기 위해서는 경제적 영향도 신중히 검토해야 한다. 금융 지원이 무탄소 에너지원의 확산을 촉진하듯 화석연료의 전환에도 같은 접근법이 필요할 수 있기 때문이다.

땅을 파는 데는 돈이 든다. 그중 석유나 가스가 있는 곳을 찾는 작업에 가장 많은 돈이 든다. 탈탄소화 기술이 어떻게 돌아갈지 앞에서 살펴보았던 걸 기억하는가? 화석연료 회사 역시 마찬가지로 화석연료를 찾기 위해 많은 비용을 우선 지출해야 하고, 투자금은 연료 대금을 통해 천천히 회수된다. 이 모델에서는 유정을 파기 위해 자금을 차입해야 하며 기업들이 그 차입금에 대한 담보로 제공한 자산은 다음에 굴착할 유정에서 나올 석유였다.[1]

에너지 인프라의 전환이라는 맥락에서 이렇게 남아 있는 잔존 부채는 '좌초 자산 stranded assets'이라는 이름으로 큰 문제를 야기한다. 좌초 자산이란 과거 한때는 가치가 있었지만 기술, 시장, 생활 방식의 변화로 인해 더는 가치가 없게 된 자원들이다.

현재 추정치에 따르면 아직 채굴되지 않은 화석연료의 시장 가치는 10~100조 달러에 달할 것이다. 이 값은 확인된 가채매장량

1,500기가톤^{GT}에 일정한 계수를 곱해 나온 값이다.²

확인된 가채매장량에 붙은 권리를 사들이자는 게 내 주장이다. 이런 매입 비용의 상한선은 가장 비싼 화석연료인 석유 가격을 통해 계산하면 된다. 석유의 가격 하한은 아마도 사우디산 석유의 생산 원가인 배럴당 10달러, 톤당 60달러일 것이다. 이 기준으로 1,500기가톤은 약 90조 달러의 가치다. 그런데 대부분의 미국 유전은 배럴당 30달러 미만에서는 수익성이 없다. 그럼 미국 유전의 경우 예상 매출이 아니라 이익만 계산하여 채굴권을 모두 매입할 수도 있을 것이다. 이익은 매출보다 규모가 훨씬 작다. 핵심은 이 엉뚱한 아이디어가 여기서 추산한 것보다 훨씬 저렴할 수 있다는 것이다.

지금은 매장되어 있는 화석연료를 직접 눈으로 본 사람은 아무도 없다. 그럼에도 에너지 기업들의 장부에는 이들이 자산으로 기재되어 있다. 기후 과학자들은 이러한 매장 연료를 태우면 1.5도 한계를 넘어설 것이라고 경고한다. 실제로 1.5도 목표를 지키려면, 장부에 적힌 석유의 3분의 1, 가스의 절반, 석탄의 80%를 태우지 않고 그대로 둬야 한다.³ 그러나 이 연료를 담보로 이미 시중에는 자금이 조달되어 있다. 이 연료에 대한 권리는 다른 화폐처럼 거래되고 있다. 이 자산의 소유자가 이를 스스로 포기할 이유는 없다. 잔고가 10조 달러인 통장을 쉽게 포기할 사람이 누가 있겠는가?

우리는 화석연료 매장량에 기반한 경제적 탄소 거품 속에서 살고 있다. 만약 석유와 가스 회사들이 채굴을 금지당한다면 이들의 주가는 폭락할 것이다. 이는 수천만 명의 개인들에게 영향을 미칠 것이다. 자신도 모르는 사이에 뮤추얼 펀드$^{mutual\ funds}$나 연금 운영사가 해당 주식을 보유하고 있을 수 있기 때문이다. 2018년 〈네이처 기후 변화Nature Climate Change〉 저널에 발표된 연구는 화석연료 자산의 좌초로 인해 전 세계 경제에서 최대 4조 달러가 증발할 수 있다고 추정했다.[4] 2008년 금융위기를 촉발한 '독성 자산toxic asset○'의 손실 규모가 2,500억 달러였다는 점을 감안하면 그 규모가 얼마나 큰지 알 수 있다. 게다가 화석연료 자산의 좌초는 에너지 기업 주식뿐만 아니라 주유소, 파이프라인, 유조선 등 화석연료와 관련된 산업 및 장비 투자에도 타격을 줄 것이다. 2008년 금융위기 이상의 재앙이 발생할 수 있다.

우리에게 현대를 가져다준 산업을 아무 것도 아닌 것 처럼 제거할 수는 없다. 일종의 계획이 필요하다.

투자 배제

미국에서 '포트폴리오 투자 배제portfolio divestment'로 알려진 행동주의 투자 운동은 많은 진보 성향의 대학 기금에 의해 촉진되어 왔으며 점점 더 많은 지지를 얻고 있다. 이 운동에 동참하는 투자 포트폴리오라면 화석연료 관련 자산의 주식을 전부 매각해야 한다. 갈수록 많은 투자자들이 이런 자산을 매각할수록 화석연료 기업의 자본을 고갈시켜 채굴, 시추, 추출을 줄일 수 있다는 것이 핵심이다.

○ 독성 자산은 금융 시스템에 해를 끼치거나 시장에서 팔리기 어려워 소유자에게 부담을 주는 자산이다. 2008년 금융위기 때, 부실 모기지 대출에 기반한 증권들이 가치 급락으로 금융기관에 큰 손실을 초래했다.—옮긴이

투자 배제(또는 투자 철회) 운동은 효과를 발휘할 수 있으며 전례도 있다. 1980년대에는 남아프리카공화국의 아파르트헤이트Apartheid 정책에 연루된 기업들로부터 투자금을 회수하자는 운동이 광범위하게 퍼졌고, 1986년에는 이 캠페인이 미국에서 포괄적 반아파르트헤이트법Comprehensive Anti-Apartheid Act 으로 법제화되었다. 당시 로널드 레이건Ronald Reagan 대통령은 거부권을 행사하려 했으나, 공화당이 주도한 상원이 그의 거부권을 무효화했다.[5]

그러나 불행히도 투자 배제된 자산이라도 이를 매입할 수요자가 여전히 너무 많다. 시간이 충분하다면 이 전략이 효과를 발휘할 수 있을 것이다. 나는 이 전략을 반대하지 않는다. 다만, 기후 변화의 시급성과 불가피성을 고려할 때 더 빠르고 확실한 결과를 가져올 전략이 필요하다. 투자 배제는 갈등을 기반으로 한 전략이기에 활동가들은 갈등 없이 앞으로 나아갈 수 없으며, 널리 지지받는 우호적인 해결책을 찾기보다는 계속해서 투쟁해야 하는 상황에 직면하게 된다.

투쟁은 멈추고 협력을 시작하라

이 불안정한 상황을 헤쳐 나가려면 발상을 바꿔야 한다. 화석연료 산업, 즉 미채굴 화석연료라는 자산의 소유자들을 적이 아닌 친구로 대하는 것이 최선의 전략이다. 이들은 한 세기 동안 우리에게 신뢰할 수 있는 차량과 따뜻한 보금자리를 제공해 왔다. 이 회사들을 적대시하기보다 탈탄소 미래를 함께 구축할 최고의 동맹으로 끌어들이는 게 더 낫다. 오늘날 화석 에너지 회사들은 자본 집약적인 사업에 자금을 조달하는 데 탁월한 능력을 가지고 있으며 유능한 인력을 기반으로 인프라 구축에 능하다. 이러한 인력들이 탈탄소화를 위한 인프라 구축에 참여한다면 더 행복하게 일할 수 있을 것이다. 지금까지 에너지를 제공해 준 그들의 놀라운 업적을 치하하며 그들이 탈탄소화의 원동력이 되도록 초대하는 것이 좋다.

이 초대를 망설이게 만드는 유일한 장애물은 그들을 구식 산업에 묶어 두는 좌초 자산이다. 그렇다면 공적 자금으로 그들의 좌초 자산을 사들인다면 어떨까? 아마도 그리 비싸지 않을 것이다. 우리는 협상을 통해 자산의 전체 가치를 지불할 필요 없이 소액의 이윤(약 6.5%)만으로도 매입할 수 있다.[6] 관대하게 보아 10%로 계산해도, 90조 달러의 10%는 9조 달러에 불과하다. 이는 전 세계 연간 국내총생산GDP 의 작은 부분이다. 그 대가로 우리는 그들의 땅과 그 밑에 매장된 화석연료를 사들일 수 있으며 이를 국제 국립공원으로 조성해 탄소를 영구히 보존하는 것도 가능하다.

만약 이렇게 된다면 화석연료 기업들은 새로운 에너지 경제와 21세기의 새로운 인프라에 투자할 수 있는 막대한 자본을 손에 넣게 될 것이다. 물론 기존 사업을 정리하는 데 10년 정도의 시간이 필요할 것이다. 그러나 이후에는 새로운 에너지 경제를 기업화하고 운영하는 데 있어 최고의 위치를 점할 수 있으며 일자리와 경제적 기회도 창출할 수 있을 것이다. 그들은 공급 측과 수요 측 기술을 아우르는 인프라를 구축하면서 수익을 높일 수 있으며 초기 자본 투자를 활용해 좌초 자산보다 훨씬 큰 가치를 가진 기업을 구축할 수 있을 것이다.

물론, 이것은 대담한 아이디어다. 그러나 기후 위기와 그에 따른 갈등을 해결하기 위해서는 새로운 사고방식이 필요하다. 평소 방식으로는 이 위기를 해결할 수 없다. 경제학자나 화석연료 회사의 임원 중에는 내 단순한 생각에 격분할 사람도 있을 것이다. 그럼에도 불구하고, 이 글이 과감한 발상의 계기가 되길 바란다. 우리 세계의 가장 큰 에너지 회사들이 역대 최대 규모의 에너지 인프라 구축에 참여하게 만드는 궁극적인 대타협안이 될 수 있을지 누가 알겠는가.

14

이제 낡은 규제를
철폐해야 할 시간

- ✚ 기후 변화에 맞서 싸우려면 수천 개의 규제를 바꾸는 길고, 힘들며, 지루한 작업이 필요하다.
- ✚ 호주는 미국이 낡은 규제를 없애기만 한다면 지붕 태양광을 통해 가장 저렴한 에너지를 이용할 수 있다는 사실을 증명하고 있다.
- ✚ 건축 및 전기 법규는 청정에너지 기술과 충돌하지 않고 오히려 이를 지원하도록 개정되어야 한다.
- ✚ 모든 화석연료 보조금은 폐지되어야 한다.

제목만 봐도 지루해 보일지 모르겠다. 관료주의적 규제와 씨름해본 사람이라면 누구나 그렇게 느낄 것이다. 하지만 제도와 법규야말로 기후 위기 해결의 핵심이다. 게다가 법률가와 정치인들에게도 중요한 역할이 있을 수밖에 없다. 이들에게 기후 변화 문제 해결을 위한 일을 맡기는 것도 우리의 과제가 되어야 한다.

기후 위기를 해결하기 위한 전선 중 하나는 우리가 원하는 미래를 가로막는 수백, 수천 개의 작은 규제들에 있다. 겉보기에 이들은 눈에 잘 띄지 않을 정도로 사소할지 모른다. 거리에서 시위하고, 전기차를 구매하는 것만으로 기후 변화를 멈출 수 있다면 좋겠지만 현실은 그렇지 않다. 미래를 위한 싸움은 시청 앞에서 행진하는 것만이 아니라 지역구 의원을 만나거나 직접 정치에 나서서 전국적으로 지역 건축 규제, 주 유틸리티 규제, 연방 금융 규제 등을 조율해 탄소 없는 미래를 앞당기는 것이다.

나는 항상 규칙과 규제에는 유효 기간이 있어야 한다고 믿어왔다. 대부분의 법률은 20년 이상 지속되어선 안 된다. 충분한 시간이 주어지면 사람들은 규칙을 왜곡하거나 우회하는 방법을 찾아내기 때문이다. 화석연료 사용 규제만큼 이 점을 잘 보여주는 예는 없다. 여기서 강조하고 싶은 점은 새로운 법을 제정하는 것뿐만 아니라 효력을 잃은 낡은 법을 폐기하는 작업도 매우 중요하다는 것이다.

낡은 방식은 미국 전역의 법규와 고리타분한 사고방식에 깊이 뿌리박혀 있다. 태양광 확대, 주택 전기화, 전기차 도입 등은 이러한 변화와 맞지 않게 구성된 건축 및 전기 법규에 의해 가로막히고 있다. 에너지 시장을 왜곡하고 우리가 해야 할 일을 방해하는 후진적인 유틸리티 규제, 도로 규칙, 유류세, 주택 소유자 협회 헌장, 세액 인센티브도 수없이 많다. 지난 100년간 화석연료 기반 경제를 지탱해 온 이 관료주의적 관행과 타성 때문에 미래 100년을 살아갈 아이들을 위한 탈탄소 녹색 미래가 방해받아서는 안 된다. 이 낡은 관료주의를 극복하지 못하면 미국의 기후 위기 해결은 불가능할 것이다.

자동차

호주는 외제차에 고율의 관세와 고급차에 높은 소비세를 부과해 자국의 자동차 산업을 보호하려 했다. 전기차와 같은 혁신을 선택하기보다는, 화석연료 차량 산업을 지키는 길을 택한 것이다. 그 결과 호주에서는 전기차가 여전히 고가이며, 테슬라 전기차의 가격은 미국보다 두 배 이상 비싸다. 호주는 이런 규제를 고수하기보다는 전기차를 더 저렴하게 구매할 수 있도록 인센티브를 제공해야 한다. 노르웨이에서는 이 전략이 성공하여 현재 신차 판매의 60%가 전기차이며 2025년까지 화석연료 차량의 판매가 중단될 예정이다.[1] 아이러니하게도 호주의 이러한 정책들은 자국 자동차 산업을 구하지 못했다. 2017년에 마지막으로 생산된 빨간 홀덴 코모도어 Holden Commodore를 끝으로, 호주에서는 자동차 생산이 중단되었다.

미국에서는 기업평균연비규제가 시행 중이다. 이는 제조사가 더 높은 연비를 가진 차량을 생산하도록 유도하기 위한 것이다. 좋은 아이디어이지만 시간이 지나면서 규제의 허점과 우회로를 찾는 변호사들이 늘어나게 된다. 경량 트럭은 다른 차량과는 다른 연비 기준을 적용받는다. 바로 이 틈을 타 SUV와 크로스오버 차량이 등장했다. 이로 인해 더 작고 공기역학적 설계로 효율이 높은 세단과 소형 차량의 시장이 축소되었다. 연비 표준은 이론적으로 좋은 아이디어이지만 얼마든지 왜곡될 수 있다. 유류세는 도로 건설과 유지보수비를 조달하는 훌륭한 도구였으나 미국은 유류세를 너무 오랫동안 낮게 유지해 왔다. 1993년 이래로 휘발유 기준 리터당 4.8센트라는 낮은 수준으로 동결되었고, 이는 시간이 지남에 따라 실질적으로 더욱 낮아졌다.° 그 결과 미국의 도로는 갈수록 엉망이 되어가고 있으며 더 크고 연료를 많이 소비하는 차량을 구매하려는 동기가 생긴다. 유럽과 아시아에서 더 작고 에너지 효율이 높은 차량을 사용하는 이유 중 하나는 유류세가 높아 운전 비용이 더 들기 때문이다.

전기차가 보편화되면서 많은 사람들이 자동차 세금이 어떻게 변화할지 궁금해하고 있다. 신중한 정책 수립자는 주행거리와 차량 무게에 비례해 세금을 부과하는 방식을 구상하게 될 것이다. 이미 주행거리에 비례해 보험료를 책정하는 시스템이 존재하므로 이는 어렵지 않다. 이러한 제도는 가볍고 효율적인 차량을 구매하고 덜 운전하는 것을 장려할 것이다. 자동차 제조사들도 더 가벼운 차량을 생산하는 인센티브를 얻게 된다.

뉴질랜드에서는 회사가 직원에게 자동차를 제공하면 고용에 대한 보상으로 간주되어 세금이 부과된다. 하지만 공구를 가득 싣고 있다면 그 차로는 아이들을 데리러 가거나 쇼핑을 할 수 없다는 논리로 유틸리티 차량 SUV 은 이 세금을 피해 갔다. 그 결과 모든 회사 차량이 '우테스 utes'라는 트럭 형태로 제공되었고 이를 통해 합법적으로 세금을 피하는 것이 관행이 되었다. 이 허점은 최근에야 폐지되었지만 이런 왜곡된 인센티브가 전 세계 에너지 생태계와 탄소 배출에 끼친 악영향은 지대하다.

○ 약 60원. 국내 유류세는 김대중 정부 시기 도입된 교통환경에너지세가 가장 비중이 큰데 1998년 691원/리터까지 올랐다. 현재는 이명박 정부 시기인 2009년 결정된 529원/리터의 값이 계속 적용중인데, 2022년 우크라이나 전쟁 이후 유류세 감면이 약 3년간 이어져 실질 세액은 더 낮아졌다.—옮긴이

선의에 기초한 규제와 인센티브도 신중하게 검토할 필요가 있다. 미국에서 전기차가 처음 나왔을 때 7,500달러의 세액공제가 제공되었다. 이는 사람들이 청정 차량을 구매하도록 유도하고 전기차 산업을 육성하려는 의도였다. 하지만 초기 전기차는 매우 비쌌기 때문에 이 세액공제는 부자들을 위한 혜택으로 보일 수 있었다. 많은 '인센티브'는 세액공제나 감면 형태로 제공되며 이를 온전히 누리기 위해서는 상당히 높은 소득이 필요하다. 탄소 배출 없는 미래를 향해 나아가는 과정에서 모두가 함께하지 않으면 진정한 승리는 없다. 부자뿐만 아니라 가난한 이들도 혜택을 받을 수 있는 규제와 인센티브를 설계하는 것이 무엇보다 절실하다.

지붕 태양광 문제

　미국과 호주, 멕시코의 지붕 태양광 비용은 크게 다르다. 이 차이는 규제 때문이며 결국 지붕 태양광의 확산을 막는 것은 규제다. 호주에서는 지붕 태양광의 설치 비용이 와트당 1달러인데 미국에서는 규제, 허가, 검사, 그리고 높은 판매 비용 때문에 와트당 3달러에 이른다. 태양광 패널 같은 하드웨어 자체는 매우 저렴하다. 2020년 국제 태양광 패널 가격은 와트당 35센트였으며, 곧 25센트로 떨어질 가능성도 있다. 태양 에너지는 비싸지 않다. 다만 규제가 태양 에너지를 비싸게 만들 뿐이다.[○○]

　이런 규제 중 일부는 박물관에 보내도 좋을 만큼 낡았다. 예를

○○ 2025년 4월 기준, 국제 태양광 패널 가격은 0.10달러(2024년말 0.08달러)로 2020년 대비 절반 이하로 떨어졌다.-옮긴이

들어, 샌프란시스코에서는 태양광 모듈을 지붕 가장자리까지 설치할 수 없고, 1.2미터의 여유 공간을 두고 설치해야 한다. 이는 1906년 지진 이후 발생한 화재가 지진보다 더 큰 피해를 주었기 때문이다. 당시 대부분의 가정용 조명은 가스등이었고 가스관이 누출되면 가스가 집 안에 가득 차 화재가 발생했다.

그 결과 소방관들은 지붕에 구멍을 뚫어 건물을 환기시킬 수 있도록 하는 건축법을 요구했다. 샌프란시스코의 주택은 보통 폭 8미터, 길이 24미터의 대지에 건물 길이는 14미터 정도이다. 만약 건물 폭이 7미터라면 법에 따라 태양광 패널을 깔 수 있는 면적은 98제곱미터가 아닌 52제곱미터에 불과하다. 거의 절반의 면적을 잃게 되는 셈이다.

이 이야기가 정확하지 않을 수도 있지만 핵심은 유효하다. 미국 전역에는 최적의 청정에너지 전기 시스템을 구축하는 데 방해가 되는 건축 규제가 많다. 마찬가지로 전기, 화재, 보건 및 안전 법령, 속도 제한, 환경법, 오염물질 배출 기준 등도 모두 화석연료 시대에 만들어진 것이다. 우리는 변호사와 시민들을 대규모로 투입해 이러한 법령을 정리하고 다시 입법함으로써 더 안전하고 저렴한 에너지 시스템을 구축할 기회를 가지고 있다.

낡은 사례만을 다룰 수는 없다. 매우 진보적이고 미래지향적인 건축 규제의 사례로, 캘리포니아주[2]와 샌프란시스코시[3]가 신규 건물에 태양광 발전 시설 설치를 의무화한 규제를 들 수 있다. 이 규제는 주택 가격에 악영향을 미치지 않도록 신중하게 설계되어 실제로 주택 소유 비용을 낮추고 실거주자들에게도 혜택이 돌아가도록 하고 있다. 하지만 미국에서 지어지는 새 집은 전체 주택의 1%

수준에 불과하다. 따라서 기후 위기를 해결하려면 기존 주택의 업그레이드와 개조에도 비슷한 법령과 규제, 인센티브를 적용해야 한다.

많이 알려진 또 다른 사례로는 천연가스 연결 금지 운동이 있다. 이 운동은 캘리포니아주 버클리에서 처음 시작되었지만[4] 매사추세츠주에서 채택된 후 전국적인 운동으로 확산되고 있다. 내 친구인 건축가 리사 커닝햄Lisa Cunningham 은 매사추세츠주에서 주택 리모델링 시 천연가스 배관을 제거하도록 하는 법안을 추진하는 데 중요한 역할을 했다.[5] 리사는 지금도 이 싸움을 계속하고 있다. 미국의 다른 지역에서도 이 운동에 동참하는 것이 필요한 이유다.

화석연료 문제

1913년, 미국에서는 석유 산업에 대한 보조금이 처음으로 연방세법에 포함되었다. 이 보조금은 1913년 세법에 규정되어 있으며 석유 회사가 매장된 석유를 자본 설비로 간주해 세금 공제를 받을 수 있도록 한 제도다. 처음 공제율은 배럴당 5%였으나 지금은 15%로 증가하여 매년 수십억 달러에 달하는 규모가 되었다. 이는 미국이 우리가 살고 있는 세계를 위협하는 화석연료 산업에 보조금을 지급하는 여러 방법 중 하나에 불과하다.

또한 석유 및 가스 시추업체는 시추를 시작하기 전에 정부에 일정 금액의 보증금을 예치해야 한다. 이 보증금은 케네디 대통령 시절 1만 달러로 설정되었으며 그 이후로 50년 넘게 업데이트되지 않았다. 보증금이 너무 낮아져 무책임한 운영을 조장하게 되었고 특히 수압 파쇄법으로 인한 지하수 오염을 막지 못하는 결과를 낳았다.

'필수 가동must run○' 계약은 화석연료 발전소가 독점적 지위를 확보하려고 사용하는 방법이다. 화력 발전 회사들은 태양광 발전처럼 더 저렴한 다른 발전소보다도 석탄 화력 발전소를 우선 가동해야 한다고 주장한다. 이는 석탄 발전소가 경제성을 유지해야 전력망이 필요할 때 '신뢰할 수 있는' 전력 공급을 제공할 수 있다는 논리에서 비롯되었다. 나는 석탄 발전소를 경제 논리에 맡겨 퇴출시키는 것이 옳다고 본다. 재생에너지의 경제성이 화석연료 발전소를 자연스럽게 대체할 시점이 이미 도래했으므로 이제는 화석연료에 유리한 모든 규제, 인센티브, 세금, 보조금, 규칙, 그리고 과거에 맺었던 계약까지도 철저히 검토하고 없애야 할 때이다.

전기 규정

미국의 국가 전기 법령은 대부분 전기 안전을 보장하기 위해 설정된 훌륭한 규정이다. 하지만 이 규정들은 과거의 기술에 맞춰져 있으며 미래를 대비하지 못하고 있다. 국가 규정은 보수적일 필요가 있지만 이제는 미래를 더 빠르게 수용하는 것이 중요하다. 예를 들어, 현재의 규정은 모든 가전기기가 동시에 켜질 경우를 대비해

○ "필수 가동"은 특정 발전소, 주로 화석연료 발전소가 전력망의 안정성을 위해 반드시 운영되어야 한다고 하는 개념이다. 이는 해당 발전소가 경제적으로 수익성이 떨어지더라도, 전력 공급을 위해 계속 가동해야 한다는 논리에서 비롯된다. 이런 계약은 종종 재생에너지의 확산을 저해하고, 오래된 화석연료 발전소를 유지하는 데 사용된다.-옮긴이

저압 차단기반의 용량을 설정하도록 하고 있다. 하지만 가구당 전력 부하가 증가하면 값싸고 간단한 소용량 제품 대신 무겁고 비싼 대용량 제품을 설치해야 할 상황이 올 수 있다. 태양광 발전 설비를 추가하는 경우도 마찬가지로 많은 가정이 저압 차단기반을 교체해야 했다. 우리는 전력 부하를 관리할 기술이 충분히 있기 때문에 현행 법령을 개정해 전력 부하 조절 기능이 추가된 차단기반을 허용해야 한다.

노조 역시 미래를 가로막는 규제를 만드는 데 일부 책임이 있다. 전기 기술자 노조는 도선을 딱딱한 전선관에 포설해야 한다는 규정을 지지해 왔는데 이는 구시대적인 방식이다. 현재는 많은 국가에서 안전하다고 인정받은 "유연 도관$^{\text{soft-conduit}}$ [oo]" 선택지가 있다. 미국도 에너지 비용을 절감할 수 있는 새로운 기술과 방법을 받아들여야 한다. 탈탄소 미래를 위해, 노조도 더 진보적인 사고를 받아들여야 할 것이다.

그리드 중립성

전기화로 인한 비용 절감을 극대화하려면 그리드 비용을 최소화해야 하며 이를 위해 그리드 규제가 매우 중요하다. 나는 앞서 에너지를 인터넷의 정보처럼 민주적으로 공유하려면 그리드 중립성이 필요하다고 언급한 바 있다. 이는 재생에너지의 간헐성 문제를

[oo] 전기 배선을 보호하며 구부릴 수 있는 연성 재질의 전선관이다. 기존의 딱딱한 전선관과 달리 설치가 쉽고, 좁은 공간에서도 효율적이다. 설치 비용 절감 효과도 있어 안전한 배선 재료로 인정받고 있다.-옮긴이

해결하고 비용을 절감하는 데 필수적이다.

넷 미터링net-metering, 즉 가정용 태양광 패널 등 재생에너지원을 공공 유틸리티 전력망에 연결해 잉여 전력을 전송하는 방식만으로는[6] 충분하지 않다. 전력을 도매가로 구매하는 시스템은 가정용 태양광 발전 확대나 배터리 공유를 촉진하지 못한다. 마치 고액 납세자에게만 세액공제가 유용한 것과 같은 이치이다.

계시별 요금제Time-of-use pricing도 문제 해결에 충분하지 않다.[7] 이 제도는 하루를 여러 요금 구간으로 나누어 소비자가 에너지 사용 시간을 선택하게 하지만 모든 소비자에게 선택권이 있는 것은 아니며, 요금 체계의 제한으로 인해 채택률이 낮을 수밖에 없다.

그리드 중립성이 보장된 시스템에서는 가정과 유틸리티가 동일한 조건에서 전력을 사고팔 수 있게 되어야 한다. 이러한 차익 거래를 통해서만 비용 절감을 최대화할 수 있다. 이는 마치 인터넷에서 정보를 자유롭게 주고받고 이를 통해 사업을 할 수 있는 것과 같은 방식으로 운영되어야 한다.

유틸리티 회사들은 이런 아이디어를 좋아하지 않을 것이다. 특히 천연가스 사업을 보호하려는 경우에는 더욱 그렇다. 그러나 유틸리티를 규제하는 것은 "우리 국민we the people"이다. 우리는 유틸리티를 통제할 수 있으며 이를 위해 집단 의지를 효과적으로 표명하면 된다. 유틸리티 회사들은 가장 가난한 가구에게도 저렴한 에너지를 보장하기 위해 자신들이 필요하다고 주장한다. 하지만 시장의 규칙을 올바르게 설정하면 이들 가구의 에너지 비용을 낮출 수 있으며 다른 방법으로도 접근성을 보장할 수 있다. 유틸리티 회사들은 자신들의 독점권을 유지하고 싶어 하지만 만약 이들이 기후 친화적인 미래를 위해 협력하지 않는다면 그 독점권을 박탈하는 것이 맞다. 유틸리티는 기후 변화 해결에 중요한 역할을 해야 하지만 각 가정이 스스로 전기를 생산하고 이를 공유하는 것을 막아서는 안 된다.

　오늘날 필요한 기후 행동을 저해하는 규칙과 규제는 수천 가지나 된다. 우리가 원하는 아름다운 세상을 지키기 위한 싸움의 최전선이 바로 이곳이다. 새로운 규제를 마련하거나 기존의 부적절한 규제를 폐지하는 훌륭한 단체들이 있다. 예를 들면 컬럼비아 대학교의 환경법연구소Environmental Law Institute 와 와이드너 대학교 델라웨어 로스쿨이 있다.[8] 그러나 이런 장애물을 제거하는 데 참여하는 사람은 많을수록 좋다. 더 많은 사람들이 동참할수록 장애물도 더 빠르고 효과적으로 사라질 것이다.

15
일자리, 일자리, 그리고 일자리

- 지구 기온이 2도 상승하는 것을 막기 위해 필요한 기간 내로 미국이 탈탄소화를 달성하면 수천만 개의 일자리가 창출될 것이다.
- 코로나19로 인한 높은 실업률은 경기 부양책을 통해 무탄소 경제를 구축할 수 있는 기회를 제공하고 있다.
- 창출되는 일자리의 대부분은 경제 전반에 걸쳐 분배될 것이며 모든 지역에 고임금 일자리가 고르게 배치될 것이다.

나는 더 살기 좋은 지구를 만들기 위해 탈탄소화가 충분한 동기가 되었으면 좋겠다. 하지만 사람들은 탈탄소화가 경제에 미칠 영향에 대해 당연히 신중하게 생각한다. 특히 전통적인 에너지 산업에 종사하는 사람들은 미국의 에너지 시스템을 탈탄소화하는 것이 경제 성장에 부정적이라 여길 수 있다. 에너지 산업을 전환해 세상을 변화시키려는 모든 제안은 사람들이 일자리를 잃지 않을 것이라는, 더 나아가 보수가 더 높고 더욱 만족스러운 새로운 일자리가 생길 것이라는 확신이 없으면 성공하기 어렵다.

지금까지 나는 미래에 돈을 절약할 수 있는 방법을 설명해 왔다. 하지만 지금 당장 필요한 것은 일자리다. 이 글을 쓰는 시점에서 코로나19 팬데믹 동안의 실업률은 대공황 이후 최고 수준이다. 이 비극적인 상황을 해결할 방법이 있다. 청정에너지 경제로의 **빠른** 전환이 그 해답이다. 이 전환은 더 나은 보수를 받을 수 있는 수백만 개의 일자리를 창출할 것이다. 이러한 좋은 소식은 널리 알려야 한다. 현재의 끔찍한 고용 환경을 감안할 때 에너지 시스템을 탈탄소화하는 과업은 모든 사람을 다시 일하게 만들 수 있는 유일하고 야심 찬 프로젝트일 것이다. 특히 이러한 재생에너지 일자리는 지리적으로 고도로 분산되어 있으며 해외로 이전하기도 어렵다.

왜 청정 재생에너지 시스템은
화석연료 시스템보다 더 많은 일자리를 창출하나?

아주 간단하다. 청정에너지 기술은 화석연료 기술보다 제조, 설치, 유지보수에 더 많은 노동력이 필요하다. 풍력 발전소를 설치하고 지속적으로 운영하는 데는 유정을 뚫고 펌프를 가동하여 같은 양의 에너지를 생산하는 것보다 더 많은 사람이 필요하다. 재생에너지는 연료를 무료로 얻을 수 있는 반면 화석연료는 비용이 든다. 하지만 이러한 무료 재생에너지를 이용하려면 더 많은 노동력과 꾸준한 유지 관리가 필요하다. 연료 비용을 줄이는 대신 노동자 인건비에 더 투자할 최적의 조건이다.

"허둥지둥 바쁜 하루가 좋아"

무탄소 에너지로 원활하게 전환하려면 화석연료 산업에 종사하는 사람들도 함께해야 한다. 하지만 이들의 수는 생각보다 적다. 미국 노동통계국BLS이 매월 발간하는 보고서 "고용통계현황Current Employment Statistics"는 미국 내 일자리에 대한 훌륭한 공개 데이터를 제공한다. 그림 15.1은 이 데이터를 큰 범주에서 점점 더 작은 범주로 세분화한 트리맵tree map으로 정리한 것이다. 이 도표는 리처드 스캐리Richard Scarry가 그의 유명한 동화책 《허둥지둥 바쁜 하루가 좋아What Do People Do All Day?》에서 던진 질문에 대한 답이다.[1]

주목할 점은 에너지 산업에 직접 고용된 사람은 미국 전체 노동자 1억 5,000만 명 중 약 180만 명(코로나19 이전)뿐이라는 사실이다. 화석연료 산업에 종사하는 사람들 중 대부분은 주유소에서 일하는 약 100만 명이다. 이들 중 다수는 편의점에서 일하며 미국 내 유류의 80%를 판매한다.[2] 하지만 편의점은 핫도그, 담배, 복권도 판매하므로 이들을 에너지 산업 종사자로만 분류하는 것은 적절하지 않을 수 있다.

광업 종사자는 약 5만 명에 불과하다. 반면, 미용실 및 이발소 종사자는 45만 명, 골프 클럽 종사자는 37만 명, 레스토랑 종사자는 1,000만 명이 넘는다. 미국에는 전체 에너지 산업 종사자 수보다 더 많은 회계사가 있다. 에너지 산업이 경제에서 차지하는 비중은 그리 크지 않다는 것을 알 수 있다.

사람들은 하루 종일 무엇을 할까?

에너지 1,838,070						
교육 및 보건 서비스 24,534,000	외래 환자 진료 서비스 7,830,300	병원 5,251,400	사회복지 서비스 4,224,200	교육 서비스 3,839,200	간호 및 거주형 돌봄 시설 3,389,300	
전문 및 비즈니스 서비스 21,523,000	전문·기술 서비스 9,678,800		행정 및 지원 서비스 8,927,600		기업 관리 (지주회사 등) 2,451,000	
레저 및 접객(환대) 서비스 16,808,000	정식 레스토랑 5,608,200	간편 서비스 레스토랑(패스트푸드 등) 4,572,700	예술, 오락, 레크리에이션 2,480,700	숙박업 2,095,400		
기타 서비스(공공행정 제외) 5,935,000	개인 서비스 및 세탁 서비스 1,536,000	수리 및 유지보수 1,371,000				
무역, 운송 및 공공서비스 27,832,000	소매업 15,669,000		도매업 5,937,500	전력 발전·송배전 212,700		
				운송 및 물류창고 5,678,500		
건설업 7,593,000	건물 설비 시공(전기·설비·배관 등) 2,303,300	건물 건설 1,676,000	석유 및 가스 파이프라인 건설 152,400			
제조업 12,844,000	내구재 제조 8,052,000		비내구재 제조 4,792,000	광업, 석유 및 가스 설비 69,500		
광업 및 벌목 712,000	광업 658,400					
정부 부문 22,714,000	지방정부 14,669,000		주정부 5,190,000	연방정부 2,855,000		
금융 활동 8,823,000	금융 및 보험 6,475,500		부동산, 임대 및 리스업 2,347,400			
정보산업 2,894,000	출판 산업(인터넷 제외) 766,300	통신업 706,600				

그림 15.1 코로나19 직전 미국의 모든 일자리 상황. 미국 노동통계국의 "고용통계현황" 보고서 데이터에서 발췌. https://www.bls.gov/ces/. 안경(돋보기)을 끼고 봐야 한다!

청정에너지 세상이 오면 새로운 일자리는 얼마나 많이 생길까?

미국의 탈탄소화로 인해 창출될 새로운 일자리 수를 계산하는 방법은 매우 많다. 방법론에 따라 추정치는 크게 달라지지만 거의 모든 전문가들이 동의하는 한 가지는 일자리가 "아주 많이" 늘어날 것이라는 점이다. 내 친구 조너선 쿠미는 에너지 부문의 일자리 수를 계산하는 건 문자 그대로 바보 같은 노가다라고 경고했다. 하지만 나는 실제로 그런 노가다를 해본 적이 있다. "탄소 제로 미국을 위한 동원: 일자리, 일자리, 그리고 더 많은 일자리Mobilizing for a Zero-Carbon America: Jobs, Jobs, and More Jobs"[3]라는 보고서에서였다. 이 과정에서 나는 이런 계산에 익숙한 경제학자인 스킵 라이트너를 만나 함께 이 작업을 진행했다.

우리의 일자리 추정은 현재 미국에서 사용하는 에너지의 양과, 오늘날 우리가 누리는 편안함을 유지하기 위해 얼마나 많은 재생에너지가 필요할지를 이해하는 데서 시작되었다. 라이트너와 나는 이 에너지 수요에 대한 이해를 바탕으로 탈탄소화에 필요한 장비들을 구체적으로 계산했다. 태양광 패널, 히트펌프, 전기 건조기, 온수기, 전기차 등 에너지 저장에 사용할 수 있는 전기 장비들이 그 예이다. 그런 다음 이러한 새로운 전기 제품들을 생산하는 데 필요한 일자리 수를 계산했다.

일자리 수 추정은 이렇게 진행된다. 현재 미국에서 얼마나 많은 에너지를 사용하는지, 그리고 우리가 현재 누리는 편안함(자동차, 히터, 버튼 하나로 작동하는 편의시설 등)을 유지하려면 얼마나 많은 재생에너지를 생산해야 하는지를 먼저 파악한다. 스킵 라이트너와 나는 이러한 에너지 수요를 바탕으로, 탈탄소화에 필요한 구체적인 장비들- 예를 들어 태양광 패널, 히트펌프, 전기 건조기, 온수기와 같은 전기 장비, 에너지 저장용 전기차 등- 의 물량을 계산했다. 그런 다음 이러한 새로운 전기 장비들을 만드는 데 얼마나 많은 일자리가 필요한지 추정했다.

경제학자들은 일자리 창출을 추정할 때 먼저 생산에 필요한 비용을 계산한다. 우리는 미국이 필요로 하는 모든 기계의 비용을 추정해 전체 탈탄소화 프로젝트에 필요한 총 비용을 산출했다. 그다음 경제학자들은 과거 데이터를 바탕으로 각각의 산업 분야에서 100만 달러당 창출된 일자리 수를 도출한다. 이러한 일자리에는 직접 일자리, 간접 일자리, 그리고 유발 일자리가 포함된다.

직접 일자리는 에너지 내부에서 업무가 이루어지는 일자리이다. 간접 일자리 또는 공급망 일자리는 직접 일자리를 지원하는 역할을 한다. 예를 들어 천연가스 파이프라인을 설치하거나 태양광 패널을 설치하는 것이 직접 일자리라면, 파이프용 강철을 만들거나, 풍력 터빈용 유리섬유를 제조하는 것이 간접 일자리이다. 유발 일자리는 직접 및 간접 일자리가 위치한 지역사회에서 창출된 일자리로, 예를 들어, 식당, 학교, 지역 소매점 등에서 일하는 사람들이 이에 해당한다. 풍력 발전소 설치에 참여하는 노동자는 상당한 급여를 받아 지역 경제에 기여하며, 이로 인해 정육점, 제빵사, LED 제조업체와 같은 다양한 유발 일자리가 창출된다.

초기 비용 추정치를 만들기 위해 우리는 먼저 미국이 앞으로 건설해야 할 것들의 목록을 작성했다. 공급 측면에서는 약 1,500기가와트의 새로운 청정 전력 용량이 필요하다. 또한 최종 사용자에게 전기를 공급하려면 수백만 킬로미터에 달하는 송배전망을 신설하거나 업그레이드해야 한다. 수요 측면에서는 2억 6,500만 대의 승용차와 트럭, 1억 3,000만 가구의 주택, 550만 개의 상업용 건물(총면적 800억 제곱피트, 약 7,432제곱킬로미터), 그리고 모든 제조 및 산업 공정을 전기화해야 한다. 이 수치를 바탕으로 제조 및 설치해야 할 배터리, 히트펌프, 인덕션 스토브, 전기차, 온수기의 수량을 추정할 수 있다.

우리는 방금 설명한 모든 설비의 비용을 기존 설비와 비교하여 합산한다. 이렇게 하면 현상 유지와 비교했을 때 탈탄소화가 얼마나 경제적 가치를 가지는지 알 수 있다. 그런 다음 이 금액을 탄소 제로 경제를 위해 지출된 100만 달러당 창출되는 직접 일자리 수로 나눈다. 마찬가지로 간접 및 유발 일자리 수도 계산할 수 있다. 예를 들어 건설에 100만 달러(2017년 가격 기준)를 지출하면 5.38개의 직접 일자리, 3.87개의 간접 일자리, 10.22개의 유발 일자리가 창출된다. 이는 100만 달러당 거의 20개의 일자리가 창출된다는 뜻이다.

이를 통해 총 신규 일자리 수를 계산할 수 있다. 이제 화석연료 경제를 지탱하는 산업에서 사라질 일자리, 간접 및 유발 일자리를 합산하여 이 수치에서 빼야 한다. 우리는 석탄 채굴을 단계적으로 중단하고 5만 명의 광부들을 위한 새로운 일자리를 찾아야 한다. 하지만 자동차 산업의 250만 개 일자리는 전기차 및 기타 무배출 차량으로 전환되므로 대부분 유지될 것이다.

우리는 대규모 생산 능력을 확보하기 위해 전시와 같은 동원 기간이 3~5년 필요할 것으로 본다. 이후 10년 동안 이 능력이 일선

현장에 널리 배치될 것이다. 이러한 시간 계획은 지구 온난화를 2도 이내로 제한하는 배출 궤적과 일치한다. 수요 측면에서는 기존 기술 기반의 설비를 자연 수명에 따라 교체할 것으로 가정한다. 가스 온수기가 11년 사용 후 수명을 다하면, 이를 히트펌프가 구동하는 온수기로 교체할 것으로 보는 식이다. 재생에너지로의 전환은 금융, 연구개발, 교육 분야에서 많은 일자리를 창출할 것이다.

그림 15.2는 이 모델의 결과를 요약한 것이다. 모델에 따르면 미국의 전력망 재구성 작업이 정점에 이르면 2,500만 개 이상의 새로운 일자리가 창출될 것이다. 현재 에너지 산업에는 약 1,200만 개의 일자리가 있으며(간접 및 유발 일자리 포함), 20년 동안 기존의 화

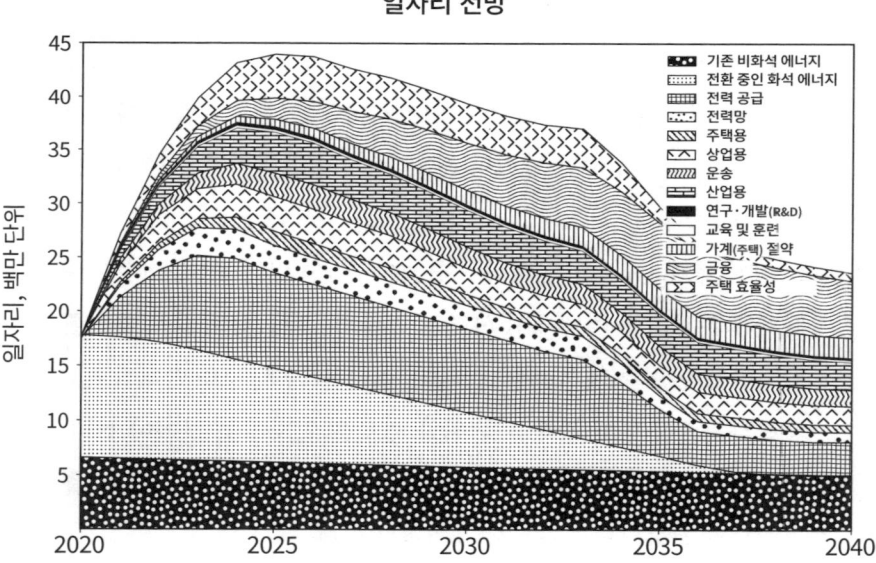

그림 15.2 지구 온도 2°C/3.6°F 상승 목표에 상응하는 탈탄소화 노력을 통해 2040년까지 에너지 부문에서 창출되는 총 일자리 수. "주택 효율성" 일자리(가로 물결무늬)는 선택 사항이며, 탈탄소화를 위해 필수적이지 않으므로 총 일자리 수에 포함하지 않는다.

석연료 관련 일자리가 새로운 청정에너지 일자리로 전환된다. 그 결과 2030년대 후반에도 2020년 현재보다 500~600만 개 더 많은 일자리가 유지될 것으로 예상된다.

역사는 이런 상황에 대해 무슨 말을 할까?

이렇게 많은 일자리를 창출하고 대규모 동원을 통해 신속하게 대응한 전례가 분명히 있다. 제2차 세계대전이 바로 그 전례다. 연합군의 전쟁 승리를 위해 미국은 1939년 GDP의 약 1.8배에 달하는 총 경제 비용을 지출해야만 했다. 1940년 당시 미국의 GDP는 1,000억 달러였고, 1939년부터 1945년까지 미국은 연합군의 승리를 위해 1,860억 달러를 전쟁 물자 생산에 지출했다. 그런데 오늘날 완전히 탈탄소화된 에너지 시스템으로 전환하는 데 드는 비용은 2019년 미국 GDP와 비슷한 수준인 22조 달러로, 지구를 구하는 데 필요한 비용으로 치면 상대적으로 저렴한 셈이다.

마지막으로 실업률이 이토록 높았던 시기는 대공황 때였다. 당시 우리는 뉴딜 정책으로 경제를 부양하여 많은 일자리를 창출했으나 그것만으로는 결코 충분하지 않았다. 그림 15.3은 대공황이 절정에 달했을 때 미국의 실업률이 24%를 넘었다는 것을 보여준다. 1935년부터 시작된 프랭클린 D. 루스벨트의 공공사업 및 일자리 프로그램은 실질적인 진전을 이루었지만 일자리 상황이 크게 변화한 것은 전쟁이 발발한 이후였다. 전쟁 물자를 생산하기 위해 미국 산업이 동원 체제로 돌입하면서 실업률은 1.2%로 급감했다. 실업률이 크게 낮아지면서 미국 역사상 처음으로 여성과 아프리카

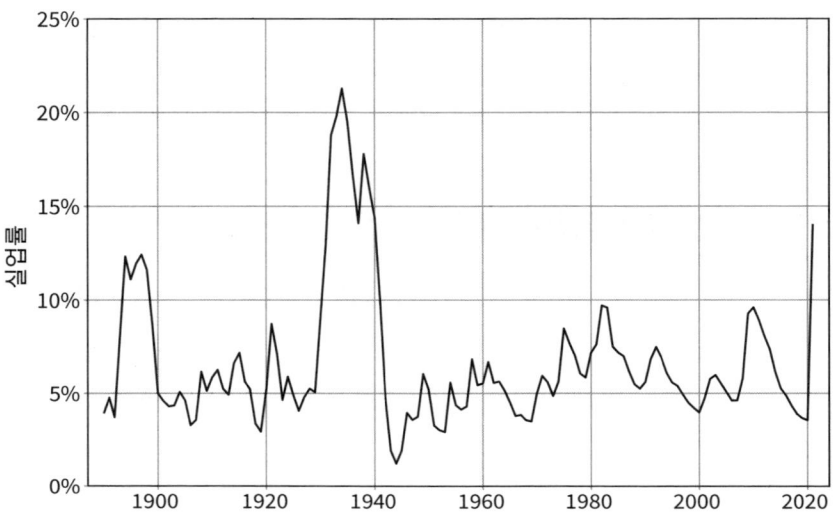

그림 15.3 지난 130년간 미국의 실업률. 최근 코로나19로 인한 높은 실업률도 포함되어 있다.

계 미국인들이 고임금 일자리에 대규모로 고용되었다. 미국이 전시를 위해 구축한 생산 능력은 단기적인 일자리 창출에 그치지 않고 이후 수십 년 동안 지속될 일자리를 창출하는 데 기여했다.

여기서 "민주주의의 병기창"[4]으로 알려진 전시 생산량과 기후 대응을 위한 조치가 경제에 미치는 영향을 대조해 보자. 두 시기의 영향 규모는 비슷하다. 제조업 고용은 60~70% 확대되었고, 제조업 생산량은 두 배 넘게 증가했으며, 이러한 활동을 뒷받침하는 데 필요한 건설 및 원자재 생산도 크게 늘어났다.

2차 세계대전의 생산 통계를 보면 이런 대담한 프로젝트가 경제 전반에 미친 긍정적인 영향을 알 수 있다. 노동 인구는 18.3% 증가했고, 제조업 고용은 63% 늘었으며, 국민총생산^{GNP}은 52% 증가했고, 소비자 지출은 58% 증가했다. 이처럼 전체주의와의 전쟁에 나선 결단은 막대한 경제적 이익을 가져다주었다. 물론 기후 문제를 전쟁에 비유하는 것이 완벽한 비유는 아닐 수 있다. 그러나 전시와 같은 방식으로 국가의 산업 생산력을 동원하여 기후 위기에 맞서 싸운다면 일자리와 소비자 복지 측면에서 막대한 경제적 이익을 얻을 수 있다는 점을 대중이 이해하는 데 이보다 더 적절한 비유는 없을 것이다.

하지만 잠깐…

이들 수치는 그 자체로 완벽하지 않으며, 추정치 중에서도 높은 편이다. 또한 현재와 너무 동떨어진 미래를 상상하는 작업이기 때문에 정확한 추정치에 도달하기는 어렵다. 예를 들어, 인구 100만 명당 일자리 수에 대한 과거 데이터는 경제가 정상적으로 운영되던 시기를 기준으로 한 것이다. 그러나 내가 제안하는 대규모 경기 부양책은 기존의 계량 경제학 데이터의 상당 부분이 의미를 잃게 만들 정도로 큰 규모이다. 그럼에도 우리가 잃게 될 일자리보다 훨씬 더 많은 일자리가 창출될 것이라는 결론을 내릴 수 있다.

경제학자들이 사용하는 방법을 따르면 하나 확실히 충돌하는 지점에 이르게 된다. 더 많은 돈을 지출하면 더 많은 일자리가 창출된다는 것이다! 이 때문에 그린 뉴딜 발표는 계속되는 지출 경쟁처럼 들리기도 했다. 일자리 수를 극대화하고 싶다면 더 많은 돈을 쓰면 된다. (돈과 부채의 관계에 대해 다시 생각해 보고 싶다면 데이비드 그레이버의 글을 추천한다.) 그러나 또 다른 목표는 에너지를 저렴하게 만드는 것이다. 에너지를 더 저렴하게 만든다는 것은 규모의 경제를 활용하고 각 작업에 필요한 일자리 수를 줄이는 것을 의미한다. 따라서 에너지를 저렴하게 유지하면서도 고용을 늘리는 균형을 맞추는 것이 매우 중요하다. 이 문제에 대해 생각할 때는 사회 전체를 놓고 크게 생각해야 한다.

일부는 보편적 기본소득universal basic income 같은 아이디어를 제안하지만 과거에 이미 해본 것을 고려해 볼 수도 있다. 1950년대와 1960년대에 미국은 대다수 직장에서 주 6일 근무제에서 주 5일 근무제로 전환했다. 산업혁명 이후 자동화로 인한 생산성 향상은 대부분의 미국인에게 더 많은 여가 시간을 제공하기에 충분했다. 주말 이틀을 포기하고 싶은 사람은 거의 없을 것이다. 따라서 더 많은 일자리를 창출하는 것과 더 저렴한 에너지를 만드는 것 사이에는 갈등이 없다고 본다. 작업을 자동화하고 에너지 비용을 최대한 낮춘 다음 주말을 3일로 만들면 어떨까? 로봇 만세!

이런 방식으로 일자리와 비용 분석이 서로 충돌한다는 것을 보여주는 또 다른 흥미로운 사례는 LED 조명과 관련된 일자리 문제이다. 현재 LED 조명은 매우 저렴하고 수명이 길다. 소비자 관점에서 미국 내 대부분의 조명을 LED로 전환하는 프로젝트를 완료하면 조명에 드는 비용을 크게 절감할 수 있다. 하지만 경제학자들이 수행한 분석에 따르면 이는 일자리를 파괴하는 결과를 초래할 수 있다. "LED 조명이 일자리를 파괴한다. 이것은 비非미국적이다!"라는 식의 선전이 가능해지는 셈이다. 그러나 우리 미국인들은 당연히 저렴한 에너지를 선호한다.

"그린 뉴딜"에는 얼마가 들까?

미 연방정부가 그린 뉴딜에 20조 달러가 든다고 발표했을 때 많은 사람들은 충격을 받았다. 이 수치는 모호한 내용과 함께 제시되었고 그로 인해 미국이 막대한 비용을 부담해야 한다는 부정적인 인상을 주었다. 물론 총 지출은 그 정도가 될 수 있다. 하지만 이 금액은 15~20년에 걸쳐 분산되어 지출될 예정이다. 이 기간 동안 누구나 새 차를 구입하고 가전제품을 교체하며 주택을 개조하는 등, 원래 계획된 지출이 포함되므로 이를 "추가 비용"으로 간주해서는 안 된다.

실제로 무탄소 경제로 전환하면 미국 소비자들은 비용을 절감하게 된다. 이 책에서 제시하는 방법을 따르면 각 가정은 매년 최대 2,500달러를 절약할 수 있다. 미국에는 약 1억 2,000만 가구가 있으므로 이로 인해 연간 2,000~3,000억 달러를 절약할 수 있게 된다.

정부가 모든 비용을 부담할 필요는 없다. 정부는 탄소 제로 인프라에 대해 대출 보증과 같은 메커니즘을 사용할 수 있으며, 이 경우 현금을 지출하지 않고도 모든 사람에게 가능한 한 낮은 이자율을 제공할 수 있다. 마찬가지로 정부는 각 품목의 전체 비용을 부담할 필요가 없으며, 일부 비용만을 보조하여 시장이 탈탄소화 솔루션을 선호하도록 유도할 수 있다.

예를 들어 현재 미국의 재생에너지 세액공제율은 26%이다. 만약 이 공제율을 적용하여 15년에 걸쳐 동원 계획을 진행한다고 가정하면 정부 부담액은 연간 약 3,000억 달러가 된다. 이는 현재 국방 예산의 3분의 1에 불과하며 미국 가계와 기업이 절약하는 금액으로 충분히 상쇄할 수 있다.

지구를 구하는 데 큰 돈이 든다는 불건전한 이야기를 이제는 바꿔야 한다. 제대로만 한다면 우리는 모두 혜택을 누리고 돈을 절약할 수 있을 뿐만 아니라, 주말도 더 길게 보낼 수 있다.

일자리는 어디에나 있을 것이다

일자리는 본질적으로 정치적인 주제다. 나는 기후 정치에서 오랜 경험을 쌓은 활동가와 이 모든 수치에 대해 이야기를 나눴다. 그는 꽤나 지치고 냉소적인 태도로 이렇게 말했다. "미래에 100만 개의 일자리가 생긴다고 해도, 소수의 작은 이익 단체나 노조가 가지고 있는 수십 개의 일자리가 정치적으로 더 큰 영향력을 가질 것입니다." 아마도 이 말은 사실일 것이다. 모든 사람의 마음을 사로잡을 수는 없을 것이다.

하지만 이러한 우려에 대응해 사람들을 안심시킬 필요는 분명히 있다. 내가 제안하는 계획이 당장 발전소를 폐쇄하거나 화석연료 경제의 모든 요소를 중단하라는 것이 아니다. 이러한 전환은 화석연료를 사용하는 기계의 자연적인 수명에 따라 이루어질 것이다. 즉, 향후 20년에 걸쳐 천천히, 하지만 꾸준히 새로운 청정에너지 일자리로 전환될 수 있도록 할 것이다.

사람들에게 정말 중요한 것은 일자리의 위치이다. 이 책에서 제시하는 계획의 좋은 점은 많은 해결책이 당신의 집 앞, 지붕, 지하실에서 이루어진다는 것이다. 이러한 일자리는 중국이나 멕시코로 이전할 수도 없고, 로봇이 대체할 수도 없다. 이들은 미국 전역의 모든 지역에 존재하며 특히 교외와 농촌 지역에 집중될 것이다. 이러한 일자리는 연구실에서 일하는 고학력의 직업도 아니며 최저임금을 받는 식당 일자리도 아니다. 전기, 배관, 건설과 같은 숙련된 블루칼라와 화이트칼라 직업들로 이루어져 있으며 이들 일자리는 충분히 높은 보수를 제공할 것이다. 이러한 직업을 가진 사람들은 전기 픽업트럭을 타고 출근하여 하루의 일을 마치고 지역사회에 기여했다는 자부심을 느끼게 될 것이다. 이 일자리들은 더 나은 미국, 다시 연결된 미국이라는 거대한 국가 프로젝트의 일부가 될 것이다.

빨간색 주 대 파란색 주: 미국의 정치 지리와 에너지°

그러나 더 많은 일자리가 생길 것이라는 사실만으로 현재 에너지 부문에서 일하는 사람들이 안심할 수는 없다. 이 문제가 정치적이라는 사실을 외면하는 것은 순진한 태도일 뿐이다. 현재 미국에서 에너지 일자리가 대부분 위치한 곳은 공화당이 우세한 '빨간색' 주들이다. 이곳의 구성원들은 일자리를 잃을 가능성에 두려워하고 있으며 이러한 우려가 청정에너지로의 전환에 반대하는 이유로 종종 제시된다. 허리케인 후 텍사스와 루이지애나 주민들은 석유 및 가스 시설이 파괴되어 발생하는 환경 피해를 우려하지만, 폭풍이 지나간 후 다시 화석연료 생산 일자리로 돌아간다. 결국 이들의 노

○ 공교롭게도, 미국과 한국 모두 보수진영은 빨간색, 민주진영은 파란색으로 상징 색상이 동일하다.-옮긴이

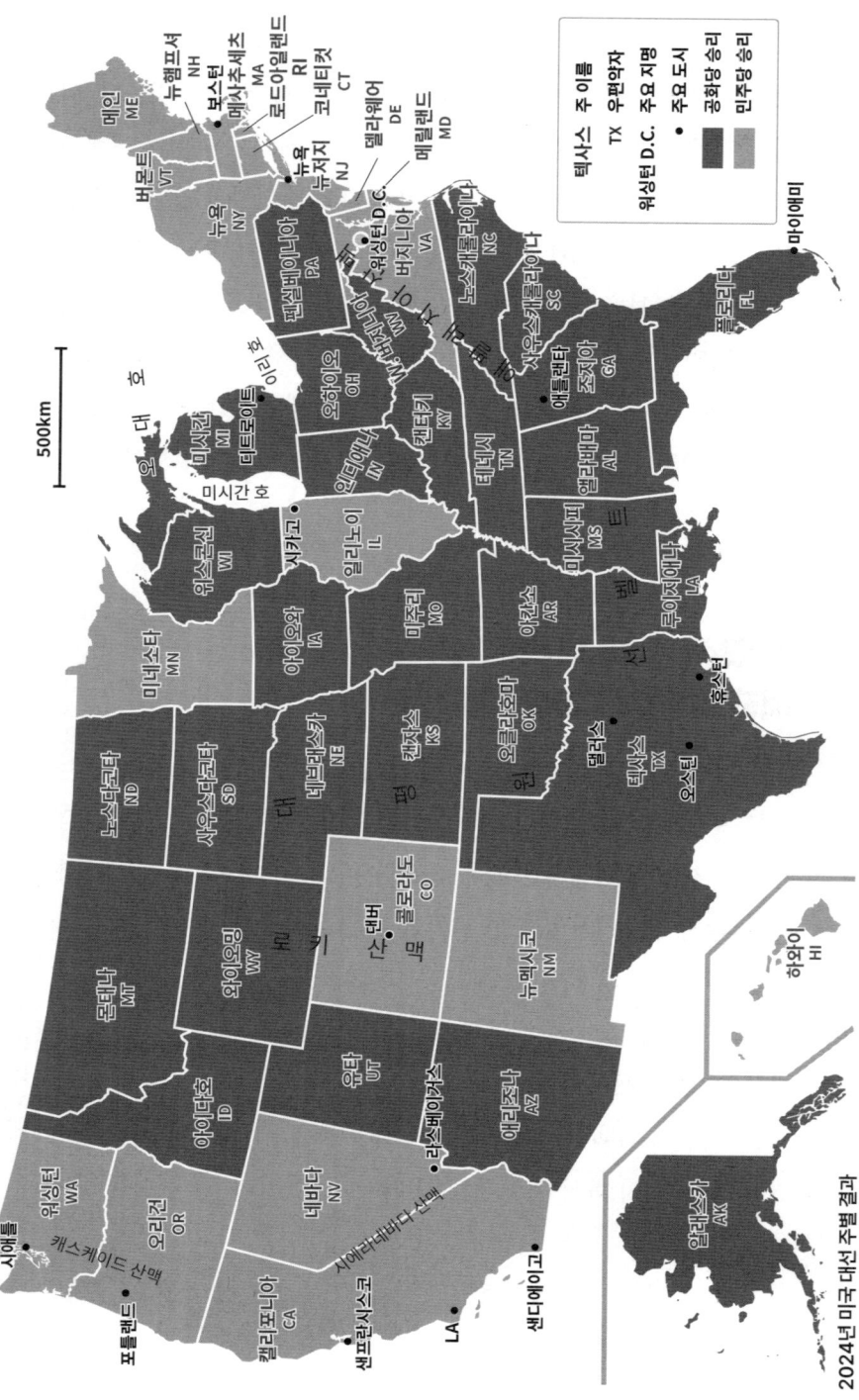

2024년 미국 대선 주별 결과

15 장

동은 더 큰 폭풍을, 그리고 더 큰 걱정거리를 초래할 것이다.

2016년 대선 이후, 나는 에너지 산업이 정치적 분열과 얼마나 밀접하게 연결되어 있는지 조사했다. 매우 충격적이었다. 그림 15.4와 같이 화석연료 생산은 거의 대부분 공화당 우세 지역에 집중되어 있다. 전체 생산량의 약 85%가 빨간색 주에 위치해 있다. 이러한 주에서 유권자들의 주요 관심사 중 하나는 바로 에너지 일자리이다.

전기 생산 측면에서 보아도 비슷한 흥미로운 이야기가 있다. 이 책의 제목인 '모든 것을 전기화하라'와 관련된 내용이기에 더 적합해 보인다. 그러나 자세히 살펴보면 상황은 복잡하다. 빨간색 주들은 원자력과 재생에너지 등 모든 전기 생산 범주에서 파란색 주들을 능가하고 있다. 모든 옥상에 태양광 패널을 설치한다고 해도 이는 전체 에너지 공급량의 10~25%만을 충족할 수 있을 뿐이다. 우리에게는 대규모 산업용 청정에너지와 대규모 재생에너지 설비가 필요하다.

산업 규모의 태양광 및 풍력 발전 시설을 설치하려면 넓은 토지가 필요하다. 바로 이러한 이유로 농업, 제조업, 에너지 생산 등이 '빨간색 주'라고 불리는 공화당 우세 지역에서 더 많이 이루어진다. 2016년 미국 대선에서 미국 국토의 약 70%가 공화당에 투표한 지역이었다는 사실은, 화석연료 생산뿐만 아니라 청정에너지의 미래 역시 이들 지역에 자리할 것이라는 점을 시사한다. 예를 들어 텍사스는 석유 생산지로 잘 알려져 있지만 최근에는 풍력에너지 설치가 크게 증가하며 청정에너지의 중심지로 떠오르고 있다.

이는 고용 측면에서도 중요한 의미를 가진다. 미래의 에너지 일

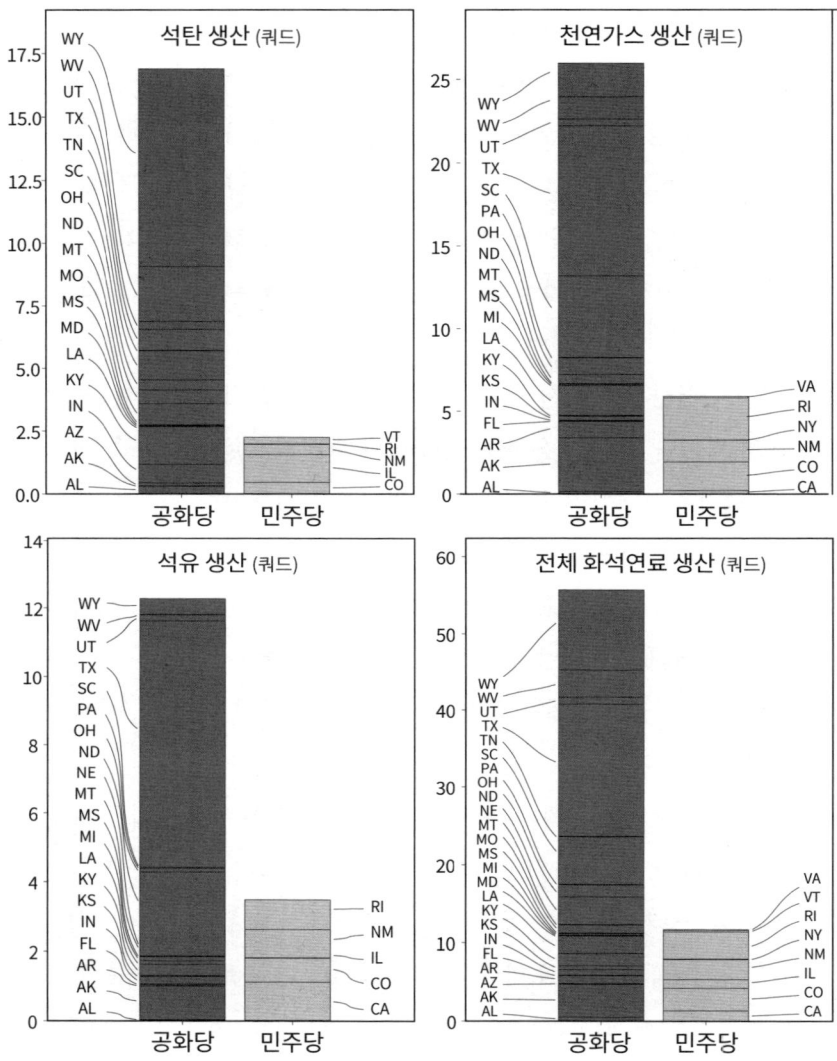

그림 15.4 2015년 미국 각 주별 화석연료 생산량(석탄, 천연가스, 석유, 전체 화석연료). (2016년 선거의 각 당 지지율에 따라 정렬). 화석연료의 80%가 공화당 우세 주에서 생산되었다.

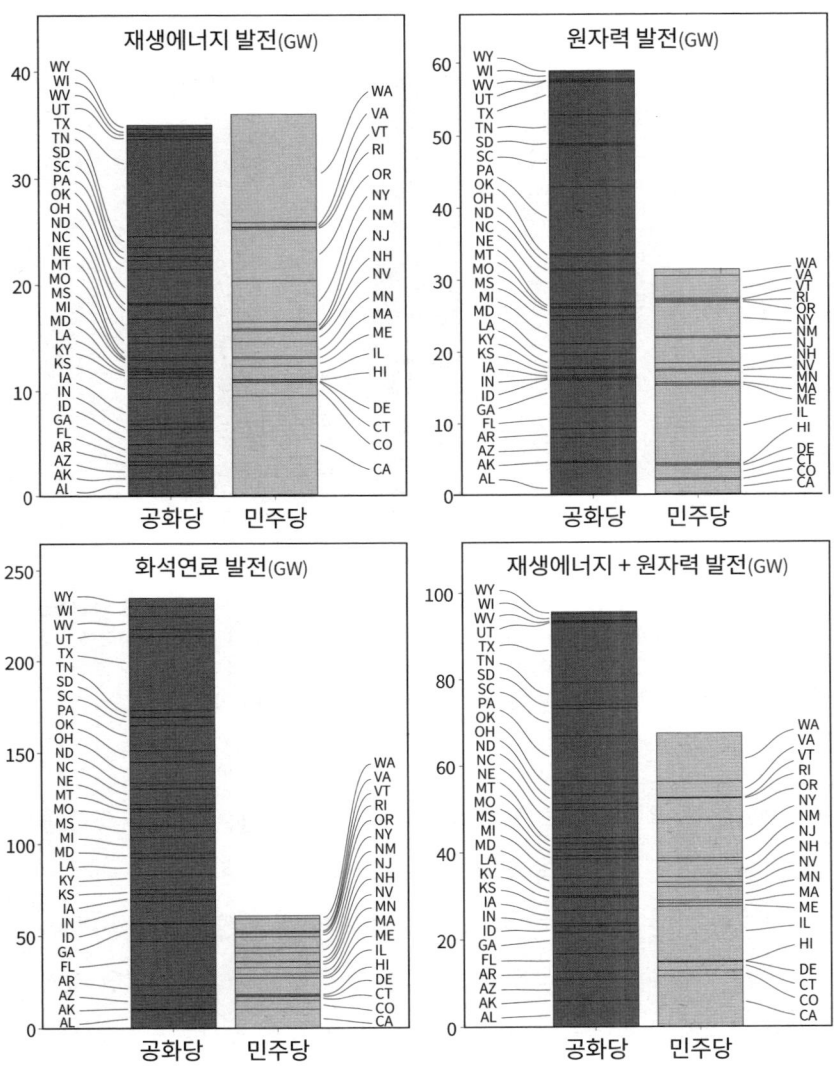

그림 15.5 2018년 주별 전력 생산량. 재생에너지, 원자력, 탄소 비배출 전원(수력 등), 화석연료를 포함하며, 2016년 선거의 각 당 지지율에 따라 정렬. 재생에너지를 제외한 모든 범주에서 공화당에 투표한 주가 더 많은 전력을 생산했다.○

○ 2024년 11월 5일 치러진, 미국 제60대 대통령 선거의 경우는 좀 다르다. 대표적인 보수 주인 텍사스의 재생에너지 비중은 약 38%이며, 총생산량에서 미국 전체 1위를 차지하고 있다.–옮긴이

일자리, 일자리, 그리고 일자리　　　255

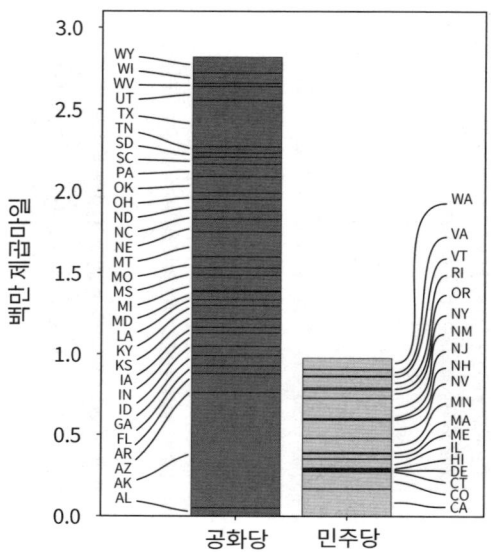

그림 15.6 큰 주들은 공화당에 투표한다. 2016년 선거 지형도(면적 기준으로 배열됨)를 보면, 왜 공화당 지지 주들이 더 많은 화석연료와 전기를 생산하는지 간단히 알 수 있다. 그 주들이 훨씬 더 크기 때문이다. 이러한 이점(전체 국토의 약 70%에 해당)은 재생에너지 보급에서도 그대로 나타날 것이다. 재생 에너지는 대규모 설치 공간을 필요로 하기 때문이다.

자리는 과거의 일자리 분포와 유사하게 주로 넓은 토지와 풍부한 자연 자원을 가진 지역에 집중될 가능성이 크기 때문이다. 결국, 텍사스와 같은 주에서 청정에너지 일자리가 대거 창출될 것이며 이러한 일자리는 현재 석유, 가스, 석탄 산업의 일자리와 동일한 지역에 위치하게 될 것이다. 이는 이들 주의 드넓은 공간과 (아마도 곧 현실이 될) 청정한 공기 덕분이다.

역사적 평행 이론

수천만 개의 일자리를 창출한 전례는 분명히 존재한다. 제2차 세계대전 동안 미국이 취한 경로가 바로 그 예이다. (다음 장에서 자세히 다룰 것이다.) 앞서 살펴본 바와 같이 연합국의 전쟁 승리는 1939년 미국 GDP의 약 1.8배에 달하는 비용을 투입해 달성되었다. 반면, 완전히 탈탄소화된 에너지 시스템으로 전환하는 데 드는 비용은 2019년 미국 GDP인 22조 달러와 유사할 것이다.

미국 전시생산위원회US War Production Board가 1945년 10월 9일에 발간한 보고서 〈전시 생산 성과와 재건 전망Wartime Production Achievements and the Reconversion Outlook〉의 전시 생산량을 보면 이러한 거대한 비용이 경제에 미칠 영향이 제2차 세계대전 당시와 다르지 않을 것이라 예상해 볼 수 있다. 그림 15.7에서 볼 수 있듯이 제조업 고용은 60~70% 증가했고, 제조업 생산량은 2.5배 이상 늘어났다. 또한 이러한 생산 활동을 지원하기 위한 건설 및 원자재 생산도 크게 증가했다.

그림 15.8을 보면 이 대담한 프로젝트가 경제 전반에 미친 혜택을 잘 보여준다. 노동력은 18.3% 증가했고, 제조업 고용은 63% 증가했으며, 국민총생산GNP은 52% 증가했다. 또한 더 많은 사람들이 주머니에 돈을 갖게 되어 소비 지출은 58% 증가했다. 물론 전쟁에 비유하는 것이 완벽하지 않을 수도 있지만 이러한 유비는 국가의 산업 역량을 동원함으로써 수백만 개의 새로운 일자리를 창출하고 소비자 복지를 보호할 수 있다는 점을 이해하는 데 도움이 된다.

늘 하는 농담으로 이 장을 마무리하고 싶다. "앞으로는 너무 많은 일이 생겨서 로봇이 그 일을 해야 할 것이다." 미래를 두려워할 필요가 없다. 우리 스스로 미래를 만들어가고, 모두에게 번영을 가져다줄 수 있다면 말이다.

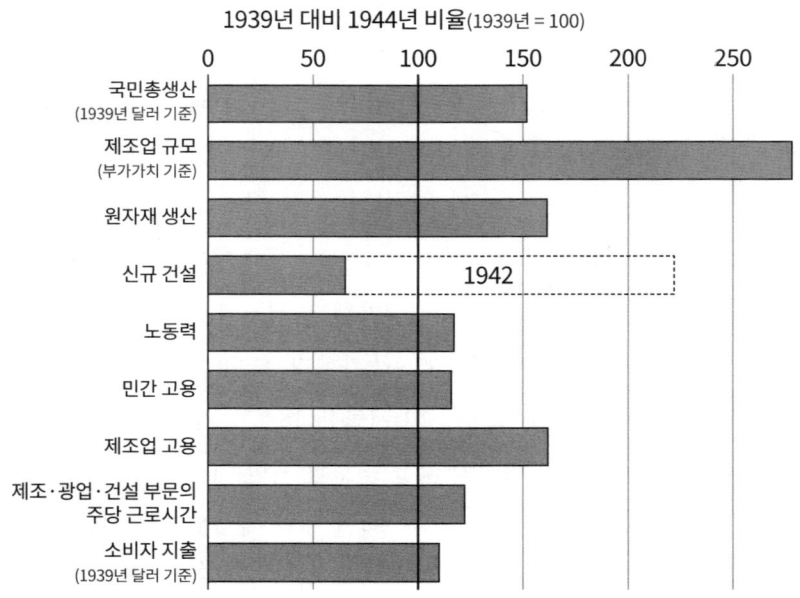

그림 15.7 전시 생산으로 인한 미국 주요 경제 부문의 확장, 1939년과 비교했을 때.
출처: 미국 전시생산위원회, 《전시 생산 성과와 재건 전망: 의장 보고서》, 1945년 10월 9일, https://catalog.hathitrust.org/Record/001313077.

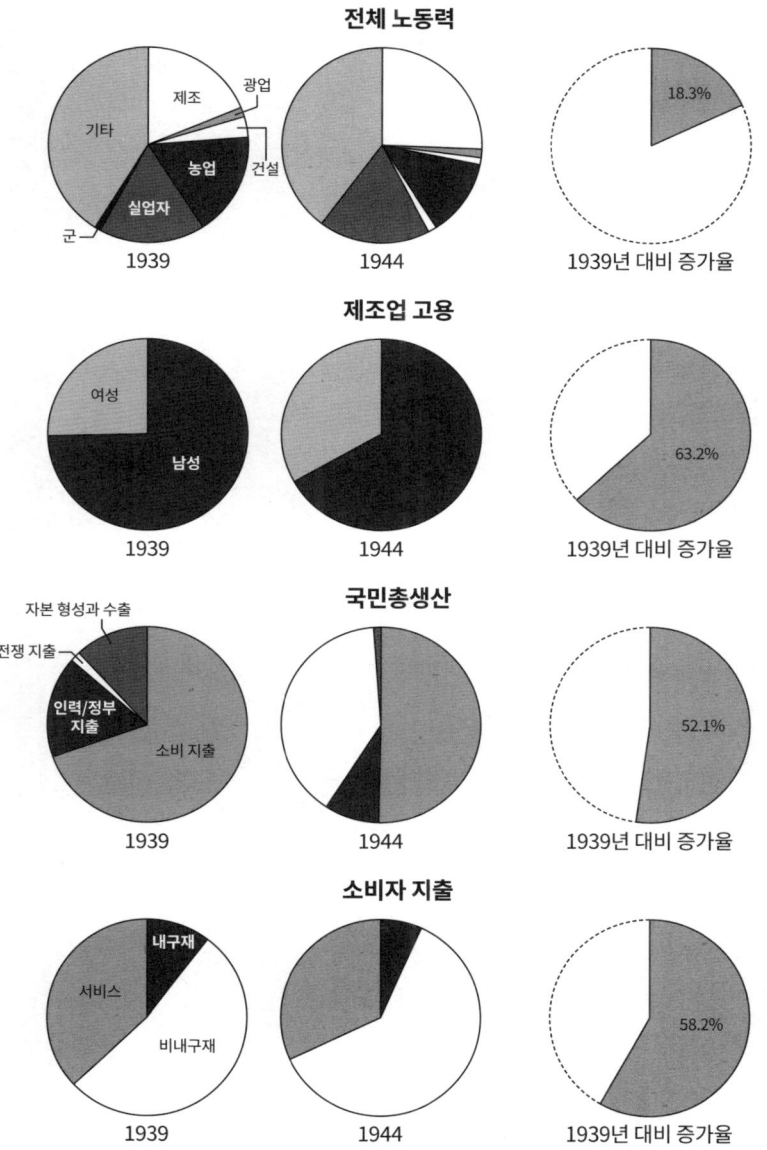

그림 15.8 전시 동원으로 인해 제2차 세계대전 기간 동안 있었던 미국 경제의 주요 지표 변화. 출처: 미국 전시생산위원회, 〈전시 생산 성과와 재건 전망: 의장 보고서〉, 1945년 10월 9일, https://catalog.hathitrust.org/Record/001313077.

16
세계대전 제로: 동원 작전 계획

+ 제2차 세계대전에서 확인할 수 있듯 현대의 전쟁에서는 고도의 기술과 충분한 생산 계획이 승리의 필수 요소이다.
+ 기후 위기와의 싸움에서는 제2차 세계대전보다도 적은 비용으로 승리할 수 있다.
+ 우리가 해야 할 일은 '핵심 군수품' 몇 가지를 선정하고 그 생산 속도를 대폭 증가시키는 것이다.

탄소 배출 없는 미래를 실현하고자 한다면 우리는 '세계대전 제로 World War Zero'를 시작해야 한다. 이 용어는 존 케리 John Kerry가 만든 것으로 여겨지는데 이 표현이 우리가 필요로 하는 바를 잘 요약하고 있기 때문에 사용하려 한다. 지금 상황이 관성과 정치적 마비에 빠진 것처럼 보일지라도 우리는 이제 행동에 나서야 한다. 탄소 배출을 제로로 만들기 위해 함께 힘을 모아야 하며, 우리가 상상할 수 있는 그 어떤 세계대전만큼이나 파괴적인 기후 재앙을 막아야 한다. 물론 상황은 우리에게 불리하지만 앞으로 나아갈 길이 있다.

이미 살펴본 것처럼 전기화는 현재 존재하는 기술로 대부분의 배출을 제거할 수 있는 현실적인 해결책을 제시한다. 첫 번째 도전

과제는 바로 규모의 문제이다. 우리는 필요한 시간 내에 충분히 많은 무기를 생산할 수 있을까? 만약 그렇지 않다면 대량 생산을 위한 생산 능력을 얼마나 빨리 구축할 수 있을까?

가장 빠르게 탈탄소화를 이루려면 현재 사용 가능한 기술적 해결책의 산업적 규모를 빠르게 확대해야 한다. 미국은 이미 제2차 세계대전 당시 '민주주의의 병기창'으로 알려진 영웅적인 산업화 노력을 통해 대량 생산을 신속하게 확대한 경험이 있다. 기후 전쟁에서 승리하려면 제2차 세계대전에서 승리한 것과 유사한 자원과 집단적 노력이 필요하다. 제2차 세계대전 동안 우리가 했던 것처럼 산업적 노력을 매우 빠른 속도로 확대해야 한다. 이 책에서 계속 강조했듯 문제는 기술이 아니라 의지이다.

미국과 연합국은 제2차 세계대전에서 승리했을 뿐만 아니라 장기적인 번영을 보장할 수 있는 일자리와 기술도 창출했다. 만약 전시와 같은 국가적 노력을 기울인다면 이미 상당한 성장을 이루고 있는 재생에너지 산업의 힘만으로 싸우는 것보다 훨씬 더 나은 결과를 얻을 수 있을 것이다.

1939년, 미국은 대공황의 막바지에 도달해 있었다. 당시 미국 내에는 고립주의가 팽배했다. 뉴딜 정책을 지지했던 민주당원들도 마찬가지였다. 안타깝게도 기후 위기를 대하는 오늘날 미국 내의 분위기는 당시와 비견된다. 빙하가 녹든, 해수면이 올라가든, 산불이 여기저기서 타오르든 아랑곳하지 않고 여러 경고에 등을 돌린 채 지금까지 진행되어 온 익숙한 문제에만 집중하는 것. 기후 비상사태는 모든 정치인에게 핵심 의제가 되어야 한다. 그러나 지금까지는 그저 말뿐이었다. 2020년 조 바이든의 선거 캠페인 정도가 예외로 볼 만하다.

1939년으로 돌아가 보자. 이때 미국의 전투 태세는 형편없었고 대양 바깥에서 일어난 전쟁에 참전할 생각 같은 건 없었다. 미군의 군사력은 네덜란드보다 간신히 나은 정도인 세계 18위 수준이었다. 아서 허먼Arthur Herman이《자유의 대장간Freedom's Forge》에서 했던 분석을 빌리면 당시 여단장 직책을 맡고 있던 조지 패튼George Patton의 부대에 배속된 전차는 총 325량에 불과했다. 독일 육군이 보유한 2,000량 이상의 전차와는 상대도 되지 않는 규모였다. 전차 부대는 수리에 필요한 부속이 부족해 볼트, 너트를〈시어스 앤 로벅Sears and Roebuck〉카탈로그에서 보고 각 제대가 알아서 구매하는 상황이었다. 전투 훈련 또한 심각한 상황이었다. 미 육군이 아이스크림 트럭을 탱크 대역으로 사용할 정도였기 때문이다. 〈타임〉이 이 훈련을 "비비탄 총을 든 아이들이 벌이는" 장난 같다고 묘사했을 정도다.

허먼의 서술은 윈스턴 처칠이 프랭클린 루스벨트에게 참전을 어떻게 요청했는지를 보여준다. 1940년, 히틀러에게 참패를 당한 뒤 민간 선박까지 긁어모아 진행한 됭케르크 철수 작전 직후의 일이다. 실의에 빠진 영국민들에게 처칠은 아직 싸울 수 있다는 의지를 불러일으켜야 했다. 저 유명한 "우리는 해안에서 싸울 것입니다We shall fight on the beaches" 연설에서 처칠은 가식 없는 목소리로 무기를 버리고 도망가는 것보다 적에 맞서 싸우러 나가는 것이 더욱 고귀한 선택이라고 역설하고 있다. 우리에게는 처칠과 같은 정치인이 필요하다. 그는 처칠의 연설을 이 시대에 맞게 바꾸어 우리에게 들려줄 수 있을 것이다.

우리는 끝까지 싸울 것입니다. 우리는 바로 이곳, 미국에서 싸울 것이며, 대지와 대양에서 싸울 것입니다. 깨끗한 공기를 지킬 수 있다는 자신감과 힘을 더욱 키울 것이며, 어떠한 대가를 치르더라도 우리의 행성을 지켜낼 것입니다. 우리는 우리의 집에서 싸우고, 차량에서 싸우고, 그리드에서, 거리에서, 도시의 모든 곳에서 끝까지 싸울 것입니다. 항복은 없습니다.[1]

루스벨트는 처칠의 결의에 공감해 확신에 기반하여 전시 증산을 준비했다. 윌리엄 너드슨William Knudsen이 총책임자로 임명되었다. 그는 계획을 수립하고 산업계가 이를 집행하도록 만들었다.

미국 정부는 핵심 군수품 목록을 작성하고 군수품을 생산하는 자본가들에게 7%의 이익율을 보장했다. 이 보상은 엔지니어링 경험, 산업적 노하우, 공장 설비를 총동원하여 히틀러의 대군과 싸우고 민주주의를 지키는 데 기여한 대가였다. 7%의 이윤은 "애국심 더하기 7%"라는 조롱을 받기도 했지만 계속 보장되었다.

1942년, 루스벨트는 시어스 카탈로그에서 일했던 도널드 M. 넬슨Donald M. Nelson을 전시생산국Wartime Production Board 국장으로 임명했다. 루스벨트는 그 해 연설에서 다음과 같이 말했다.

물자 공급과 함대 역량의 모든 측면에서 미국은 추축국이 감히 넘볼 수 없는 압도적 우위를 점해야 한다. 이렇게 압도적 우위에 서려면 비행기, 전차, 화포, 함선을 이 나라의 힘이 닿는 한 최대치까지 만들어내야만 한다. 우리는 우리 군뿐만 아니라 우리와 함께 싸우는 동맹의 육군, 해군, 공군 병기까지도 얼마든지 만들어낼 수 있다.
이처럼 총력을 기울여 무기를 생산해야만 궁극적으로 우리는 승리할 수 있다. 잃어버린 땅은 언제든 다시 찾을 수 있지만, 시간은 결코 되찾을 수 없다. 속도를 높여야 생명을 구할 수 있으며, 이 나라를 위기에서 구할 수

있다. 속도야말로 우리의 자유와 문명을 구할 것이다.[2]

계획은 성공적이었다. 특히 정부의 재정적 유인책은 시간 계획을 지키는 데 큰 도움이 되었다. 헨리 포드가 만들어낸 경이로운 대량 생산 체제를 바탕으로 민주주의의 병기창은 아메리칸 스타일의 대량 생산을 한 단계 더 발전시켰고, 전쟁에서 승리를 거두는 데 기여했다. 1939년, 미국은 단 1,700기의 항공기만 보유하고 있었고, 폭격기는 전혀 없었다. 그러나 1945년까지 6년 만에 군용기 약 30만 기, B-24 폭격기 1만 8,500기, 항공모함 141척, 전함 8척, 잠수함 203척, 상선 5,200만 톤, 순양함, 구축함, 호위함 총 807척, 그리고 410억 발의 탄약 등 엄청난 양의 전쟁 물자를 생산했다.

이렇게 구축한 병기창 덕분에 미국은 전 세계의 연합국을 지원하고 추축국을 격파할 수 있었다. 전시생산국은 종전 직후 전시 생산 프로젝트를 평가하면서 그림 16.1과 같은 엄청난 생산량 증대를 확인할 수 있었다.

이 병기창을 높이 평가한 것은 다름 아닌 이오시프 스탈린Iosif Stalin이었다. 그는 다음과 같이 말했다.

> 루스벨트와 미국이 전쟁에서 승리하기 위해 무엇을 했는지, 러시아의 관점에서 설명하겠다. 이 전쟁에서 가장 중요한 것은 기계다. … 미국은 … 기계의 나라이다. 이 기계를 사용하지 못했다면 우리는 패망했을 것이다.[3]

표 16.1에 따르면 기후 변화와의 전쟁에서도 핵심 전쟁 물자가 몇 가지 있다. 항공기 대신 풍력 터빈이 필요하며 수송선단 대신 태

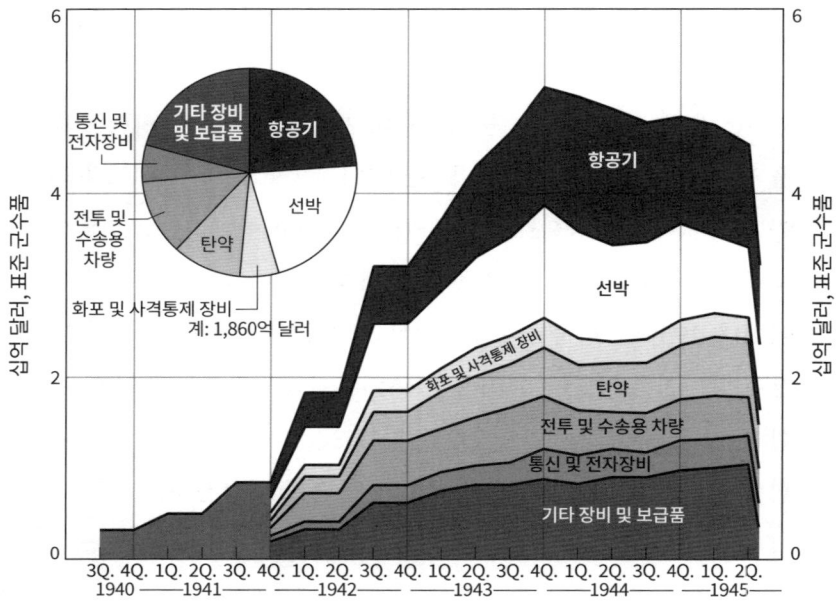

그림 16.1 미국은 1941년부터 1943년 사이에 전시에 필요한 핵심 군수품의 생산량을 매우 빠르게 증가시켰다.

출처: US War Production Board, Wartime Production Achievements and the Reconversion Outlook: Report of the Chairman, October 9, 1945, https://catalog.hathitrust.org/Record/001313077.

표 16.1 제2차 세계대전에서 승리를 가져다준 핵심 군수품과 현재 세계대전 제로에서 승리하기 위해 필요한 핵심 기계들.

2차 세계대전 당시 '민주주의의 병기창'에서 생산된 군수품들	세계대전 제로에서는?
항공기	풍력 터빈
수송선단	태양광 단지
탄약	배터리
전투 차량	전기차
엔진	히트펌프
전자 및 정보통신	그리드 인프라

양광 단지가 필요하다. 총알 대신에는 배터리가 필요하다. 물론 제2차 세계대전 당시처럼 큰 정치적 타협이 필수적이며 정부와 민간이 협력하여 대규모 목표를 달성해야 한다. 그러나 결국 미래의 과제는 대규모로 공급해야 할 몇 가지 조치들로 간단히 설명할 수 있다.

생산량을 반복적으로 배증시키는 단순한 노력만으로도 제2차 세계대전에서 성공을 거두었다. 이러한 제조업의 확대는 1,600만 명이 넘는 새로운 인력을 노동시장에 끌어들였다. 여성, 청소년, 은퇴자, 아프리카계 미국인 등 역사적으로 노동시장에서 배제된 이들이 거대한 수요를 맞추기 위해 일터에 참여하게 되었다.

전후에 있었던 어떠한 프로그램도 제2차 세계대전의 전시 생산만큼 많은 사람들에게 일자리를 제공하지는 못했다. 전쟁의 연기가 가라앉은 후에도 제2차 세계대전 동안의 제조업 투자는 수십 년 동안 미국의 번영을 유지하는 데 기여했다. 대공황이 절정에 달했을 때 미국의 실업률은 24%를 넘었다. 뉴딜 프로그램이 시행된 후에도 실업률은 14% 이상으로 좀처럼 낮아지지 않았다. 그러나 전시 동원 덕분에 실업률은 이론적으로나 볼 수 있는 수준인 2%로 급격히 감소했다. 1944년에는 실업률이 1.2%로 떨어졌다. 놀랍게도 기후 위기 대응 역시 전시 생산과 유사하게 모든 사람을 고용할 수 있을 만큼 거대한 프로젝트가 될 것이다.

물론 모든 것이 마무리될 때까지 생산 역량을 계속해서 두 배로 늘리는 것은 비현실적일 수 있다. 제2차 세계대전 당시와는 달리 현재 우리는 경제적, 실무적 제약을 충분히 고려해야 한다. 현재 우리가 해야 할 일은 가능한 한 빠르게 생산 역량을 두 배로 늘려서 기계의 수명에 기반한 대체율에 도달하는 것이다. 모든 기계에는 수명이 있기 때문이다. 예를 들어, 풍력 터빈은 30년 후에 퇴역해야 하므로 이를 대체할 수 있도록 생산 속도를 높여 최대한 빨리 목표 생산량에 도달해야 한다. 전 세계적으로 4테라와트^{TW}의 풍력 발전 용량이 필요하고 풍력 터빈의 수명이 30년이라면, 매년 133기가와트^{GW}를 풍력 터빈으로 생산해야 한다. 이는 현재의 25기가와트에서 약 두 배 반 정도 증가한 수치이다. 현재 산업의 성장률이 19%로 유지된다면 2029년까지는 이 목표를 달성할 수 있을 것이다. 태양광 기술이 20년 동안 지속된다고 가정하면 매년 200기가와트 생산이 필요하며, 현재의 성장률을 유지하면 2027년까지 이 수준에 도달할 수 있다. 이러한 수준에 도달하면 산업은 더는 성장할 필요가 없으며 필요한 재생에너지 출력을 유지하기 위해 생산 속도만 유지하면 된다. 이렇게 하면 전 세계 에너지 수요를 재생에너지로 충당할 수 있는 시점은 대략 2048년이 될 것이며 현재의 원자력 및 수력을 포함하면 2045년 정도로 앞당길 수 있다.

 미래로 향하는 속도는 우리가 이러한 해결책을 얼마나 포괄적으로 채택하느냐에 의해 결정된다. 이는 비용과 미국 정책 결정자들이 모든 사람들이 원하는 미래를 구현할 수 있도록 돕는 금융 조달 방법에 의해 좌우될 것이다. 소프트 비용-즉, 리트로핏^{retrofit}, 허가, 설치, 검사 비용 등-을 줄이는 데 집중하는 것이 중요하다. 현재 미국 소비자들이 탈탄소를 실천하기란 매우 어렵기 때문이다. 가장 빠른 속도로 최적 경로를 실현하기 위해서는 탄소 배출이 큰 기술을 조기에 퇴역시키고 화석연료에 대한 새로운 금융 지원이나 탐사 권한을 부여하지 않는 명확한 규제 체계를 마련해야 한다. 탄소 가격 제도를 도입할 수도 있지만 이를 가장 효과적인 방법으로 활용하려면 가격이 매우 빠르게 높아져야 한다. 공격적인 연구개발도 필요하지만 대부분 사람들이 생각하는 것과는 다른 방향으로 진행되어야 한다. 연구개발의 역할은 즉시 필요한 기술의 비용을 줄이는 것보다는 우리가 아직 해결책을 찾지 못한 분야에서 새로운 방법을 발견하는 것이다. 이러한 도전 과제의 대부분은 농업이나 재료 분야에 있으며 우리가 필요한 10~20년 내에 해결책을 제공하기 위해서는 상당한 관심과 자원이 필요하다.

이런 수준의 전시 동원을 진행하려면 엄청난 초기 비용이 소요될 것이다. 그러나 미국은 이미 그런 일을 해냈다. 1940년, 미국의 인구는 1억 3,000만 명이었고 GDP는 1,000억 달러였다. 1939년부터 1945년 사이에 미국은 연합국의 성공에 필수적인 전쟁 물자를 생산하기 위해 1,860억 달러를 지출했으며, GDP는 1940년에서 1943년 사이 두 배로 증가했다.

오늘날 미국의 인구는 3억 3,000만 명에 달하며 GDP는 21조 달러에 이른다. 만약 오늘날 같은 비율로 지출한다면 이는 39조 달러에 해당한다. 그러나 좋은 소식은 탈탄소화에 소요되는 비용이 25조 달러 이하로, 2차 대전 당시 투입된 돈보다는 상대적으로 적다는 것이다.

'세계대전 제로', 즉 기후 위기와의 전쟁에서는 2차 대전 때와 비슷한 노력과 일정으로 미국을 완전히 탈탄소화할 수 있으며 경제적으로도 상대적으로 낮은 비용이 들 것이다. 우리의 기후 목표인 1.5도 달성을 위해서는 100% 대체율이 필요하다. 즉, 모든 새로운 발전소는 탄소 배출이 없고, 모든 새 차는 전기차 또는 제로 배출 차량이어야 하며, 모든 새로운 난방기는 전기로 작동하며 탄소 없는 전원으로 공급되어야 한다. 이는 미국 산업과 우리가 제조하는 제품들이 근본적으로 변화해야 함을 의미한다.

루스벨트는 미국민보다 먼저 군사적 대비의 필요성을 인식하였다. 그 덕분에 1941년 12월 진주만 공습 당시 미군은 전투태세를 바로 갖출 수 있었고 미국 사회는 위협에 눈을 뜨게 되었다. 오늘날 우리는 비슷한 중대 위협에 직면해 있다. 미국은 이미 한번 이러한 위협에 맞서 싸운 경험이 있으며 이번에도 그렇게 할 수 있다. 이 과정에서 미국 국민의 자부심과 경제는 다시 활기를 찾을 것이다.

기후 위기를 해결하기 위해 대규모 전기화의 길을 택할 경우(이것이 사실상 유일한 실현 가능한 경로이다) 우리는 매우 많은 수의 기계를 제조해야 한다. 새로운 바이오연료 산업, 새로운 농법과 기술, 새로운 제조 기회, 새로운 임업 접근법도 고려해야 할 것이다.

이와 같은 제조업 활동은 앞으로 수십 년에 걸쳐 일자리를 창출할 것이다. 프랭클린 D. 루스벨트 행정부의 뉴딜 정책은 대공황으로 인한 실업 문제를 완화하는 데 도움이 되었으나 제2차 세계대전 동안의 제조업 집중은 실업률을 낮추는 데 훨씬 더 효과적이었다. 제2차 세계대전 기간 동안 1,600만 명의 신규 노동자가 경제에 진입했다. 우리의 자녀들이 원하는 미래를 실현하기 위해 기후 비상사태를 해결하는 이 전쟁에서는 제조, 기술, 경영, 과학, 인적 자원 등 모든 분야에 걸쳐 대규모 투자가 필요하다. 우리는 다시 한번 민주주의의 병기창을 필요로 하며, 또 다른 아폴로 프로젝트 Apollo moonshot 와 맨해튼 프로젝트 Manhattan Project 와 같은 연구개발 노력이 필요할 것이다.

20세기 중반의 미국은 과학 프로젝트, 비전 있는 인프라, 혁신적인 제조업, 참신한 금융 조달의 대담한 조합을 통해 만들어졌다. 이 모든 과정에서 정부의 역할이 뒷받침되었다. 전 세계가 미국의 탈탄소화 혁명에서의 지도력을 주목하는 이유가 바로 여기에 있다. 미국은 이러한 야심 찬 프로젝트를 성공적으로 수행한 유일한 나라이다.

 미국의 풍요는 저렴한 에너지에 기반하고 있으며 이는 경제적 강점을 보장해 왔다. 우리는 에너지 비용을 더 낮출 수 있으며 동시에 탄소 제로 세계의 요구를 충족시킬 수 있다. 이것이 미국의 새로운 풍요를 위한 길이다. 전기화를 통해 에너지 체계 전체의 전환을 추진함으로써 미국은 21세기 기후 위기에서 무엇이 성공적인 방향인지 정의할만큼 주도권을 잡을 수 있을 것이다.

 제2차 세계대전 이후 미국이 세계의 파괴된 인프라를 재건하는 제품을 생산함으로써 번영을 이룬 것처럼, 이번 탈탄소화 노력 이후에도 미국은 세계에 솔루션을 수출함으로써 번영할 수 있다. 우리는 이 전쟁에서 승리할 수 있으며 비슷한 산업 전환을 이미 경험한 바 있다. 2차 대전 당시와 마찬가지로 지금 우리는 싸워야 하고, 우리가 소중히 여기는 모든 것을 지키기 위해 즉시 투자해야만 한다.

세계대전 제로의 탄약은 바로 배터리다

 지구상에서 매년 생산되는 총탄의 수는 약 900억 개이다. 이는 매년 약 200억 개가 생산되는 레고 블록의 수보다 4배 이상 많은 수치다. 인류의 현실을 적나라하게 보여주는 통계다.

총탄이란 본질적으로 에너지 밀도가 높은 장약 등을 금속으로 감싼 구조물에 불과하다. 배터리도 이와 같다. 정석적인 18650° 리튬이온 배터리를 기준으로 하면 미래를 위해 수조 개의 배터리가 필요할 것이다. 그러나 만약 인류가 10년 내에 1조 개의 총탄을 생산할 수 있다면 배터리 생산량도 충분히 늘릴 수 있을 것이다.

기후 전쟁에서 승리하기 위해서는 전기차, 히트펌프, 태양광 패널, 배터리, 풍력 터빈 등 기본적인 군수품의 생산량을 대폭 증가시켜야 한다. 이러한 변화가 실제로 어떤 상황을 초래할지 그리고 실현 가능한지 알아보자.

2019년 세계 태양광 산업은 연간 약 30기가와트의 용량을 추가 설치하여 총 설치 용량이 약 127기가와트에 도달했다. 이는 실제로 전력을 생산하는 용량이며 이상적 조건하에서만 실현되는 명목 용량과는 다르다. 태양광 산업은 현재 연간 25%의 성장률을 보이고 있다. 2018년 세계 풍력 산업은 연간 약 20기가와트의 용량을 설치하여 총 설치 용량이 약 249기가와트에 이르렀다. 풍력 산업의 연간 성장률은 약 10%이다. 2019년 전 세계에서 판매된 7,500만 대의 자동차 중 110만 대는 전기차였으며 전기차 시장의 성장률은 20%를 넘는다.[∞]

○ 지름 18mm, 높이 65mm의 배터리. 한국 육군의 제식 소총인 K2소총에서 쓰이는 나토탄의 크기는 5.56×45mm이다.-옮긴이

○○ 2024년, 세계 태양광 산업은 연간 약 88GW의 용량을 새롭게 설치하여, 누적 설치 용량이 약 859GW에 달했다. 이는 2019년 누적 설치 용량(127GW) 대비 732GW(약 576%) 증가한 수치다. 이는 실제 생산한 전력량을 감안하여 보정한 용량이다. 최근 태양광 산업의 연평균 성장률은 30%를 상회하고 있다.

앞서 설명한 대로 완전히 전기화된 경제는 현재 세계가 사용하는 에너지의 절반만 필요로 한다. 현재 전 세계는 약 16테라와트의 에너지를 사용하고 있으며 그 절반은 8테라와트다. 우리가 필요로 할 대략적인 에너지 양이 이 정도라는 것을 이미 살펴보았다. 에너지 수요가 증가할 가능성을 감안하여 10테라와트로 가정하자. 현재 성장률을 고려할 때, 놀랍게도 2037년에는 풍력과 태양광만으로 이 총 에너지 수요를 충족할 수 있을 것이다. 전기차의 현재 성장률이 20%일 경우 2033년까지 매년 전 세계에서 생산되는 7,500만 대의 차량을 전기차로 생산할 수 있을 것이다.○○○

이것은 복리 성장의 마법 덕분에 이루어진다. 만약 제조 역량이 매년 25% 성장한다면 3년 만에 역량이 두 배로 증가한다. 이것이 2차 대전 당시 제조 역량을 증대시키기 위한 논리였다. 중요한 전쟁 물자를 파악하고 이러한 물자의 생산 속도를 증가시키는 데 집

2024년, 세계 풍력 산업은 연간 약 51GW의 용량을 추가 설치하여, 누적 설치 용량이 약 417GW를 넘어섰다. 이는 2018년 누적 설치 용량(249GW) 대비 168GW(약 67%) 증가한 것이다. 이 수치 역시 실제 생산한 전력량을 감안하여 보정한 용량이다. 풍력 산업 역시 최근 몇 년간 연평균 10% 이상의 성장률을 기록하고 있다.
2024년 한 해 동안 전 세계에서 판매된 자동차 약 8,500만 대 중 1,710만 대가 전기차였으며, 이는 2019년 전기차 판매량(110만 대) 대비 1,600만 대(약 1,455%) 증가한 수치다. 전기차 시장의 성장률은 25%를 넘어서고 있다. - 옮긴이

○○○ 저자는 독자의 편의를 위해 에너지 소비량을 TW로 환산했으며, 동일 기준을 적용할 때 2024년 전 세계 에너지 소비량은 약 18TW(테라와트)이며, 전기화된 시스템에서는 10.8TW로 추정된다. 에너지 수요 증가를 고려해 12TW로 가정할 때, 태양광과 풍력의 현재 성장률(연간 30% 및 10%)을 감안하면 2039년부터는 태양광과 풍력으로 이 총 수요를 충족할 수 있을 전망이다.
한편, 전기차 시장에서 현재 25%의 성장률이 지속될 경우, 2030년까지 연간 생산되는 모든 차량(약 9,200만 대)을 전기차로 전환할 수 있다. 이는 2019년 예측보다 3년 앞당겨진 목표이다. - 옮긴이

중하는 것이 핵심이었다.

제2차 세계대전 중 처음으로 리버티선$^{liberty\ ship}$을 건조하는 데는 244일이 걸렸다. 전쟁 중반에는 평균 42일이 소요되었고 한 차례 선전 목적으로는 5일이면 충분했다.

기후 비상사태에 대응하기 위해 전기차, 태양광 패널, 풍력 터빈 이 세 가지 품목의 생산 증가율을 두 배로 높인다고 상상해 보자. 즉, 전기차는 현재보다 40%의 증가율, 태양광 패널은 50%, 풍력 터빈은 20%로 증가한다고 가정할 때, 10년 내에 전 세계의 에너지 수요를 충족하고 모든 신차를 탄소 배출 제로로 만들 수 있을 것이다.

그렇다. 이것이야말로 영웅적인 계획이다. 하지만 당신이 사랑하는 삶과 그 삶이 담긴 지구를 지키기 위해 우리 모두가 영웅적으로 한 발을 내디딜 때가 되었다.

17
기후 위기만 해결한다고 전부가 아니다

- 모든 것을 전기화하는 것은 기후 비상사태로부터 벗어나기 위해 지금 즉시 택해야 할 길이다.
- 그러나 우리의 환경 문제는 기후 위기만 해결해서 끝나지 않는다.
- 탈탄소화된 세계에서 환경을 더 잘 보호하기 위해서는 산업 생산 방식을 완전히 다시 바꿔야 한다.
- 기후 변화를 해결한다고 해도 플라스틱으로 인해 해양 생태계를 파괴하는 문제는 해결되지 않는다. 두 문제는 별개의 사안이다.
- 과소비 문제를 해결하려면 우리 각자가 가진 물건을 가보처럼 여기고 재활용 가능한 형태로 만들어야 한다.

기후 변화를 해결하는 것은 당연한 일이지만 플라스틱으로 바다를 질식시키고 살충제로 꿀벌을 죽이며 비료 과용과 환경 독소로 전 세계의 수로를 오염시키면 그 노력은 무의미해질 것이다. 산업 생태계는 기후 변화 문제와 다른 모든 환경 문제가 충돌하는 지점이다. 과소비로 인한 부정적 영향을 해결하는 동시에 기후 문제도 해결할 수 있는 큰 기회가 여기에 있다.

 나는 재료 과학과 야금학으로 학위를 받았고 처음 일한 곳은 알루미늄 제련소, 철강 공장의 용광로, 그리고 압연 공장이었다. 무관심할 수 있지만 우리는 이러한 산업들의 에너지 사용을 대폭 줄이면서도 생산 방식에서 발생하는 여러 환경 문제를 해결할 수 있다.

탈탄소화된 세계에서 산업을 다시 설계하는 것은 오늘날 산업계가 직면한 가장 흥미로운 도전 과제 중 하나이다.

  미국의 산업계는 전체 에너지의 32%를 소비하는 최대 에너지 소비자이며 동시에 CO_2를 포함한 다양한 온실가스를 대량으로 배출하는 주체이다. 4장의 그림 4.5는 이 분야의 에너지 흐름을 보여준다. 에너지와 탄소 배출량을 측정하는 기관들이 정의하는 '산업'이란 광업, 건설업, 농업, 그리고 이들 중 가장 큰 비중을 차지하는 제조업을 포함하는 범주이다. 이들 분야를 각각 살펴보면 에너지 효율을 높일 수 있는 여지가 많음을 알 수 있다. 가령 산업에 쓰이는 32%의 에너지 가운데 1/32, 즉 총 에너지의 1%는 비료 생산에 쓰인다. 비료는 필수적이지만 과도하게 사용하면 토양이 훼손되고 수질이 오염될 수 있다. 더 건강하고 지속 가능한 식량 시스템과 토양을 유지하기 위해서는 비료 사용을 줄여야 한다. 그렇지 않으면 아산화질소같이 탄소보다 더 해로운 온실가스가 대량으로 배출될 수 있다. 산업 분야 전반에서 이와 같은 방식으로 개선할 수 있는 기회가 많이 남아 있다.

  내연기관 자동차가 왜 CO_2를 배출하는지, 그리고 보일러와 가스레인지가 왜 CO_2를 배출하는지는 쉽게 이해할 수 있다. 하지만 우리가 '소비재'로 사들이는 다양한 물건들이 온실가스 배출에 어떻게 기여하는지는 더 복잡한 과정이기에 이해하기 쉽지 않다.

  그림 4.5의 샌키 도표를 다시 살펴보자. 이 도표는 우리가 사용하는 거의 모든 것을 만드는 데 얼마나 많은 에너지가 소비되는지를 보여준다. 이 도표는 주로 제조업 및 에너지 소비 조사 Manufacturing and Energy Consumption Survey, MECS 에서 제공된 데이터에 기

반을 두고 있다. 이 도표야말로 산업 부문의 탈탄소화를 구상하기 위해 깊이 파고 들어야 하는 토끼굴이다. 나도 여러 번 이 토끼굴에 깊이 들어가 분석한 적이 있다. 놀라운 사업 및 연구 기회가 이 산업 부문의 탈탄소화 과정에 숨어 있기 때문이다.

산업 분야에서 사용되는 에너지의 흐름을 이해하려면 경제에서 얼마나 많은 물질이 이동하는지를 살펴보는 것이 필수적이다. 그림 17.1에서 볼 수 있듯이 미국은 매년 자연에서 약 65억 톤의 물질을 채취하고 있다. 이는 인구 3억 명을 기준으로 하면 1인당 약 20톤의 물질을 채취하는 셈이다. 흥미롭게도 이 수치에는 이산화탄소가 포함되지 않는다. 우리가 연소하는 19억 톤의 화석연료는 산소와 결합해 약 49억 톤의 이산화탄소를 생성한다. 만약 우리가 이산화탄소를 우리의 생산물로 간주한다면 그것은 우리가 만든 다른 모든 물질보다도 무거울 것이다.

탄소 포집 및 저장^{CCS}에 대한 과장된 홍보에 너무 심취하기 전에 생각해 보아야 한다. 우리가 매년 생산하는 모든 이산화탄소를 포집하고 저장하려면 땅에서 채취하거나 숲과 들에서 얻는 모든 물질보다 더 많은 양의 이산화탄소를 매년 묻어야 할 것이다. 이는 엄청난 환경 파괴를 초래할 것이며 현재의 산업 생태계와 맞먹는 또 다른 거대한 산업 생태계를 필요로 할 것이다.

물론 좀 더 긍정적인 측면을 살펴보는 것도 중요하다. 이렇게 거대한 물질 흐름을 보면 탄소 격리에 대한 더 합리적인 방안을 모색할 기회가 생긴다. 특히 더 큰 흐름을 주의 깊게 살펴보면서 "이 흐름에서 탄소를 격리할 수 있을까?"라는 질문을 던져보라. 그 질문에 "가능하다"라는 답을 도출할 수 있다면 기후 변화 문제 해결에

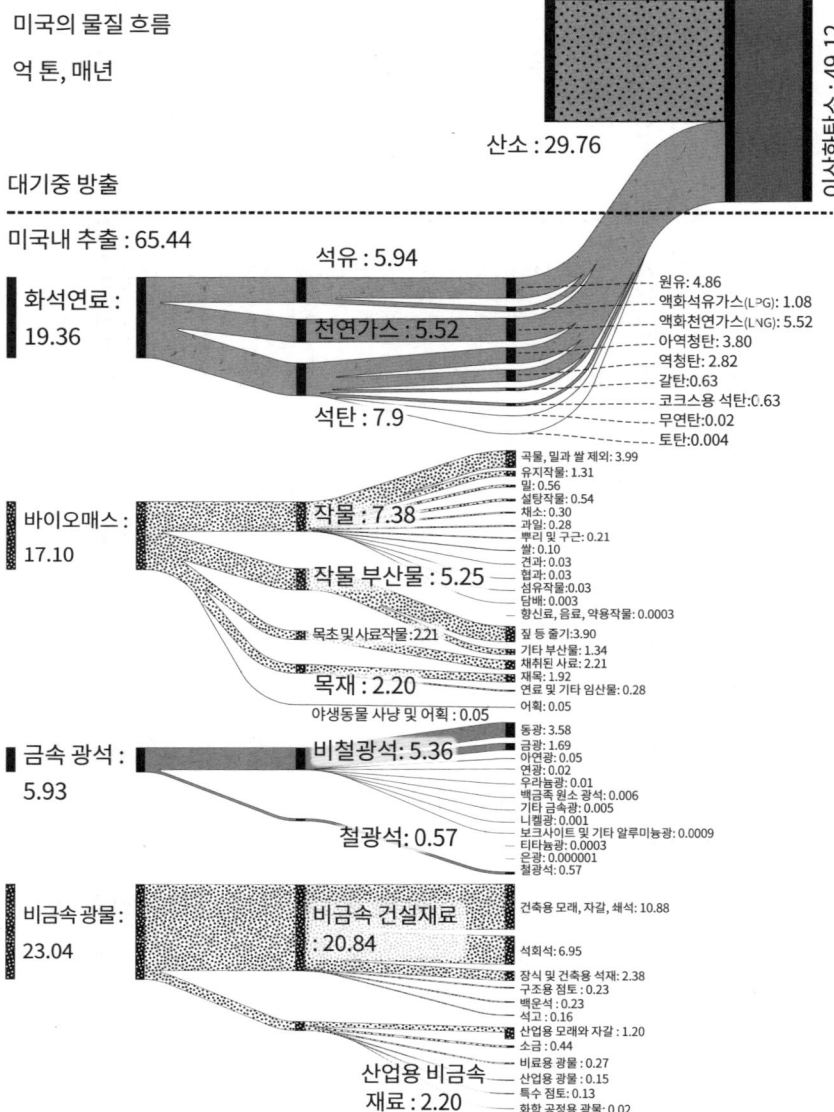

그림 17.1 미국 경제를 통과하는 물질의 흐름. (단위: 백만 톤)

커다란 기여를 할 수 있는 것이다. 필요한 규모로 탄소를 저장하려면 토양 이동, 임업 및 목재 제품, 콘크리트나 석고보드 등과 같은 기존의 대규모 물질 흐름에 탄소를 흡수시킬 필요가 있다. (나는 석고보드를 마감하는 로봇 기술을 다루는 회사를 설립한 적이 있으며, 이 과정을 통해 벽을 탄소 배출원이 아닌 탄소 흡수원으로 만들 방법을 모색하고 있다.) 이는 '공기 중 탄소 직접 포집 DAC'처럼 화려하지는 않지만 더 실현 가능하고 합리적인 방법이다. 하지만 현실적인 방법을 선택하면 대규모 탄소 격리의 속도는 유엔 IPCC의 배출량 감축 시나리오에서 제시된 것보다 느릴 가능성이 크다. 그렇기 때문에 우리는 빠르게 방법을 찾아내어 곧바로 실행에 옮겨야 한다.

산업 에너지 흐름에 실질적인 영향을 미칠 수 있는 기술 혁신을 통해 에너지 효율성을 높이고 에너지 사용량을 줄이는 많은 방안이 있다. 물질 경제°를 통해 탄소를 격리하는 것 외에도 동일한 목표를 달성하기 위해 더 적은 자재를 사용하는 방법, 재료의 100% 재활용을 달성하는 방법, 그리고 독성이 낮은 재료를 사용하는 방법을 고민해야 한다. 충격적이게도 이미 전 세계 어린이 3분의 1의 혈액 내에 위험 수준의 납이 포함되어 있다는 사실을 고려하면, 이런 방법들을 빠르게 찾아내고 채택하는 것이 중요하다.[1]

○ Material economy. 자원과 물질의 생산, 소비, 폐기 과정에 초점을 맞춘 경제 시스템을 설명하는 개념. 자원 채굴에서 시작하여 제품 제조, 사용, 그리고 결국 폐기까지의 전 과정을 포함하며, 주로 자원의 추출과 소비를 다룬다. – 옮긴이

물건의 에너지를 생각하는 중요한 방식
: 체화 에너지

엔지니어들은 제품의 에너지나 탄소 발자국을 체화 에너지 embodied energy 나 체화 탄소 embodied carbon 라는 용어로 생각한다. 체화 에너지는 어떤 물건을 생산하는 데 필요한 모든 에너지의 합으로, 해당 물건에 일종의 에너지로서 "체화"되어 있다고 볼 수 있다. 이 개념은 이해하기 쉬운 편이어서 계산할 때 참조 수치로 자주 사용된다.

물론 체화 탄소의 값은 그 물건을 생산할 때 사용된 에너지원에 따라 크게 달라질 수 있다. 만약 모든 소재를 탄소 배출이 없는 전기로 생산할 수 있다면 대부분의 소재들은 거의 0에 가까운 체화 탄소를 갖게 될 것이다. 결국 우리가 신경 써야 하는 것은 체화 에너지이며 표 17.1에서는 여러 소재의 체화 에너지에 대한 적절한 참조 수치를 확인할 수 있다.

그러나 이들 값은 재료가 한 번만 사용된다는 가정 아래에서 산출된 값이다. 실제로 이 모든 소재를 비교하려면 물체의 에너지나 탄소 영향은 아래 식에 의해 결정된다는 점을 인식해야 한다.

$$\text{물건당 사용 에너지} = \frac{\text{물건의 중량} \times \text{체화 에너지}}{\text{수명 또는 사용 횟수}}$$

이 식은 매우 중요한 사실을 알려준다. 환경 영향을 줄이려면 물건의 무게를 줄이거나 전혀 다른 소재를 사용하는 방법이 있다. 그러나 가장 중요한 것은 물건을 오래 사용하는 것이다.

첫 번째 전략은 많은 기업들이 사용하는 소재 최적화 전략이다.

표 17.1 일반적인 소재의 대략적인 체화 에너지 및 체화 탄소 값.

소재명	MJ/kg	kWh/kg	kgCO$_2$/kg
콘크리트	1.1	0.308	0.159
강철	20.1	5.577	1.370
스테인리스강	56.7	15.733	6.150
원목	8.5	2.359	0.460
접착식 적층 목재	12.0	3.330	0.870
유리섬유	28.0	7.769	1.350
알루미늄	155.0	43.009	8.240
아스팔트	51.0	14.151	0.400
합판	15.0	4.162	1.070
유리	15.0	4.162	0.850
PVC	77.2	21.421	2.410
구리	42.0	11.654	2.600
납	25.2	6.992	1.570

칫솔에서 플라스틱을 몇 그램 줄이는 식이다. 그러나 이러한 노력으로 얻을 수 있는 절감 효과는 대체로 미미하다. 이 전략은 에너지 효율성 향상과 비슷하다. 자주 강조되지만 근본적인 변화를 가져오는 경우는 드물다. 종종 디자이너들은 무게 절감을 위해 더 고급스러운 소재를 사용하는데, 그 결과 생산된 물체의 체화 에너지가 증가하게 된다. 이는 일반적으로 탄소섬유와 같은 복합 소재의 사용에서 두드러진다. 이러한 소재는 경량화를 가능하게 하지만 새로운 소재를 사용하는 과정에서 체화 에너지가 증가하여 무게 절감의 효과가 상쇄되고 미래에 재활용할 때 발생할 수 있는 독성 문제도 자주 동반된다.

또 다른 전략으로 많은 '친환경' 기업들은 소재 대체 전략을 사용한다. 이는 대나무로 만든 모든 '친환경' 제품에서 쉽게 찾아볼 수 있다. 사람들은 대나무를 '친환경'으로 인식하지만 항상 그렇지는 않다. 중국에서 생산된 많은 대나무 제품은 명확하지 않은 환경 기준하에 중국 현지에서 재배된 대나무로 만들며, '지속 가능한' 대나무 의류와 섬유는 종종 독성 화학물질로 처리되거나 막대한 양의 물과 열을 사용하여 가공된다. 대마 섬유의 장점도 종종 강조되지만 추출하는 과정에서 면 생산보다 훨씬 더 많은 물과 열이 필요하다는 점 때문에 그 장점은 무색해진다.

대부분의 경우 제품의 지속 가능성은 그 제품의 사용 횟수와 수명에 의해 결정된다. 대나무 칫솔을 단 한 번만 사용한다면 그것은 환경에 매우 해로운 선택이다. 그러나 탄소섬유 자전거를 15년간 10만 킬로미터 이상 사용했다면 그것은 매우 탁월한 선택이 된다.

미래에 전반적인 전기화 수요를 추정할 때 제조 과정에서의 추가적인 효율성 향상을 가정하지는 않았다. 하지만 그러한 가능성은 분명히 존재한다. 전력 수요를 줄일 수 있는 한 가지 방법은 단순히 물건을 덜 사고 덜 버리는 것이다. 우리가 사용하는 대부분의 제품은 결국 쓰레기 매립지로 향하게 된다. 매립지에서는 매립된 셀룰로오스(식물의 세포벽을 이루는 섬유)가 혐기성 분해를 통해 메탄으로 변하는데, 이 메탄은 발전에 쓰이기도 하지만 많은 부분이 대기로 유출되고 만다. 따라서 매립지 자체는 중요한 배출원이다. 미국인 한 명이 하루에 버리는 쓰레기는 약 2킬로그램에 달하며 이 수치는 계속 증가하고 있다. (1년에 약 700킬로그램!) 이 또한 개인이 만드는 쓰레기 양에 불과하다. 도로와 교량, 쇼핑몰과 영화관 등에서의 기여분까지 포함하면 하루에 약 45킬로그램의 쓰레기를 버리는 셈이다. 더욱 놀라운 사실은 평균적인 미국인은 1년에 약 6톤의 화석연료를 사용하며 이는 하루에 약 16킬로그램의 탄소, 즉 하루에 약 40킬로그램 이상의 이산화탄소 배출량에 해당한다. 우리 모두가 배워야 할 것은 이 모든 것을 어디로든 안전하게 버릴 수 있다는 생각이 단순한 망상에 불과하다는 점이다.

　물건을 만드는 데 사용된 에너지는 그 물건의 수명에 걸쳐 상각된다. 그래서 일회용 플라스틱이 나쁜 선택인 것이다. 또한 어떤 물건을 "더 친환경적"으로 만드는 가장 쉬운 방법은 그 물건을 오래 사용할 수 있게 만드는 것이다. 나는 항상 소비자 문화를 가보heirloom 문화로 바꿀 수 있다는 생각을 좋아했다. 가보 문화에서는 사람들이 더 좋은 품질의 물건을 사서 오래 사용하도록 돕게 되며 그 결과 물질과 에너지를 덜 사용하게 된다. "부자는 싸구려 저질 물건을 살 여유가 없다"라는 옛말이 있다. 이는 잘 만들어진 물건이 더 오래 간다는 사실을 반영한 것이다. 이 이야기는 환경적인 측면에서도 동일하게 적용된다. 양질의 물건을 사서 오래 사용하는 것이 가장 환경친화적이다. 그러나 여기서 다시금 자금 문제가 대두된다. 종종 올바른 선택은 초기 비용이 더 많이 든다. 정책 입안자들은 소비자들이 올바른 소재와 제품을 선택할 수 있도록 자금을 지원하는 방안을 고민해야 할 것이다.

　자동차는 기술 관료들이 체화 에너지에 집착하는 대표적인 사례이며 그럴 만한 이유도 있다. 일반적인 자동차의 탄소 배출량 중 약 절반은 생산 단계에서 발생하며 이는 그 차에 체화된 에너지이다. 전기차에 대해 내가 흥미를 느끼는 이유 중 하나는 전기차가 매우 단순한 구조를 가지고 있어 더 오래 사용할 수 있기 때문이다. 만약 고전적인 전기차(언젠가 그런 차가 나올 것을 기대한다)가 (재활용된)

배터리 팩 교체만으로 50년 동안 주행할 수 있다면 운행에 사용된 실제 에너지의 상당 부분을 절약할 수 있을 것이다.

내연기관차ICE 한 대를 제조하는 데는 약 125기가줄GJ 의 에너지가 필요하며 전기차EV는 더 무겁고 배터리 생산이 더 복잡하기 때문에 약 200기가줄이 필요하다고 추정된다.[2] 이는 약 1만 4,000~1만 7,000킬로와트시에 해당한다. 만약 그 전기차가 매우 효율적으로 190와트시/킬로미터의 전력을 소모한다면, 그 차를 운행하는 데 사용된 에너지가 제조하는 데 사용된 에너지와 같아지기 위해 약 32만 킬로미터 이상을 주행해야 한다. 실제로는 190와트시/킬로미터가 아니라 380와트시/킬로미터의 에너지를 사용하는 것과 같다. (같은 계산법이 내연기관차에도 적용된다.) 미국에서 매년 판매되는 1,700만 대의 내연기관차에 125가기줄을 곱하면 약 2쿼드(약 2,100페타줄PJ)에 해당한다. 이는 현재 미국 에너지 소비량의 약 2%가 자동차 제조에 사용된다는 의미이다.

이 2%를 줄이려면, 160만 킬로미터 이상을 주행할 수 있는 차량을 설계하고 제작하는 것이 당연히 더 좋은 생각이다. 나는 전기 스쿠터 열풍이 불었던 2018년을 예로 들고 싶다. 당시 흔히 팔리던 스쿠터 모델은 평균적으로 45일 정도 사용된 후 버려졌다. 방금 언급한 체화 에너지를 반영한 방식으로 계산해 보면 실제 전비는 거의 560와트시/킬로미터에 달했다. 이는 중후장대한 포드 익스페디션Ford Expedition SUV보다도 더 형편없는 효율이다.

산업 생산에서 소모되는 에너지와 자원 사용량은 매우 중요한 주제이다. 미국 에너지부는 다양한 산업 소재를 얼마나 효율적으로 생산할 수 있는지에 대한 탁월한 연구를 발표하고 있다. '에너지 대역폭 연구Energy Bandwidth Studies'로 알려져 있으며[3] 에너지와 탄소를 가장 많이 소비하는 산업 분야를 확인하는 데 유용하다. 주요 분야를 간략히 살펴보겠다.

철강

철강 생산 과정에서 배출되는 탄소는 철강을 가열하고 가공하는 데 사용되는 에너지와, 철광석에서 선철을 만드는 과정에서 사용되는 석탄에서 비롯된다. 모든 철강에는 상당한 양의 탄소가 함유되어 있으며 실제로 탄소 함량은 철강의 종류를 구분하는 주요 지표 중 하나이다. "저탄소강"은 연성과 강도가 높은 반면, "고탄소강"은 일반적으로 더 부서지기 쉬우나 매우 강하다. 오늘날 제강 공정에 필요한 대부분의 열은 천연가스로 얻지만 이를 청정 전기로 대체할 수 있는 가능성도 충분하다. 전 세계에는 고로에서 석탄을 사용하지 않고도 강철에 필요한 탄소를 첨가하는 방법을 연구하는 회사들이 많다. 이 과정에서 석탄이 산화환원제로 작용하여 이산화탄소를 배출하는 문제를 해결하는 것이 목표다. 이러한 혁신에 성공하는 기업은 마치 소설 속 이야기처럼 큰 부를 얻게 될 것이다.

티센크루프Thyssenkrupp는 코크스 대신 수소를 사용해 강철을 만드는 방법을 알아냈다. 전기화된 세상에서 수소는 산업 공정에 필요한 고온을 생성하는 데 중요한 역할을 할 것이다.○

○   티센크루프는 2021년 수소환원공정을 개발 중에 있다. 이 회사는 독일 뒤스부르크 제철소에 수소로 철광석을 환원하는 직접 환원철Direct Reduced Iron, DRI 공장을 세

강철은 100% 재활용이 가능하지만 실제로 재활용되는 양은 약 3분의 2에 불과하다.

콘크리트

시멘트는 또 다른 대규모 에너지 소비 산업이자 CO_2 배출원이지만 아직 산업 수준의 대안은 없는 상태다. 이건 탄소를 줄일 여지가 아직 많다는 뜻이다. 고대 로마와 그리스의 시멘트는 CO_2를 흡수했다. 시멘트로 포집한 탄소를 고정시킨다면 말 그대로 '백 투 더 퓨처', 시간 여행이 될 것이다. 시멘트 없이 인류가 가장 좋아하는 재료인 콘크리트를 만드는 건 불가능하기도 하다.

콘크리트는 문자 그대로 무시무시한 물량을 자랑한다. 미국에서 생산되는 콘크리트의 무게만 1인당 연간 거의 2톤이다! 어디에서나 콘크리트를 볼 수 있다. 조니 미첼$^{Joni\ Mitchell}$이 파라다이스는 콘크리트로 포장한다고 노래했을 때 그녀는 정곡을 찌른 셈이다. 전 세계 이산화탄소 배출량의 8%가 시멘트 때문에 나온 것으로 보인다. 배출량의 절반은 시멘트 생산 과정에 필요한 에너지에서, 나머지 절반은 석회석을 가공한 중간재인 클링커를 만드는 과정에서 배출된다. 시멘트 생산을 위해서는 석회석^{CaCO_3}을 가열하여 석회, 즉 산화칼슘^{CaO}을 만들어야 하는데 이때 다량의 CO_2가 발생할 수밖에 없다.

그러나 지금의 방식만 답일 리는 없다. 수명이 다할 때까지 이산

우고 2029년까지 이를 완전히 수소 기반으로 전환할 계획이다. 포스코 역시 수소환원공정을 개발 중인데 티센크루프와는 기술적 세부 사항이 조금 다르다.-옮긴이

화탄소를 흡수하는 새로운 시멘트를 만들어야 한다. 건축물을 건설할 때는 더 적은 양의 콘크리트만 투입해도 동일한 성능을 내도록 만들어야 한다. 또한 콘크리트로 땅을 포장하면 배수, 토양 등에 좋을 리 없다. 이들 모두를 넘어설 더 나은 무언가가 분명 있을 것이다.

미국 콘크리트 포장 협회 The American Concrete Pavement Association 에서는 부드러운 아스팔트 대신 딱딱한 콘크리트로 만든 도로가 자동차의 연비를 향상시킨다는 데이터를 발표한 적이 있다. 그러나 이 발표에는 맹점이 있다. 바로 도로의 체화 에너지다. 이걸 감안하면, 앞서 계산한 연비보다 더 나쁜 값이 나올 수밖에 없다.

게다가 비록 일부 폐기된 콘크리트가 도로의 기초로 쓰이지만 전체적으로 보면 재활용되는 콘크리트는 거의 없다.

알루미늄

대부분의 알루미늄은 이미 전기를 이용해 생산되고 있다. 따라서 이론적으로는 탄소 배출 없이 알루미늄을 생산하는 것이 가능해 보인다. 그러나 에너지 투입 외에도 탄소 배출의 원인이 있다. 현재 알루미늄을 제련하는 데 사용되는 아크 용광로는 탄소 전극을 이용하는데 이 전극에서 상당한 양의 탄소가 배출된다. 애플 Apple 은 최근 알코아 Alcoa, 리오 틴토 Rio Tinto 와 협력하여 무배출 알루미늄을 처음으로 생산해 냈다.[4] 개인적으로 알루미늄을 정말 경이로운 소재로 생각해 왔기에 탈탄소 시대에도 알루미늄이 지속가능할 수 있게 해줄 무배출 알루미늄의 등장이 매우 기쁘다.

알루미늄은 100% 재활용이 가능하지만 미국에서는 약 3분의 2만이 재활용되고 있다.

종이

이론적으로 종이는 순 탄소 제로 제품이 될 수 있다. 하지만 제지 및 펄프 산업은 막대한 양의 에너지를 소비하며 이 에너지는 주로 목재 조직을 한데 엉겨붙게 하는 리그닌을 녹여 셀룰로오스 섬유를 분리하는 데 사용된다. 이 산업이 사용하는 에너지는 미국 전체 에너지의 약 2%에 해당한다. "종이 없는 사무실"이라는 구호는 아직까지 종이 사용량을 줄이는 데 크게 기여하지 못했으며 온라인 쇼핑의 편리함은 골판지 포장재 수요를 증가시키고 있다. 따라서 종이 및 판지 산업의 개선은 기후 문제 해결에 매우 중요한 역할을 한다.

미국에서는 종이와 판지의 약 63%가 재활용되고 있다.

목재

나무는 곧 선善이다. 나는 나무가 책에 이어 두 번째로 좋은 탄소 격리 방법이라고 믿는다. 다만 더 많은 목재를 사용하려면 산림 관리를 더 잘 해내야만 한다. 이미 목조 다층 주택은 흔하고 목재는 정말 완벽하게 지속 가능한 건축 자재이지만 모든 사람들이 미국식 주택을 가질 수 있을 만큼 충분한 목재를 구하기는 아직 어렵다. 나는 환경 운동가인 어머니를 따라 멸종 위기에 처한 새들의 서식지를 조성하기 위해 나무 3만 그루를 심은 적이 있다. 이 나무들 중 많은 수가 잘 자랐다. 그중 몇 그루만 활용해도 평생 필요한 건축 자재를 충당하고 충분한 탄소를 격리할 수 있을 것이다. 더 많은 숲, 더 잘 관리된 숲, 더 오래 사용할 수 있는 목재 제품을 더 많이 만들어내는 일보다 위대한 작업도 없을지 모른다.

유리

유리는 기본적으로 무한히 재활용할 수 있으나 생산 과정에서 많은 에너지가 필요하다. 이는 유리의 녹는점이 매우 높기 때문이다.

물론 우리는 더 강하고, 더 얇고, 더 튼튼한 유리를 만드는 기술을 발전시키고 있다. 하지만 무엇보다 중요한 것은 재사용 가능한 유리 용기로 돌아가는 문화적 전환일 것이다. 유리는 플라스틱보다 더 깨끗하고 화학적으로 안전하게 음식을 보관할 수 있다.

요즘 어디서나 흔히 볼 수 있는 포장용 플라스틱 용기들을 받을 때마다 50년 전에는 이들이 식품 보관의 혁명으로 칭송받았다는 점이 떠오른다. 타파웨어Tupperware를 기억하는가? 200년 전이라면 플라스틱 용기는 금, 백랍白鑞, 은그릇만큼이나 귀하게 여겨졌을 것이다. 그러나 지금은 한 번 쓰고 버려지는 일회용품이 되었다. 하지만 문제는 단지 눈에 보이지 않을 뿐 어딘가에 쌓여 남게 마련이다. 그렇다면 재사용 가능한 유리로 돌아가는 것이 답일 수 있다.

하지만 유리가 항상 최선의 선택은 아니다. 유리병은 매우 무겁고 보통 일회용으로 사용된다. 와인을 마시려면 오크통 단위로 구매하는 것은 어떨까? 예전에는 "하우스 와인"을 두는 문화가 있었고, 이탈리아인들은 여전히 그런 식으로 와인을 구입하거나 만든다. 지하실에 오크통을 보관하기 어렵다면 유리병 대신 재활용이 가능하고 훨씬 가벼운 알루미늄 캔에 담긴 음료를 선택하는 것도 좋은 방법이다.

현재 미국에서는 유리의 34%만 재활용되고 있다.

플라스틱

나는 이 책에서 해양 플라스틱 문제나 더 큰 플라스틱 오염 문제에 대해 깊이 다루지 않았다. 그러나 이는 매우 심각하고 중요한 문제이다. 화석연료 산업은 낮은 이윤의 에너지 공급 산업에서 더 높은 이윤을 낼 수 있는 플라스틱 산업으로 사업 범위를 확장했다. 그 결과 전 세계 해양에 만연한 플라스틱 오염이 나타났으며 이는 그들이 얼마나 성공적인 사업 확장을 했는지를 보여준다. 이 문제를 해결하려면 소비자 행동의 변화와 새로운 기술이 필요하다. 나는 생분해성 생물 유래 플라스틱에 희망을 걸고 있다. 현재 우리가 사용하는 플라스틱을 생산하는 과정에서 다량의 아산화질소 N_2O 와 같은 이산화탄소보다 더 유해한 가스가 대기 중에 배출된다. 이 문제는 반드시 해결해야 한다.[5]

상황이 변하지 않으면 플라스틱만으로도 탄소 예산의 10~13%가 소모될 것이다.[6] 플라스틱은 거대한 탄소 중합체 구조를 가지며 이 구조는 거의 영구적으로 남아 있을 수 있다. 그래서 일부는 플라스틱에 탄소를 격리할 수 있다는 생각을 할 수 있다. 하지만 이건 마치 석유를 채굴해 거대한 플라스틱 공룡을 만들고 다시 땅에 묻어 탄소를 격리하자는 생각과 다름없다. 대부분의 사람들이 고안해 낸 탄소 격리 계획이 이와 같은 수준에 머물러 있는 것이 안타깝다. 우리가 사용하는 대부분의 플라스틱은 올레핀이라는 전구체를 만드는 과정에서 다량의 아산화질소가 배출된다.

미국에서 재활용되는 플라스틱의 비율은 10% 미만이다. 따라서 재활용만으로는 플라스틱 문제를 해결할 수 없다. 완전히 새로운 접근 방식이 필요하다. 플라스틱 문제를 해결하려면 종이, 유리, 금속, 재사용 가능한 용기를 더 많이 사용해야 하며 나뭇잎처럼 빠르게 생분해되는 새로운 종류의 고분자 소재 개발에 대대적인 투자가 필요하다. 나뭇잎은 해양 미세 플라스틱으로 변하지 않기 때문이다.

미국은 새로운 고분자 소재 시스템을 연구하고 발명하는 과학 투자에 집중해야 할 것이다. 생명체와 자연은 이 분야에서 우리에게 많은 것을 가르쳐줄 수 있다.

제품으로의 가공 과정

소재나 원자재를 우리가 사용하는 물건으로 가공하는 데는 막대한 에너지가 소모된다. 내가 야금학을 공부할 때 우리는 이를 "달구어 두드림"이라고 불렀다. 즉, 물체를 뜨겁게 달구고 망치 등으로 모양을 잡는 과정을 연구하는 것이다. 소재 연마(약 516테라줄), 전기화학적 처리(약 168테라줄), 식품 가공(약 1,170테라줄) 등 원자재를 처리하는 다른 방법들도 에너지를 많이 필요로 한다. 이들 분야에서 더 나은 방법을 고안할 수 있다면 새로운 산업을 이끌어갈 수 있을 것이다.

가정에서 사용하는 열은 대부분 낮은 온도에서 사용된다. 뜨거운 물이나 공기를 끓는점 이하로 데우는 정도이다. 그러나 산업에서 사용되는 에너지의 상당 부분은 고온의 열에 사용된다. 강철을 구부리고, 알루미늄을 녹이며, 도자기나 타일을 굽는 데 필요한 열이다. 이러한 고온의 열은 히트펌프와 같이 효율성을 높이는 방법으로는 해결되지 않으며 에너지 효율성을 높이기 위해 다른 접근이 필요하다. 만약 이 고온을 피하거나 청정하게 사용하는 기술을 개발할 수 있다면 전기화된 미래에서 거대 제조 기업을 세울 수 있는 기회를 잡을 수 있을 것이다.

무탄소 미래에 중요한 소재

재생에너지 기술은 네오디뮴Nd, 스칸듐^{Sc}, 이테르븀^{Yb} 등 희토류 원소에 크게 의존한다. 강력한 자석이나 전자 제품에 쓰이는 이들 금속은 이름만큼 희귀하지는 않지만 가격이 비싸기 때문에 전기 모터나 배터리 같은 주요 부품의 가격을 상승시킨다. 따라서 희토류 금속의 사용량을 줄이면 이들 장치의 비용도 낮출 수 있을 것이다.

태양 전지, 배터리, 모터, 탄소섬유 등을 재활용하는 효율적이고 견고한 공정을 개발하면 재료비가 줄어들고 재생에너지 시스템의 주요 부품의 원가도 함께 낮아질 것이다.

이 책에서 강조했듯이 탈탄소화된 삶을 위해 1인당 약 4,000와트의 지속적인 에너지 공급이 필요하다. 이를 충당하려면 2만 와트 규모의 태양광 패널이 필요하다. 400와트 태양광 모듈의 무게는 약 18킬로그램으로, 1킬로그램당 약 22와트 공급할 수 있다. 그러므로 한 사람당 약 1톤의 태양광 패널이 필요하게 된다. 이 패널의 수명은 약 20년이므로 한 사람당 매년 약 50킬로그램의 태양광 패널이 필요하다. 물론 시간이 지나면서 패널의 수명을 늘리고 효율을 개선할 기술이 개발될 것이며 더 얇고 가벼운 패널을 만들 수 있을 것이다. 그러나 연간 1인당 10킬로그램에서 20킬로그램의 패널을 만들더라도 상당한 양의 전자 폐기물이 발생할 것이다.

이 책에서 제시한 탈탄소화 프로그램에 따르면 4인 가족은 약 200킬로와트시 용량의 배터리가 필요하다. 현재의 배터리 효율과 수명을 고려하면 1인당 매년 약 30킬로그램의 배터리를 사용해야 한다. 따라서 태양광 패널, 풍력 터빈, 배터리의 수명을 연장하고 100% 재료를 재활용할 수 있는 방법을 찾아야 한다. 앞서 제안한 연방 재정 지원과 함께 연방 재활용 보조금 제도를 연계하는 방법도 있을 것이다. 이는 유리 공병에 5~10센트를 지급하는 방식처럼 수거 및 재사용을 유도하는 효과적인 제도가 될 것이다.

리튬이온 배터리에는 코발트가 필수적이다. 배터리의 양극에 리튬을 안정적으로 보관하면서도 리튬이 쉽게 이온화되어 음극으로 이동할 수 있도록 해야 하는데, 이를 위한 최적의 물질은 층상 구조를 가진 물질인 리튬코발트산화물이기 때문이다. 이 물질에 필요한 코발트의 대부분은 중부 및 남부 아프리카의 잠비아와 콩고민주공화국에서 채굴된다. 나는 이 지역에서 고인류학과 유인원 연구를 하고 있는 내 친구 루이즈 리키를 만나러 간 적이 있다. 그는 고인류학 연구로 유명한 리키 가문의 후손이다. 루이즈의 아버지 리처드Richard Leakey는 코끼리 사냥 반대 캠페인을 주도하다가 비행기가 추락하면서 두 다리를 잃었다. 루이즈의 남편인 에마뉘엘 드메로드Emmanuel de Merode는 콩고민주공화국의 비룽가 국립공원Virunga National Park을 보호하기 위해 헌신하고 있다. 이곳은 멸종 위기종인 산악 고릴라의 서식지이기도 하다. 에마뉘엘은 고릴라 서식지를 침탈하려는 코발트 광산업체들을 막으려다 여러 차례 총에 맞았고 (리키 가문의 다른 사람들처럼) 다행히 살아남아 그 이야기를 전하고 있다. 만약 고릴라가 없는 세상과 전기차가 없는 세상 중 하나를 선택해야 한다면 나는 전기차를 포기할 것이다.

네오디뮴Neodymium(영구 자석에 사용되며 이 자석은 컴퓨터, 휴대폰, 의료 장비, 모터, 풍력 터빈 등에 쓰임)이나 다른 희토류 금속들 역시 코발트와 비슷한 상황에 처해 있다. 반세기 동안 이들 금속을 채굴해 온 중국에서는 이제 유독 폐기물 문제와 더불어 노동 조건의 문제도 부각되고 있다.

이러한 상황을 개선하기 위해서는 채굴 방식의 개선이 필수적이며 재활용 기술을 크게 발전시켜야 한다. 또한 독성이 적고 덜 희귀한 소재를 개발하거나 이들을 이용해 전력 기기를 설계하는 데 더 많은 과학 예산을 투자해야 한다.

하지만 덜 희귀한 소재도 문제가 될 수 있다. 내가 호주에서 성장하던 시절, 호주의 광산 회사들은 이웃한 파푸아뉴기니의 열대 우림을 파괴하며 구리 채굴을 진행했다. 전자 제품과 전선에 필요한 구리를 얻기 위해 산을 통째로 파괴한 것이다.

이렇게 광물질만 사용하는 것이 답이 아닐 수 있다. 생물학적 과정을 활용해 필요한 것들을 만드는 훌륭한 친구들이 있다. 내 친구 드루 엔디와 MIT의 전 교수였던 톰 나이트Tom Knight는 합성생물학synthetic biology이라는 분야의 개척자들이다. 합성생물학은 세포의 생산 능력을 활용해 생물학적 물질을 생산하는 기술이다. 지금까지는 주로 의약품 개발에 사용되었지만 나는 이 기술이 산업용 대량 소재 문제를 해결할 수 있는 잠재력이 크다고 믿는다. MIT의 슈광 장Shuguang Zhang 교수와 함께 뼈, 대나무, 손톱, 실크 같은 놀라운 특성을 가진 소재를 청정하고 친환경적인 산업 제조 인프라에 적합한 양과 형태로 만드는 방법을 브레인스토밍한 적이 있다. 예를 들어, 손톱으로 서핑보드를 만드는 것이 가능하다고 상상할 수 있다. 손톱과 발톱을 채취해 만드는 것이 아니라 유기물 재료가 담긴 용기에서 서핑보드를 '재배'한다는 말이다. 엔디는 이제 버섯에서 얻을 수 있는 균사체 섬유로 포장재, 단열재, 건축 자재를 만들 수 있다고 주장하고 있다. 다른 친구 필립 로스Philip Ross는 이 버섯으로 가죽 대용품을 만들고 있으며 이 제품은 상당히 훌륭하다.

또한 터프츠대에서 실크 연구소를 운영했던 친구 피오 오메네토Fio Omenetto도 있다. 그는 루나리아Lunaria annua라는 식물을 연구하고 있는데, 이 식물은 잡초처럼 쉽게 자라면서도 태양광을 반사하는 특성이 있다. 그는 이 식물을 지구의 알베도Albedo를 바꾸는 데 사용할 수 있을 것이라고 상상한다. 나는 그에게 이 식물을 사용해 생분해성 반짝이를 만들어야 한다고 설득하고 있다. 오늘날 반짝이는 플라스틱과 때로는 얇은 금속 층으로 만들어지는데 이는 환경에 해로운 시한폭탄과도 같다. 반짝이는 것을 좋아하는 사람들과 깨끗한 바다를 원하는 사람들을 위해 루나리아 같은 식물의 힘을 빌어 생분해성 반짝이를 만들어야 한다고 생각한다. 나는 이 반짝이를 "물고기를 질식시키지 않으면서도 빛나는 인어 반짝이"라고 부르고 싶다. 물론, 이 이름은 마케팅 용어가 아니라 실험실에서 쓰는 이름이다. 일곱 살 딸아이에게 어떤 이름이 좋을지 물어보겠다.

환경, 코끼리, 고릴라, 물고기, 인어… 이들 모두가 보호받을 가치가 있다. 내가 기후 변화 문제 해결에 뛰어든 이유도 바로 이들을 지키고 싶었기 때문이다. 이들이야말로 세상을 풍요롭고 아름답고 매혹적으로 만드는 존재들이다.

우리는 인류를 구하기 위해 혹은 비인간 생태계를 구하기 위해, 아니면 그 둘 모두를 위해 기후 위기를 해결해야 할지도 모른다. 하지만 그 과정에서 유인원, 돌고래, 북극곰을 잃는다면 그것은 결국 빛바랜 승리일 뿐이다.

전 세계의 연구실과 대학 그리고 기업에서 일하는 나의 동료들과 친구들은 모두 우리가 함께라면 해답을 찾고, 일곱 살과 열한 살짜리 아이들을 위한 전기화된 세상을 만들 수 있다고 확신하고 있다.

우리 모두의 힘을 모아 전기화된 세상으로 나아가자.

부록 A

응, 그건 좋다. 그럼 이건?

기후와 에너지 문제는 매우 복잡한 주제이다. 하지만 나는 독자들이 이러한 세부 사항에 기죽지 않고 이 책의 핵심을 쉽게 이해할 수 있기를 바란다. 부록 A는 바로 이러한 이해를 실전에서 활용할 수 있도록 작성되었다. 독자들은 이 책의 주요 논점과 관련하여 여러 가지 질문을 던질 것이 분명하다. 나는 사람들이 파티에서 대화할 때 쓸 수 있을 정도로 요점을 세밀하게 정리하고자 한다. 물론 각 주제는 그 자체로 책 한 권을 쓸 만큼 복잡하다. 만약 내가 여기서 당신이 가장 좋아하는 주제를 너무 간략하게 다루었거나, 아예 잘못 이해하고 처리했다면, 맥주를 한잔 나누며 쟁점을 놓고 토론할 날을 기대하겠다.

응, 그건 좋다. 그럼 탄소 격리는 어떨까?

탄소 격리 기술은 이 훌륭한 아이디어가 현실화될 수 있다면 이것보다 더 좋은 기술도 없을 것이다. 이 기술이 매력적인 이유는 대기 중에서 배출된 이산화탄소를 다시 흡수할 수 있는 방법만 찾아낸다면 화석연료를 계속해서 사용할 수 있을 것이라는 착각을 불러일으키기 때문이다.

탄소 격리 아이디어는 수백만 년 동안 지구의 균형을 유지해 온 자연적 과정에서 비롯되었다. 나무, 식물, 미생물은 대기 중의 이산화탄소를 바이오매스나 목재와 같은 유용한 산물로 변환하도록 진화해 왔다. 이들은 우아한 화학 반응과 효소의 연속적인 작용을 통해 이를 수행한다. 식물은 잎과 가지를 통해 넓은 표면적을 확보하여 대기 중의 이산화탄소를 흡수하는 데 탁월한 역할을 한다. 지구상의 모든 나무와 풀, 기타 생물학적 기계들은 연간 약 2기가톤^{Gt}의 탄소를 흡수한다. 그러나 우리가 매년 화석연료를 태워 배출하는 이산화탄소는 40기가톤에 달한다. 모든 생물학적 기계보다 20배 더 잘 작동하는 기계를 우리가 만들 수 있을 것이라는 생각은 화석연료 산업이 계속해서 연료를 판매하기 위해 만들어낸 환상에 불과하다.

탄소 격리를 고려할 때 먼저 40기가톤의 이산화탄소가 얼마나 엄청난 양인지 상기할 필요가 있다. 거대한 천칭을 하나 떠올려 보라. 인간이 만들거나 움직인 모든 것들을 한쪽에 올려놓고 우리가 배출하는 모든 이산화탄소를 다른 한쪽에 올린다면 천칭은 이산화탄소 쪽으로 기울게 될 것이다(그림 17.1).

탄소 격리 방법 중 가장 유혹적인 동시에 최악인 방법은 공기 중에서 이산화탄소를 포집하는 것이다. 이 방법은 엄청난 에너지가 필요하다. 이건 마치 아기, 볼링공, 전기 톱, 불타는 횃불을 동시에 저글링하는 것만큼이나 어려운 일이다. 공기 분자 100만 개 중에서 이산화탄소는 약 430개에 불과하다. 이 430개의 분자를 일일이

골라낸 다음 원래는 자연 상태에서 결코 존재하지 않을 형태로 변화시켜야 한다. 예를 들어 액체로 변환하거나 더 나아가 고체로 만드는 것이다. 하지만 이러한 분류와 변환 과정은 막대한 에너지를 필요로 한다. 설사 합리적인 수준의 장치를 만들 수 있다고 해도 그 장치를 운용하기 위해서는 탄소 제로 에너지가 필요하다. 그런데 탄소 제로 에너지를 탄소 격리에 사용하느니 차라리 그 에너지를 직접 우리가 필요로 하는 에너지로 사용하는 것이 낫지 않을까? 탄소 격리 단계를 추가하는 것이 더 복잡하고 비용이 많이 든다는 점을 고려할 때 말이다. 이런 기술이 잘 개발된다면 그것은 예측 불가능한 기적일 것이다. 이 기술은 갖고 싶지만 기술적으로 실현 가능성이 낮고 그 비용을 감당하기도 어려울 것이다. 따라서 정부는 탄소 격리 연구에 자금을 지원할 때 회의적인 시각을 유지하며 합리적인 수준에서만 투자를 해야 한다.

공기 중 CO_2 포집은 마치 대기라는 건초 더미에서 CO_2 바늘을 찾는 보물찾기와 같다. CO_2 분자 하나를 찾으려면 평균 2,500개의 다른 분자와 마주쳐야 한다. 비교해 보면,《월리를 찾아라》시리즈에서 월리를 찾는 것이 훨씬 쉽다. 월리는 각 책에서 대략 1,200~4,500ppm(더 정확하게는 Waldos Per People, WPP)의 농도로 등장하기 때문이다. 대기 중에서 CO_2 분자를 골라내는 일은 월리를 찾는 것보다 10배나 더 어려운 일이다.[1]

좀 더 진지하게 이 주제를 다룬 논문 중 나는 커트 젠즈 하우스 Kurt Zenz House 와 동료들이 작성한 논문이 가장 유익하다고 본다.[2] 하우스는 화학적 원리를 바탕으로 탄소 포집을 분석하며 주변 공기에서 이산화탄소를 비용 효율적으로 격리할 수 있다고 주장하는 사람들에게 매우 높은 기준을 제시하고 있다. 그들의 분석에 따르면 이산화탄소 1톤당 약 1,000달러의 비용이 들며 가장 낙관적인 추정치로도 1톤당 300달러가 소요된다. 이 낙관적인 수치를 적용하더라도 석탄 화력 발전에는 약 30센트/킬로와트시, 천연가스 발전에는 15센트/킬로와트시의 추가 비용이 발생한다.○ 우리는 이런 기술 대신 실제로 효과가 있는 곳에 시간과 돈을 투자해야 한다.

조금 더 나은 방법도 있다. 고농도 CO_2 가스가 나오는 굴뚝에서 이를 포집한 다음 어떻게든 묻어두는 것이다. 화석연료를 사용하는 경우, 굴뚝에서 나오는 배기가스에서 CO_2를 여과해 낼 수 있기 때문에 대기 중에 있는 CO_2를 분리하는 것보다는 더 효과적일 수 있다.

그럴싸해 보이지만 여기에도 아주 심각한 문제가 있다. 화석연료를 연소할 때 우리는 이를 산소와 결합시키는데(이것이 연소 과정이다), 이 과정에서 연소된 연료는 원래의 연료보다 훨씬 더 큰 부피를 가지게 된다(그리고 기체로 변하면서 부피가 더 커진다). 화석연료의 탄소를 다시 땅속의 원래 자리로 되돌리는 것이 탄소 격리의 기본 개념이다. 하지만 이산화탄소를 다시 액체 형태로 압축하는 데는 더 많은 에너지와 비용이 들며 그 부피는 원래 땅에서 추출한 탄소의 부피보다 약 5배나 더 크다. 이는 처음 올라올 때는 주로 탄소였던 것이, 다시 내려갈 때는 많은 산소를 포함한 이산화탄소가 되기 때

○ 2023년 기준, 미국의 가정용 전력 단가는 23센트/킬로와트시이다. 반면, 한국의 경우 여전히 킬로와트시 당 100원, 즉 8센트/킬로와트시 수준이며, 가정용 누진제 최상위 구간에서도 242원/킬로와트시, 즉 19센트/킬로와트시에 불과하다. 이처럼 전력 공급 가격이 낮은 경우, 탄소 포집 비용으로 인한 화석연료 기반 전력의 가격 상승 비율은 더욱 커질 수밖에 없다.-옮긴이

문이다. 사람들은 이 탄소를 다른 지하 저수지나 물의 압력으로 탄소를 담을 수 있는 해저에 저장하자는 제안을 하기도 한다. 그러나 만약 누출이 발생하면, 그동안의 모든 노력이 물거품이 되고 만다.

탄소 격리는 경제적으로도 문제가 있다. 재생에너지는 이미 세계 대부분의 에너지 시장에서 석탄 및 천연가스와 경쟁하고 있다. 따라서 탄소 격리로 인해 발생하는 추가 비용은 화석연료의 경쟁력을 약화시킬 것이다. 탄소 격리에 드는 비용이 곧 화석연료의 종말을 알리는 조종弔鐘이라고 봐도 무리가 없다.

굴뚝에서의 탄소 격리는 그 자체로도 좋지 않은 아이디어이다. 그러나 화석연료 업계는 대중이 자동차, 고로, 주방 가스레인지에서 나오는 더 희석된 배출물 포집이라는 더 나쁜 아이디어와 굴뚝 격리를 혼동하는 것을 기꺼이 받아들인다. 이러한 더 분산된 배출원들은 미국의 700만 킬로미터에 달하는 천연가스 파이프라인 망과 2억 6,000만 개의 차량 배기구, 그리고 수많은 고로와 주방 가스레인지에서 발생한다. 이러한 배출원으로부터 이산화탄소를 포집해 대기 중으로 배출되지 않는 형태로 변환하는 것은 상상하기조차 어려운 일이다.

화석연료 업계가 탄소 격리를 통해 화석연료를 계속 사용할 수 있다고 주장하는 데는 단지 지금처럼 돈을 벌기 위해서만이 아니라 더 강력한 이기심이 숨어 있다. 포집된 이산화탄소를 지하에 주입하면 더 많은 화석연료를 끌어올릴 수 있기 때문이다. 실제로 지금까지 인류가 격리한 이산화탄소의 대부분은 석유 및 화석연료 회수를 촉진하는 데 사용되었으며, 결과적으로 격리 기술은 화석연료에 대한 의존을 더욱 강화시키는 역할을 해왔다. 탄소 격리는 결국 형편없는 아이디어를 바탕으로 수상한 크림을 덕지덕지 발라 만든 다층 케이크와 같아서 비싸기만 한 물건일 뿐이다.

그러므로 이런 케이크는 내다 버리는 것이 상책이다.

좋다. 그럼… 천연 가스는?

천연가스? 에너지 업계의 유기농 케일처럼 들리는 말이다. 하지만 '천연'이라는 이름에도 불구하고 천연가스는 대량의 메탄에 에탄, 프로판, 부탄, 펜탄이 약간 섞여 있는 가스일 뿐이다. 천연가스가 연소되면 다른 화석연료와 마찬가지로 이산화탄소, 일산화탄소, 그리고 기타 탄소, 질소, 황 화합물들을 대기 중으로 방출해 지구 온난화와 지역적 대기 오염을 일으킨다. 천연가스를 청정에너지로 가는 '징검다리 연료'로 홍보하는 이들은 혼란을 야기해 이익을 얻으려는 사람들이다. 석탄이 더러운 연료로 더 많은 온실가스를 배출하는 것은 사실이지만 천연가스도 메탄의 누출로 인한 지구 온난화 효과를 고려하면 다를 바 없다. 천연가스가 징검다리라면 그것은 무너지고 있는 다리이다. 우리는 그 다리를 천연가스로 불태워 청정에너지 미래로 가는 길을 막아버렸다.

으음, 그렇다면…
지층 수압 파쇄법은 어떻게 봐야 할까?

지층 파쇄법, 또는 지층 수압 파쇄법은 유정에 구멍을 뚫고 높은 압력으로 액체를 지층 속에 밀어 넣어 주변 암석을 파쇄함으로써 가스 및 기타 탄화수소를 더 쉽게 추출할 수 있게 하는 기술이다. 이 기술과 함께 수평 시추법의 혁신적 발전은 역사적으로 매우 부적절한 시점에 미국이 천연가스를 값싸게 공급할 수 있게 해주었다.

파쇄법은 채굴 현장에서 직접 메탄을 대기 중으로 방출하는데 메탄은 강력한 온실가스이기 때문에 석탄 대신 천연가스를 태워 얻는 이득을 상당 부분 상쇄시킨다. 이 메탄은 배관망에서도 누출된다. 이 외에도 지층 파쇄법에는 대수층 오염, 지질학적 불안정성으로 인한 지진 발생 등 여러 중대한 문제가 있다. 무엇보다도 이 기술은 태양열, 풍력, 원자력, 양수 발전, 전기차, 히트펌프 등 탄소를 배출하지 않는 에너지원에 집중해야 할 시기에 큰 혼란을 초래하고 있다.

에, 또… 지구 공학을 활용한다면?

인류는 이미 지구 공학으로 지구를 개조했다. 다만 지구를 가열하고 지구의 허파를 파괴하는 나쁜 방향으로 하고 있을 뿐이다. 지금까지 화석연료를 태워온 것이 바로 지구 공학이며 이로 인해 기후 위기가 초래되었다. 이제 중요한 질문은 좋은 방향으로 지구 공학을 활용할 수 있느냐는 것이다.

지구 공학은 탈탄소화 전략이 아니다. 이는 CO_2 배출량 감축을 포기한 상태에서도 지구의 온도를 제어하려는 시도이다. 지구 공학을 연구해야 한다는 초창기의 주장은 사람들이 기후 위기에 별다른 관심을 가지지 않을 경우를 대비해야 한다는 논리에 기반을 두고 있었다. 그 결과 이제 우리는 기후 위기를 완화하기 위해 사용할 수 있는 여러 가지 지구 공학적 방법을 알고 있다. 이러한 방법들은 대부분 태양에서 지구로 들어오는 에너지 흐름을 관리하는 데 초점을 맞추고 있다. 거대 우주 거울, 대기 중 반사 입자 살포, 인공 구름 생성 등이 그 예이다. 아마 다들 한번쯤 들어보았을 것이다. 그러나 지구처럼 복잡한 생태계에서는 이러한 방법들이 의도하지 않은 부작용을 초래할 수 있다.

지구 공학을 받아들이게 되면 우리는 결국 미래의 지구 공학적 해결책에 영원히 의존하게 될 것이다. 이는 마치 정크 푸드를 계속 먹으면서 비만 해결책으로 지방흡입술을 선택하는 것과 다를 바 없다. 설령 지구 공학이 효과가 있다고 해도 이 책에서 제안하는 더 깨끗하고 나은 해결책을 뒷전으로 미뤄서는 안 된다.

공학을 이용한 기후 통제는 해결하기 어려운 갈등을 초래한다. 대체 누가 지구의 적정 온도를 설정할 수 있을까? 저지대 섬 주민과 산호초 보호론자일까? 아니면 기후 변화로 혜택을 받을 것으로 예상되는 북유럽 국가들일까? 지구 공학은 환경적, 사회적, 정치적으로 의도하지 않은 결과를 초래할 가능성이 매우 크다.

지구 공학 계획을 연구하는 것은 좋은 생각이다. 이는 지구 시스템을 더 잘 이해하는 데 도움이 되기 때문이다. 그러나 지구 공학은 현실적이거나 영구적으로 의존할 수 있는 해결책이 아니다. 게다가 이미 문제를 해결할 수 있다고 알려진 다른 기술들에 할당될 자원을 빼앗아 갈 위험도 있다.

음… 그러면 수소는?

많은 사람들이 수소가 탈탄소화의 길을 열어줄 것이라고 믿는다. 그러나 수소는 1차 에너지원이 아니다. 수소는 자연에서 발견되는 물질이 아니며 기체 연료 형태의 배터리에 불과하다. 화석연료 산업이 수소를 중요한 에너지원으로 선전하는 이유는 현재 판매되는 수소의 대부분이 실제로 천연가스 산업의 부산물이기 때문이다. 지구상에 자연적으로 존재하는 기체 수소는 극히 적다. 무탄소 수소를 만들어 저장하려면 먼저 전기를 이용해 전기 분해라는 화학적 과정을 거쳐야 하는데 이는 에너지 효율이 낮다. 이렇게 만든 수소 가스를 포집하고 압축해야 하며 이 과정에서 약 10~15%의 에너지가 손실된다. 사용 시에는 다시 가스의 압축을 풀고 이를 연소하거나 연료전지를 통과시켜야 한다. 이 모든 과정에서 에너지가 점점 더 손실된다.

배터리로서의 수소는 그다지 뛰어나지 않다. 처음에 넣은 전기 1단위당 최종적으로 얻는 전기는 아마 50%도 되지 않을 것이다. 이를 "총 효율round-trip efficiency"○이라 한다. 참고로 화학 배터리는 일반적으로 총 효율이 95%에 달한다. 이는 수소로 세상을 돌아가게 만들기 위해서는 현재의 두 배에 달하는 전기를 추가로 생산해야 한다는 의미이며 이는 그 자체로 엄청난 도전이다.

독일과 일본이 수소에 많은 투자를 한 이유는 이들 국가가 천연가스를 국내에서 생산할 수 없고 휘발유 수준의 에너지 밀도를 가

○ "총 효율"은 에너지 저장 시스템에서 입력된 에너지 대비 출력된 에너지의 비율을 의미하는 용어이다. 간단히 말해, 에너지를 저장하고 다시 사용할 때 얼마나 많은 에너지가 실제로 회수되는지를 나타낸다.-옮긴이

진 대체물을 원했기 때문이다. 이론적으로 수소는 휘발유보다 킬로그램당 에너지 밀도가 약 3배 높다(44MJ/kg 대 123MJ/kg). 그러나 수소를 활용하려면 이를 압축한 뒤 다양한 합금으로 만든 비싼 탱크에 저장해야 한다. 이 탱크의 무게는 수소 자체보다 훨씬 더 무겁다. 탱크까지 계산에 넣으면 수소의 에너지 밀도는 휘발유 대비 약 4분의 1에 불과하며, 배터리보다 조금 더 에너지 밀도가 높다는 정도의 이점이 있을 뿐이다.

참고로 나는 더 나은 압축 천연가스와 수소 탱크를 만드는 볼루트Volute 라는 회사를 창립했다. 이 기술은 현재 두 산업 모두에 라이선스가 부여되어 있어서 이른바 수소 경제에서 큰 이익을 얻을 수 있다. 그럼에도 불구하고 나는 수소가 결국 틈새 시장에 그칠 것이라고 확신한다. 물론 틈새 시장의 규모에 대해서는 논의해 볼 필요가 있다. 예를 들어 수소는 제철 공정에서 필요한 고온 가스로 활용되어야 하며 일부 운송 수단의 문제를 해결하는 데에도 기여할 수 있다.

결국 수소는 쓸모를 찾을 것이다. 하지만 그것이 단 하나의 정답이라고 말할 수는 없다.

아아, 그런데… 탄소세를 부과한다면?

탄소세는 그 자체로는 해결책이 아니다. 탄소세는 다른 해결책들이 더 경쟁력을 갖추도록 하기 위한 시장 조정 수단이다. 이 제도는 이산화탄소의 가격을 서서히 올려 화석연료의 경쟁력을 떨어뜨리는 것을 목표로 한다. 이론적으로 탄소세가 충분히 높아지면 모든 화석연료의 가격이 다른 일부 대안들보다 비싸지게 되고, 그러면 완벽하게 합리적인 시장은 그보다 저렴한 청정에너지를 선택하게 될 것이다.

탄소세는 1990년대에 도입되었다면 충분히 효과적일 수 있었겠지만 지금 우리가 필요로 하는 100% 비非화석연료 채택률을 달성하려면 탄소세를 매우 빠르게 인상해야 한다. 그러나 이는 시행이 어렵고 저소득층에 가장 큰 타격을 주는 퇴행적 정책이 될 가능성이 크다.

화석연료 보조금을 없애는 것이 아마 더 효과적일 것이다. 많은 시장에서 이 조치는 탈탄소 대안에 유리한 방향으로 저울을 기울게 할 것이다. 사실 탄소세를 시행할 정치적 의지가 생길 때쯤이면 배터리와 결합된 재생에너지가 화석연료보다 더 저렴해질 가능성이 높다.

탄소세는 탈탄소화가 매우 어려운 분야를 변화시키는 데 유용할 수 있다. 그러나 가정 난방을 히트펌프로 전환하거나 내연기관 자동차를 전기차로 전환하는 데 필요한 속도를 달성하기에는 충분히 빠르지 않을 것이다.

흐음, 그럼…
뭔가 기적적인 기술은 불가능할지?

"기적"이라고 불릴 만한 기술로는 핵융합, 차세대 핵분열, 태양광 직접 정류°, 공중 풍력에너지, 고효율 열전 소재, 초고밀도 배터리 등이 있다. 그리고 우리가 아직 상상할 수 없는 다른 기술들도 있다. 이 모든 기적의 기술들은 탈탄소화에 다양한 방식으로 도움을 줄 것이며 미국은 이러한 기술들을 연구 주제로 삼아 계속 투자해야 한다. 잘 관리한다면 이들 중 일부는 현실이 될 수 있다. 그러나 기후 위기를 해결하기 위해 남은 시간이 너무 짧기 때문에 기적이 일어나리라 믿으며 미래를 설계하는 것은 어리석은 일이다. 이러한 야심 찬 기술을 개발하고 널리 보급하려면 수십 년이 걸리며 우리에게는 그 수십 년을 기다릴 시간이 없다.

진정한 기적은 이미 우리 눈앞에 있다. 태양과 풍력이 현재 가장 저렴한 에너지원이 되었고, 전기차가 내연기관 자동차보다 우수하며, 전기 복사 난방이 기존 난방 시스템보다 더 따뜻하고 편안하다. 그리고 인터넷은 미래 전기 네트워크의 연습용이자 청사진으로 활용되고 있다.

후, 어… 그럼 기존 유틸리티는 어떻게 되나?

유틸리티는 자연스럽게 탈탄소화 전쟁을 이끌 리더가 될 만하다. 다음 다섯 가지 이유에서다. (이 점을 지적해 준 헬 하비 Hal Harvey °°에

○ "태양광 직접 정류 direct solar rectification"는 태양광에너지를 직접 전기로 변환하는 기술을 의미한다. 이론적으로는 태양광을 바로 고주파 전자기파로 변환한 후 이를 전기로 직접 변환할 수 있는 가능성을 탐구하는 개념이다. 이 기술은 단지 연구 중이거나 초기 구상 단계에 있다.-옮긴이

○○ 헬 하비는 에너지와 환경 정책 분야에서 활동하는 전문가로 기후 변화, 에너지 효율성, 재생에너지 등의 문제를 다루며 중요한 기여를 해왔다. 그는 클라이밋웍스 재

게 감사한다.) 100% 시장 침투율, 100% 청구 효율성, 수용가의 전기 사용 방식에 대한 100% 지식(물론 파악하려고 할 경우에만), 저금리로 자본을 조달할 자격, 모든 지역에 조직이 깔려 있을 정도로 놀라운 지역 침투력을 가지고 있기 때문이다.

다만 전기 사업보다 천연가스 사업을 우선시하는 유틸리티에 대해서는 주의해야 한다. 만약 당신이 진정으로 변화를 원한다면 주의 유틸리티 위원회 위원으로 선출되어 위원회를 올바른 방향으로 이끄는 것이 좋을 것이다.

아, 그럼… 에너지와 관련이 없는 배출은 어떻게 해야 할까?

이 책은 주로 미국 에너지 시스템에서 발생하는 온실가스 배출을 다룬다.[3] 이는 미국 전체 온실가스 배출의 약 85%에 해당하는 압도적인 부분이다. 나머지 배출량은 농업, 토지 이용 및 임업, 그리고 화석연료 연소가 아닌 산업 공정에서 발생한다. 이 책에서 제안하는 방법에 따라 대응하면 산업 공정에서 발생하는 배출의 상당 부분을 해결할 수 있으며 나머지 두 배출원에서도 일부 효과를 볼 수 있다. 에너지 공급을 탈탄소화하는 것이 우리가 해야 할 일의 85%이다. 나머지 15%는 합성육 생산, 끔찍한 수준의 냉매 배출이 없는 냉방, 그리고 CO_2 배출 없이 수소를 이용한 알루미늄 및 철강

단 ClimateWorks Foundation의 창립자이자 CEO였으며, 또한 에너지 이노베이션 Energy Innovation의 CEO로 활동하면서 에너지 정책과 기후 변화 대응 전략을 개발하고 실행하는 데 주력하고 있다. -옮긴이

생산 등의 방식으로 해결할 수 있다.

1장에서 언급했듯이 우리가 85%에 전념한다면 나머지 15%에 집중하는 똑똑하고 열정적인 사람들 역시 그들의 역할을 다할 것이다.

좋다, 이젠 농업을 짚어보자

농업에 의존하는 미 중부 내륙 지역의 창의성에 불을 붙일 필요가 있다. 단일 재배 시스템은 여러 면에서 해롭다. 이를 탄소를 격리하고 토양을 치유하며 강, 하구, 바다를 오염시키는 농약과 비료의 유출을 방지하는 농업으로 대체해야 한다. 미국은 광범위한 지역에 세계적 수준의 랜드그랜트 대학 시스템Land-Grant University System◦을 갖추고 있으므로 이들의 연구에 희망을 걸어보자.

음, 고기, 고기는 어떻게 하면 될까?

채식주의자들이 지적하듯, 육류 소비에는 여러 문제가 있다. 첫째, 사료를 재배하는 데 필요한 땅의 면적이 막대하다. 또한 소나 양 같은 반추동물은 이산화탄소보다 훨씬 강력한 온실가스인 메탄을 배출한다. 고기를 덜 먹는 것은 소비자가 기후에 미치는 영향을

◦ 랜드그랜트 대학 시스템은 1862년 모릴 법Morrill Act 에 의해 설립된 미국의 대학들로, 농업, 과학, 공학 등의 실용적인 학문 교육과 연구를 목적으로 한다. 이 대학들은 특히 농업 분야에서 중요한 연구와 확산 활동을 통해 미국 전역에서 지속 가능한 농업 발전에 기여하고 있다. 대표적인 대학으로는 코넬 대학교, 미시간 주립 대학교, 캘리포니아 대학교 데이비스 등이 있다.-옮긴이

줄이기 위해 취할 수 있는 가장 쉬운 결정 중 하나이다. 그러나 그것만으로는 기후 문제를 해결할 수 없다. 인프라 차원에서도 전환이 필요하다. 가끔 육류를 소비하는 것 자체는 문제가 아니지만 이를 뒷받침하기 위해서는 더 나은 토지 관리와 저탄소 농업 대안이 필요하다. 내 오랜 친구 데이비드 맥케이는 스코틀랜드에서 태양에너지를 가장 잘 활용하는 방법이 양을 키워서 먹는 것이라고 농담하곤 했다. 육식이 완전히 사라질 필요는 없지만 미국인들은 자신의 식단이 기후에 미치는 영향을 더 의식할 필요가 있다.

그렇다, 그럼 … 제로 에너지 빌딩은 어떨까?

독일의 에너지 고효율 주택인 '패시브하우스^{Passivhaus}'처럼 순 에너지 투입이 전혀 필요 없는 구조를 가진 극단적으로 효율적인 주택을 건설하는 것은 좋은 아이디어이다. 그러나 물질과 에너지 흐름이 매우 복잡하기 때문에 정확히 무엇이 "순 에너지 투입이 없는" 상태인지를 추적하는 것은 논쟁의 여지가 있다. 충분히 좋은 패시브하우스라면 히트펌프 난방도 필요 없다는 주장이 있을 수 있다. 하지만 우리는 앞으로 지을 주택뿐만 아니라 기존 주택에도 적용할 수 있는 해결책이 필요하다. 미국에서는 매년 전체 주택의 약 1%만이 신축된다.

이런 주택들은 어떻게 지어지든 매우 드문 사례가 될 것이다. 미국의 주택 중 약 2%만이 건축가에 의해 직접 설계되고 건축되며, 대부분의 주택은 건설업자가 일반적인 설계도에 따라 짓는다. 나는 패시브하우스와 같은 건축 계획들을 효율적인 주택 건설이나 리모델링을 위한 훌륭한 아이디어를 담은 도서관이라고 생각한다. 우리 모두, 특히 건축가와 건축업자들은 이러한 아이디어를 받아들여 더 나은 주택을 더 많이 창출해야 한다.

주택 에너지 절감에 더 큰 영향을 미칠 수 있는 것은 더 작고 단순한 주택에서의 생활이 더 바람직하다는 문화적 변화일 것이다. 이동식 주택은 이러한 변화의 선두에 설 수 있다. 현재 이동식 주택은 낮게 평가되지만 기존 주택보다 탄소 발자국이 적고 현대적인 탈탄소화 가정 인프라를 빠르게 채택할 수 있는 주거 방식이 될 수 있다.

후, 그런데… 미국 말고 다른 나라들은 신경 쓰지 않아도 될까?

미국의 현재 배출량은 전 세계 연간 배출량의 약 20%에 해당한다. (역사적으로는 더 많은 양을 배출했다.) 많은 사람들은 나머지 80%를 언급하며 미국이 탈탄소화에 신경 쓸 필요가 없다고 주장한다. 이제는 중국이 미국보다 더 많은 배출을 하고 있으며 설령 중국이 배출을 줄이더라도 사우디아라비아, 인도, 아프리카 등이 대기하고 있다는 것이다. 그러나 모두가 이러한 패배주의를 택하면 그 순간 모든 것이 끝이다. 희망은 미국의 지도력에 있다. 미국이 앞서 나가면 다른 나라들도 그 경제적 이득을 보고 미국을 따르게 될 것이다. 그렇게 되면 미국은 21세기의 주요 산업을 장악할 수 있을 것이다.

희망찬 이야기다…
그럼 배터리를 충분히 만들 수 있을까?

물론 막대한 양의 배터리가 필요할 것이다. 그러나 지금 미국이 보유한 제조업 역량을 감안하면 불가능한 일은 아니다. 앞으로 20년에 걸쳐 2억 5,000만 대의 개인용 가솔린 차량을 전기차로 교체하려면 1조 개 이상의 배터리, 또는 매년 약 600억 개의 18650 배터리가 필요하다(18650은 지름 18밀리미터, 길이 65밀리미터의 원통형 배터리로, 손전등용 AA 배터리보다 약간 더 크다). 이는 오늘날 전 세계에서 제조되는 900억 개의 총알과 비슷한 양이다. 우리에게 필요한 것은 총알이 아니라 배터리다.

하하, 그런데… 항공은 어떻게 봐야 할까?

항공 교통은 시간 측면에서는 가장 집약적으로 에너지를 소비하는 방법이지만 이동거리 측면에서는 평범한 수준이다. 승객 1명이 1km°을 이동할 때마다 들어가는 에너지 양은 승용차로 0.7인·km이동할 때 필요한 에너지 양과 비슷한 수준이다. 물론 비행기는 승용차를 탈 때보다는 멀리 갈 때 타는 것인 만큼, 비행 횟수를 줄이는 건 개인이 자신의 에너지 발자국을 줄이기 위해 할 수 있는 가장 효과적인 방법이다.

전기화가 진행된 미래에는 모터의 출력과 배터리의 전력 밀도가 증가함에 따라 단거리(800킬로미터 이하) 비행은 전기로 가능할 것

○   수송업의 관례에 따라 이 단위를 이하 1인·km로 표기한다.—옮긴이

이다. 장거리 비행은 충분한 비행 거리를 확보하기 위해 바이오연료를 사용할 것이다. 미국의 여객 및 화물 비행에는 약 330억 리터의 에너지가 필요하며, 군용 항공기에는 추가로 약 160억 리터가 필요하다. 미국은 약 3,300억 리터의 바이오연료를 생산할 수 있어 비행에 필요한 연료를 충분히 충당할 수 있을 것이다. 이 외에도 건설 및 채굴 장비 등 전기를 공급하기 어려운 분야에는 추가로 330~660억 리터가 필요하다.

전기 항공기 회사를 운영하는 친구들은 비행 자동차에 대해 매우 낙관적이다. 또 다른 동료는 정확히 시속 130킬로미터를 넘는 속도부터는 차를 지상에 유지하는 데 드는 에너지가 비행하는 것보다 더 많이 필요하다고 주장한다. 즉, 차의 타이어와 지면 사이의 마찰로 인해 많은 에너지가 소모된다는 것이다. 소형 전기 항공기의 1인 이동거리당 에너지 효율이 전기차와 비슷할 것이라는 주장도 일리가 있다. 하지만 이는 몸만 탑승해 비행할 때나 가능한 얘기이고 많은 짐을 실으면 상황이 달라진다. 게다가 모두가 빠르게 날아다닐 수 있게 된다면 더 많은 비행을 하게 될 것이고, 그 결과 추가적인 이동으로 인해 전기화로 얻은 이익은 사라져 버릴 것이다. 결국, 소형 전기 항공기는 억만장자들의 영역으로 남을 것이다.

허허, 그러면…
자율주행차는 어떤 효과를 가져올까?

대중의 상상을 사로잡은 기술 중에서 하늘을 나는 자동차와 쌍벽을 이루는 것이 바로 자율주행 자동차이다. 자율주행차를 통해 이익을 얻으려는 이해 당사자들은 말할 것도 없다. 많은 사람들은 자율주행차가 교통량을 줄이고 배기가스 배출도 감소시킬 것이라고 주장한다. 그러나 이는 거의 사실이 아니다. 자율주행차와 유사한 개념으로 운전기사가 딸린 차를 생각해 볼 수 있다. 사람들이 운전기사가 있는 차량을 이용했을 때 더 많은 거리를 주행하게 되었고, 가끔은 좋아하는 샌드위치를 사오도록 이 "자율주행차"를 도시 반대편까지 보내기도 했다.[4] 자율주행차는 거의 확실하게 차량 주행거리를 폭증시키는 기술이 될 것이다.

운송 업계에는 "회송 거리"라는 개념이 있다. 이는 차량이 승객 없이 주행한 거리를 승객을 태우고 주행한 거리로 나눈 비율을 의미한다. 택시의 경우 이 비율은 약 1.7이다. 즉, 승객을 1킬로미터 이동시키기 위해 차량은 1.7킬로미터를 주행해야 한다는 뜻이다. 우버^{Uber}와 리프트^{Lyft}가 택시 업계에 혁신을 가져오면서 이 비율을 약 1.4까지 낮추는 데 성공했다. 이는 자율주행차가 널리 보급될 경우 일어날 상황을 대변한다고 할 수 있다. 우리가 지금과 같은 장소로 이동하더라도, 차량 주행거리는 약 40% 증가할 것이다. 솔직히 말해 자율주행 기술은 실리콘밸리가 기후 위기를 무시한 채 내놓은 또 하나의 사기일 뿐이다.

하, 그럼… 원자력의 위험성은?

미국은 원자력 분야에서 세계를 선도해 왔다. 미국 해군은 세계에서 가장 많은 소형 원자로를 운영하고 있으며 완벽한 안전 기록을 자랑한다. 원자력은 전기화의 한 형태로, 지구 온난화와 맞서 싸우기 위한 계획과도 잘 맞아떨어진다. 현재 원자력 발전은 약 100기가와트의 매우 안정적인 전력을 미국 전력망에 공급하고 있다. 이 양을 유지하거나 야심 차게 증가시킨다면 기후 문제 해결이 더욱 쉬워질 것이다. 오늘날의 추정에 따르면 원자력의 비용은 풍력 및 태양광의 두 배 정도에 달하지만 대부분의 원자력 발전소가 50년 전에 설계되었음을 고려할 때 공학적 발전을 통해 이 비용을 크게 줄일 수 있을 것이다.

원자력이 건강에 미치는 영향은 잘 연구되어 있으며 원자력이 우리가 흔히 생각하는 만큼 위험하지 않다는 점이 밝혀졌다. 그러나 해변에서 상어에게 급습당할 수 있는 위험에 대한 두려움처럼, 방사능 누출과 같은 낮은 확률의 치명적 사건에 대한 공포가 사람들을 두렵게 한다. 유카 마운틴$^\circ$ Yucca Mountain과 같은 전용 인프라를 구축하면 이러한 확률을 더욱 낮출 수 있지만, 지난 40년간 정책 입안자들은 이러한 인프라에 투자하도록 사람들을 설득하는 데 충분히 성공하지 못했다. 방사성 폐기물 관리에 획기적인 진전이 없는 한 원자력은 여전히 해결하기 어려운 정치적 쟁점으로 남을 것이다.

○ 미국 네바다주의 산. 주변에 쇼쇼니족 등 유목 인디언 부족이 있고, 미공군의 광대한 토지가 자리한다. 1987년 사용후핵연료를 비롯한 방사성폐기물 저장소로 지정되었으나 장기간의 논란 끝에 오바마 행정부에서 폐기 계획이 백지화되었다. 단, 상당한 준비가 있던 터라 이후에도 논란은 지속되고 있다. - 옮긴이

모두 좋다,
이제 그럼… 나무를 키워 보는 건?

좋은 말이다. 당연히 그렇게 해야 한다. 적어도 1조 그루는 심어야 한다. 삽을 들 시간이다. 나무를 심기에 가장 좋은 때는 30년 전이다. 두 번째로 좋은 때는 바로 지금이다. 손자들이 오를 나무 한 그루를 심어라. 아니, 한 그루가 아니라 3만 그루를 심는 것도 좋다.

부록 B
우리 각자는 변화를 만들기 위해 무엇을 할 수 있나?

이제 우리 각자가 할 일을 살펴볼 시간이 왔다. 여러분의 행성이 여러분을 위해 무엇을 해줄 수 있는지가 아니라 여러분이 우리의 행성을 위해 무엇을 할 수 있는지 물어볼 때다. 모든 사람에게 각자의 역할이 있다.

첫 번째로 중요한 역할은 시민으로서의 역할이다. 정치적 활동을 통해 변화를 만들어내고, 21세기의 도전에 맞서 21세기에 걸맞은 해결책을 찾아야 한다. 많은 것이 변할 것이다. 그러나 진정 중요한 것들은 잊지 말아야 한다. 기후 위기를 해결하려면 예상치 못한 연합이 필요하다. 도시와 농촌, 정부와 기업, 공화당 주와 민주당 주, 흑인과 백인, 정규직과 긱^{Gig} 일자리, 젊은이와 노인 등 모든 계층의 다양한 사람들이 협력해야 한다.

투표권이 있다면 기후 변화를 진지하게 받아들이는 정치인에게 투표해야 한다. 그런 정치인을 지지한다면 그들이 이 책에서 말하는 야심 찬 계획을 실행할 수 있을 것이다. 그렇지 않으면 다음 100년은 매우 암울할 것이다. 코로나19 팬데믹이 상기시켰듯, 멀리 있는 것처럼 보이는 위협이 예상보다 훨씬 빠르게 닥칠 수 있다. 전문가들의 경고에도 불구하고 팬데믹이 멀리 있는 일처럼 느껴졌던 것처럼, 훨씬 더 큰 위기가 다가오고 있다. 준비를 시작할 시기는 이미 지났다.

팬데믹과 같은 사건은 기존 경제에 타격을 줄 수 있지만 새로운 경제로 전환할 기회이기도 하다. 예측은 가능하지만 계획한 적은 없는 재난으로 계속 휘청거릴 현재의 경제를 유지할 수도 있다. 그러면 21세기 중반에 이르면 기후 변화로 인해 코로나19가 피크닉처럼 느껴질 만큼 끝없이 재난이 이어질 것이다. 하지만 지금 깨닫고 더 나은 미래를 위해 노력한다면, 기후 대응 프로젝트는 더 많은 사람들을 더 좋은 일자리에 고용하는 새로운 미국 경제의 토대가 될 것이다.

아직 투표권이 없다면, 시위를 통해 여러분의 목소리를 내야 한다. 청소년 기후 파업은 훌륭한 출발점이다. 여러분의 미래를 빼앗고 있는 어른들과 산업계를 상대로 소송을 제기하는 것도 고려해 볼 만하다. 분노하고 창의적으로 대응하라. 그리고 그 과정에서 재미를 잃지 말고 뜻을 같이하는 사람들과 깊은 우정을 쌓아라. 펜스에 몸을 묶어 시위할 수도 있고, 옆에 있는 열정적인 활동가와 사랑에 빠질 수도 있다.

소비자로서, 작은 결정에 너무 집중하지 말라. 물론 플라스틱을 줄이기 위해 샴푸를 대량으로 구매하거나 천연 소재로 된 옷을 사는 것도 좋다. 그러나 가장 중요한 것은 큰 구매 결정이다. 다음에 차를 산다면 반드시 전기차를 선택해야 한다. 집을 태양열로 가동할 수 있도록 가능한 모든 일을 해야 한다. 집을 살 계획이 있다면 작은 집이나 이동식 주택을 고려하라. 특히, 집을 대형 배터리로 만들어 그리드에 전력을 돌려줄 수 있는 투자는 기후 변화에 큰 영향을 미칠 것이다.

농부라면, 농업을 새롭게 상상할 수 있는 엄청난 기회가 주어졌다. 미국의 농부와 그들의 생산적인 토지는 전 세계 기후 대응 성공의 중심에 있다. 우리의 토지를 더 생산적으로 만들고, 토양에서 탄소를 흡수할 방법을 찾아야 한다.

엔지니어라면, 당신이 할 일이 많다. 전기화된 미래의 세부 사항을 설계하고, 새로운 전력망을 디자인하며, 더 안정적이고 경제적인 시스템을 만들어야 한다. 마지막 몇 퍼센트의 효율까지 짜내는 것이 당신의 임무이다.

법률가라면, 화석연료 관련 기업에 소송을 제기하거나 기후 변화 대응을 저해하는 지역 조례나 건축법을 신속하고 저렴하게 개정하는 데 힘써야 한다.

작은 기업을 운영하는 사람이라면, 경쟁사보다 더 친환경적이고 청정한 제품을 만들어 시장에서 차별화해야 한다. 모든 미국인이 원하는 제품을 만들어 기후 위기를 극복하라.

학교나 자격 교육 과정을 운영하는 사람이라면, 더 많은 실습 수업과 실용적인 기술 훈련이 필요하다. 미래를 건설하는 데 필요한 기술을 갖춘 인재를 양성하는 것이 중요하다.

디자이너라면, 누구도 다른 제품을 사고 싶지 않을 만큼 아름답고 직관적인 전기 제품을 만들고, 교통수단을 재정의하는 전기차를 디자인하며, 포장이 필요 없는 제품을 만들어보라. 또한, 가보로 삼을 만한 품질의 제품을 디자인하라.

노조 지도부라면, 일자리 상실에 대한 두려움이 탄소 없는 경제에서 창출될 엄청난 일자리를 가로막지 않도록 해야 한다. 환경 로비스트들과 협력해 일자리 배치, 임금 승계, 재교육 프로그램 등을 보장받아야 한다. 노동이 없으면 경제적 전환은 불가능하다.

교사나 교수라면, 학생들에게 세대 간 부담의 불균형을 명확히 전달하고 과학과 정의를 가르치며 학생들이 활동가로 성장할 수 있도록 영감을 주어야 한다. 무엇보다도, 우리 스스로가 구원자가 되어야 한다는 점을 학생들이 이해할 수 있도록 도와야 한다.

시인이나 예술가라면, 지구를 향한 러브레터가 지금 우리에게 절실히 필요하다. 세상의 아름다움으로 우리에게 영감을 주어 이 세상과 서로를 감사하게 여기도록 역할을 해달라. 그리고 우리가 올바른 질문을 던질 수 있도록 도와달라.

투자자라면, 무탄소 미래를 위해 노력하는 기업에 투자하라. 화석연료에서 벗어나고 욕심을 줄여야 한다. 지구가 파괴된다면 이 익은 아무런 의미가 없음을 기억하라.

전기 기술자라면, 앞으로 가장 바쁜 시기를 맞이하게 될 것이다. 이제 친구들에게 기술을 전수하고 아이들을 가르쳐라.

지붕공이라면, 태양광 패널 설치 기술을 익혀야 한다. 수요가 크게 늘어날 것이다.

시간제 근로자라면, 재생에너지 경제를 지지하라. 당신의 임금이 오르고 더 좋은 일자리가 창출될 것이다.

건설이나 리모델링 업계에 종사한다면, 천연가스를 사용하지 않고 태양광으로 운영되는 건물로 전환하도록 고객에게 권장하라. 주택을 효율적으로 운영할 수 있도록 히트펌프와 배터리 설치 기술을 익혀야 한다.

건축가라면, 지금이야말로 건물의 잠재력을 극대화하는 새로운 건축 방법을 전파할 적기이다. 건물의 옥상을 더 평평하고 태양을 향하도록 설계하라(북반구에서는 남향). 에너지 효율이 높은 주택을 설계하고 가벼운 재료와 건축 방법을 도입해야 한다. 건물이 이산화탄소를 순 배출하는 대신 순 흡수하는 방법을 찾는 것도 중요한 과제이다.

기업가라면, 청정에너지 분야에서 10억 달러 규모의 회사를 창립해 에너지 경제의 0.5%를 해결하라. 여러분 중 200명만 성공하면 된다.

의사나 의료 전문가라면, 공해와 화석연료가 사람들에게 미치는 치명적인 영향을 큰 소리로 명확하게 알려달라. 화석연료로 인한 호흡기 질환과 암이 얼마나 많은 생명을 앗아가는지 강조하라. 깨끗한 에너지로 전환하면 공중 보건이 크게 개선될 것이다.

기계공이라면, 전기차$^{hot\text{-}rod}$ 제작에 나서라. 사람들은 결국 엔진이 아니라 차의 외형에 반하는 것이다.

생물학자라면, 장거리 비행 등 풍력, 태양광, 원자력으로 가동하기 어려운 분야를 위한 바이오연료와 바이오 소재 개발에 기여하라.

이른바 테크 업계 종사자라면, 이제 소셜 미디어나 배달 앱 개발을 멈추고 사람들이 에너지를 덜 사용하도록 돕는 소프트웨어를 만들어야 한다. 그리드를 안정적으로 운영하고, 태양광 및 풍력 발전소의 설계를 자동화하며, 대중교통을 더 효율적으로 만들고, 미국의 재생에너지 전환을 가속화하는 데 기여하는 소프트웨어가 절실하다.

사회 서비스업 종사자라면, 저소득층이 청정에너지원을 사용하는 주택과 교통수단을 이용할 수 있도록 지원하는 역할을 해야 한다.

도시 계획가라면, 미국의 도시와 마을이 무탄소 미래에 더 적합하게 변화할 수 있도록 돕는 것이 필요하다.

석탄 광부라면, 그동안의 노고에 감사드린다. 이제 당신은 배터리와 전기 모터에 필요한 원료를 채굴하는 새로운 일을 맡게 될 것이다.

석유 산업 종사자에게도 감사드린다. 이제 당신은 무탄소 미래를 위해 필요한 대규모 인프라를 구축하는 데 기여할 것이다.

정치인이라면, 다른 사람들의 이야기를 듣는 것이 중요하지만 그 우선순위를 명심해야 한다. 과학자, 어린이, 그리고 엔지니어의 순서대로 경청하라. 그 후에 탄소 없는 미래를 만들기 위해 필요한 규제와 재정적 경로를 명확히 해야 한다. 가능한 모든 사람들과 협력하며 정치적 경계, 정당, 연합을 새롭게 정의하라.

도시, 마을, 또는 카운티 대표라면, 유권자들이 전기차 구매, 태양광 발전 시설 설치, 청정에너지 구매, 주택 개보수, 탈탄소화 기술 확보를 위해 어떤 장애물에 부딪히고 있는지 파악하라. 그리고 모든 수단을 동원해 그 장애물을 제거하는 일을 해야 한다.

시장이라면, 지역의 건축 규정을 변경하여 가장 빠르고 저렴하게 탈탄소화를 촉진할 수 있도록 하라. 지역의 건물에 청정에너지를 설치하고 마을 곳곳에 전기차 인프라를 구축하라.

주 정치인이라면, 주 정부가 각자의 방식으로 탈탄소화를 실험하고 있음을 기억하라. 완벽한 해답은 없으며 모두가 서로에게서 배울 점이 있다. 대담하게 위험을 감수하고 청정에너지 전환을 가속화할 수 있는 훌륭한 법안을 작성하라. 이 법안은 다른 주나 연방 프로그램에서도 참고할 수 있을 것이다.

하원의원이나 상원의원이라면, 부패한 영향력에 맞서 싸워야 한다. 당신은 기업이 아닌 국민에 의해 선출되었으며 미국인들의 장기적인 삶을 개선하기 위해 그 자리에 있다.

대통령이라면, 비전을 갖고 리드해야 한다. 프랭클린 루스벨트, 윈스턴 처칠, 존 F 케네디, 로널드 레이건, 넬슨 만델라, 앙겔라 메르켈의 리더십을 참고하여 이들의 장점을 모은 새로운 리더십을 보여주어야 한다.

기업 CEO라면, 확고한 미래 비전을 가지고 회사의 방향을 이끌어야 한다. 앞으로 10년 내에 기업 운영 전반을 완전한 탈탄소화로 전환할 준비를 해야 한다. 신입 직원들의 의견뿐만 아니라 오랜 기간 변화를 요구해 온 나이 든 직원들의 목소리에도 귀를 기울여야 한다. 이 두 그룹 사이에서 이미 중요한 해결책이 나올 수 있다. 분기별 실적에 집착하지 말고 회사의 미래를 위한 기반을 구축하라.

억만장자라면, 화석연료 관련 시설을 하나나 둘쯤 매입하여 이를 자연 보호 구역으로 전환하는 것을 고려해 볼 수 있다. 포트폴리오에서 화석연료 관련 자산을 정리하고 빠른 수익을 보장하지 않더라도 야심 찬 솔루션을 제시하는 스타트업에 투자하라. 젊은 기후 활동가들을 후원하며 다시 24살로 돌아간 듯한 도전적인 투자를 감행하라. 실패해도 별 타격이 없는가? 실패하면 지구를 잃게 될 것이다.

비건 자전거 선수라면, 존경을 표한다. 무병장수와 번영을 누리시길 바란다.

가수나 작곡가라면, 사람들을 움직이는 데 음악보다 강력한 것은 없다. 우리의 기후 운동을 위해 사람들을 모을 수 있는 선전용 노래가 필요하다. 닐 영Neil Young 처럼 기후 위기 대응에 몸을 던지는 사람이 필요하다. 그는 빈티지 링컨 컨티넨탈을 전기차로 개조하며 미래에 대한 헌신을 보여주었다. 캣 스티븐스Cat Stevens 와 조니 미첼의 노래도 마찬가지로 되새길 가치가 있다.

언제나 그렇듯
사라지기 전까진 네가 가진 게 뭔지 모른다는 걸
그들은 천국을 포장하고
그리고 주차장을 세웠네[1]

풍요롭고 푸르른 미래를 건설하려면 모든 사람이 각자의 역할을 해야 한다. 행운을 빈다. 순풍이 당신의 앞길을 열어줄 것이다.

부록 C

토끼굴 속으로: 기후 과학 101

- ✦ 기후 과학은 활동의 범위가 광범위할 뿐만 아니라 복잡성의 수준 또한 다양하다는 점에서 아주 다층적인 활동이다.
- ✦ 기초 과학 차원의 활동은 정밀한 측정을 통해 지구 시스템을 구성하는 물리학 및 화학적 토대를 이해하는 것을 목표로 한다.
- ✦ 기후 모델링은 기초 기후 과학의 연구 결과를 조합하여 다수의 지구 시스템이 어떻게 상호 작용하는지에 대한 모델을 만들어 내는 것을 목표로 한다.
- ✦ 최초로 구성된 기후 모델은 컴퓨터 없이 구축되었음에도 불구하고 기후 변화의 방향을 대체로 예측할 수 있었다.
- ✦ 기후 위기 영향 연구 Impact studies 는 기후 모델의 결과에 기반해 사회적, 경제적, 정치적 등 다양한 영역에 미치는 영향을 예측하려 한다.
- ✦ 탄소 예산은 특정 온도 또는 기후 목표를 달성하기 위해 허용 가능한 추가 배출량을 추정한 값이다.
- ✦ 배출 궤적은 특정 탄소 예산을 달성하기 위해 필요한 배출량 감축 및 기술 전환에 대한 시나리오를 설정하고 이에 따라 계산된 배출량 변화 예상치를 의미한다.
- ✦ 이 모든 과정은 통합 평가를 통해 종합되며 보고서의 형태로 정리되어 더 많은 사람들이 이해할 수 있도록 제공된다.
- ✦ 기후 과학은 이제 탄탄한 분야로 자리 잡았으며 이를 바탕으로 우리가 무엇을 해야 하는지 알려주는 도구 또한 마련되어 있다.

기후 과학에서 출발해 기후 행동에 도착하려면 여러 단계를 밟아 나가야 한다. 바로 이 단계를 차례차례 설명하는 것이 부록 C의 목표이다.

기후 과학

가장 먼저 해야 할 일은 기후 과학이다. 이는 구름, 빙하, 해양, 토양, 배출량 및 지구 기후에 영향을 미치는 기타 요인들을 측정하고 모델링하는 세부적인 작업이다. 이들 개별 시스템은 물리학적 원리가 비교적 단순하여 시스템을 분해하고 조사해 예측을 한 후 그 예측이 측정을 통해 확인될 수 있다.

예를 들어, 가장 상징적인 기후 과학 연구 중 하나로 꼽히는 잭 페일스Jack Pales와 찰스 킬링Charles Keeling의 연구는 대기 중 CO_2 농도의 증가를 처음으로 문서화하였다.[1] 이 연구 결과로 나온 "킬링

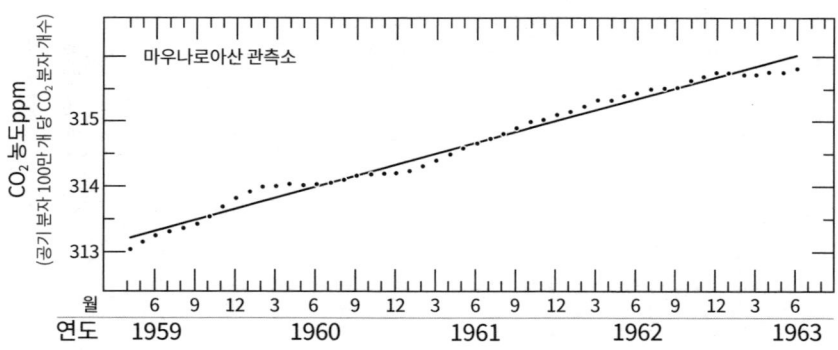

그림 C.1 대기 중 CO_2 농도의 변화를 보여주는 "킬링 곡선"의 본래 도표.
출처: 잭 페일즈·찰스 킬링, "하와이의 대기 중 이산화탄소 농도 The Concentration of Atmospheric Carbon Dioxide in Hawaii", 〈지구물리학 연구 저널 Journal of Geophysical Research〉 70, 24호, 1965.

곡선"은 그림 C.1에 있다. 1959년부터 1963년까지 하와이 마우나 로아Mauna Loa 화산의 관측소에서 수행된 정밀한 측정을 통해 연구는 나무에 의한 계절적인 CO_2 흡수뿐만 아니라 화석연료 연소로 인한 장기적인 상승 추세를 보여주었다. 이 연구가 진행한 측정은 그 이후로도 계속 진행되어 이러한 추세를 더욱 명확히 문서화하고 있다.[2]

기후 모델링

기후를 구성하는 각종 요소에 대한 기초 과학의 연구 결과가 모이면, 이를 전체 기후 시스템을 모사하는 모델로 조합하는 기후 모델링을 수행해야 한다. 요소 간의 상호 작용은 극히 복잡하므로 시스템 수준의 모델을 구동하려면 이제는 일반적으로 대형 컴퓨터를 사용한다. 현재의 모델은 과거 데이터를 활용한 엄격한 시험을 거쳐 예측이 얼마나 정확한지 검증되어 있다. 물론 불확실성은 약간 남아 있으나 그 규모는 작고 명확히 정량화되어 있다. 주요 기후 현상을 다룬 모델의 정확도와 해상도에 대해서는 이미 강한 합의가 이루어져 있다.

기후 모델링을 다룬 최초의 논문 중 하나는 스웨덴의 과학자 스반테 아레니우스Svante Arrhenius(1903년 노벨 화학상 수상)가 1897년에 발표한 것이다. 아레니우스는 이 논문에서 CO_2 농도와 기온 사이의 상관관계를 보여주었다(그림 C.2). 이후 120년 동안 기후 과학자들은 계산 역량의 발전을 활용하여 이 간단한 모델을 확장하고 적용 범위를 넓혀왔다. 예를 들어 대기의 온도 평형 조건을 확립한

TABLE VII.—*Variation of Temperature caused by a given Variation of Carbonic Acid.*

Latitude.	Carbonic Acid=0·67.					Carbonic Acid=1·5.					Carbonic Acid=2·0.					Carbonic Acid=2·5.					Carbonic Acid=3·0.				
	Dec.-Feb.	March-May.	June-Aug.	Sept.-Nov.	Mean of the year.	Dec.-Feb.	March-May.	June-Aug.	Sept.-Nov.	Mean of the year.	Dec.-Feb.	March-May.	June-Aug.	Sept.-Nov.	Mean of the year.	Dec.-Feb.	March-May.	June-Aug.	Sept.-Nov.	Mean of the year.	Dec.-Feb.	March-May.	June-Aug.	Sept.-Nov.	Mean of the year.
70	-2·9	-3·0	-3·4	-3·1	-3·1	3·3	3·4	3·8	3·6	3·52	6·0	6·1	6·0	6·1	6·05	7·9	8·0	7·9	8·0	7·95	9·1	9·3	9·4	9·4	9·3
60	-3·0	-3·2	-3·4	-3·3	-3·22	3·4	3·7	3·6	3·8	3·62	6·1	6·1	5·8	6·1	6·02	8·0	8·0	7·6	7·9	7·87	9·3	9·5	8·9	9·5	9·3
50	-3·2	-3·3	-3·3	-3·4	-3·3	3·7	3·8	3·4	3·7	3·65	6·1	6·1	5·5	6·0	5·92	8·0	7·9	7·0	7·9	7·7	9·5	9·4	8·6	9·2	9·17
40	-3·4	-3·4	-3·2	-3·3	-3·32	3·7	3·6	3·3	3·5	3·52	6·0	5·8	5·4	5·6	5·7	7·9	7·6	6·9	7·3	7·42	9·3	9·0	8·2	8·8	8·82
30	-3·3	-3·2	-3·1	-3·1	-3·17	3·5	3·3	3·2	3·5	3·47	5·6	5·4	5·0	5·2	5·3	7·2	7·0	6·6	6·7	6·87	8·7	8·3	7·5	7·9	8·1
20	-3·1	-3·1	-3·0	-3·1	-3·07	3·5	3·2	3·1	3·2	3·25	5·2	5·0	4·9	5·0	5·02	6·7	6·6	6·3	6·6	6·52	7·9	7·5	7·2	7·5	7·52
10	-3·1	-3·0	-3·0	-3·0	-3·02	3·2	3·2	3·1	3·1	3·15	5·0	5·0	4·9	4·9	4·95	6·6	6·4	6·3	6·4	6·42	7·4	7·3	7·2	7·3	7·3
0	-3·0	-3·0	-3·1	-3·0	-3·02	3·1	3·1	3·2	3·2	3·15	4·9	4·9	5·0	5·0	4·95	6·4	6·4	6·6	6·5	6·47	7·3	7·3	7·4	7·4	7·35
-10	-3·1	-3·1	-3·2	-3·1	-3·12	3·2	3·2	3·2	3·2	3·2	5·0	5·0	5·2	5·1	5·07	6·6	6·6	6·7	6·7	6·65	7·4	7·5	8·0	7·6	7·62
-20	-3·1	-3·2	-3·3	-3·2	-3·2	3·2	3·2	3·4	3·3	3·27	5·2	5·3	5·5	5·4	5·35	6·7	6·8	7·0	7·0	6·87	7·9	8·1	8·6	8·3	8·22
-30	-3·3	-3·3	-3·4	-3·4	-3·35	3·4	3·5	3·7	3·5	3·52	5·5	5·6	5·8	5·6	5·62	7·0	7·2	7·7	7·4	7·32	8·6	8·7	9·1	8·8	8·8
-40	-3·4	-3·4	-3·3	-3·4	-3·37	3·6	3·7	3·8	3·7	3·7	5·8	6·0	6·0	6·0	5·95	7·7	7·9	7·9	7·9	7·85	9·1	9·2	9·4	9·3	9·25
-50	-3·2	-3·3	—	—	—	3·8	3·7	—	—	—	6·0	6·1	—	—	—	7·9	8·0	—	—	—	9·4	9·5	—	—	—
-60																									

그림 C.2 1897년, 이산화탄소 CO_2 농도에 따른 온도 변화 모델.○
출처: 스반테 아레니우스, "공기 중의 탄산이 지상의 온도에 미치는 영향 On the Influence of Carbonic Acid in the Air upon the Temperature of the Ground", 〈태평양 천문학회 Astronomical Society of the Pacific〉 9, 54호, 1897.

1967년 마나베Manabe 와 웨더럴드Wetherald 의 중요한 논문이 있다.[3] 결론은 명확하다. 오늘날 최고 성능의 모델들은 매우 높은 복잡성을 담고 있지만 CO_2 농도가 상승하면 기온도 상승한다는 기본적인 결과는 종이 위에서 손으로 계산할 수 있을 만큼 간단하다는 것이다.

○ 아레니우스는 대기중 이산화탄소 농도 변화가 야기하는 온실 효과의 크기 변화를 최초로 계산했다. 위 표는 계절과 위도에 따라 변화하는 태양광의 입사량을 반영하여 계산한 결과다. 현재 온실가스 농도는 이미 산업화 이전 대비 1.5배 상승한 상태이며, 지금과 배출량이 동일할 경우 2배 수준에는 70년 뒤인 21세기 말에 도달한다.− 옮긴이

영향 연구

기후 모델링이 완료된 후에도 과학자들의 작업은 계속된다. 이번에는 기후 변화가 인간, 지리, 동물, 지구 시스템, 경제, 팬데믹 등 우리의 삶에 중요한 요소들에 어떻게 영향을 미칠 것인지 연구하는 작업이 진행된다. 이것이 바로 '영향 연구'이며 기후 변화의 결과로 어떤 일이 벌어질지에 대한 경고를 담고 있다. 이 연구들은 특정 배출 궤적이 실현되면 해수면이 얼마나 변할지, 얼마나 많은 사람들이 이재민이 될지, 기후 변화가 농업과 식량 공급에 어떤 영향을 미칠지, 그리고 폭풍이나 산불 등 재난의 패턴과 강도가 어떻게 변화할지를 알려준다. 영향 연구는 경제학, 정치학, 공학 등 다양한 학문을 아우르며 식량 안보,[4] 관광,[5] 빈곤,[6] 이주,[7] 경제,[8] 전쟁,[9] 대기 질,[10] 질병,[11] 노동[12] 등 수많은 문제를 다룬다. 이러한 영향 연구의 범위는 매우 방대하지만 IPCC는 일반인을 위한 요약본을 정기적으로 발표하고 있다.[13]

탄소 예산

기후 모델과 기후 변화가 우리의 삶에 미치는 영향을 분석한 연구가 완료되면, 이제 탄소 예산, 즉 허용 가능한 탄소 배출량에 대한 추정치를 산출할 수 있는 근거가 마련된다. 이 추정치는 지구 온난화에 따른 부정적인 영향을 관리 가능한 수준으로 완화할 수 있는 CO_2 및 기타 온실가스의 양을 구체적으로 제시한다.

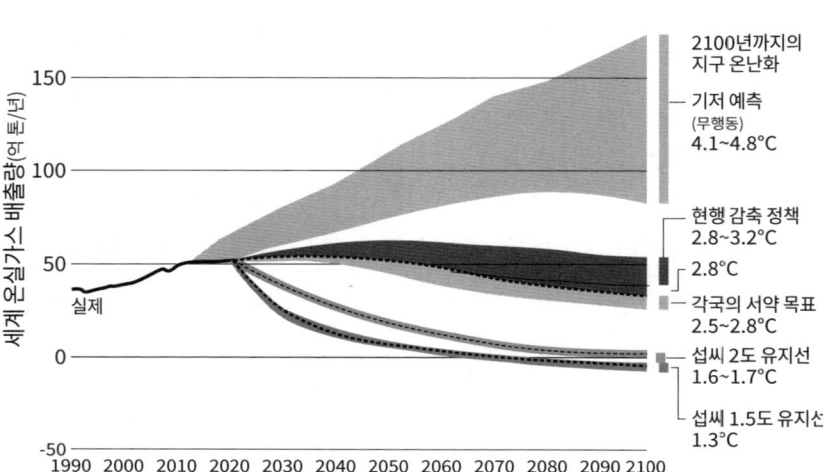

그림 C.3   현행 정책 및 예정 배출량 등에 따라 계산된, 2100년까지의 지구 가열 배출량 궤적.
출처: 기후행동추적 Climate Action Tracker, 날짜 비명시, https://climateactiontracker.org/global/temperatures/.○

가장 대표적인 탄소 예산 연구는 "1조 톤○○" 논문이다. 이 논문은 지구 온난화를 허용 가능한 수준으로 억제하기 위해 남은 탄소 배출량을 어떻게 계산할지 명확하고 냉정하게 설명한다.[14] 이 연구에 따르면 누적 배출량이 1조 톤을 넘으면 재앙적인 결과가 초래될 것이다.

○   저자가 활용한 출처에서 최신의 그래프를 볼 수 있다. 상황이 악화되었음을 쉽게 확인할 수 있다. – 옮긴이

○○   최근 매년 순 배출량이 500억 톤이므로 약 20년어치다. – 옮긴이

배출량 궤적

탄소 예산이 정해지면 그다음으로 배출량 궤적을 설정해야 한다. 이는 연간 허용 배출량의 추이를 결정하는 작업이다. 이러한 작업은 기후 과학이라기보다는 기후 사회경제학에 속하며 지구 가열을 완화하기 위해 인간이 어떻게 행동해야 하는지를 예측하고 그에 따른 기준선을 설정하는 것이다. 그림 C.3은 현재부터 2100년까지의 배출량 궤적을 보여주는 도표이다. 이 도표에서 우리는 현재의 정책과 전 세계적인 서약으로는 우리가 목표로 해야 할 1.5도 또는 2도 목표에 근접하지 못한다는 것을 분명히 알 수 있다.

통합 평가

마지막 단계가 바로 '통합 평가'이다. 이 평가를 작성하기 위해서는 폭넓은 범위의 기후 과학자와 사회경제 정책 연구자들이 모여야 한다. 이들은 사회가 해야 할 일들을 단계별로 정리하여 이해하기 쉬운 보고서로 작성하고, 각 주체에 대한 권고 사항을 발표한다. 이는 수백, 수천 명의 과학자가 여러 해에 걸쳐 참여해 이뤄지는 집필 작업의 결과이며, 바로 IPCC가 하는 일이다.

그럼 우리가 가야 할 길은 어디일까?

이 질문은 간단하지 않다. 이 복잡성 덕분에 사람들은 혼란스러울 수 있고 지금 이 위기가 얼마나 시급한지에 대해 동의하지 않을 수도 있다.

아마도 사람들은 이런 식으로 혼란에 빠질 것이다. 휴대폰이나 컴퓨터 화면을 보고 있다가 영향 연구의 내용을 적당히 눈에 띄는 제목으로 편집한 기사를 클릭하게 된다. 그러나 이 기사는 영향 연구의 기반이 된 과학적 증거를 제대로 요약하지 않았을 가능성이 크다. 그 후 원본 연구를 찾아 읽어보는 사람들도 있을 것이다. 그런 다음 그 연구가 자신에게 또는 자신이 관심을 가지는 주제에 어떤 영향을 미치는지 평가하려 할 것이다. 이 과정에서 어떤 사람들은 그 영향을 피하기 위해 어떤 배출량 궤적을 따라야 할지 알아보려 할지도 모른다. 하지만 이쯤 되면 복잡한 내용 때문에 많은 사람들이 혼란에 빠질 가능성이 높다. 설령 배출량 궤적을 이해한다고 해도 특정 배출 궤적을 산출하는 데 사용된 기후 모델의 불확실성이라는 블랙홀 속에서 길을 잃지 않기란 거의 불가능하다.

나는 아주 간단하게 말하고 싶다. 나는 어렸을 때 산호초와 열대 우림의 아름다움을 직접 경험한 적이 있다. 나는 이들이 계속 존재하는 세계에서 살고 싶다. 또한 각국의 식량 시스템이 안정적으로 유지되기를 원한다. 만약 식량이 부족해진다면 인간이 어떤 극단적인 반응을 보일지 예측하기 어렵다. 지구 가열이 1.5도에 그친다고 해도 세계는 큰 혼란에 빠지고 사람들은 극도의 스트레스를 겪게 될 것이다. 그래서 나는 우리가 어떻게 하면 1.5도 목표에 가능한 한 가깝게 도달할 수 있을지 노력해야 한다고 생각한다.

완화 곡선

완화 곡선은 산업화 이전 시점 대비 지구 가열 1.5도 또는 2도와 같은 특정 기후 목표를 달성하기 위해 근미래에 필요한 배출량 변화를 보여주는 그림이다. 그림 C.4는 이런 과정이 단 4년만 지연되어도 심각한 상황이 발생할 수 있음을 명확히 보여준다.

결론은 매우 간단하다. 지금 이 순간부터 우리는 전시에 준하는 비상 대응을 시작해야 하며 가능한 한 빨리 배출량을 줄여야 한다. 기후 위기가 최악으로 치닫기 전에, 좀 더 공격적인 완화 곡선을 현실로 만들기 위해 생산 일정표와 결과물이 명확히 제시된 실행 계획을 작성하고 이를 집행해야 한다.

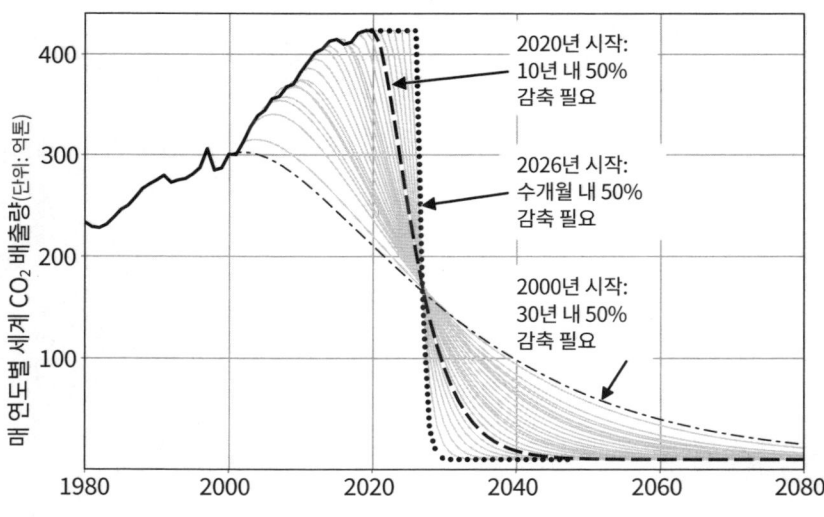

그림 C.4 로비 앤드루 Robbie Andrew, "섭씨 2°C 궤적을 실현하기는 점점 더 어려워진다 It's Getting Harder and Harder to Limit Ourselves to 2°C", 데스데모나 디스어피어 Desdemona Despair, 2020년 4월 23일 게시에서 발췌한 완화 곡선.

부록 D

토끼굴 속으로: 샌키 흐름 도표를 읽는 방법

이 책에서 많은 도표를 썼다. 그것이 책을 인기 없게 만드는 비결이라는 말을 들으면서도 말이다. 그 말을 심각하게 받아들여 책 뒷부분에 도표를 몰아놓기는 했지만⋯ 여기서 내가 광범위하게 활용한 차트의 한 유형이 '샌키 흐름 도표'이다. 샌키 흐름 도표는 복잡한 문제를 다루면서 전체 구조와 세부 사항을 동시에 우아하게 전달할 수 있으며 이해하기도 꽤나 쉬운 도구다. 이번 부록에는 샌키 흐름 도표의 유래와 읽는 방법을 담았다.

세상에 알려진 최초의 샌키 흐름 도표는 샤를 조제프 미나르 Charles Joseph Minard 라는 프랑스 엔지니어의 작품이다. 1845년, 그는 디종과 뮐루즈 사이의 도로 교통량을 시각화하여, 새 철도의 경로 선택에 도움을 주었다.[1] 1869년에는 가장 잘 알려지게 된 도표를 제작했는데 러시아 전역에서 있었던 나폴레옹의 진격과 퇴각로, 그리고 그 속에서 발생한 병력 손실을 시각화한 것이다(그림 D.1).

2차원의 도형으로 구성된 이 도표는 나폴레옹의 병력 규모, 이동 거리, 온도, 위도 및 경도, 이동 방향, 그리고 특정 날짜의 위치 등 6가지 유형의 데이터를 표시하고 있다.

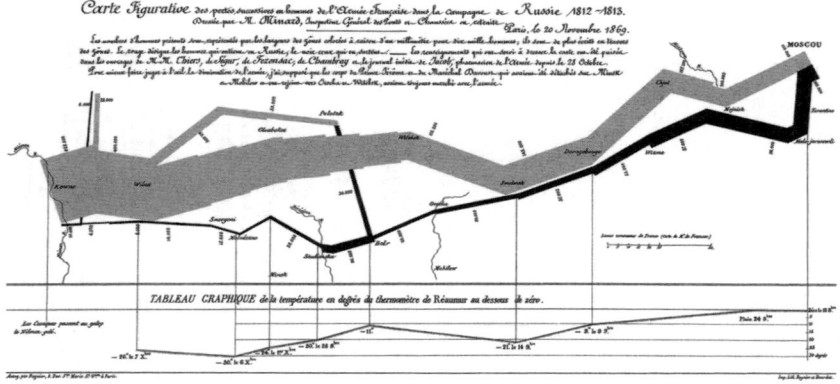

그림 D.1 나폴레옹의 러시아 원정 당시 병력 규모의 변화를 보여주는 "샌키" 도표. 1869년 작도.
출처: 산드라 렌겐Sandra Rendgen, 《미나르 시스템: 샤를 조제프 미나르 통계 그래픽 전집
The Minard System: The Complete Statistical Graphics of Charles-Joseph Minard》 (프린스턴, 뉴저지: 프린스턴 건축 출판사, 2018); 프랑스 그랑제콜 컬렉션에서.

회색 선은 왼쪽에서 매우 굵게 시작하는데 이는 특정 시점에 생존한 병력 수에 비례한다. 선이 가늘수록 더 비극적인 이야기를 담고 있다. 모스크바에 도착했을 때 나폴레옹은 이미 병력의 3/4를 잃었다. 검은 선은 퇴각로를 나타내며 여기서 그는 다시 90%의 병력을 잃는다. 출발지인 카우나스Kowno로 돌아왔을 때 42만 2,000명의 병력 중 단 1만 명만이 살아남았다.

나폴레옹의 1812~1813년 러시아 원정을 표현한 미나르의 1869년 도표 작업 이후 몇 년이 지나, 아일랜드 태생으로 공병 대위를 했던 매튜 헨리 파이니어스 리얼 샌키Matthew Henry Phineas Riall Sankey는 증기 기관(아마도 그가 탄 배의 동력이었을 것이다)의 효율을 시각화하기 위해 흐름 도표를 작성했다. 이것이 에너지의 흐름을 나타내기 위해 샌키 흐름 도표가 처음으로 사용된 사례이다. 여기서 화살표가 있는 부분의 너비는 에너지의 유량에 비례한다.

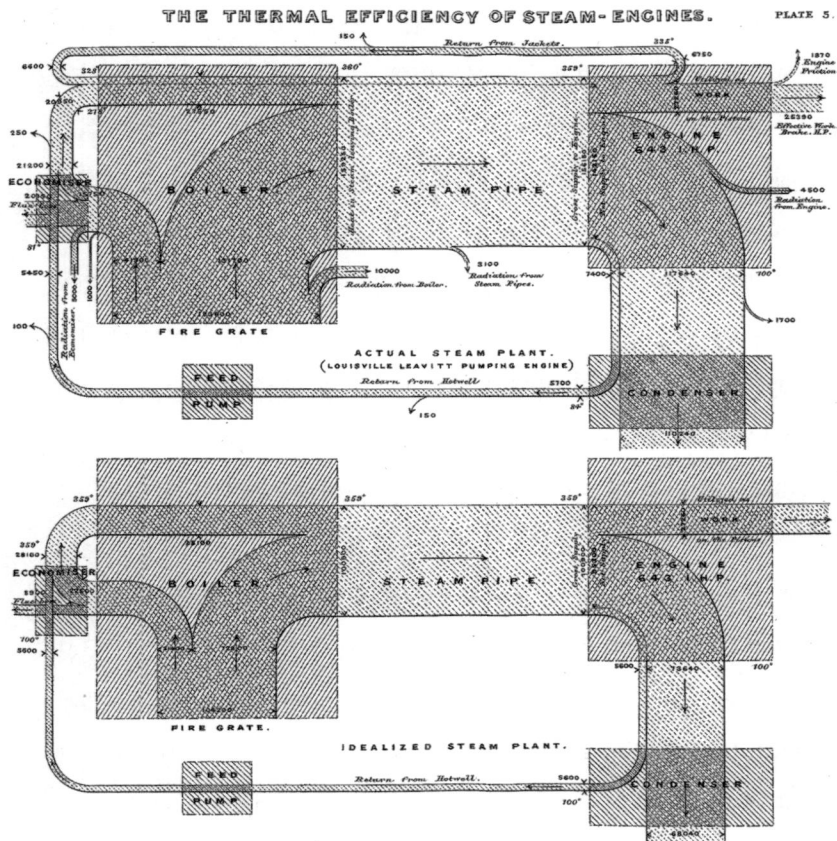

그림 D.2 샌키가 그린 원조 샌키 흐름 도표. 이 도표는 석탄 에너지가 보일러에서 가압된 물과 증기로 변환되는 과정과, 그 에너지가 배의 프로펠러에서 추진력으로 전환될 때 발생하는 손실을 모두 나타낸다.
출처: 알렉스 B. W. 케네디 Alex B. W. Kennedy · H. 리얼 샌키 H. Riall Sankey, "증기 기관의 열 효율 The Thermal Efficiency of Steam Engines", 〈미국 토목학회보 Minutes of the Proceedings of the Institution of Civil Engineers〉 134, 4부(1898): 278-312, doi:10.1680/imotp.1898.19100.

당시 석탄은 원양 항해 선박에 동력을 공급하는 중요한 연료로 자리 잡았다. 그럴 만한 이유가 있었다. 바람은 항상 불지 않고 원하는 방향으로 불기는 더더욱 어렵다. 반면 석탄은 선체 밑바닥에 보관해 두었다가 언제든지 보일러에 집어넣을 수 있다. 많은 선원들이 여전히 날씨와 돛에 주된 관심을 두고 있었지만 샌키는 석탄 에너지가 가압수와 증기로 변환되는 과정을 도표화하여 그 과정에서 발생하는 에너지 손실을 파악하려 했다.

샌키 흐름 도표는 흐름의 모든 지점에서 비율을 유지하는 특징이 있어 에너지 흐름을 시각화하는 데 특히 유용하다. 이는 에너지 보존 법칙과 관련된 열역학 제1법칙과 잘 맞아떨어진다. 열역학 제1법칙에 따르면 에너지는 생성되거나 파괴될 수 없으며 단지 한 형태에서 다른 형태로 변환될 수 있을 뿐이다.

샌키의 시대든 우리의 시대든 변하지 않는 사실이 있다. 에너지 흐름에서 손실이 발생하는 지점에서는 대부분 열이 발생한다. 모든 에너지의 운명은 결국 무언가 일을 하기에는 너무 온도가 낮은 저급 열로 변환된다는 것이다. 우주의 온도는 $2.73°K$, 또는 $-270°C$이다. 어떤 단위로 표현하든 극도로 낮은 온도다. 지구에서 발생한 폐열은 결국 우주의 온도로 냉각되어 우주로 방출될 것이다.

이 책은 주로 에너지 예산에 대해 다룬다. 하지만 많은 사람들에게 에너지는 추상적인 개념이다. 그래서 이를 좀 더 쉽게 이해할 수 있도록 실제 돈을 예로 들고 싶다. 대부분 사람들은 가계 예산에 익숙하다. 이에 빗대어 에너지 흐름을 이해하면 좋을 것이다. 그림 D.3은 미국의 평균 가계 예산 흐름을 샌키 흐름 도표로 나타낸 것이다.[2]

이 도표는 왼쪽에서 오른쪽으로 읽는다. 가정의 유입 항목에는 임금, 이자와 같은 수입원이 포함된다. 이들은 총 가계 예산으로 흘

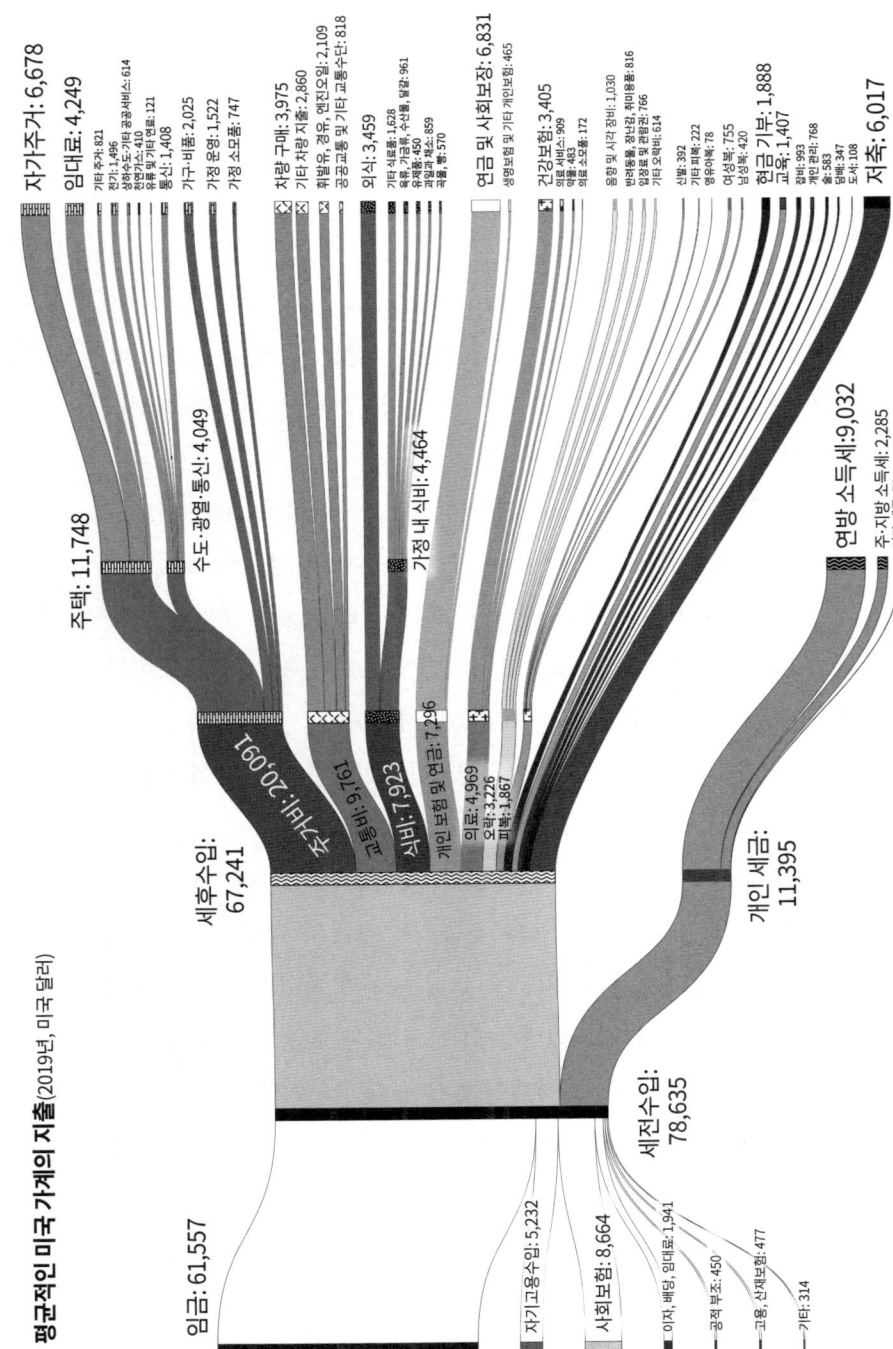

토끼굴 속으로: 샌키 흐름 도표를 읽는 방법

그림 D.3 이 샌키 흐름 도표는 당신의 일상과 더 밀접하게 연결되어 있다. 이는 미국 인구조사국의 데이터를 활용해 미국 평균 가계의 수입 및 지출을 흐름으로 표현한 결과이다.
출처: 미국 노동통계국 BLS, 〈2019년도 소비자 지출 보고서 Consumer Expenditures Report 2019〉, 2020년 12월. https://www.bls.gov/opub/reports/consumer-expenditures/2019/home.htm.

러가고, 그 예산은 주거비, 교통비, 식비, 그리고 기타 모든 것이라는 네 가지 큰 범주로 나뉘어 유출된다. 이 항목들은 다시 주유비, 외식비, 의류비 등 실제 지출 항목으로 세분화된다. 동일한 데이터는 그림 D.4에서 표로도 제시된다.

미국의 평균 가구는 "소비자 단위"라고 불린다. 소비자 단위는 전형적인 가족뿐만 아니라 혼자 사는 독신자, 재정적으로 독립적인 다른 사람과 함께 사는 독신자, 또는 주요 비용을 분담하는 두 명 이상의 동거인 등을 포함한다. 2019년 기준으로 미국 소비자 단위의 평균 세전 소득은 7만 8,635달러였다.

미국 가정의 지출을 모두 합치면 6만 1,224달러였다. 이 지출은 크게 네 가지 범주로 나눠볼 수 있다. 교통비, 주거비, 식비, 그리고 나머지다. 이 가운데 액수가 가장 큰 것은 주거비였다. 이 가운데 집에서 유틸리티, 연료, 기타 공공서비스에 지출하는 돈은 약 3,477달러. 바로 이 항목 덕분에 우리는 이미 에너지와 우리 개개인의 가계 예산이 연결되었다는 걸 알고 있다. 교통비는 두 번째로 많은 지출 항목이다. 이 분야에서는 세 번째 항목이 바로 연료비다. 미국의 평균 가정에서는 교통비보다 조금 작은 돈을 의료비로 쓰고, 그보다 조금 더 많은 액수를 저축 및 은퇴 대비용으로 쓴다. 한편 우리가 교육에 쓰는 돈은 약 1,000달러고, 책을 사 보는데 쓰는 돈은 해봐야 108달러밖에 안 된다.

표 D.1 미국 전체 소비자 단위의 평균 수입과 지출액, 2018년.

항목	2018년 지출(달러)
세전수입	78,635
평균지출	61,224
식비	7,923
식료품 구입비	4,464
외식비	3,459
주거비 Housing [○]	20,091
주택 자체 비용 Shelter [○○]	11,747
자가 소유 주택	6,678
주택 임대료	4,249
주택 관련 서비스	1,866
교통비	9,761
차량구입비	3,975
연료비	2,109
의료비	4,968
의료보험료	3,405
오락, 스포츠 및 문화	3,226
개인 관리 제품 및 서비스	768
교육	1,407
가족구성원에 대한 현금지급 [○○○]	1,888
사보험 및 사연금	7,296
공적 연금 및 사회보장	6,831
기타 지출비용	2,030

[○] 주거와 관련된 모든 비용을 포함하는 광범위한 항목. 주택의 임대료, 주택 구입비, 주택 유지보수 비용, 유틸리티 비용(전기, 가스, 물 등), 가구 비용 등이 포함될 수 있다. 즉, 주거와 관련된 모든 지출을 포괄.– 옮긴이

[○○] 주택 자체 비용은 주거비의 하위 항목으로, 주택의 물리적 거주 공간과 직접적으로 관련된 비용.– 옮긴이

[○○○] 다음 홈페이지에서 용법 참조. https://www.bls.gov/opub/btn/volume-8/the-relationship-between-cash-contributions-pretax-income-and-age.htm.– 옮긴이

지구 차원의 엑서지 저량, 유량, 파괴

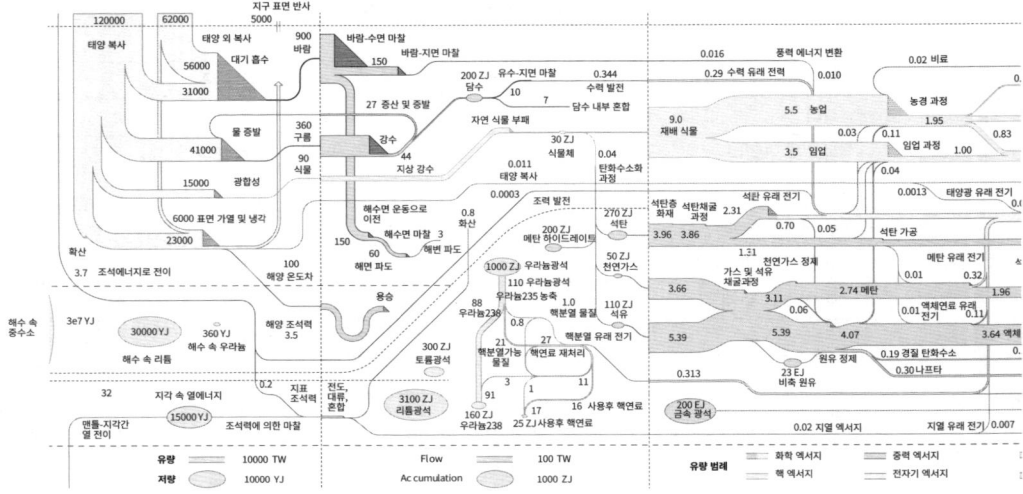

자연·인간 유발 탄소 순환 사이클

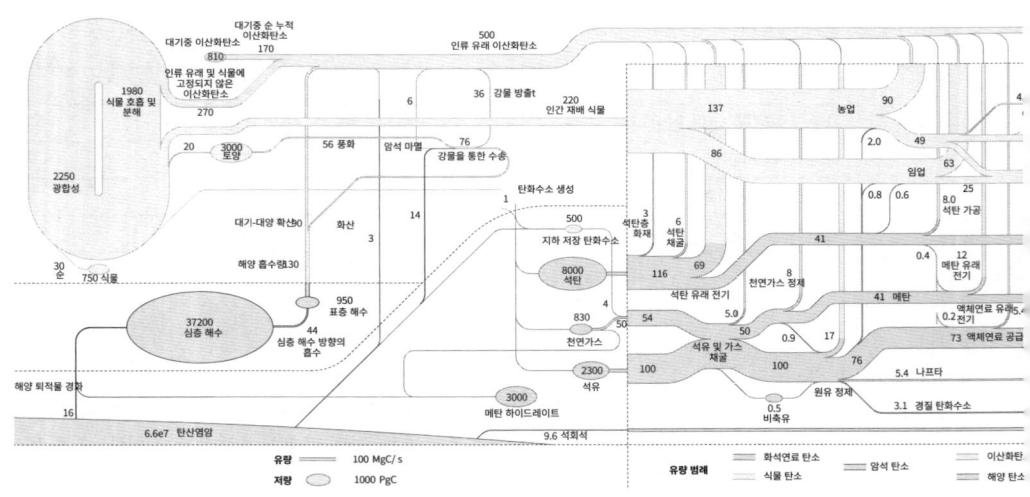

그림 D.4 웨스 허먼의 엑서지 Exergy 및 탄소 흐름에 대한 샌키 흐름도
(상단을 보면) 엑서지는 우리가 작업을 수행하고 에너지 서비스를 제공할 수 있게 돕는 에너지의 유용한 부분이다. 에너지는 보존되지만, 에너지가 변환되는 과정에서 엑서지의 일부는 소멸될 수 있

샌키 흐름도

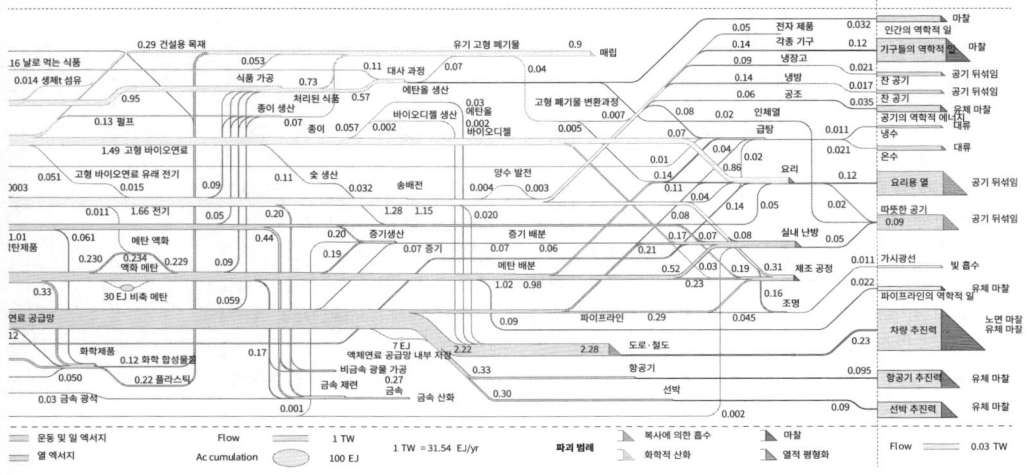

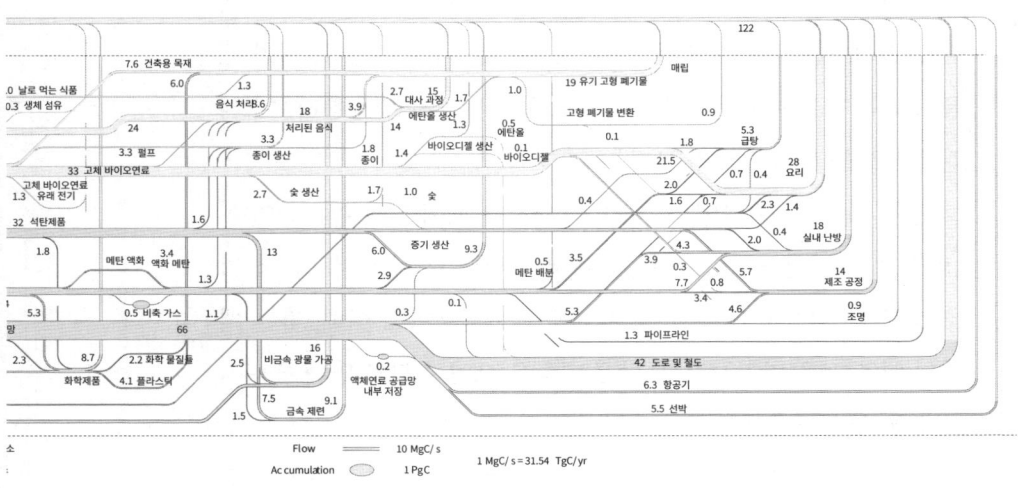

다. 우리는 자연계에서 '자원'이라고 부르는, 에너지를 함유한 물질로부터 엑서지를 얻는다. 이러한 자원은 공장, 차량, 건물에서 사용하기 편리한 수송할 수 있는 에너지로 변환된다.

이 도표는 생물권과 인간 에너지 시스템을 거치는 엑서지의 흐름을 추적하여 그 축적, 상호 연결, 전환,

그리고 궁극적으로 자연적 또는 인위적 소멸을 보여준다. 엑서지 자원과 운반체의 선택 및 그 활용 방식은 환경에 영향을 미친다. 사용 가능한 자원의 범위와 현재 인간의 엑서지 사용 현황을 분석하면, 증가하는 세계 인구와 성장하는 경제가 사용할 수 있는 에너지 옵션의 전체 범위를 맥락에 맞게 이해할 수 있다. 이러한 관점은 엑서지 사용을 줄이고 이를 환경 피해로부터 분리하려는 노력에 도움이 될 것이다.

(하단) 탄소 기반 분자는 다량의 유용한 에너지, 즉 엑서지를 저장할 수 있기 때문에 오늘날 탄소는 자연 및 인간 에너지 시스템에서 매우 중요한 엑서지 운반체로 자리 잡고 있다. 인간의 화석연료 사용으로 인해 탄소는 자연적인 격리 속도보다 훨씬 빠르게 생물권에 재유입되고 있다. 이러한 탄소의 대기와 해양 상층으로의 급속한 이동은 글로벌 차원의 환경 변화를 초래하여 우리의 삶의 질에 부정적인 영향을 미칠 수 있다. 이 도표는 지표면, 생물권, 그리고 인간 에너지 시스템을 거치는 탄소의 흐름을 추적한다. 특히 인간에 의한 이산화탄소의 주요 배출원인 에너지 변환 과정이 어떻게 탄소 흐름에 영향을 미치는지 보여준다. 위의 글로벌 엑서지 도표와 함께 보면, 화석 탄소를 필요로 하지 않거나 대기 및 해양 표면 이외의 저장소에 저장할 수 있는 대체 에너지 경로를 현재의 엑서지 사용과 탄소 흐름의 맥락에서 분석할 수 있을 것이다.

출처: 웨스 허먼 및 A. J. 사이먼, 스탠퍼드 대학교 글로벌 기후 및 에너지 프로젝트 Global Climate and Energy Project, http://gcep.stanford.edu, © 2007.

당신이 당신 집안 예산에서 새어나가는 푼돈 한 푼에도 관심이 있는 것 처럼, 나는 미국과 세계 경제가 사용하는 에너지가 각각 어디로 흘러가는지에 대해 1줄 단위로 관심을 가지고 있다. 샌키 흐름 도표는 바로 이런 분석을 하는 데 최적의 도구다. 이 롤러코스터 같은 도표를 타고 달려가 보자.

샌키 흐름 도표는 1970년대 오일 쇼크 시기에 널리 활용되었다. 1973년, 양원합동원자력위원회에서 일하던 잭 브리지스는 샌키 흐름 도표를 다시 도입하여 《미국 에너지 딜레마의 이해》라는 책에서 이를 더욱 발전시켰다. 당시 미국은 오일 쇼크로 인해 에너지 문제에 대한 관심이 높아진 상황이었다.

브리지스의 책은 상당히 참신했다. 그는 샌키 흐름 도표를 이용해 현재의 에너지 흐름을 시각적으로 표현했을 뿐만 아니라, 과거와 미래의 샌키 흐름 도표를 제공하여 국가의 에너지 공급 시스템을 계획하고 구현하는 데 따르는 어려움을 시각적으로 전달하려 했다. 특히 1950년, 1960년, 1970년, 1980년, 1990년의 샌키 흐름 도표가 풀컬러 접이식 페이지로 포함되어 있었고, 이를 통해 미국의 에너지 소비 역사와 미래를 입체적으로 보여주었다. 이 도표는 급격히 증가하는 총 에너지 수요를 '손실된' 에너지와 '사용된' 에너지로 나누어 표현했으며, 여기서 손실된 에너지는 폐열을 의미한다.

이 도표의 역사적 맥락을 떠올려 보자. 당시 세계의 에너지 시스템은 격변을 겪고 있었다. 미국의 석유 수요가 생산량을 초과하면서 오일 쇼크가 발생했고, 처음으로 미국의 에너지 운명, 성장 가능성, 그리고 국가 전체의 미래가 지정학적 요인에 의해 결정되는 상황을 마주하게 되었다. 모든 것이 혼란에 빠졌다. 휘발유에 대한 욕구만큼이나 전기에 대한 욕구도 끝이 없었다. 그래서 가능한 곳마다 수력 발전소가 설치되었다. 원자력 발전은 이제 막 도입되기 시작했고, 그 잠재력에 대한 기대는 과장되어 있었으며, 이미 논란의 중심에 있었다.

당시 원자력 옹호론자들은 "원자력 전기는 너무 싸서 계량할 필요도 없다"라고 주장했다. 동시에 일부 사람들은 풍력 발전에 다시 관심을 보였고, 소수의 급진적인 사람들은 태양광 건축과 태양열에 대해 이야기하기 시작했다. 에너지 환경의 변화와 오일 쇼크의 긴박성은 미국과 전 세계 에너지 공급의 미래를 시각화하고 계획하는 도구의 중요성을 부각시켰다.

이러한 시각화 방법론은 현재 미국 에너지관리청의 연례 에너지 보고서와 로런스 리버모어 국립연구소에서 공개하는 연간 에너

지 경제 편람에서 사용되고 있으며, 이를 통해 발전하고 있다.³

아마도 가장 강렬한 샌키 흐름도는 웨스 허먼Wes Hermann의 다이어그램일 것이다. 나는 이 도표를 2007년경에 처음 접했는데 당시 허먼은 내 회사인 마카니 파워에 면접을 보러 왔었다. 면접은 매우 인상적이었지만 웨스는 우리 회사 대신 당시로서는 젊은 전기차 회사였던 테슬라를 선택했다. 나는 그에게 풍력에너지가 얼마나 중요한지 강조하며 왜 테슬라를 선택했는지 물었을 때, 그는 휘발유를 태워 자동차를 움직이는 것은 시스템 전체에서 에너지를 가장 어리석게 낭비하는 방법이며 전기차가 유일한 해결책이라는 답변을 했다. 그의 전기차에 대한 판단이 옳았지만 여전히 풍력도 중요한 역할을 한다. 웨스는 스탠퍼드 대학교에서 글로벌 기후 및 에너지 프로그램Global Climate and Energy Program의 학생일 때 이 도표를 만들었다. 이 도표는 여기서 설명할 수 있는 것보다 더 많은 해설이 필요할 정도로 복잡하지만 지구상에서 사용할 수 있는 모든 에너지원, 특히 화석연료가 그 에너지원 중 아주 작은 일부에 불과하다는 것을 보여준다. 우리에게는 그 외에도 많은 에너지원이 있다.

에너지원과 사용처에 대한 이러한 시각화를 통해 모든 것을 전기화한다면 예상보다 훨씬 적은 에너지가 필요할 것이라는 점을 상상할 수 있다. 샌키 흐름도는 탄소 없는 미래를 명확하게 시각화할 수 있는 방법을 제공한다.

부록 E
토끼굴을 직접 파헤치려면

1. 미국 에너지정보청 EIA, 월간 에너지 검토 Monthly Energy Review
   https://www.eia.gov/totalenergy/data/monthly/
2. 미국 에너지정보청, 부문별 에너지 사용 by Sector Energy Use
   https://www.eia.gov/totalenergy/data/annual/
3. 미국 에너지정보청, 제조업 에너지 소비 조사 Manufacturing Energy Consumption Survey
   https://www.eia.gov/consumption/manufacturing/
4. 미국 에너지, 주거용 에너지 소비 조사 Residential Energy Consumption Survey
   https://www.eia.gov/consumption/residential/about.php
5. 미국 에너지정보청, 상업용 비즈니스 에너지 소비 조사 Commercial Business Energy Consumption Survey

   https://www.eia.gov/consumption/commercial/about.php
6. 미국 환경보호청 EPA, 온실가스 인벤토리 데이터 탐색기 Greenhouse Gas Inventory Data Explorer

   https://cfpub.epa.gov/ghgdata/inventoryexplorer/
7. 연방에너지관리프로그램 FEMP
   https://energy.gov/eere/femp/federal-energy-management-program
8. 자재 흐름 분석 보고서 Material Flow Analysis Reporter
   http://www.materialflows.net/visualisation-centre/raw-material-profiles/
9. 오크리지 국립연구소 ORNL, 전국 가구 교통 조사 National Household Transit Survey
   http://nhts.ornl.gov/
10. 오크리지 국립연구소, 교통 에너지 데이터 북 Transportation Energy Data Book
    http://cta.ornl.gov/data/index.shtml

11. 미국 소비자 지출 조사 US Consumer Expenditure Surveys

    https://www.bls.gov/cex/

12. 미국 고용통계현황 US Current Employment Statistics

    https://www.bls.gov/ces/

13. 미국 실업률 데이터 US Unemployment Data

    https://www.bls.gov/cps/tables.htm

감사의 말

많은 훌륭한 분들이 이 책에 도움을 주셨거나 영향을 주셨다. 영감, 피드백, 도움을 주신 모든 분들께 감사드린다. 마사 암람Martha Amram, 데이비드 벤즐러David Benzler, 아르준 바르가바, 클레이튼 보이드Clayton Boyd, 데인 보이센Dane Boysen, 스튜어트 브랜드Stewart Brand, 스티브 추Steve Chu, 사이먼 클라크Simon Clark, 한스 폰 클렘Hans von Clemm, 리사 커닝햄, 닉 드라고타Nick Dragotta, 마크 두다, 드루 엔디, 제이콥 프리드먼Jacob Friedman, 토드 게오르고파파다코스, 제니퍼 거비Jennifer Gerbi, 터커 길먼Tucker Gilman, 파멜라 그리피스Pamela Griffith, 아르웬 오릴리 그리피스Arwen O'Reilly Griffith, 로스 그리피스Ross Griffith, 셀레나 그리피스Selena Griffith, 브론테 그리피스Bronte Griffith, 헉슬리 그리피스Huxley Griffith, 폴 호큰Paul Hawken, 조앤 황Joanne Huang, 크리스티나 이소벨Christina Isobel, 나다니엘 존슨Nathanael Johnson, 알렉스 카우프먼Alex Kaufman, 케빈 켈리Kevin Kelly, 조너선 쿠미, 알렉스 라스키Alex Laskey, 에밀리 레슬리Emily Leslie, 패티 로드Patti Lord, 피트 린, 데이비드 JC 맥케이(추모하며), 레일라 매드론Leila Madrone, 데보라 마샬Deborah Marshall (추모하며), 야론 밀그롬-엘콧Yaron

Milgrom-Elcott, 팀 뉴웰Tim Newell, 팀 오릴리Tim O'Reilly, 젠 팔카Jen Pahlka, 댄 레히트Dan Recht, 커크 폰 로어Kirk von Rohr, 빈스 로마닌Vince Romanin, 그웬 로즈Gwen Rose, 조엘 로젠버그Joel Rosenberg, 제이슨 루골로Jason Rugolo, 캐롤라인 스피어스Caroline Spears, 낫 F. C. 토킹턴Nat F. C. Torkington, 론 트라우너Ron Trauner, 조지 워너George Warner, 제이슨 웩슬러Jason Wexler, 에릭 빌헬름, 세스 주커먼Seth Zuckerman, 아담 주로프스키Adam Zurofsky.

샘 칼리시와 로라 프레이저Laura Fraser 에게는 특별히 감사를 전하고 싶다. 샘은 사실상 공동 저자와 다름없었으며 데이터 분석, 끝없는 스프레드시트, 비주얼리제이션 스크립트와 같은 어려운 작업을 함께 해냈다. 마찬가지로 로라는 샘과 나에게 마감 기한을 준수하는 방법을 가르쳐주었고, 알맞은 문법과 철자를 유지하면서도 다소 건조할 수 있는 주제에 재미와 애정을 불어넣는 데 큰 도움을 주었다.

데이터, 숫자, LaTeX, 그래픽, 데이터베이스, 웹 스크레이핑, 그리고 에너지라는 큰 과제를 이해하는 데 도움을 준 키스 파스코, 짐 맥브라이드, 푸샨 판다Pushan Panda 에게도 감사의 인사를 전한다. 마지막으로 MIT Press와의 연결을 도와준 MIT의 옛 스승 닐 거센펠드Neil Gershenfeld 와, 이 책을 맡아주고 함께 작업하면서 즐거움을 나누었으며 인내심을 발휘해 준 출판사 직원들에게도 깊은 감사의 마음을 전한다(내가 새롭게 좋아하게 된 단어는 "stet"이다).

능숙한 편집자인 베스 클레벤저Beth Clevenger 는 이 책을 훨씬 더 훌륭하게 만들어주었으며, 윌 마이어스Will Myers 와 버지니아 크로스먼Virginia Crossman 은 놀랍도록 꼼꼼한 카피 에디터였다. 또한 이 원고를 완성하는 데 도움을 준 앤서니 잔니노Anthony Zannino, 숀 릴리Sean Reilly, 디자이너 마지 엔코미엔다Marge Encomienda, 자넷 로시Janet Rossi, 홍보 담당자 헤더 고스Heather Goss, 그리고 그 밖의 모든 분들께 진심으로 감사드린다.

옮긴이의 글

전기화 시대:
그러나 한국 최대의 도전과제

1 '전기화'의 의미

전기화에 대해 이 책보다 쉽게 압축할 수 있는 책도 드물 것이다. 전기를 쓰자, 화석연료를 대신해. 무엇을 위해? 기후 위기를 막기 위해. 그럼, 탄소를 배출하지 않는 전기를 쓰자.

하지만 지금 대부분의 전기는 석탄, 천연가스, 석유를 태워 만든다. 온실가스가 나오고, 기후 위기는 악화된다. 특히 석탄 화력은 풍부하고 저렴한 석탄을 사용하지만 온실가스 관점에서는 최악이다. 같은 에너지를 얻을 때 천연가스보다 탄소를 훨씬 많이 내뿜는다. 그러니 전기를 쓰려면 먼저 깨끗한 전기를 지금보다 더 많이 만들 방법을 찾아야 한다.

배터리, 수소와 연료전지처럼 에너지를 저장하는 기술도 있고, 가상발전소같이 운용 효율을 높이는 기술도 있다. 그러나 이 모든 걸 구동하려면 근본이 될 1차 에너지원이 필요하다. 태양광과 풍력 같은 재생에너지는 온실가스를 늘리지 않고 환경 부담도 덜하다. 그래서 미래에는 이런 기술이 중심이 될 것이다. 원전도 탄소를 배출하지 않으니 어떻게든 틈새를 찾을 것이다. 재생에너지와 원자력의 갈등 구도는 대한민국에서 특히 도드라지는 양상이나 결국 시장, 사회, 기술이라는 복잡한 셈법 속에 우위를 차지하는 기술이 주류로 안착할 것이다.

그렇다면 전기로 바꾸는 과정에서 우리가 잃는 것은 무엇인가? 저자에 따르면, 거의 없다. 자동차든 난방이든 전기로 전환해도 기존의 편리함은 그대로고 에너지 효율은 오히려 올라간다.

문제는 시스템 전체를 바꾸는 건 너무나도 거대한 작업이라는 사실이다. 지금도 우리는 수많은 장비와 기기에서 엄청난 양의 전기를 쓰고 있고, 또 다른 장비와 기기에서는 그보다 훨씬 더 많은 열량을 가진 화석연료를 직접 태워 에너지를 얻는다. 이 화석연료를 전기로 바꾸는 게 바로 전기화이다. 전기화에 따라 1차 에너지 소비량은 전반적으로 줄어든다. 하지만 기존에 화석연료를 쓰던 기기에 공급할 전기를 더 많이 생산하지 않으면 전기를 쓰던 다른 기기를 줄이고 전력을 다른 용도로 돌리는 수밖에 없다. 예를 들어 전기차만 해도 어마어마한 양의 추가 전기가 필요할 수밖에 없다.

대규모 전기화라는 방향은 명확하다. 그러나 가는 길은 험난하다. 전기를 쓰는 방식을 보다 효율적, 효과적으로 바꾸고 동시에 전기 인프라를 완전히 재구성하며, 기존 에너지 공급-사용 체계를 뒤흔들어 전기 중심의 새로운 세상으로 만들어야 하기 때문이다. 수많은 이해관계와 복잡하고 오래된 시스템, 그리고 오래된 생각과 익숙함, 편안함을 빠른 속도로 바꾸어야 하는 대략 난감한 상황이기 때문이다.

2 에너지 대차대조표 Balance 와 전체 그림

미국 이야기는 본문에서 많이 보았으니 이곳 해제에서는 한국으로 넘어오도록 하자. 우리 역자들은 에너지 대차대조표에서 출발하고 싶다. 한국에도 1970년대 오일쇼크 이후 쌓인 많은 에너지 데이터가 있고 이를 한국 도입에서 최종 소비까지 대략 추적할 수 있기 때문이다.

이 표의 흐름은 이런 식이다. 가장 먼저, 자연에서 채취된 에너지원이 인류가 조작할 수 있는 장치 내부로 흘러 들어온다. 이들이 바로 1차 에너지다. 화석연료도, 우라늄도 없고, 재생에너지 비중도 낮은 한국에서 이들은 대부분 수입된다. 또 이 수입 과정에서 일어나는 운송 비용과 손실은 국내 대차대조표를 제시할 때는 거의 계산되지 않는다. (일단 계산의 편의를 위해 이 부분을 무시하기로 한다.)

한국에 들어온 1차 에너지는 가공 과정을 거친다. 대표적인 과정은 발전소에서 화석연료나 핵연료를 전기로 바꾸는 발전이다. 원유를 정유공장에서 석유제품으로, 석탄을 소결해 코크스로 만드는 과정도 포함된다. 이 과정에서 큰 손실이 발생하는데, 특히 화석연료 발전소에서의 발전을 할 때는 투입 에너지의 1/3만 전기가 되어 전력망에 공급된다.

이 에너지는 최종 소비 단계에 도달한다. 최종 소비 분야는 건물, 수송, 산업으로 나뉜다. 건물에는 주거, 상업, 공공 건물이 포함되며, 수송은 자동차, 항공, 철도, 해운을 포함한다(국제 운송은 제외). 산업에는 제조업, 농업, 어업, 건설업이 포함된다.

그림 1은 최종 단계에서 소비되는 최종 에너지의 비중을 나타낸다. 수송 분야에서 97%가 화석연료에 의존하며, 건물(48%)과 산업

표 1 에너지 대차대조표의 예시, 한국 실적 데이터를 이용하여 가공

2×××년, A국	단위: TWh	석탄	코크스	천연가스	도시가스	원유	휘발유	(…기타석유제품…)	원자력	태양광	(…기타 신재생…)	전력	총에너지
일차에너지	국내생산								50	10	3	3	63
	수입	100		100		100							300
	수출												
	국제수송							5					
	재고변화												
	순 공급량	100		100									200
일차에너지 소비	발전	70		50		1			50	10	3		184
	기타전환	20		40		89							149
	에너지산업 자체소비	5		5		5							15
	손실	5		5		5							15
최종에너지 소비	산업		18		8			8				35	70
	국내수송				1		10	24				1	36
	건물(주거·상업·공공)				27			8				28	63
	부기: 석유화학원료							25					25

한국과 가능한 한 유사한 비중이 되도록 했다. 이 글에서 모든 에너지 저장 단위는 Wh로 변환한다. 이 표는 일종의 대차대조표로, 원유와 같은 1차 에너지원의 에너지가 휘발유와 같은 최종에너지원의 에너지로 전달되는 양, 자체 소비나 손실로 인해 사라지는 양의 합과 같도록 작성한다. 이를 위해 가로축에는 1차 또는 2, 3차 에너지원을, 세로축에는 에너지 소비 방식을 표기하고, 그 양을 흐름에 따라 점차 줄여가도록 양을 개선해 명시한다. 수치는 한국의 비중을 참조해, 대략적인 흐름을 잡기 위해 넣은 값이다. 발전 효율은 모든 분야에서 35%, 기타전환의 효율은 90%로 잡았다. 한국의 수치는 에너지경제연구원에서 1990년 이후의 값을 모두 확보할 수 있다.

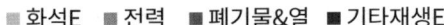
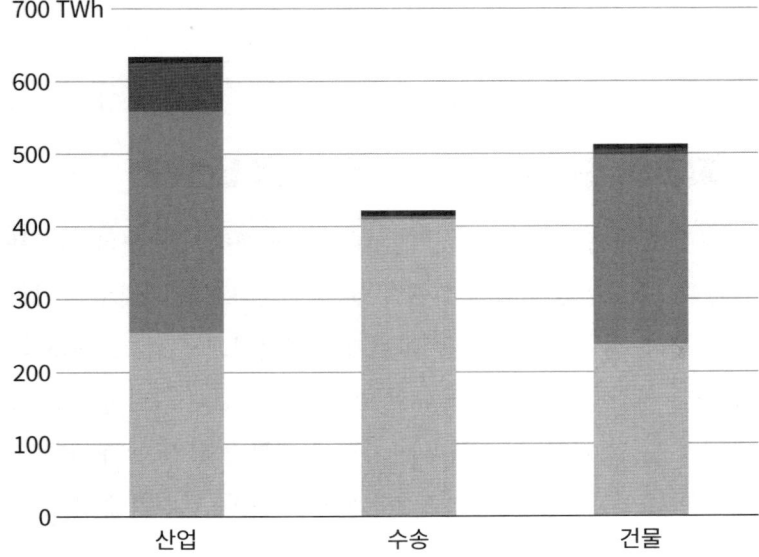

그림 1 **대분야별 최종 에너지 유형, 규모 및 비중**
에너지경제연구원에서 작성한 2022년 에너지 대차대조표를 가공했다. 저량의 경우 W, 유량의 경우 전기화가 필요하다는 이 책의 취지를 반영해, 전력 단위로 쓰이는 에너지 단위로 모든 에너지 단위를 환산해 제시하기 위해서이다. 이 그림에 나타난 전체 최종 에너지량은 1,561TWh이다.

(51%)에서는 전력의 비중이 절반을 차지한다. 산업에서는 열 형태로 최종 에너지를 공급받는 경우도 11%에 달한다.

이제 '전기화'가 정확히 무슨 의미인지 말할 준비가 되었다.

1) 화석연료로 공급되던 1차 에너지의 대부분을 재생에너지와 원자력으로 바꾼다.
2) 최종 에너지의 대부분을 전기로 바꾼다.
3) 1차 에너지원과 최종 에너지원을 연결하는 역할을 하는 전력망grid을 크게 보완해야 한다.

3.1) 이 보완 작업에 필요한 자원은 중간 가공 과정과 그 과정에서 발생하는 손실을 제거하여 일부분 벌충할 수 있다.

3 지금의 전기화 수준과 전기화의 난이도

그런데 한국에서 1)을 제외한 나머지에 대해서는 논의조차 부족했다. 큰 그림만 그렸지 실행력 있는 세부 그림은 제대로 그리지도 못했다. 최근 3)에 대한 이야기가 전력산업계 중심으로 나오는데 지난 역서인 《그리드》에 대한 반응으로 보건대 여전히 아는 사람만 아는 말 같다. 전기화의 난이도에 대한 논의 또한 부족하다. 한국의 특수성(산업 규모, 계절적 냉난방 수요 등)이나 전기차에 대한 과장된 기대 정도나 쉽게 확인할 수 있다.

본격적인 논의를 위해 선행되어야 할 것들이 있다. 전력 외의 화석연료 분야에서 전기로 대체할 수 있는 에너지 수요를 살펴보고 이를 충족할 전력량을 추정해야 한다. 이 전력을 공급하기 위해 필요한 땅의 규모도 계산하고 에너지 수요를 줄일 수 있는 분야나 갑자기 에너지가 폭발적으로 증가할 가능성이 있는 분야도 점검해야 한다. 우리 역자들은 이 같은 작업을 조금이라도 해보고 싶었다.

그림 2와 3은 1보다 세밀하다. 2는 에너지 양을, 3은 각 분야의 비중을 나타낸다. ① 전기화 수준이 이미 높고, ② 화석연료 소비가 적은 분야는 전기화가 더 쉬울 것이다. 철도는 전기화가 거의 완성된 분야다. 전기화도가 80%에 달하고, 최종 에너지 소비량은 5테라와트시^{TWh}로 수송 분야의 1%, 전체의 0.3%에 불과하다. 기계산업도 전기화도가 81%이며 화석연료 소비량은 대부분 도시가스

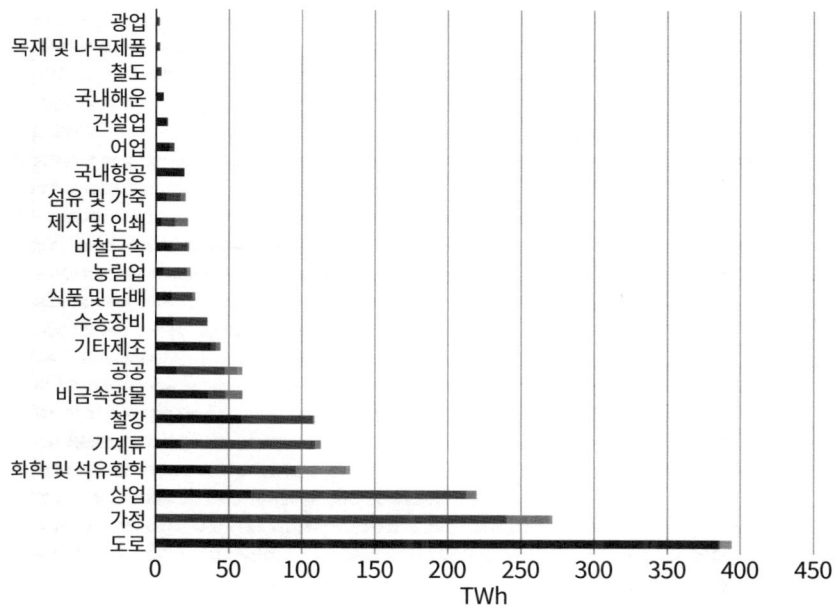

그림 2 중분야별 최종 에너지 규모
2022년 에너지 대차대조표를 가공. 최종 에너지 소비량의 규모에 따라 정렬함.

이므로 전기로 대체할 수 있어 전기화가 용이하다. 농업도 농기계와 축사 난방의 에너지원을 전기로 바꾸면 전기화가 거의 끝날 것이다.

하지만 전기화 수준이 상대적으로 낮고 화석연료 소비량이 막대한 분야는 전기화 역시 상대적으로 어렵다. 상업 분야는 여전히 1/3이 화석연료로 전기화가 쉽지 않다. 철강은 비록 전기가 절반 수준이지만 아직 석탄을 대체할 기술이 완성되지 않았으며, 특히 전기화에 따라 에너지 효율이 오히려 희생될 분야이다. 화학 및 석유화학 산업은 중간 정도로 전기화가 진행됐지만 대규모 투자와

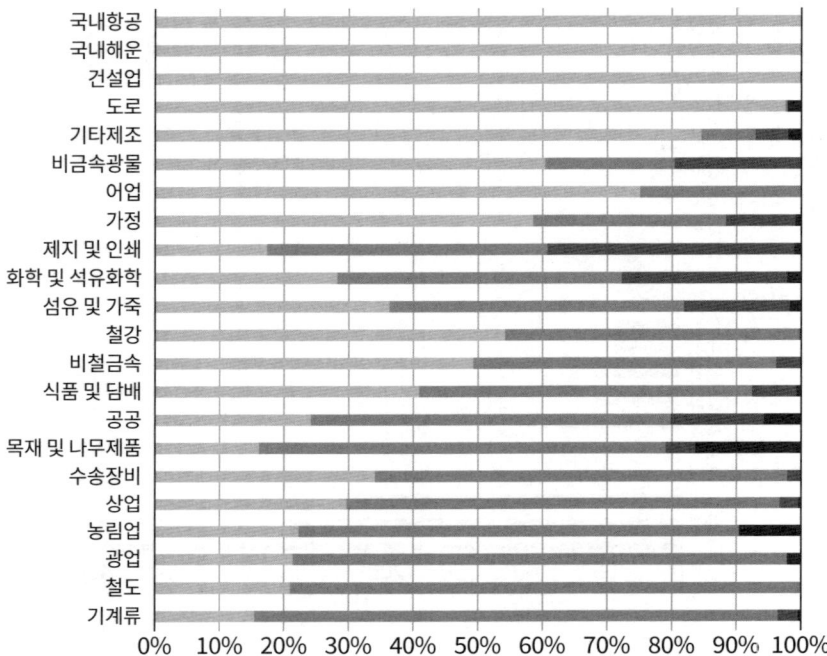

그림 3 중분야별 최종 에너지 유형의 비중
2022년 에너지 대차대조표를 가공. 전기화도(=전기 최종소비량/총 에너지 소비량)의 수준에 따라 정렬함.

구조 개편 없이는 계속 화석연료를 사용할 수밖에 없다.

가정 분야는 상대적으로 면죄부를 주자는 포퓰리즘적인 주장이 많았다. 그러나 최종 에너지 소비량이 상업 분야보다 많고 전기화도는 30%에 불과하다. 이 분야 역시 크고 어려운 변화가 꼭 필요한 이유다. 가정에서 화석연료를 많이 사용하는 이유는 난방 때문이다. 가정용 에너지의 49%는 도시가스, 6%는 등유이며 이들은 대부분 난방에 쓰인다. 전기화는 특히 공동주택이 많은 한국에서는 매우 어려운 일이다. 히트펌프를 설치하려면 익숙하지 않는 기계를 집 안에 들여놓는 새로운 수요를 창출해야 가능한 일이다. (특히, 도시의 안정적인 가스 난방 인프라는 역설적으로 전환의 걸림돌이 된다.)

전기화가 사실상 시작되지 않은 분야로 도로, 해운, 항공을 꼽을 수 있다. 이 가운데 항공의 상황이 가장 어렵다. 제트 엔진은 전기화가 불가능하고, 프로펠러를 쓸 경우 속도가 너무 느려지기 때문이다. 그래서 국제 항공업계는 바이오매스를 대안으로 제시하고 있다. 해운은 항공보다는 상황이 비교적 나은데, 선체가 커 연료전지나 암모니아 같은 고중량 연료를 탑재할 여력이 있기 때문이다.

자동차 분야의 경우 전기차의 에너지 소비 비중이 0.3%, 바이오디젤은 2%로 화석연료 비중은 여전히 98%에 달한다(2022). 전기차가 선전하고 있으나 과거의 누적된 힘은 여전히 크다. 에너지 소비량 역시 385테라와트시로 다른 분야를 압도한다. 따라서 비중과 절대량의 두 측면에 걸쳐 볼 때 자동차는 전기화가 가장 어려운 분야이며 그에 따른 사회적 부담도 가장 클 것이다.

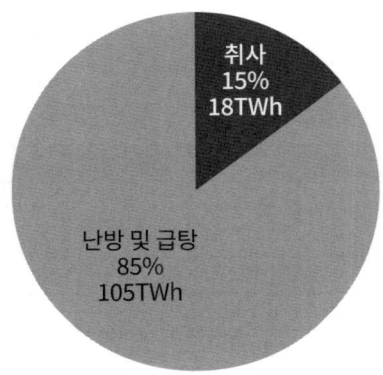

그림 4 가정용 도시가스의 분야별 소비 비중. 2023년, 한국가스공사.

4 얼마나 많은 전기가 더 필요할까?

이제 얼마나 많은 전기가 필요할지 한번 확인해 보자. 구체적인 수치를 구하려면 각 분야의 기술 변화에 따라 화석연료를 전기로 전환할 때 달라지는 에너지 효율이 필요하다(표 2 참고). 현재 화석연료 소비량을 해당 계수로 나누면 필요한 전력량이 산출된다.

이 계수는 세 종류로 나뉜다.

① 효율이 개선되는 분야

전기차는 같은 중량·부피의 내연기관차보다 킬로미터당 에너지 소비가 1/3 수준이며, 히트펌프는 본문에서 제안한 계수 3, 즉 효율 3배 향상을 준용한다.

② 효율이 떨어지는 분야

철강 분야가 대표적이다. 기존 고로에서는 석탄이 환원제와 발열제 역할을 겸했지만, 수소환원제철로로 전환하면 환원제(수소)와 발열제(전기)를 따로 공급해야 한다. 게다가 환원 과정에서 발생하는 수증기가 열을 흡수한다. 이 모든 효과를 감안하면 석

표 2 전력량 추정을 위해 사용할 주요 계수

에너지 용도	기계	효율화 계수	사용 중분류
열	히트펌프	3	가정, 상업, 공공
	기타	1	산업 일반
동력	전기차	3	도로
취사	인덕션	1	가정, 상업, 공공
산화환원	제강, 비철금속, 광물	0.625	철강, 비철금속
물질합성	화학	0.7	화학

현재 화석연료 소비량을 계수로 나누면 필요한 전력량이 나온다.

탄 사용 시보다 약 1.6배의 에너지가 필요하다는 언론 보도가 있다. 화학 분야의 경우 전기가열 분해 E-crakers 의 효율은 기존 증기 분해와 비슷하나, 기술적 불확실성을 고려해 효율이 낮아진다고 계산한다.

③ 그 외 변화 없는 분야

물질 가열에 필요한 에너지는 제조업에서나 가정용 인덕션에서나 지금과 같다고 보며, 지역난방도 전기로 대체하면 같은 열량이 필요하다고 본다.

이 계산 결과는 표 2와 그림 5에, 그리고 2022년 기준 주요 분야별 에너지 소비량과 효율 계수를 적용해 산출한 추가 필요 전력량은 표 3에 나타난다. (가정의 경우, 난방 에너지는 1/3로 줄고 취사 에너지는 그대로 사용해 평균 계수 2.3을 적용하며, 0테라와트시 표시는 0.5테라와트시 미만임.)

현재 모든 분야에서 사용하는 화석연료의 최종(비전환) 에너지량은 905테라와트시에 이른다. 효율이 개선되는 분야는 전기화로 인한 에너지 소비량이 크게 줄어든다(예, 도로: 385TWh → 128TWh). 반면, 효율이 떨어지는 분야는 오히려 에너지 소비량이 늘어난다(철강: 58TWh → 94TWh). 이로 인해 추가로 583테라와트시의 전기가 필요하다. 또한 여기에 현재 열도 에너지 전환 과정을 거쳐 최종 에너지로 공급되는데(지역난방 등의 형태), 이 경우에 효율 개선이 없다고 보면 약 111테라와트시의 전기를 따로 더 공급해야 한다. 이들 요구 전력량을 모두 합치면 약 700테라와트시에 달하게 된다.

표 3 주요 분야별 에너지 소비량과 효율화 계수를 통해 계산한 총 추가 필요 전력량

단위: TWh (단, 효율화 계수에는 단위 없음)	화석연료	화석연료 주 용도	적용 효율화 계수	추가 필요 전력량 TWh	폐기물&열	효율화 계수	추가 전력량	총 추가 전력량
기계류	17	열	1	17	4	1	4	21
철도	1	동력	3	0	0	1	0	0
광업	0	열,동력	1	0	0	1	0	0
농림업	5	열,동력	1	5	0			5
상업	65	열,취사	1.5	44	7	1	7	50
수송장비	12	열	1	12	1	1	1	13
목재및나무제품	0	열	1	0	0	1	0	1
공공	14	열,취사	1.5	10	9	1	9	18
식품및담배	11	열	1	11	2	1	2	13
비철금속	11	산화환원	0.625	18	1	1	1	19
철강	58	산화환원	0.625	94	0	1	0	94
섬유및가죽	7	열	1	7	3	1	3	11
화학및석유화학	38	열,물질합성	0.7	54	34	1	34	88
제지및인쇄	4	열	1	4	8	1	8	12
가정	159	열,취사	2.3	69	29	1	29	98
어업	9	동력	-		0			0
비금속광물	36	열,산화환원	0.5	71	12	1	12	83
기타제조	38	열	1	38	2	1	2	40
도로	385	동력	3	128	0			128
건설업	8	열	-		0			0
국내해운	5	동력	-		0			0
국내항공	19	동력	-		0			0
계	905			583	111		111	694

2022년 기준.

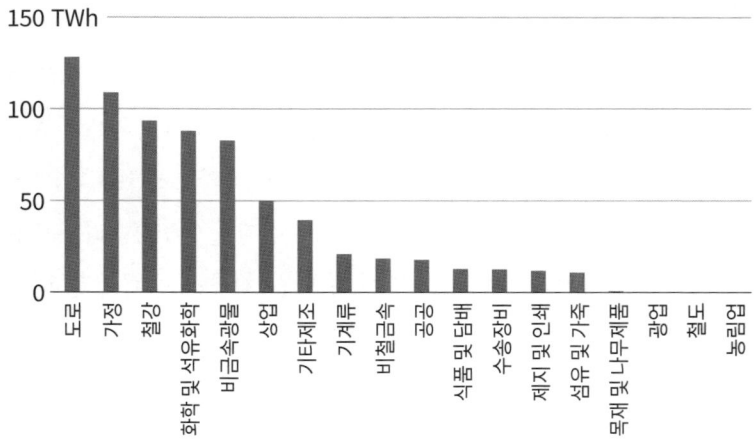

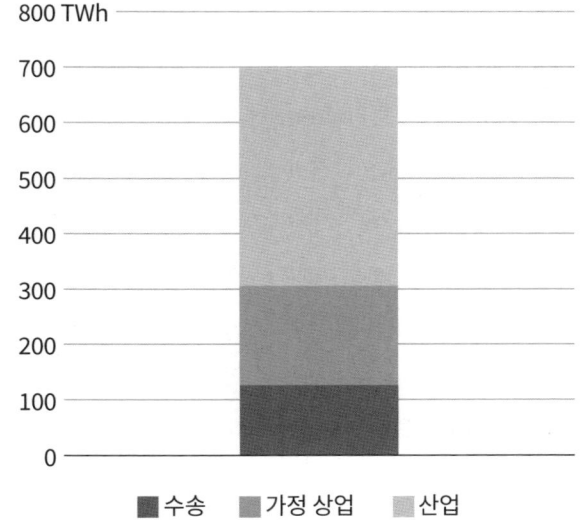

그림 5 **한국의 분야별 추가 공급 필요 전력량**
표 3을 정리함.

5 먼저, 원전의 한계부터

결국 미래 한국이 최종 에너지 소비를 거의 그대로 유지하면서 전기화를 현실로 만들려면 전기가 추가로 약 700테라와트시만큼 필요하다. 이는 기존 화석연료 발전량 347테라와트시(현재 전체 발전량의 2/3 수준)에 추가 전력량을 더해 비화석 전력 1,050테라와트시를 어디선가 마련해야 한다는 뜻이다. 단순 계산하면 이 용량은 원전 용량의 6배 정도이니 그만큼 원전을 늘리면 될 것 같지만 현실은 복잡하다.

원전 옹호 논리의 핵심은 경제성이다. 그런데 원전이 경제적인 이유는 기저 전원, 즉 1년 8,760시간 모두에 걸쳐 전력을 공급하는 전원이기 때문이다. 이렇게 하면 모든 시간에 걸쳐 설비 투자 금액의 부담을 분산시킬 수 있다. 연중 최저 부하시에도 원전은 돌아가야 경제적이라는 말이다. 2024년 현재, 원전은 연중 최저 부하 시 (예를 들어 2024년 4월 7일 오전 11시 50분, 약 39기가와트^{GW}) 약 66%의 전력을 공급하는 용량, 즉 26기가와트만큼 설치되어 있다.

이를 감안해 만일 최저 부하시에 다른 모든 전원을 끄고 원전만 구동한다고 하자. 이 경우 지금 기준으로는 1.5배(39기가와트)가 경제성 악화 없이 원전 용량을 늘릴 수 있는 한계다. 만일 최저 부하 또한 그림 6의 전체 전력 공급량처럼 2.2배로 증가한다면 경제성 손실 없이 원전의 용량을 늘릴 수 있는 한계는 1.5*2.2=3.3배(85기가와트) 정도일 것이다. 이들 용량은 6배보다 훨씬 적은 양이므로 전기화에 필요한 전기를 원전으로 모두 조달한다면 원전의 경제성은 크게 약화될 것이다.

게다가 이러한 비율에 따른 공급량조차 현재 계획에 비해 훨씬

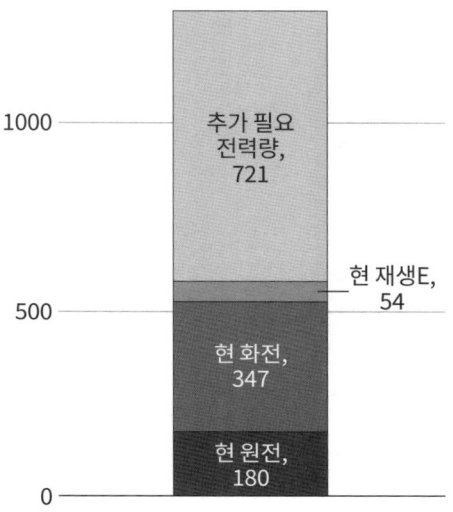

그림 6 2022년의 전력 믹스와 추가 필요 전력량 규모
전체 전력량이 약 1,302TWh로, 총 에너지 필요량은 전기화로 인해 약 250TWh, 16% 이상 줄었다.

더 많은 양의 원전을 공급해야 가능한 일이다. 10차 및 11차 전력수급계획의 원전 용량 목표는 2036년 32기가와트, 2038년 37기가와트 정도이기 때문이다. 현행 계획보다 빠른 원전 확대는 상당한 비용과 반발에 직면할 가능성이 커 그 실현 가능성이 낮을 것이다.

한편, 낮에는 태양광 발전이 풍부해 지금도 발전 용량이 24기가와트에 이르고 있다. 이를 2050년까지는 301기가와트까지 늘리자는 주장도 있을 정도다. 그러나 태양광은 일조시간 동안만 이용할 수 있다. 즉, 연간 약 2,000시간(23% 수준)만 1차 에너지를 공급할

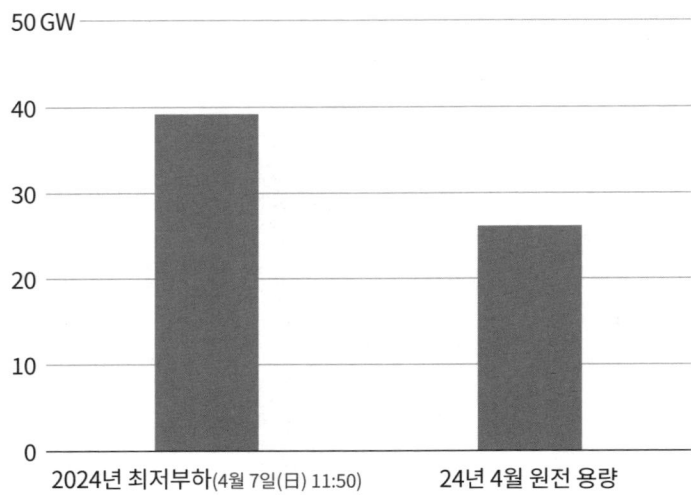

그림 7 **2024년 최저부하량과 원전 용량**

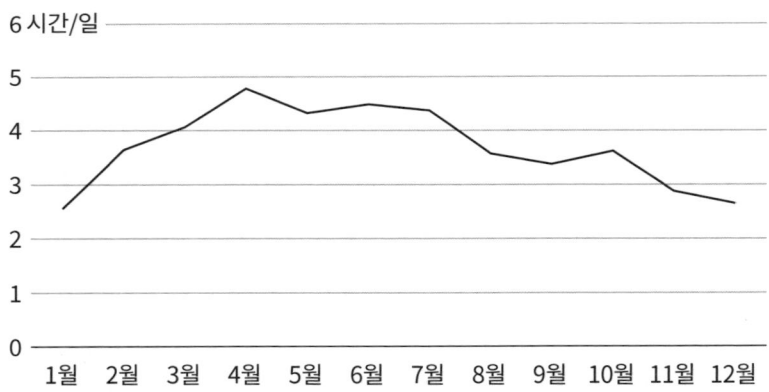

그림 8 **한국 태양광 발전소 월별 평균 발전량**
출처: 엔라이튼, 2021년 전국 태양광 발전시간 분석(1), 2022.01.28.

수 있다. 나머지 6,700시간 동안을 버티려면 반드시 에너지 저장 장치와 백업 전원이 필요하다.

이때 원자력 발전이 백업으로 쓰일 수도 있다. 그러나 원전은 재생에너지 발전량의 급격한 변화에 딱 맞추어 출력을 빠르고 유연하게 조절하기는 어렵다. 오히려 원전 가동률을 높이기 위해 재생에너지의 출력을 낮추든지, 원전에서 남은 에너지를 저장할 에너지 저장 장치를 추가로 요구할 가능성이 큰 전원이다. 때문에 재생에너지 원자력의 조합은 전력망 운용을 어렵게 만든다. 다른 백업이 없으면 곤란한 조합이 될 것이다.

6 땅, 땅, 그리고 땅

계산을 마치기 위해 원전 용량이 지금 수준으로 유지된 상태에서 필요한 나머지 전력, 즉 1050테라와트시를 재생에너지로 채운다고 하자. 여기서도 각 전원의 역할 분담이 필수적이다. 우리는 태양광 60%, 해상풍력 30%, 육상풍력 10%의 비율을 가정했다.

태양광의 경우 설비용량 100메가와트^{MW}당 1제곱킬로미터$^{km^2}$를 차지하고, 설비이용률 16%를 적용하면 641테라와트시를 얻기 위해 약 4,577제곱킬로미터의 토지가 필요하다. 여기에 인프라를 감안하면 약 5,000제곱킬로미터 – 즉, 한국 전체 면적의 5%, 제주도의 3배, 서울°의 8배에 달하는 땅 – 이 요구된다.

태양광은 입지를 신중히 검토해야 한다. 적어도 자연식생과는

○ 서울의 면적은 605제곱킬로미터로 전국 162개 시군(특광역시를 1개로 계산함) 면적의 평균치(620km²)와 거의 같다.

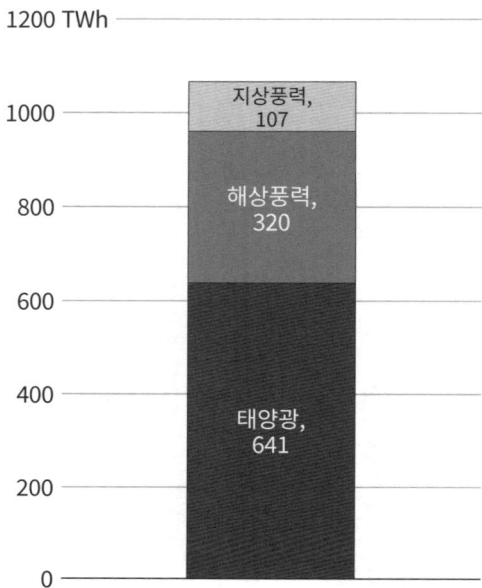

그림 9 수단별 배분에 따른 재생에너지별 목표 발전전력량 규모

공존하기 어렵기 때문이다. 영농형 태양광도 가능하긴 하지만 건축비 부담으로 인해 확산에 시간이 필요하다. 육상풍력의 경우 식생 파괴가 제한적이며 해상풍력 역시 해저의 일부만을 훼손한다는 점에서 태양광과는 다르다. 따라서 태양광은 대지, 공장용지, 주차장 같은 인위적 개발 면적 가운데 일부를 활용하는 것이 가장 우선시되어야 한다.

이 면적이 어떤 의미를 가지는지는 그림 10을 통해 확인할 수 있다. 이 그림은 지난 20년간(2003~2023년) 있었던 한국의 토지이용 변화를 모두 압축하여 나타낸다. 임야, 전, 답, 기타농축산용 토지는 이 기간동안 3,374제곱킬로미터(제주도 1.8배, 서울 5.6배)만큼

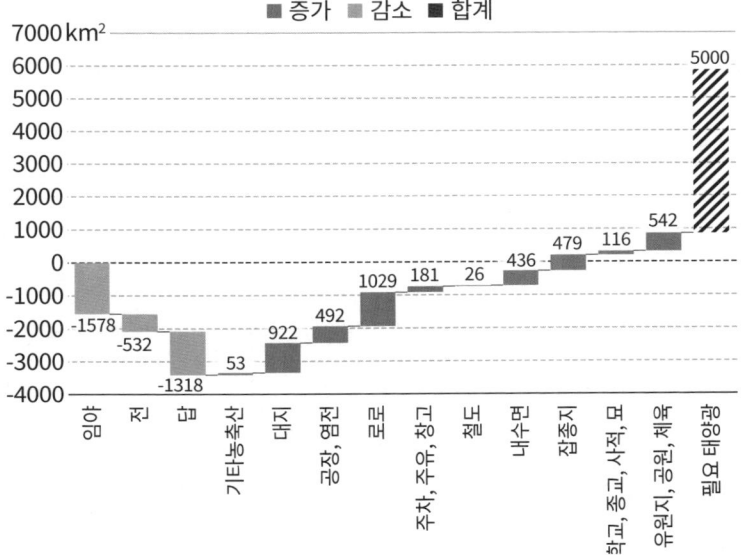

그림 10 2003~2023년 사이 지목별 토지면적 변화
출처: 국토부 지적통계연보(2004, 2023년판).

줄었다. 한편 같은 기간동안 인간에 의한 개발 면적은 4,223제곱킬로미터 늘었다. 내수면 면적을 빼더라도 20년간 개발된 면적은 3,787제곱킬로미터이다. 한국에서 있었던 모든 요인에 의해 진행된 개발의 속도는 189제곱킬로미터/년의 페이스라는 말이다. 지금까지 이뤄진 개발 역량을 모두 투입해도 에너지 전환에 필요한 만큼의 태양광 발전소를 짓는 데 26년은 걸릴 것이라는 뜻이다.

7 돈, 돈, 돈

땅은 그렇다고 치자. 그럼 우리는 얼마만큼의 돈을 쓸 수 있을까? 관련된 사항은 다음과 같다.

1) 화석연료 수입액°: 지난 40년간, 화석연료 수입은 국가 총수입의 평균 23%를 차지했다. 지난 10년간 평균 총수입액은 약 5,000억 달러였으므로 평균 화석연료 총수입액은 약 1,060억 달러, 즉 140조 원으로 보면 된다. 이 가운데 일부는 석유제품 수출로 회수된다. 이 회수액(약 300억 달러)을 뺀 실제 순수입액은 15% 정도, 즉 750억 달러(100조 원) 정도이다. 이 순수입액이 재생에너지 설비 투자금으로 충분하다면 친환경 전기화 역시 충분히 가능한 일이 될 것이다.

2) MW(메가와트)당 설치비: 태양광은 메가와트당 10억 원, 즉 기가와트당 1조 원으로 계산한다. 이 경우 K-맵 시나리오°°에 따른 용량인 301기가와트를 채우기 위해 약 300조 원, 641테라와트시 발전을 위해 필요한 460기가와트에는 460조 원이 든다. 육상풍력은 기가와트당 2.6조 원이므로 K-맵 시나리오에 따른 30기가와트 용량에 약 78조 원, 해상풍력은 기가와트당 6조 원이므로 K-맵 시나리오에 따른 100기가와트 용량에 600조 원이 필요하다. 세 분야를 합치면 460+78+600, 즉 약 1,138조 원이 필요한데, 이는 화석에너지 순수입액의 12년치에 해당한다. 여기에 배터리와 같은 에너지 저장 장치 비용이 더해진다. 배터리는 메가와트시

○ 각 연도 〈에너지수급통계〉, 에너지경제연구원.-옮긴이
○○ 녹색전환연구소 등, K맵 시나리오, 2024. http://igt.or.kr/view/662.-옮긴이

^{MWh}당 5억 원, 기가와트시^{GWh}당 5,000억 원이며, K-맵 시나리오 목표인 446기가와트시를 채우면 약 223조 원이 든다. 따라서 재생에너지 설비와 저장 장치를 모두 갖추려면 약 1,361조 원, 즉 화석에너지 순수입액 14년치의 비용이 필요하다. 여기에 수소 터빈 등 백업을 위해 필수적인 추가 비용 100조 원을 감안하면, 대략 1,500조 원, 즉 15년치 순수입액 정도가 소요된다.

3) 설비 수명과 재투자: 태양광·풍력은 약 20~30년, 배터리는 10~15년, 수소 터빈은 20~30년의 수명을 가진다. 이는 마치 계절이 반복되듯, 20~30년마다 태양광과 풍력, 10~15년마다 배터리의 재투자가 필요하다는 뜻이다. 단, 기간은 기술 향상에 따른 교체의 이익이 크면 빨라질 수 있으며 기존 설비는 중고차처럼 해외로 판매하거나 분해하여 재활용할 수 있으나 이익보다는 비용이 크다.

4) 송배전망 투자: 모든 발전소와 저장 장치가 의미를 가지려면 거대한 송배전망이 따라야 한다. 한전이 자력으로 송전망 투자에 필요한 비용을 댈 수 있을지가 문제다. 과거 2014년부터 2020년까지 평균 8조 원의 전력 거래 차익을 얻었지만, 2022년에는 화석연료 가격 폭등으로 32조 원의 손실을 기록했다. 2023년, 2024년 재무구조가 조금 나아졌지만 부채 200조와 이자를 감당할 수준은 못 된다. 따라서 순수입액과 같은 다른 재원을 활용하여 한전의 부담을 덜어줄 투자 모형을 짜는 것이 지금 필요한 일이다.

5) 2050년까지 시나리오: 역자들은 K맵 시나리오를 참조하여

다음의 가정 아래 장난감 모형을 짜서 계산을 해보았다.
가) 화석에너지 소비를 30년 동안 균등히 줄인다.
나) 태양광은 이용률 16%, 풍력은 25%를 가정하며 신규 투자 후 수명이 끝나면 재투자한다.
다) 에너지 저장 장치를 통한 공급은 연간 446테라와트시를 목표로 하며, 수소 관련 비용도 포함한다.

이러한 장난감 모형을 실제 돌려보면, 화석연료를 다량 사용하는 초기에는 더 큰 부담을 져야 하나 화석연료 소비가 크게 줄어들면서 결국 재생에너지에 대한 투자금이 결국 현재의 화석연료 순수입액과 비슷해질 수 있었다. 이는 전기화 시대 초기 이행을 원활하게 하려면 전력 요금을 다소 인상하는 한편 오늘의 부담을 미래 세대와 나누는 금융 체계가 필요하다는 뜻이다.

8 결론

"전기화"보다 기후 대응에 필요한 변화를 간략하게 요약할 방법은 없다. 화석연료를 사용하지 않으면서도 우리 문명을 유지하는 데 필요한 막대한 양의 에너지를 사용하고 싶다면 결국 무탄소 전원에서 얻은 전기를 활용하는 것만이 답이기 때문이다. 자동차, 저온 열과 같은 용도에서는 에너지 효율까지 올라가 총 최종 에너지 소비량은 조금 줄어드는 효과까지 기대할 수 있다. 전기화 그 자체의 필요를 부정하기는 사실상 불가능하다.

그러나 이런 이익은 상당한 비용을 치러야만 한다. 이 글에서 짚

어본 것만 해도 다음과 같다.

1) 전력 공급량은 2.2배 늘어야 한다.
   1.1) 전기차는 가장 많은 전기를 먹어 치울 분야로 보인다.
   1.2) 가정의 난방 체계가 바뀌어야 하는 문제임에도 히트펌프는 논의조차 되지 않고 있다.
   1.3) 철강의 에너지 효율은 크게 낮아질 것이며 화학 역시 에너지 효율 개선은 없을 것으로 보인다. 단, 산업용 저온 열에는 히트펌프 적용이 논의 중이다.
2) 태양광과 풍력의 확장은 필수적이고, 이에 따라 배터리 역시 엄청나게 많이 필요하다. 원자력은 국내 산업 수요와 원자력 산업의 경제적 가치에 따라 확장 논의가 지속될 가능성이 크다.
3) 현재 에너지 수요 대응을 위해서 태양광 설치에 5,000제곱킬로미터가 필요하며, 이는 제주도 3배, 서울 8배 면적이다.
4) 화석연료 소비량을 0으로 만들고 나면 재생에너지 설비 재투자 비용만 들게 되나, 소비량을 감축해 나가는 이행 기간 동안은 설비 신규 투자 비용과 화석연료 구매 비용을 함께 지출하게 되어 에너지 비용 부담이 막대할 수밖에 없다. 이를 관리할 수 있는 금융 체계가 시급하다.

이 모든 비용을 미래 20~30년 사이에 그럭저럭 치러내더라도 결정적인 쟁점들이 계속해서 나타날 것이다.

5) 이 모든 것은 수요 폭증에 대비된 시나리오가 아니다. 수요 폭증이 정말로 발생할 경우에 대비하기 위해서라도 수요 관리는 필수적이다.

  5.1) 교통의 경우 이미 수요 관리 논리가 확립되어 있으나 수요 폭증의 압력도 가장 강한 분야다. 특히 그리피스가 짚었듯 자율주행의 경우 주행거리 증대는 물론 속도 상승, 차량 자체의 증가 등을 부를 가능성이 있다.

  5.2) 산업의 경우에도 전자 산업(균형표상 기계류에 속함)을 중심으로 수요 폭증의 가능성이 크다. 가령, 예정되어 있는 반도체 밸리는 전기 수요를 증폭시킨다.

  5.3) 건물 분야에는 데이터센터가 포함(상업)되어 있어 역시 수요 폭증의 가능성이 크다. 가정 역시 점진적인 수요 증대를 겪고 있다.

6) 수요 관리의 핵심 수단은 요금과 이를 통해 얻은 현금 흐름을 포함하는 거버넌스 체계다.

  6.1) 전기화가 이미 완성된 분야, 촉진해야 할 분야, 어려운 분야 각각에 따라 에너지 요금 체계가 설정되어야 한다. 다만 이때는 분야 사이의 대체 관계를 면밀히 살펴 요금 체계를 구성해야 한다.

  6.2) 본문에서 언급한 에너지 자영농 모델은 한국에서는 상대적으로 지배력이 약할 것이다. 대규모 발전사업자의 역할이 중요하며 이들의 독점력을 억제할 수 있어야 한다.

  6.3) 이를 위해서는 특히 에너지 저장 장치를 공적으로 통제

할 수 있어야 한다.

6.4) 더불어 대도시, 에너지 다소비 산업 등 지리적으로 전력 자급이 불가능하지만 사회 기능 유지를 위해 필수적인 요소에 대해서는 합리적인 수준에서 상대적으로 높은 전력 요금을 부과할 필요가 있다.

7) 한국의 좁은 국토, 주변국과의 국제정치적 대립을 감안하면, 한국의 에너지 저장 체계는 동남아나 호주 등과의 수소 원거리 교역을 포함해야 한다. (더불어 상업적 규모의 원자력 활용 역시 한국은 핵물질 교역 없이는 불가능하므로, 한국은 계속 핵무장을 지양하고 북핵 폐기 등 국제 비확산 체계를 발전시키는 데 기여해야 한다.)

2024년, 한국은 유례없는 번영을 누리고 있다. 한국인은 세계 평균보다 3배 더 많은 에너지를 사용하고 있고°, 국토 면적 대비 에너지 사용량 또한 세계 최고 수준이다.°° 이런 번영을 가능하게 한 것은 명백히 화석연료, 그리고 이 화석연료를 수송해 오는 데 쓰인 해로 덕분이다. 그렇지만 기후 문제는 바로 이 요인들 때문에 일어난 것이고, 또 이들을 가장 불안정하게 만들 것이다.

왜 한국사회에서 여전히 기후 문제에 대해 관심과 이해가 미약한지는 결국 이 불편한 진실에 비춰보았을 때 이해할 수 있을 것이다. 세계 그 어떤 나라보다 최악인 이 상황을 바꾸려면 무엇보다 가

° 인구는 세계 인구의 0.6%, 에너지 소비량은 2%.-옮긴이

°° 한국의 면적은 남극을 뺀 세계 육지의 1/1,350, 0.07%. 따라서 면적대비 에너지 사용량은 세계 평균 대비 2,700배 높다. 개도국은 한국보다 에너지 소비량이 현격하게 적으며, 타 선진국은 한국보다 면적이 넓다. 네덜란드 정도나 한국과 비견할 수 있다(네덜란드의 면적대비 에너지 사용량은 세계 평균 대비 약 1,900배.).-옮긴이

능한 한 많은 사람들이 동의할 수 있으면서도 한국이 처한 물적 여건에 부합하는 그림이 필요하다. 전기화는 그 그림의 가장 큰 틀이다. 그리고 이 틀 속에는 에너지 자영농으로 활동할 수 있는 농촌과 소도시 주민, 간선 송배전망을 운영할 한전, 태양광과 풍력 제조업체, 중전기기와 전기차 제조업체, 배터리 소유자 말고도 가능하면 많은 사람들의 자리가 마련되어야 한다. 공동주택 세입자, 자동차 미소유자, 대도시 소상공인, 심지어 그리피스의 말처럼 좌초 자산을 껴안고 있는 화석연료 사업자들의 자리까지 있는 것이 낫다. 안 그래도 험한 길인 만큼 최대한 많은 이들이 동맹을 맺도록 만들 틀이 필요하다.

어찌되었든 이 길은 최소 수십 년, 아마도 백 년은 걸릴 길이다. 어떻게 하면 가능하면 많은 사람들이 여기에 필요한 깊고 넓은 안목을 공유하게 할 수 있을지, 함께 고민할 시간이다. 이것이 역자들이 여러모로 부족함에도 이 책을 옮기고 해제를 남기는 이유다.

주

1장

1. World Resources Institute, "World Greenhouse Gas Emissions: 2016," February 2020, https://www.wri.org/resources/data-visualizations/world-greenhouse-gas-emissions-2016.

2장

1. Pew Research Center, *Americans, Politics, and Science Issues*, July 1, 2015, 89, https://www.pewresearch.org/internet/wp-content/uploads/sites/9/2015/07/2015-07-01_science- and-politics_FINAL-1.pdf.
2. Paige Hanley, "Pope Demands Action for Failing Fight against Climate Change," Catholic News Service, December 4, 2019, https://www.catholicnews.com/pope-demands-action-for-failing- fight-against-climate-change/.
3. Jim Tolbert, "Republicans Came to the Table on Climate This Year," *The Hill*, December 30, 2019, https://thehill.com/blogs/congress-blog/energy-environment/476210-republicans-came-to- the-table-on-climate-this-year.
4. Andrew Rafferty and Ellen Rolfes, "How Young Conservatives Hope to Make Climate a GOP Issue," Newsy, September 4, 2019, https://www.newsy.com/stories/how-conservatives-are-trying- to-make-climate-a-gop-issue/.
5. Pew Research Center, *US Public Views on Climate and Energy*, November 25, 2019, 2, https://www.pewresearch.org/science/wp-content/uploads/sites/16/2019/11/Climate-Energy- REPORT-11-22-19-FINAL-for-web-1.pdf.
6. Jeff McMahon, "Former UN Climate Chief Calls for Civil Disobedience," *Forbes*, February 24, 2020, https://www.forbes.com/sites/jeffmcmahon/2020/02/24/former-

383

un-climate-chief-calls-for-civil-disobedience/.

7. Cara Buckley, "Jane Fonda at 81, Proudly Protesting and Going to Jail," *New York Times*, November 3, 2019, https://www.nytimes.com/2019/11/03/arts/television/04jane-fonda-arrest-protest.html.

8. Frederica Perera, "Pollution from Fossil-Fuel Combustion is the Leading Environmental Threat to Global Pediatric Health and Equity: Solutions Exist," *International Journal of Environmental Research and Public Health* 15, no. 1 (January 2018): 16, https://www.ncbi.nlm.nih.gov/pmc/articles/PMC5800116/.

9. Paris Agreement, Chapter XXVII, 7.d., United Nations Treaty Collection, December, 12, 2015, https://unfccc.int/sites/default/files/english_paris_agreement.pdf.

10. Intergovernmental Panel on Climate Change, *Global Warming of 1.5°C*, retrieved October 7, 2018, https://www.ipcc.ch/sr15/.

11. Intergovernmental Panel on Climate Change, *Global Warming of 1.5°C*.

12. Kurt Zenz House et al., "Economic and Energetic Analysis of Capturing CO_2 from Ambient Air," *Proceedings of the National Academy of Sciences* 108, no. 51 (December 20, 2011), https://doi.org/10.1073/pnas.1012253108.

13. Timothy N. Lenton, "Climate Tipping Points–Too Risky to Bet Against," *Nature*, November 27, 2019, https://www.nature.com/articles/d41586-019-03595-0.

14. Michaela D. King et al., "Dynamic Ice Loss from the Greenland Ice Sheet Driven by Sustained Glacier Retreat," *Communications Earth and Environment* 1, no. 1 (August 2020), https://doi.org/10.1038/s43247-020-0001-2.

15. Zeke Hausfather, "UNEP: 1.5C Climate Target 'Slipping out of Reach,'" Carbon Brief, November 26, 2019, https://www.carbonbrief.org/unep-1-5c-climate-target-slipping-out-of-reach.

16. Robbie Andrew, "It's Getting Harder and Harder to Limit Ourselves to 2°C," Desdemona Despair, April 23, 2020, https://desdemonadespair.net/2019/08/its-getting-harder-and-harder-to-limit-global-warming-to-2c-it-is-partly-this-hope-in-future-technologies-that-delays-action.html.

17. Johan Rockström et al., "A Roadmap for Rapid Decarbonization," *Science* 355, no. 6,331 (March 24, 2017): 1,269.

18. Dan Tong et al., "Committed Emissions from Existing Energy Infrastructure Jeopardize 1.5°C Climate Target," *Nature* 572, no. 7,769 (August 2019): 373–377, https://www.nature.com/articles/s41586-019-1364-3.

19. "In 2018, 66% of New Electricity Generation Capacity Was Renewable, Price of Batteries Dropped 35%," *SDG Knowledge Hub* (blog), "International Institute for Sustainable Development, April 9, 2019, https://sdg.iisd.org/news/in-2018-66-of-new-electricity-generation-capacity-was-ren.

20. National Association of Home Builders and Bank of America Home Equity, *Study of*

Life Expectancy of Home Components, February 2007, https://www.interstatebrick.com/sites/default/files/library/nahb20study20of20life20expectancy20of20home20components.pdf; "By the Numbers: How Long Will Your Appliances Last? It Depends," Consumer Reports, March 21, 2009, https://www.consumerreports.org/cro/news/2009/03/by-the-numbers-how-long-will-your-appliances-last-it-depends/index.htm.

3장

1. Dayton Duncan and Ken Burns, *The National Parks: America's Best Idea, An Illustrated History* (New York: Alfred A. Knopf, 2009).
2. National Park Service, "100th Anniversary of President Theodore Roosevelt and Naturalist John Muir's Visit at Yosemite National Park," news release, May 13, 2003, quoted in National Park Service, "John Muir," https://www.nps.gov/jomu/learn/historyculture/people.htm.
3. Michelle Mock, "The Electric Home and Farm Authority, 'Model T Appliances,' and the Modernization of the Home Kitchen in the South," *The Journal of Southern History* 80, no. 1 (February 2014): 73–108, https://www.jstor.org/stable/23796844.
4. US Department of Energy, "FY 2020 Budget Request Fact Sheet," March 11, 2019, https://www.energy.gov/articles/department-energy-fy-2020-budget-request-fact-sheet.
5. Centers for Disease Control and Prevention, "History of the Surgeon General's Reports on Smoking and Health," November 15, 2019, https://www.cdc.gov/tobacco/data_statistics/sgr/history/index.htm.
6. Theodore R. Holford et al., "Tobacco Control and the Reduction in Smoking-Related Premature Deaths in the United States, 1964–2012," *JAMA* 311, no. 2 (2014): 164–171, https://doi.org/10.1001/jama.2013.285112.
7. World Health Organization, "Health Benefits Far Outweigh the Costs of Meeting Climate Change Goals," news release, December 5, 2018, https://www.who.int/news/item/05-12-2018-health- benefits-far-outweigh-the-costs-of-meeting-climate-change-goals.
8. US Environmental Protection Agency, "Climate Impacts on Human Health," January 19, 2017, https://19january2017snapshot.epa.gov/climate-impacts/climate-impacts-human-health_.html.
9. "Montreal Protocol," Wikipedia, https://en.wikipedia.org/wiki/Montreal_Protocol.
10. J. Maxwell and F. Briscoe, "There's Money in the Air: The CFC Ban and DuPont's Regulatory Strategy," *Business Strategy and the Environment* 6, no. 5 (January 1997):

276–286, https://doi.org/10.1002/(SICI)1099-0836(199711)6:5<276::AID-BSE123>3.0.CO;2-A.
11. Chandra Bhushan, "A Monopoly Like None Other," Down to Earth, April 20, 2016, https://www.downtoearth.org.in/blog/climate-change/a-monopoly-like-none-other-53610.
12. Sharon Lerner, "How a DuPont Spinoff Lobbied the EPA to Stave Off the Use of Environmentally-Friendly Coolants," *The Intercept*, August 25, 2018, https://theintercept.com/2018/08/25/chemours-epa-coolant-refrigerant-dupont/.

4장

1. US Congress Joint Committee on Atomic Energy, *Understanding the "National Energy Dilemma"* (Washington: The Center for Strategic and International Studies, 1973).
2. A. L. Austin and S. D. Winter, *US Energy Flow Charts for 1950, 1960, 1970, 1980 and 1990* (Livermore, CA: Lawrence Livermore National Laboratory, 1973).
3. US Energy Information Administration, Manufacturing Energy Consumption Survey (MECS) 2014, September 6, 2018, https://www.eia.gov/consumption/manufacturing/data/2018/.
4. US Energy Information Administration, Residential Energy Consumption Survey (RECS) 2015, https://www.eia.gov/consumption/residential/.https://www.eia.gov/consumption/residential/.
5. US Energy Information Administration, Commercial Buildings Energy Consumption Survey (CBECS) 2012, https://www.eia.gov/consumption/commercial/data/2012/.
6. US Department of Transportation, National Household Travel Survey, 2017, https://nhts.ornl.gov/.
7. Office of NEPA Policy and Compliance, US Department of Energy, *An Open-Source Tool for Visualizing Energy Data to Identify Opportunities, Inform Policy, and Increase Energy Literacy*, Advanced Research Projects Agency (DOE), n.d., Project Grant DEAR0000853, https://www.energy.gov/nepa/downloads/cx-016689-open-source-tool-visualizing-energy-data- identify-opportunities-inform.
8. Eric Masanet et al., "Recalibrating Global Data Center Energy-Use Estimates," *Science* 367, no. 6,481 (February 28, 2020): 984–986.

5장

1. US Environmental Protection Agency, "Evolution of the Clean Air Act," https://www.epa.gov/clean-air-act-overview/evolution-clean-air-act.

2. An Act to Amend the Federal Water Pollution Control Act, Pub. L. No. 92-500, October 18, 1972.
3. Edward Cowan, "President Urges 65° as Top Heat in Homes to Ease Energy Crisis," *New York Times*, January 22, 1977, https://www.nytimes.com/1977/01/22/archives/president-urges-65-as-top-heat-in-homes-to-ease-energy-crisis-cites.html; "Transcript of Nixon's Speech on Energy Situation," New York Times, January 20, 1974: 36, https://timesmachine.nytimes.com/timesmachine/1974/01/20/93255285.html?pageNumber=36.

6장

1. US Department of Energy, *2016 Billion-Ton Report: Advancing Domestic Resources for a Thriving Bioeconomy*, Volume I, July 2016, https://www.energy.gov/sites/prod/files/2016/12/f34/2016_billion_ton_report_12.2.16_0.pdf.
2. Paul E. Brockway et al., "Estimation of Global Final-Stage Energy-Return-on-Investment for Fossil Fuels with Comparison to Renewable Energy Sources," *Nature Energy* 4 (July 2019): 612–621, https://www.nature.com/articles/s41560-019-0425-z.

7장

1. David J. C. MacKay, *Sustainable Energy-Without the Hot Air* (Cambridge, UK: UIT Cambridge, 2009), 33.
2. US Department of Agriculture, "Feedgrains Sector at a Glance," October 23, 2020, https://www.ers.usda.gov/topics/crops/corn-and-other-feedgrains/feedgrains-sector-at-a-glance/.
3. S. De Stercke, *Dynamics of Energy Systems: A Useful Perspective*, IIASA Interim Report No. IR-14-013 (Laxenburg, Austria: International Institute for Applied Systems Analysis, 2014).
4. Steve Hanley, "New Mark Z. Jacobson Study Draws A Roadmap To 100% Renewable Energy," CleanTechnica, February 8, 2018, https://cleantechnica.com/2018/02/08/new-jacobson-study-draws-road-map-100-renewable-energy/.
5. Mark Z. Jacobson et al., "Low-Cost Solution to the Grid Reliability Problem with 100% Penetration of Intermittent Wind, Water, and Solar for All Purposes," *Proceedings of the National Academy of Sciences* 112, no. 49 (December 8, 2015): 15,060–15,065, https://www.pnas.org/content/112/49/15060.
6. Christopher T. M. Clack et al., "Evaluation of a Proposal for Reliable Low-Cost Grid Power with 100% Wind, Water, and Solar," *Proceedings of the National Academy of*

Sciences 114, no. 26 (June 27, 2017): 6,722–6,727, https://www.pnas.org/content/114/26/6722.

7. Mark Z. Jacobson et al., "The United States Can Keep the Grid Stable at Low Cost with 100% Clean, Renewable Energy in All Sectors Despite Inaccurate Claims," *Proceedings of the National Academy of Sciences* 114, no. 26 (June 27, 2017): E5,021–E5,023, https://www.pnas.org/content/114/26/E5021.
8. *Response to Jacobson et al. (June 2017)*, Dr. Staffan Qvist, https://www.vibrantcleanenergy.com/wp-content/uploads/2017/06/ReplyResponse.pdf.
9. National Renewable Energy Laboratory, *Renewable Electricity Futures Study Volume 1: Exploration of High-Penetration Renewable Electricity Futures*, US Department of Energy, 2012, https://www.nrel.gov/docs/fy12osti/52409-1.pdf.
10. Steve Fetter, "How Long Will the World's Uranium Supplies Last?," *Scientific American*, January 26, 2009, https://www.scientificamerican.com/article/how-long-will-global-uranium-deposits-last/.
11. Thomas Wellock, "'Too Cheap to Meter': A History of the Phrase," US Nuclear Regulatory Commission Blog, June 3, 2016, https://public-blog.nrc-gateway.gov/2016/06/03/too-cheap-to-meter-a-history-of-the-phrase/.
12. Mark Diesendorf, "Dispelling the Nuclear Baseload Myth: Nothing Renewables Can't Do Better," Energy Post, March 23, 2016, https://energypost.eu/dispelling-nuclear-baseload-myth-nothing-renewables-cant-better/.
13. "Watts Bar Nuclear Plant," Wikipedia, https://en.wikipedia.org/wiki/Watts_Bar_Nuclear_Plant.
14. US Energy Information Agency, "Nuclear Explained: US Nuclear Industry," April 15, 2020, https://www.eia.gov/energyexplained/nuclear/us-nuclear-industry.php.
15. Office of Energy Efficiency and Renewable Energy, "Solar Energy Technologies Office Fiscal Year 2019 Funding Program," US Department of Energy, 2019, https://eere-exchange.energy.gov/FileContent.aspx?FileID=d2f56f78-decb-4cc1-9a88-0f6241708508.

8장

1. Kevin Ridder, "The Problem with Monopoly Utilities," *The Appalachian Voice*, October 17, 2018, https://appvoices.org/2018/10/17/the-problem-with-monopoly-utilities/.
2. "Hills Hoist," Wikipedia, https://en.wikipedia.org/wiki/Hills_Hoist.
3. US Energy Information Administration, "Figure 2.1: Energy Consumption by Sector," *Monthly Energy Review*, February 2021, https://www.eia.gov/totalenergy/data/

monthly/pdf/sec2_2.pdf.
4. "Underground Natural Gas Storage," Energy Infrastructure, 2020, https://energyinfrastructure.org/energy-101/natural-gas-storage.
5. US Energy Information Administration, "Table 6.3: Coal Stocks by Sector," *Monthly Energy Review*, February 2021, https://www.eia.gov/totalenergy/data/monthly/pdf/sec6_5.pdf; "Coal Stockpiles at US Coal Power Plants Were at Their Lowest Point in Over a Decade," *Today in Energy* (blog), US Energy Information Administration, May 27, 2019, https://www.eia.gov/todayinenergy/detail.php?id=39512.
6. Noah Kittner, Felix Lill, and Daniel M. Kammen, "Energy Storage Deployment and Innovation for the Clean Energy Transition," *Nature Energy* 2, no. 17,125 (July 31, 2017), https://escholarship.org/content/qt62d4075g/qt62d4075g_noSplash_c77f50aad68d476a1432e175_18430dac.pdf; Logan Goldie-Scot, "A Behind the Scenes Take on Lithium-ion Battery Prices," BloombergNEF, March 5, 2019, https://about.bnef.com/blog/behind-scenes-take-lithium-ion- battery-prices/.
7. MacKay, *Sustainable Energy*, 153.
8. Office of Energy Efficiency and Renewable Energy, "Energy Analysis, Data, and Reports: Manufacturing Energy Bandwidth Studies," US Department of Energy, 2013, https://www.energy.gov/eere/amo/energy-analysis-data-and-reports.
9. "Atlas of 100% Renewable Energy," Wärtsilä, 2020, https://www.wartsila.com/energy/towards- 100-renewable-energy/atlas-of-100-percent-renewable-energy#/.
10. US Energy Information Administration, "Table 10.1: Renewable Energy Production and Consumption by Source," *Monthly Energy Review*, February 2021, https://www.eia.gov/totalenergy/data/monthly/pdf/sec10_3.pdf.

10장

1. *Lazard's Levelized Cost of Energy Analysis*, Version 13, Lazard, November 7, 2019, https://www.lazard.com/perspective/lcoe2019.
2. Office of Energy Efficiency and Renewable Energy, "Soft Costs," US Department of Energy, 2020, https://www.energy.gov/eere/solar/soft-costs.
3. Edward Rubin et al., "A Review of Learning Rates for Electricity Supply Technologies," *Energy Policy* 86 (November 2015): 198–218, https://www.cmu.edu/epp/iecm/rubin/PDF%20files/2015/A%20review%20of%20learning%20rat es%20for%20electricity%20supply%20technologies.pdf.
4. T. P. Wright, "Factors Affecting the Cost of Airplanes," *Journal of Aeronautical Sciences* 3, no. 4 (February 1936), https://arc.aiaa.org/doi/10.2514/8.155.
5. Gordon E. Moore, "Cramming More Components onto Integrated Circuits,"

Electronics, April 19, 1965, 114–117.
6. Béla Nagy et al., "Statistical Basis for Predicting Technological Progress," *PLOS One* 8, no. 2 (February 23, 2013): e52,669, https://journals.plos.org/plosone/article?id=10.1371/journal.pone.0052669.
7. Rubin, "A Review of Learning Rates," 198–218.
8. "Sunny Uplands," *The Economist*, November 21, 2012, https://www.economist.com/news/2012/11/21/sunny-uplands.
9. Nancy M. Haegel et al., "Terawatt-Scale Photovoltaics: Trajectories and Challenges," *Science* 356, no. 6,334 (April 14, 2017): 141–143, https://science.sciencemag.org/content/356/6334/141.summary.
10. International Renewable Energy Agency, "Renewable Energy Now Accounts for a Third of Global Power Capacity," news release, April 2, 2019, https://www.irena.org/newsroom/pressreleases/2019/Apr/Renewable-Energy-Now-Accounts-for-a-Third-of-Global-Power-Capacity.
11. The exact number depends on how world population grows, and what quality of life is enjoyed by what percentage of humans. De Stercke, *Dynamics of Energy Systems*.

11장

1. Saul Griffith and Sam Calisch, "No Place Like Home: Fighting Climate Change (and Saving Money) by Electrifying America's Households," Rewiring America, October 2020, https://www.rewiringamerica.org/household-savings-report.
2. US Bureau of Labor Statistics, "Consumer Expenditure Surveys: State-Level Expenditure Tables by Income," 2020, https://www.bls.gov/cex/csxresearchtables.htm.
3. US Energy Information Administration, "State Energy Data System (SEDS): 1960–2018 (complete)," 2020, https://www.eia.gov/state/seds/seds-data-complete.php.
4. Office of Energy Efficiency and Renewable Energy, "Find and Compare Cars: 2020 Honda Civic 4Dr," US Department of Energy, https://www.fueleconomy.gov/feg/noframes/42150.shtml.
5. Office of Energy Efficiency and Renewable Energy, "Find and Compare Cars: 2019 BMW 540i," US Department of Energy, https://www.fueleconomy.gov/feg/noframes/40477.shtml.
6. Office of Energy Efficiency and Renewable Energy, "Find and Compare Cars: 2019 Chevrolet Silverado LD C15 2WD," US Department of Energy, https://www.fueleconomy.gov/feg/noframes/40258.shtml.
7. National Renewable Energy Laboratory, "Typical Meteorological Year (TMY),"

National Solar Radiation Database, https://nsrdb.nrel.gov/about/tmy.html.
8. Sanden Water Heater, "Sanden SANCO2: Heat Pump Water Heater Technical Information," Sanden Water Heater, October 2017.
9. Office of Energy Efficiency & Renewable Energy (EERE), "Commercial and Residential Hourly Load Profiles for all TMY3 Locations in the United States," US Department of Energy, last updated July 2, 2013, https://openei.org/doe-opendata/dataset/commercial-and-residential-hourly-load-profiles-for-all-tmy3-locations-in-the-united-states.
10. Heather Lammers, "News Release: NREL Raises Rooftop Photovoltaic Technical Potential Estimate," National Renewable Energy Laboratory, March 24, 2016, https://www.nrel.gov/news/press/2016/24662.html.

12장

1. "Home Owners' Loan Act (1933)," The Living New Deal, 2020, https://livingnewdeal.org/glossary/home-owners-loan-act-1933/.
2. Mock, "The Electric Home and Farm Authority."

13장

1. James McKellar, "Oil and Gas Financing: 'How It Works'" (presentation, 32nd Annual Ernest E. Smith Oil, Gas, & Mineral Law Institute, Houston, TX, March 31, 2006).
2. R. Allen Myles et al., "Warming Caused by Cumulative Carbon Emissions towards the Trillionth Tonne," *Nature* 458, no. 7,242 (May 2009): 1,163–1,166.
3. Office of Energy Efficiency & Renewable Energy (EERE), *Manufacturing Energy Bandwidth Studies* (2014 MECS), Energy Analysis, Data and Reports, US Department of Energy, https://www.energy.gov/eere/amo/energy-analysis-data-and-reports.
4. J. F. Mercure et al., "Macroeconomic Impact of Stranded Fossil Fuel Assets," *Nature Climate Change* 8 (2018): 588–593, https://doi.org/10.1038/s41558-018-0182-1.
5. Richard Knight, "Sanctions, Disinvestment, and US Corporations in South Africa," in *Sanctioning Apartheid*, ed. Robert E. Edgar (Trenton, NJ: Africa World Books, 1991).
6. "Oil Company Earnings: Reality Over Rhetoric," *Forbes*, May 10, 2011, https://www.forbes.com/2011/05/10/oil-company-earnings.html.

14장

1. Jon Henley and Elisabeth Ulven, "Norway and the A-ha Moment that Made Electric Cars the Answer," *The Guardian*, April 19, 2020, https://www.theguardian.com/environment/2020/apr/19/norway-and-the-a-ha-moment-that-made-electric-cars-the-answer.
2. California Energy Commission, "2019 Building Energy Efficiency Standards," 2020, https://www.energy.ca.gov/programs-and-topics/programs/building-energy-efficiency-standards/2019-building-energy-efficiency.
3. San Francisco Planning Department, *Zoning Administrator Bulletin No. 11: Better Roofs Ordinance*, 2019, https://sfplanning.org/sites/default/files/documents/publications/ZAB_11_Better_Roofs.pdf.
4. Susie Cagle, "Berkeley Became First US City to Ban Natural Gas. Here's What That May Mean for the Future," *The Guardian*, July 23, 2019, https://www.theguardian.com/environment/2019/jul/23/berkeley-natural-gas-ban-environment.
5. Chris D'Angelo, "The Gas Industry's Bid to Kill A Town's Fossil Fuel Ban," Huffington Post, December 16, 2019, https://www.huffpost.com/entry/massachusetts-natural-gas-ban_n_5de93ae2e4b0913e6f8ce07d.
6. "Net Metering," Solar Energy Industries Association, 2020, https://www.seia.org/initiatives/net-metering.
7. California Public Utilities Commission, "What Are TOU Rates?," 2020, https://www.cpuc.ca.gov/general.aspx?id=12194.
8. Legal Pathways to Deep Decarbonization, https://lpdd.org.

15장

1. Richard Scarry, *What Do People Do All Day*? (New York: Golden Books, 1968).
2. "Fact Sheets," National Association of Convenience Stores, 2020, https://www.convenience.org/Research/FactSheets.
3. Saul Griffith and Sam Calisch, "Mobilizing for a Zero-Carbon America: Jobs, Jobs, and More Jobs," Rewiring America, July 2020, https://www.rewiringamerica.org/jobs-report.
4. Arthur Herman, *Freedom's Forge: How American Business Produced Victory in World War II* (New York: Random House, 2012); US War Production Board, *Wartime Production Achievements and the Reconversion Outlook: Report of the Chairman*, October 9, 1945, https://catalog.hathitrust.org/Record/001313077.

16장

1. "We Shall Fight on the Beaches," International Churchill Society, 2020, https://winstonchurchill.org/resources/speeches/1940-the-finest-hour/we-shall-fight-on-the- beaches/.
2. *Journal of the House of Representatives of the United States*, 77th Congress, Second Session, January 5, 1942 (Washington, DC: US Government Printing Office, 1942), 6; emphasis mine.
3. William M. Franklin and William Gerber, eds., *Foreign Relations of the United States: Diplomatic Papers, The Conferences at Cairo and Tehran, 1943*, President's Log at Tehran entry on Tuesday, November 30, 8:30 p.m. (Washington DC: US Government Printing Office, 1961), 469, https://history.state.gov/historicaldocuments/frus1943CairoTehran/d353.

17장

1. Nicholas Rees and Richard Fuller, *The Toxic Truth: Children's Exposure to Lead Pollution Undermines a Generation of Future Potential*, UNICEF and Pure Earth, 2020, https://www.unicef.org/media/73246/file/The-toxic-truth-children's-exposure-to-lead-pollution- 2020.pdf.
2. Sérgio Faias, Jorge Sousa, Luís Xavier, and Pedro Ferreira, "Energy Consumption and CO2 Emissions Evaluation for Electric and Internal Combustion Vehicles Using a LCA Approach," *Renewable Energies and Power Quality Journal 1, no. 9* (May 2011): 1382–1388, http://www.icrepq.com/icrepq'11/660-faias.pdf.
3. Office of Energy Efficiency and Renewable Energy, "Energy Analysis, Data and Reports," US Department of Energy, 2020, https://www.energy.gov/eere/amo/energy-analysis-data-and-reports.
4. Stephen Nellis, "Apple Buys First-Ever Carbon-Free Aluminum from Alcoa-Rio Tinto Venture," Reuters, December 5, 2019, https://www.reuters.com/article/us-apple-aluminum/apple-buys-first- ever-carbon-free-aluminum-from-alcoa-rio-tinto-venture-idUSKBN1Y91RQ.
5. Center for International Environmental Law, *Plastic & Climate: The Hidden Costs of a Plastic Planet*, May 2019, https://www.ciel.org/wp-content/uploads/2019/05/Plastic-and-Climate- FINAL-2019.pdf.
6. CIEL, *Plastic & Climate*.

부록 A

1. Ben Blatt, "*Where's Waldo*'s Elusive Hero Didn't Just Get Sneakier. He Got Smaller," *Slate*, March 7, 2017, https://slate.com/culture/2017/03/where-s-waldo-didn-t-just-get-harder-to-find-he-got-80-percent-smaller.html.
2. House, "Economic and Energetic Analysis."
3. World Resources Institute, "World Greenhouse Gas Emissions: 2016."
4. Mustapha Harb et al., "Projecting Travelers into a World of Self-Driving Vehicles: Estimating Travel Behavior Implications via a Naturalistic Experiment," *Transportation* 45, no. 6 (November 2018): 1,671–1,685.

부록 B

1. Joni Mitchell, "Big Yellow Taxi," *Ladies of the Canyon* (1970).

부록 C

1. Jack Pales and Charles Keeling, "The Concentration of Atmospheric Carbon Dioxide in Hawaii," *Journal of Geophysical Research* 70, no. 24, 1965.
2. Pieter Tans and Ralph Keeling, "Mauna Loa CO2 Monthly Mean Concentration," Wikimedia Commons, January 6, 2019, https://commons.wikimedia.org/w/index.php?curid=40636957.
3. Syukuro Manabe and Richard T. Wetherald, "Thermal Equilibrium of the Atmosphere with a Given Distribution of Relative Humidity," *Journal of the Atmospheric Sciences* 24, no. 3, 1967.
4. William W. L. Cheung et al., "Large-Scale Redistribution of Maximum Fisheries Catch Potential in the Global Ocean under Climate Change," *Global Change Biology* 16, no. 1, January 2010, https://onlinelibrary.wiley.com/doi/abs/10.1111/j.1365-2486.2009.01995.x; Cynthia Rosenzweig et al., "Assessing Agricultural Risks of Climate Change in the 21st Century in a Global GriddedCrop Model Intercomparison," *Proceedings of the National Academy of Sciences* 111, no. 9 (March 4, 2014), https://www.pnas.org/content/111/9/3268.
5. Daniel Scott and Stefan Gössling, *Tourism and Climate Mitigation: Embracing the Paris Agreement*, Brussels: European Travel Commission, March 2018, https://etc-corporate.org/uploads/2018/03/ETC-Climate-Change-Report_FINAL.pdf.
6. Stephane Hallegatte et al., *Shock Waves: Managing the Impacts of Climate Change on Poverty* (Washington, DC: World Bank, 2016), https://openknowledge.worldbank.org/handle/10986/22787.

7. Calum T. M. Nicholson, "Climate Change and the Politics of Casual Reasoning: The Case of Climate Change and Migration," *The Geographical Journal* 180, no. 2 (June 2014): https://rgs- ibg.onlinelibrary.wiley.com/doi/abs/10.1111/geoj.12062.
8. Solomon Hsiang et al., "Estimating Economic Damage from Climate Change in the United States," Science 356, no. 6,345 (June 30, 2017): 1,362–1,369, https://science.sciencemag.org/content/356/6345/1362.
9. Solomon Hsiang and Marshall Burke, "Climate, Conflict, and Social Stability: What Does the Evidence Say?," *Climatic Change* 123 (2014): 39–55, https://link.springer.com/article/10.1007/s10584-013-0868-3.
10. Marko Tainio, "Future Climate and Adverse Health Effects Caused by Fine Particulate Matter Air Pollution: Case Study for Poland," *Regional Environmental Change* 13 (2013): 705–715, https://link.springer.com/article/10.1007/s10113-012-0366-6.
11. Zhoupeng Ren et al., "Predicting Malaria Vector Distribution under Climate Change Scenarios in China: Challenges for Malaria Elimination," *Scientific Reports* 6, no. 20,604 (February 12, 2016), https://www.ncbi.nlm.nih.gov/pmc/articles/PMC4751525/.
12. Tord Kjellstrom, R. Sari Kovats, Simon J. Lloyd, Tom Holt, and Richard S. J. Tol, "The Direct Impact of Climate Change on Regional Labor Productivity," *Archives of Environmental and Occupational Health* 64, no. 4 (Winter 2009): 217–227, doi: 10.1080/19338240903352776.
13. Ove Hoegh-Guldberg et al., "Impacts of 1.5°C Global Warming on Natural and Human Systems," in *Global Warming of 1.5°C*, eds. Valérie Masson-Delmotte et al., Intergovernmental Panel on Climate Change, 2019, https://www.ipcc.ch/site/assets/uploads/sites/2/2019/06/SR15_Chapter3_Low_Res.pdf.
14. R. Allen Myles et al., "Warming Caused by Cumulative Carbon Emissions towards the Trillionth Tonne," *Nature* 458, no. 7,242 (May 2009): 1,163–1,166.

부록 D

1. Sandra Rendgen, *The Minard System: The Complete Statistical Graphics of Charles-Joseph Minard* (Princeton, NJ: Princeton Architectural Press, 2018).
2. US Bureau of Labor Statistics, "Consumer Expenditures-2019," news release, September 9, 2020, https://www.bls.gov/news.release/cesan.nr0.htm.
3. Lawrence Livermore National Laboratory, "How to Read an LLNL Energy Flow Chart (Sankey Diagram)," YouTube, April 19, 2016, https://www.youtube.com/watch?v=G6dlvECRfcI.

찾아보기

2020년대 사고 96~97
CAPEX(자본 지출) 190, 199~200
HVAC 시스템 114, 172
SUV 53, 196, 227~228, 284

가뭄 41, 45, 109
가전제품 60, 64, 72, 77, 85, 87, 91, 97, 114, 158, 168, 170~171, 180, 194, 211, 213, 249
가전제품 중 에너지 스타 64, 72, 76
개인 인프라 54, 169~171, 173~175, 211, 214
건강 19, 40, 47, 65~66, 117, 276, 316
건조기 50, 141, 143, 152, 159, 241~242
경유 112, 191~192, 194, 343
계절 43, 138, 141, 146~147, 152~153, 156, 162, 164, 331
고용 228, 238~240, 246, 248, 253~257, 267, 320
고용통계현황 239~240, 352
공급과 수요 71~72, 76~77, 98, 123, 146, 158
공급망 37, 43, 88, 242, 346~347
공동 인프라 174~175
공화당 40~41, 221, 251, 253~256, 319
교통 75, 77~79, 83, 87~89, 92, 99, 111, 117, 127, 128, 144, 154, 172, 174, 192, 194, 228, 313, 315, 322, 324, 339, 343~345, 351
국가 안보 43, 57, 132
국내총생산^{GDP} 222, 245, 257, 269
국민총생산^{GNP} 246, 257~259
군사 61, 82, 129, 167, 263, 270
굴뚝 300~301

균등화 에너지 비용^{LCOE} 178~179
그레이버, 데이비드 211, 247
그리드 20, 129, 131, 137, 141, 143~146, 150~151, 160, 164~168, 173, 175, 203, 214, 233, 264, 266, 321, 324
그리드 중립성 20, 23, 137, 233~234
그리피스-칼리시 모델 189~191
그린 뉴딜 189, 206, 247, 249
기업평균연비규제 64, 72, 227
기온 23, 25, 237, 331~332
기저부하 129, 130, 160, 164
기후 과학 39, 45, 219, 329~331, 335
기후 대출 20, 23, 59, 209, 211~212
기후 모델 329, 331, 333, 336
기후 목표 20, 23, 29, 215, 269, 329, 337
기후 변화 17, 20, 24~25, 27, 34~35, 39, 42~45, 47, 52~53, 64, 66, 69, 79, 84, 98~99, 106, 110, 132, 138, 151, 171, 173~176, 178, 186, 209~211, 215, 217~218, 221, 225, 265, 275, 277, 296, 304, 319~321, 329, 333
기후 변화에 관한 정부간 협의체^{IPCC} 45, 279, 333, 335
긴급성 26, 29, 41, 44, 68

나폴레옹 339~340
내연기관 차량(내연기관 자동차) 49, 51, 53, 108, 195~196, 199, 201, 276, 284, 307~308
냉매 37, 66~67, 309
냉장고 50, 52, 60, 85, 91, 117, 140, 142~143, 151, 169, 172, 213, 347
네오디뮴 292, 294
농업 34, 36~37, 55, 87, 89, 120~121,

153, 253, 259, 269, 276, 309~311, 321, 333, 346
뉴딜 33, 59~60, 68, 212~213, 245, 262, 267, 270
닉슨, 리처드 64, 77, 97

단열 96, 172, 295
대공황 33, 59, 61, 209, 212, 238, 245, 262, 270
대기 오염 66, 153, 206, 302
대나무 281~282, 295
대안 18, 286, 307, 311
덕 커브 145~146
독일 131, 153, 263, 285, 305, 311
독점 134, 138, 232, 234~235
동원 18, 20, 23, 26, 33~36, 54~55, 60, 68, 137, 139, 186, 241, 243, 245, 247, 257, 259, 264, 267, 269, 325
됭케르크 철수 60, 263

라이트너, 스킵 54, 241
러시아 35, 265, 339~340
레이건, 로널드 221, 326
로런스 리버모어 국립연구소 75~76, 350
루스벨트, 프랭클린 D. 59~61, 212, 245, 263~265, 270, 326
루이지애나 149, 193, 205, 251
리튬 149~150, 272, 293, 346

마이너스 배출 37, 39, 45
마카니 파워 181~183, 350
맥케이, 데이비드 81, 153, 176, 311
멕시코 161, 180, 229, 250
멸종 위기 42, 289, 294
목재 87, 121, 152~153, 278~279, 281, 288~289, 298, 347
몬트리올 의정서 67, 69
미 항공우주국[NASA] 61, 82~83
미국 국립재생에너지연구소 197, 203
미국 노동통계국 191~192, 239~240, 344
미국 산업 87, 245, 270

《미국 에너지 딜레마의 이해》 74, 348
미국 에너지부 19, 62, 64, 74, 79, 110, 132, 179, 198, 284
미국 전시생산위원회 257~259
미첼, 조니 293, 327
민권 운동 63~64, 68
민주당 40~41, 254~256, 262, 319
민주주의의 병기창 20, 246, 262, 265, 270

바이오매스 75, 78, 85, 87, 91~92, 101, 104, 121, 278, 298
바이오연료 30, 78, 86, 101, 104, 117, 119, 123, 130, 152~153, 270, 314, 324, 347
배출량 25, 36~37, 39, 44~49, 170, 174, 214, 276, 279, 283, 299, 309, 312, 329~330, 332~337
배출원 23, 48, 279, 282, 286, 301, 309, 348
보급 51~53, 67, 114, 142, 145, 152, 173, 256, 266, 308, 315
보조금 23, 28, 33, 51~52, 134, 179, 225, 231~232, 293, 307
부채(빚) 211~212, 218, 247
브리지스, 잭 74, 348
비료 37, 84, 102, 275~276, 278, 310
비에너지 36, 75
빙하 46, 262, 330

사이먼, A. J. 76, 348
산불 41, 47, 262, 333
산업혁명 78, 248
생키 도표 74~75, 77, 80, 88, 276
석유 37, 64~65, 71~72, 74~75, 78~82, 87, 89, 92, 104, 109, 112, 115, 139, 147, 149, 218~219, 231, 240, 251~254, 256, 278, 291, 301, 325, 346, 349
석탄 25, 37, 49, 51, 72, 75~78, 83~89, 91~92, 107, 109, 112, 115, 121, 131,

143, 149, 155, 178~179, 217~219,
232, 243, 254, 256, 278, 285,
300~303, 325, 341~342, 346~348
석회석 37, 278, 286, 346
성능계수 197~198
세계대전 제로 261, 266, 269, 271
세액공제 229, 234, 249
소비자 24, 32, 50~51, 65, 88, 90, 117,
134, 138~139, 158, 169, 174, 180,
192, 211, 213~214, 234, 247~249,
257, 268, 276, 283, 290, 310, 320,
344
소비자 단위 Consumer unit 344~345
소비자 지출 192, 247, 258~259, 344, 352
수력 발전 75, 109, 119~120, 122, 152,
163~164, 346, 349
수명 33, 43, 48~53, 66, 113~114, 142,
150~151, 178, 202, 204, 244, 248,
248, 250, 268, 280, 282~283, 286
수소 30, 34, 102~104, 132~133, 152,
165, 285~286, 303,
305~306, 309, 346
수압 파쇄 121, 232, 302
스쿠터 172, 174, 284
실리콘밸리 186, 315
실업률 33, 237~238, 245~246, 267, 270,
352

아레니우스, 스반테 331~332
아이젠하워, 드와이트 D. 61~62
아파넷 62, 166
아폴로 프로그램 62, 270
아프리카계 미국인 59, 245~246, 267
알루미늄 156, 275, 278,
281, 287~288, 290, 292, 309
암 65, 324
암모니아 37, 102, 133, 165, 365
앤드루, 로비 46~47, 337
야생동물 41, 58, 126~128, 278
양수 발전 152, 303
〈에너지 - 국가적 이슈〉 72~73

에너지 교환 비율 194~195
에너지 데이터 65, 72, 74, 76, 79, 106, 194,
351
에너지 위기 30, 64~65, 69, 71, 77, 79, 90
에너지 흐름 75, 80, 83~85, 87~92, 148,
276, 279, 304, 311, 342, 348
에너지원 30~31, 71, 76, 78, 101,
107~108, 110, 121~124, 129, 132,
136, 140, 162~163, 173, 181, 194,
218, 234, 280, 303, 305, 308, 324,
350
에너지정보청 64, 76, 107, 147, 198, 351
에어컨 52, 67, 85, 87, 91, 139, 141, 152,
159, 172, 194
에탄올 101~102, 347
엔디, 드루 26, 295
연례 에너지 보고서 Annual Energy Review,
AER 349~350
연방 에너지 관리 프로그램 79, 82, 351
열대우림 34, 47, 294, 336
열역학 95, 97, 105, 107, 110, 342
열효율 104~105, 341
영향 연구 329, 333, 336
오존 57, 66~67
온도 48, 50, 90, 96~97, 108, 113~114,
116~117, 121, 141, 155, 197~198,
244, 292, 303~304, 329, 331~332,
339, 342, 346
온수기 50, 52, 60, 141, 151, 155~156,
159, 169~170, 172, 175, 199~200,
213, 241~244
온실가스 25, 36~37, 39, 45~47, 51, 92,
99, 170, 276,
302~303, 309~310, 332~334, 351
완화 곡선 46, 337
우라늄 110, 123, 278, 346
우주 경쟁 61, 68
원자력 발전소 110, 112, 130~131, 160,
316
원자력에너지 102, 109~110, 177
유류세 227~228

유리 281, 289~290, 293
유리섬유 115, 242
유틸리티 51, 134, 138, 168, 214, 226, 234~235, 308~309, 344~345
육류 81, 89, 191, 310~311, 343
이동식 주택 81, 84~85, 312, 321
이자율 134, 191, 202~203, 206, 209~210, 249
인구조사국 198, 344
인센티브 28, 51, 209, 226~229, 231~232
인프라 재정의, 169~170, 175
일본 131, 206, 305
일자리 창출 59, 242, 246

자동차 산업 227, 243
자유 시장 53~55
자율주행 314~315
자재 86~87, 115, 183, 279, 288~289, 295, 351
장작 141, 153
재활용 86, 96, 171, 202, 275, 279, 281, 283, 286~294
저장 장치 31, 148, 152, 154~156, 167~168, 172, 190
전국가구통행실태조사 79, 194
전기 가정 및 농장 전기화 추진청 60, 213
전기 자전거 158, 172
정제 84, 107, 112, 115, 346
제2차 세계대전 19~20, 33~34, 55, 60, 68, 245~246, 257, 259, 261~262, 266~267, 270~271, 274
제이콥슨, 마크 122~123
제조업 33, 54~55, 87, 113, 115~116, 156, 213~214, 242, 246, 253, 257~259, 267, 270~271, 276, 313, 351, 359
종이 79, 86, 288, 291, 332, 347
주유소 72, 112, 220, 239
주택 담보 대출 33, 209
중국 35, 131, 206, 250, 282, 294, 312
지구 공학 303~304

지구 온난화 53~54, 244, 302, 315, 333~334

처칠, 윈스턴 60, 263~264, 326
철강 156, 217, 275, 285, 309
《침묵의 봄》96

카터, 지미 64, 77, 97, 117
〈컨슈머 리포트〉50
캘리포니아 42, 51, 145~146, 149, 160, 191, 193, 205~206, 230~231, 310
케네디, 존 F. 62, 231, 326
코발트 293~294
콘크리트 279, 281, 286~287

탄소 발자국 32, 170, 280, 312
탄소 예산 25, 47, 290, 329, 333~335
탄소 제로 18, 241, 243, 249, 271, 288, 299
탄소 포집 18, 34, 134, 277, 299~300
탄소섬유 281~282, 292
탄소세 34, 52, 306~307
테슬라 51, 142, 195~196, 227, 350
텍사스 149, 160, 191, 193, 205, 251, 253, 255~256

파리 협정 44~45, 66
팬데믹 20, 215, 238, 319~320, 333
폐기물 89, 109, 121, 129, 132, 153, 293~294, 316, 347
포드, 헨리 104, 212, 265
풍력에너지 128, 181, 253, 308, 350
프로판 85, 141, 193~195, 197, 302
플라스틱 34, 84, 87, 89, 107, 115, 170, 275, 281, 283, 289~291, 295, 320, 347

학습률 183~185, 187
해양 41, 275, 290~291, 330, 346, 348
핵분열 109~110, 132, 307, 346
핵융합 18, 132~134, 307

환경 보호청 37, 66, 196, 351
휘발유 25, 48, 102~104, 112, 142, 157,
　　191~197, 201, 227, 305~306, 343,
　　349~350
흡연 65~66, 69
히트펌프 23, 28, 31, 54, 67, 107, 114,
　　117, 120, 134, 141, 143, 153,
　　157~158, 169, 172, 175, 190,
　　197~200, 206, 209, 241~244, 266,
　　272, 292, 303, 307, 311, 323
히틀러, 아돌프 60, 263~264